응용동물훈련

응용동물훈련

박효진 · 진성수 공저

동문사

머리말

응용동물훈련의 세계에 오신 것을 환영합니다.

인간과 개 사이의 유대는 수천 년 전으로 거슬러 올라가며, 개는 오랜 시간 수많은 노력을 통해 인간에게 없어서는 안 될 동맹임을 입증해 왔고, 인간의 충실한 동반자로 진화하며 다양한 역할과 임무에 적응해 왔습니다. 또한, 놀라운 후각 기능, 민첩한 운동신경, 뛰어난 지능을 바탕으로 반려견에서 스포츠독, 안내견, 경비견, 수색견, 구조견, 탐지견, 치료견에 이르기까지 단순한 동반자 관계를 넘어 인간에게 필요한 많은 역할을 하기에 이르렀습니다.

다년간의 훈련 경험을 바탕으로 응용동물훈련의 대략적인 가이드를 제시하게 되어 기쁩니다. 이 책은 개의 특정 분야별 능력을 극대화 시키기 위한 훈련 방법을 소개하는 데 그 의의가 있습니다. 각 PART는 목적에 따른 훈련 방법과 사육관리에 대한 포괄적인 내용을 담았습니다.

Part 1. 반려견 훈련

1부는 각각의 반려견 관련 역할에 따른 업무를 분류하여 소개하였습니다. 보호자를 대신하여 반려견을 돌봐주는 펫시터, 반려견의 산책과 운동을 책임져주는 도그워커, 사회화와 데이케어(Day Care)를 전담해주는 반려견유치원, 복종훈련은 물론 기타 잠재된 개의 재능을 끌어올리는 위탁훈련소, 불편한 문제행동을 개선해주는 문제행동 상담센터 등 목적에 따른 다양한 반려견 훈련 및 준비사항과 장단점을 소개하였습니다. 이 세션을 통해 훈련의 기본 원칙을 탐구하고, 보호자와의 효과적인 의사소통 방법을 익히며, 반려견과 함께 생활하며 직면할 수 있는 일반적인 문제를 예방하고자 합니다.

Part 2. 도그스포츠 훈련

2부는 인간과 개가 함께 즐길 수 있는 훈련 분야인 도그스포츠를 소개하였습니다. 도그스포츠란 경쟁과 승리가 아닌 주인과 함께 교감하고 즐기는 경기로, 본 교재에서는 대중적으로 많이 알려진 어질리티(Agility), 디스크독(Disc dog), 플라이볼(Flyball), 도그댄스(Dog Dance)에 대한 내용을 담았습니다. 각 종목마다 도그스포츠를 즐기기 위해서 알아야 하는 각 경기 규칙과 규정, 훈련의 원리 및 방법, 주의점 등도 수록하였습니다. 도그스포츠는 개의 신체적, 정서적 자극을 동반하는 놀이 형태의 훈련으로서 반려견과 더 깊은 유대감을 형성하게 할 것입니다. 이 세션의 도그스포츠에 대한 실용적인 조언이 반려견의 잠재력을 최대한 발휘할 수 있게 하고자 합니다.

Part 3. 특수목적견 훈련

3부는 탐지, 구조, 수색, 보호 등과 같은 다양한 현장에서 인간을 돕기 위해 특정 작업이나 의무를 수행하는 특수목적견의 훈련을 소개하였습니다. 특수목적견은 특정 임무를 수행하기 위해 반드시 그 분야의 특수훈련을 받는 개로 경찰견, 군견, 탐지견, 구조견, 치료견, 안내견 등이 있습니다. 역사를 통틀어 개는 수색 및 구조, 치료 및 서비스와 같은 다양한 직업에서 중추적인 역할을 해왔습니다. 이 세션에서는 개의 놀라운 잠재력 개발과 각 분야의 전문적인 훈련 방법 및 사육관리 지침을 제공하여 보다 효율적이고 신뢰할 수 있는 특수목적견으로 성장할 수 있게 하고자 합니다.

Part 4. 훈련대회 도식

4부는 훈련대회에 참가하고자 하는 훈련사를 위해 훈련의 도식을 소개하였습니다. 기초동물훈련에서는 초중급 난이도인 SD, TD, FD, CD 등을 다루었다면 본 응용동물훈련에서는 중고급 난이도인 BH와 IGP를 담았습니다. 이 세션에서는 단순히 훈련 도식만이 아니라 훈련 경기의 발생 배경 및 의의, 훈련 방법, 대회 규정 및 주의사항을 수록하여 훈련 경기대회에서 보다 높은 점수를 획득할 수 있게 하고자 합니다.

저는 이 책의 저자로서 이 분야의 지식과 경험을 공유하게 되어 영광이며, 다양한 반려견의 훈련 여정을 안내해 드릴 수 있어 기쁩니다. 이 책이 여러분께 동물훈련의 전문적인 지식과 기술적인 조언은 물론 생명을 대하는 지침을 제공해주는 귀중한 자원이 되기를 바랍니다.

여러분과 반려견의 행복한 훈련을 기원합니다.

Happy Training!

저자 박효진 외

차 례

PART 02 도그스포츠 훈련

PART 03 특수목적견 훈련

PART 04 훈련대회 도식

PART

01

반려견 훈련

1강 펫시터 및 도그워커

학습개요

- 펫시터의 발생 배경과 용어의 정의 및 향후 반려동물 시장에서 '펫시터의 전망'에 대해 구체적으로 설명할 수 있다.
- 기존의 반려견돌봄서비스 업체들의 문제점은 무엇인지 파악하고 펫시터가 보완할 수 있는 부분을 찾을 수 있다.
- 펫시터의 장점은 무엇이고, 단점은 무엇인지 생각해보고, 단점을 보완할 수 있는 자신만의 노하우를 개발할 수 있다.

01 펫시터의 개요

1) 펫시터의 이해

펫시터는 반려동물 보호자를 대신하여 자신의 집이나 고객의 집에서 반려동물을 돌보는 전문 직종이다. 펫시터의 역할은 반려동물에게 먹이 주기, 물주기, 운동시키기, 산책해주기, 배변해주기, 빗질하기와 같은 기초적인 서비스와 손질 및 그루밍, 훈련 및 행동교정, 약물 투여 및 재활, 집 정리 및 청소와 같은 부수적인 서비스를 제공할 수 있다.

'펫시터(Pet-sitter)'라는 용어는 1960년 뉴욕타임스(New York Times) 기사에서 처음 사용되었으나 전문적인 직업군으로 인정받게 된 것은 1980년대이다. 경제 성장과 격동이 동시에 나타났던 1980년대 미국은 금융, 운송, 통신 등의 경제 호황에 힘입어 사람들이 이전보다 자주 여행하기 시작하면서 반려동물 보호자는 자신을 대신해 반려동물을 돌봐줄 사람이 필요해지기 시작했다. 과거에는 친구나 이웃 또는 친인척에게 의존하는 경우가 많았지만, 반려동물산업과 문화의 발달로 반려동물 보호자들은 보다 전문적이고 신뢰할 수 있는 '반려동물 돌보기 서비스'를 찾기 시작하였다.

오늘날 펫시팅 비즈니스는 세계적으로 매우 빠른 속도로 번창하는 산업이다. 펫시터는 혼자 독립적으로 활동을 할 수도 있고, 전문 펫시팅 업체의 일원으로도 활약할 수도 있다. 또한, 강아지뿐만 아니라 고양이 및 기타 다양한 동물도 펫시팅이 가능하다. 이러한 장점으로 인해 펫시팅 비즈니스는 한국의 반려동물 직업군에서도 매우 중요한 서비스로 자리 잡았고, 앞으로도 반려동물 관리 산업의 필수적인 직업군이 될 것이다.

펫시터를 위한 노트

펫시터의 사전적 정의

1997년 미국의 랜덤하우스가 자사 사전에 최초로 **'펫시터'**라는 항목을 추가한 역사적인 해이다. 전 세계에서 활동하는 모든 펫시터들은 이 해를 펫시팅의 원년으로 경축한다. 보통 하나의 신조어가 사전에 공식 어휘로 등재되는 것은 의미의 보편성과 동시에 사회적으로 인정받았음을 뜻하기 때문이다. 사전은 펫시터를 이렇게 정의하고 있다.

펫시터: 다른 이의 반려동물을 보통 그 집의 환경 내에서 돌봐주는 사람

Pet sitter – one who cares for the pets of another, usually in the pet's home environment.

2) 펫시터의 유래

미국 내에서만 한 해 65억 달러의 시장으로 성장한 펫시터의 시작은 매우 미약했다. 평소 반려견 사랑이 남달랐던 미국 노스캐롤라이나주의 패티 모란(Patti J. Moran)은 우연히 이웃의 개들을 돌봐주다가 점차 펫시팅의 상업적 가능성을 보게 되었다. 그녀는 베이비시터처럼 일정 시간 반려견을 돌봐주는 전문적인 사람이 있다면 앞으로 그 수요는 점점 늘어갈 것이라는 확신을 갖고, 1983년 자신의 집 창고에서 펫시팅 사업을 시작했다.

처음에는 인식 부족과 홍보의 어려움으로 사업이 지지부진했다. 돈을 주고 개를 맡기려는 사람도 적었고, 자신의 집에 모르는 사람인 펫시터를 들이려는 사람도 많지 않았다. 그러나 그녀는 실망하지 않고 미래를 내다보며 지속적으로 사업을 전개했다. 사업이 일정한 궤도에 오르는 데에는 그리 오랜 시간이 걸리지 않았다. 그녀의 펫시팅 사업은 보호자들 사이에 입소문이 나면서 점차 짭짤한 이윤을 내기 시작했고, 급기야 혼자서는 감당이 안 되어 직원들을 뽑아야 하는 상황이 되었다. 1987년에 그녀는 이러한 경험을 바탕으로 『돈 버는 펫시팅(Pet Sitting for Profit)』이라는 책을 썼고, 책은 출간 즉시 베스트셀러에 오르며 펫시터에 대한 대중의 인식을 크게 바꿔놓았다. 패티 모란은 여기서 그치지 않고 1989년부터 자신이 운영하던 비영리협회를 1994년에 국제펫시터협회(Pet Sitters International, PSI)로 명칭을 변경하면서 본격적인 펫시팅 국제단체를 출범시켰다. 그때부터 지금까지 PSI는 전 세계 펫시터들의 권익과 지위를 보장하고, 서로의 연대와 우애를 다지며, 정기적으로 경험과 지식을 나누는 최대 펫시팅 단체로 자리매김했다. 이 외에도 펫시터와 관련된 유사 단체들이 많이 있지만, 역사로나 회원 수로나 PSI에는 미치지 못한다. PSI는 현재 「펫시터 세상」이라는 기관지를 발간하고 있으며, 펫시터들을 체계적으로 교육하는 전문가 프로그램(Certified Professional Pet Sitter®)을 개발하여 운영하고 있다. 또한 매년 한 차례씩 펫시터 엑스포(Pet Sitter World Educational Conference & Expo)라는 국제적인 펫시팅 콘퍼런스 겸 박람회를 주관하고 있으며, 유기견의 입양을 장려하는 프로그램 Take Your Dog To Work Day®도 운영 중이다.

국제펫시터협회 창시자 Patti J. Moran. 출처: Pet Sitter International

펫시터 전문가 과정

동물의 응급처치 및 심폐소생술

자연재해 및 재난 대비 준비과정

고양이 펫시터 전문가 과정

반려견 집중 케어 과정

조류 응급처치 및 관리

토끼, 기니피그, 햄스터, 레트 등의 관리

PETSIT PRO 가입

반려동물케어 미니코스

국제펫시터협회의 다양한 펫시터 교육과정 출처: Pet Sitter International

3) 펫시터의 임무

펫시터의 주요 임무는 주인이 없는 동안 반려동물에게 먹이를 주거나 운동을 시키며 놀이를 해주는 등 신체적 · 정서적으로 보살펴주는 것이다. 펫시터의 역할은 반려동물의 종류와 성향, 주인의 요구 사항에 따라 달라질 수 있지만, 일반적으로 다음과 같은 임무와 역량이 필요하다.

- **먹이 급여**: 반려동물 돌봄의 주요 임무 중 하나는 반려동물이 제시간에 정해진 양과 종류의 먹이를 제공하는 것이다. 펫시터는 반려동물의 종류별 · 연령별 식이 요구 사항과 주인이 제공한 특정 사양 지침을 숙지하여야 한다.
- **운동 제공**: 반려동물에게 적절한 에너지 소비량을 파악하여 적합한 형태의 운동을 진행해준다. 반려동물을 산책시키거나 놀이 및 다른 형태의 운동을 제공할 수 있어야 한다. 규칙적인 운동은 반려동물의 신체적, 정신적 건강에 필수적인 요소이다.
- **약물 투약**: 반려동물에게 건강상 문제가 있는 경우, 펫시터는 주인의 지시에 따라 약물을 투약할 수 있도록 다양한 약물의 형태별 복용 방법을 숙지해야 한다.
- **그루밍**: 펫시터는 브러싱, 목욕, 발톱 손질과 같은 기본적인 그루밍 서비스를 제공해야 할 수 있어야 한다. 그루밍은 반려동물의 위생과 청결을 유지하는 데 필수적이다.
- **위생 관리**: 펫시터는 반려동물의 생활 공간이 깨끗하고, 청결한지 확인해야 한다. 배변처리, 반려동물의 보금자리 청소, 반려동물용품 소독 등 자주 머무는 공간과 주로 접하는 물건을 소독해주어야 한다.
- **안정감 제공**: 펫시터는 반려동물과 함께 시간을 보내고, 관심을 기울이며, 반려동물이 외롭거나 오랜 시간 고립된 공간에 방치되지 않도록 해야 한다.
- **소통 및 정보제공**: 펫시터는 반려동물 주인과 정기적으로 소통하고 반려동물과 함께하며 관찰하였던 정보를 제공한다. 또한 보호자가 가질 수 있는 질문이나 우려 사항에 답변할 수 있어야 하고, 펫시팅하는 동안의 사진이나 영상을 제공해주도록 한다.

위와 같이 펫시터의 역할은 주인이 없어도 반려동물이 건강하고 행복할 수 있도록 주인과 같은 마음으로 잘 보살피는 것이다. 그렇기에 펫시터는 반드시 관련 전문교육 이수는 물론, 직업에 대한 책임감, 동물에 대한 이해와 사랑이 절실히 필요한 직업이다.

펫시터와 동물들 출처: KOREANS

4) 펫시터의 종류

(1) 출장형 펫시터 vs 위탁형 펫시터

펫시터는 활동 유형에 따라 출장형과 위탁형으로 나뉜다. 출장형은 펫시터가 반려인 보호자의 집에 직접 가서 반려견을 돌보는 방식이며, 위탁형은 반대로 반려인이 자신의 반려견을 펫시터의 집에 맡기는 방식이다.

① 출장형 펫시터

출장형은 환경 변화에 민감한 성격의 반려견, 아프거나 신체가 불편한 반려견에게 안성맞춤이다. 특히 민감한 성격을 가진 반려견은 평소 자기가 생활하는 공간에서 돌봄서비스를 받을 수 있어서 낯선 장소 적응에 대한 스트레스를 원천적으로 막아준다. 평소 먹던 사료나 가지고 놀던 장난감도 모두 그대로이므로 낯선 펫시터가 와도 식사나 산책, 놀이 등 기본적인 활동을 잘 따를 수 있다. 물론 주인이 없는 집에 펫시터가 들어오는 펫시팅 방식은 적잖은 위험요소가 따르기도 한다. 이를테면 도난 사고, 기물 파손, 화재 등이 있으며, 이는 출장형 펫시터가 대중화되어 있는 선진국에서도 여전히 다양한 피해 사례들이 꾸준히 보고되고 있다. 따라서 아직까지 펫시터라는 직업군이 완벽하게 자리 잡지 못한 국내 시장에서 출장형 펫시터를 선택할 때는 먼저 발생할 수 있는 사고에 대해 미리 고민해야 하며, 가능하면 평소 친분이 있는 펫시터나 지인으로부터 소개받은 펫시터에게 의뢰하는 것이 좋다. 검증되지 않은 개인을 집에 들이는 것이 아무래도 내키지 않는다면, 개인보다는 업체에 소속된 펫시터를 고용하는 것이 하나의 대안이 될 수 있다.

■ **출장형 펫시팅 이용 시 보호자의 유의사항**

- 펫시터의 이력과 배경 및 소속 등을 확인하여 신뢰할 수 있는지 확인해야 한다.
- 펫시터의 연락처는 물론 비상 연락처를 알아둔다.
- 펫시터와 반려동물의 활동을 관찰하기 위해 카메라나 모니터링 시스템을 설치할 수 있다.
- 반려동물의 급식 방법 및 일정, 운동 시간 및 방법, 의료 및 행동학적 정보 등의 필요 사항을 포함하여 자세한 지침을 제공해야 한다.

② 위탁형 펫시터

위탁형은 반려인이 펫시터의 집에 반려견을 맡기는 형태의 돌봄서비스이다. 반려견호텔이나 동물병원처럼 단체 생활을 하는 영업장소가 아닌 가정집이다 보니 낯선 환경에 적응해야 하는 반려견에게 조금 더 안락함을 줄 수 있다. 또한 위탁형 펫시터는 자신의 집에 낯선 사람을 들이는 부담이 없다. 아무리 믿고 맡기는 펫시터라도 사적인 공간을 남에게 노출하는 것을 달가워할 사람은 드물다. 그렇다고 위탁형 펫시터가 출장형보다 모든 면에서 유리한 것은 아니다. 위탁형은 펫시터의 집에서 반려견을 관리하므로 펫시터 입장에서는 편안하고 부담이 없지만, 반대로 맡겨진 반려견 입장에서는 새로운 환경이 불편하고 낯설게 느껴질 수 있다. 남들보다 예민한 강아지라면 갑자기 바뀐 환경에 적응하기 힘들어할 수 있으며, 사료와 환경이 달라지기 때문에 강아지의 건강이 나빠질 가능성도 있다. 펫시터 입장에서 위탁형은 동시에 한 마리 이상의 반려견을 돌볼 수 있어 출장형보다 이익이 높고, 펫시터가 보호자의 집에 가는 왕복 이동시간을 절약할 수 있다는 장점도 있다.

■ **위탁형 펫시팅 이용 시 보호자의 유의사항**

- 미리 펫시터의 집을 방문해서 거주 환경 및 주변 환경을 꼼꼼히 검토해야 한다.
- 반려동물을 위한 깨끗하고 안전한 환경을 제공하는지 반려동물을 돌볼 수 있는 충

분한 공간과 시설을 갖추고 있는지 확인해야 한다.

- 낯선 장소에서 스트레스를 받지 않도록 평소 사용하는 담요나 방석, 좋아하는 장난감을 준비한다.
- 음식이 바뀌면 설사를 할 수 있으므로, 평소에 먹던 사료와 간식을 충분히 준비한다.
- 분리불안을 보이거나 낯선 사람에게 예민한 반응을 보이는 반려견이라면 보호자의 체취가 묻은 옷이나 수건 등을 준비한다.
- 반려동물의 건강 상태나 약물 투약 여부, 배변 훈련 여부, 중성화 여부, 특이한 습관 등을 펫시터에게 자세히 전달한다.
- 나중에 여러 문제가 발생할 경우를 대비하여 반려견을 맡기기 전에 개의 몸 전체 상태를 살피고, 여러 장의 사진을 찍어두는 것이 좋다.

출장형 펫시터와 위탁형 펫시터의 차이점

비교	출장형 펫시터	위탁형 펫시터
의뢰인 입장	• 자신의 집에서 서비스를 제공받음 • 자신의 사생활이 노출될 수 있음 • 자신의 반려동물이 익숙한 곳에서 지냄	• 펫시터의 집에 자신의 반려동물을 맡김 • 자신의 사생활을 지킬 수 있음 • 반려동물이 스트레스받을 수 있음
펫시터 입장	• 한 번에 한 가정의 동물만 펫시팅 가능 • 출장 시간과 비용이 들 수 있음 • 타인의 낯선 공간에서 지내야 함	• 한 번에 두 가정 이상 펫시팅 가능 • 보호자의 집에 가는 왕복 시간이 절약 • 자신의 익숙한 환경에서 펫시팅 가능

(2) 프리랜서형 vs 소속형

펫시터는 고용 방식에 따라 프리랜서형과 소속형으로 나뉜다. 프리랜서형은 펫시터를 자영업으로 벌이는 사업자를, 소속형은 회사나 단체에 소속된 사업자를 말한다. 만약 펫시터를 직업으로 진지하게 고민하고 있다면, 프리랜서형으로 활동할지 소속형으로 활동할지 신중하게 장단점을 분석한 후 결정하는 것이 좋다.

① 프리랜서형 펫시터

제한된 비즈니스 형식보다 창조적이고, 사업적 수완이 남달라 홍보와 각종 서류 작업 및 세무 관련 일들까지 혼자서 감당할 수 있다면 프리랜서형 펫시터가 적합할 것이다. 프리랜서형은 펫시팅으로 벌어들이는 이익을 모두 자신의 수익으로 가져갈 수 있지만,

자신을 하나의 상품으로 만들어야 하기 때문에 '브랜드화' 과정이 필요하다. 엄격한 자기 관리와 함께 꾸준한 자기 계발이 이뤄져야 한다. 인터넷이나 SNS는 기본이며, 때에 따라 일러스트레이터나 유튜브, 기타 이미지 및 영상 제작 툴도 다룰 수 있어야 한다. 펫시팅 과정에서 본의 아니게 법률적인 분쟁이 생겼을 때도 프리랜서형은 모든 과정을 스스로 해결해야 한다. 물론 상해보험이나 기타 보장 보험에 가입할 수 있지만, 법률적 다툼으로 갈 소지가 있으면 개인적으로 변호사를 선임해야 할 가능성도 있다.

② 소속형 펫시터

보험 가입 같은 작은 일에서부터 고객 응대와 의뢰인 확보 및 홍보활동 등에 이르기까지 번거로운 것이 걱정된다면 모두 일괄적으로 챙겨주는 기업 소속형 펫시터가 적합하다. 소속형은 대부분의 홍보를 기업이 나서서 해주기 때문에 본인은 이러한 홍보 과정을 생략한 채 일정한 사이트나 앱으로 연결된 의뢰자와 바로 만날 수 있다. 따라서 초기 투자비용이 거의 들지 않으며, 마음만 먹는다면 당장 시작할 수 있다는 장점이 있지만 기업에 일정 비율의 커미션을 지불해야 한다. 또한 소속형 펫시터는 법률적인 분쟁이 생겼을 때 이러한 사건 사고에 대비하여 기업이 일정한 보험을 들고 있기 때문에 소속된 기업이나 단체에서 법률 자문을 받을 수 있다. 회사에 펫시팅 관련 계약서 서식이나 표준약관이 구비되어 있으므로, 경험이 많지 않은 펫시터라면 활동 초기에는 소속형이 좋을 수 있다.

프리랜서형 펫시터와 소속형 펫시터의 장단점

비교	프리랜서형 펫시터	소속형 펫시터
장점	• 수익의 전부를 자신이 소유한다. • 자신의 개성과 스타일로 기획한다. • 자신의 시간과 스케줄이 자유롭다.	• 업체의 사이트나 앱 홍보 전략을 그대로 활용할 수 있다. • 사고나 분쟁 발생시 자문과 도움을 받을 수 있다. • 펫시팅 관련 계약서나 표준약관이 구비되어 있다.
단점	• 펫시팅 홍보, 마케팅을 스스로 준비한다. • 세무 및 각종 서류 작업을 혼자 해야 한다. • 엄격한 자기 계발과 관리가 필요하다. • 사고나 분쟁 발생시 스스로 해결한다.	• 수익의 일정 비율의 커미션을 지급한다. • 업체가 정한 규정에 따라야 한다. • 업체의 소속된 다른 펫시터와 경쟁이 된다.

5) 펫시터의 장단점

(1) 펫시터의 장점

① 펫시터 입장에서의 장점

- **동물과 함께 일하기**: 동물과 함께 일할 수 있는 것은 펫시터 직업의 가장 큰 장점이다. 펫시터의 주업무는 반려동물을 돌보고, 놀아주고, 교감하며 함께 시간을 보내는 것이다.
- **유연성**: 자신에게 적합한 날짜와 시간을 정하고, 원하는 시기에 원하는 만큼 일할 수 있다. 이러한 효율적인 자기 조절 시스템은 학업이나 다른 직업 등을 유지해야 하는 사람들에게 이상적이다.
- **독립성**: 펫시터로서 반려동물 돌보는 일은 대개 직접적인 관리나 감독 없이 독립적으로 진행한다. 이것은 상사나 관리자 등 누군가의 지휘 아래 일하는 것보다 스스로 일하는 것을 선호하는 사람들에게 이상적이다.
- **다양성**: 펫시터는 직업의 특성상 돌보는 반려동물, 고객, 제공하는 서비스의 유형, 방문하는 장소 등이 다양하다. 이러한 다양성은 펫시터라는 직업을 더욱 흥미롭게 하여 오래도록 활동할 수 있게 한다.

② 보호자 입장에서의 장점

- **편의성**: 자신의 상황과 필요에 따라 펫시터에게 반려동물을 맡길 수도 있고, 자신의 집으로 펫시터를 불러들일 수 있다. 특히 자신의 집으로 펫시터를 의뢰할 경우, 반려동물을 다른 장소로 옮길 필요가 없고, 낯선 환경에 있을 때 받을 수 있는 스트레스를 줄일 수 있다.
- **맞춤형 케어**: 대형 위탁업체나 애견 호텔보다 반려동물의 특정 필요와 선호도에 맞춘 맞춤형 케어를 제공받을 수 있다. 이러한 시스템은 건강이나 행동에 있어 특별한 관심이나 조정이 필요한 반려동물에게 특히 중요할 수 있다.
- **확인 시스템**: 펫시터로부터 반려동물의 사진이나 영상 등을 정기적으로 제공받기 때문에 마음의 부담을 내려놓고, 자신의 업무나 스케줄에 집중할 수 있다.
- **질병 예방**: 여러 마리의 동물을 수용하는 위탁업체에 비해 다른 동물과의 접촉이 적기 때문에 싸움이나 물림 사고로부터 안전할 수 있고, 다양한 전염성 질환을 예방할

수 있다.

- **정서적 안정감**: 고정적인 펫시터를 장기적으로 고용한다면 반려동물에게 제2의 주인을 만들어주는 것이므로 주인의 부재 시 반려동물이 불안해하지 않고, 안정감을 빠르게 찾을 수 있다.

(2) 펫시터의 단점

① 펫시터 입장에서의 단점

- **책임 부담**: 펫시터는 주인이 없는 동안 반려동물의 안전에 대한 책임이 있다. 만일 펫시팅 과정 중 사고가 일어나거나 건강상 문제가 생긴다면 펫시터의 책임이 크기 때문에 주의해야 한다.
- **예측 불가**: 살아있는 생명을 보살피고 다루는 직업이기 때문에 예기치 않은 사고나 긴급 상황에 직면할 수 있다.
- **저임금**: 자신만의 노하우가 있거나 경험이 많고 노련한 펫시터는 상당한 수입을 올릴 수 있지만, 초보 펫시터나 펫시팅 수요가 많지 않은 지역일 경우 수입이 고정적이지 못하고, 수입이 낮을 수 있다.

② 보호자 입장에서의 단점

- **비용**: 펫시터를 고용하면 가족이나 지인에게 맡기는 것이 아니기 때문에 비용이 발생하게 된다. 비용은 서비스의 종류에 따라서 애견호텔이나 위탁업체보다 높을 수 있다.
- **수준**: 펫시터의 수준과 능력을 검증할 수 있는 시스템이 마련되어있지 않기 때문에 펫시터의 관리나 보살핌이 주인이 기대하는 수준보다 못할 위험이 있다.
- **보안**: 펫시터를 집으로 의뢰할 경우, 귀중품이나 민감한 정보가 있는 경우 낯선 사람을 집에 허용하는 것에 대해 우려할 수 있다.

02 도그워커의 개요

1) 도그워커의 이해

도그워커(Dog walker)는 반려견의 산책을 전문적으로 도와주는 사람을 뜻한다. 최근에는 특히 반려동물에게 친화적인 사회적 분위기와 함께 관련 산업이 확대되면서 도그워커의 수요가 늘고 있다. 도그워커는 주로 개를 산책시키거나, 먹이를 주는 등의 역할을 하며, 반려인의 요청에 따라 반려견의 일반적인 관리뿐 아니라 그루밍 및 위생 관리, 문제행동 수정 및 훈련 등 전문적인 관리 역할까지 수행할 수 있다.

2) 도그워커의 유래

개는 가축화 이후 사냥과 농사에 주로 사용될 뿐 애완용으로 기르는 경우는 거의 없었다. 그러자 중산층의 부상으로 개를 애완용으로 기르는 문화가 대중화되면서 산책의 필요성이 커졌다. 도그워커(Dog walker)가 하나의 전문 직종으로 자리 잡게 된 시기는 19세기 도시 지역부터이다. 1800년대 초에는 개를 소유하는 것이 상류층 사이에서 지위와 부의 상징이 되자 많은 사람이 개를 기르기 시작했다. 이러한 애견 문화와 더불어 동물복지의식이 발달하기 시작하자 개에게 산책이란 신체적 건강은 물론 많은 문제행동을 예방할 수 있는 꼭 필요한 활동임을 깨달았다. 개를 산책시키는 문화가 보편화되면서 점차 개를 산책시킬 수 있는 공원이나 산책 대행 서비스를 제공하는 '도그워커'가 등장하기 시작했다.

짐 벅(Jim Buck, 1931.11.28.~2013.7.4.)은 미국 뉴욕시의 도그워커로 반려견 산책을 전문화한 최초의 인물이다. 짐 벅은 1960년대 초부터 매일 아침 새벽에 일어나 고객(당시 예술, 정부, 금융 및 산업 분야에서 저명한 고객들)의 반려견들을 산책시키기 시작하였다. 도그워킹 비즈니스는 많은 반려인들의 호응을 얻었고, 점차 사업이 번창하게 되자 'School for Dogs'라는 회사를 설립하여 24명의 직원들과 함께 하루 평균 150마리 이상의 개를 산책시키는 사업으로 발전시켰다.

오늘날 도그워커 비즈니스는 반려견과 보호자, 도그워커 모두에게 필요한 서비스이다. 도그워커 업체의 규모는 개인사업자나 영세업체가 많아 정확한 숫자를 파악하기 어려우나 매년 다양한 서비스로 무장한 도그워커 업체가 등장하고 있다. 또한 소셜 미디어 플랫폼을 통해 독립적으로 도그워킹 서비스를 제공하는 프리랜서 도그워커도 많아지고 있다. 향후 이러한 성장 추세는 지속될 것으로 예상되며 보다 전문적인 지식과 기술을 겸비한 도그워커에 대한 수요도 함께 증가할 것으로 보인다.

3) 도그워커의 임무

- **산책**: 개가 실외에서 활동을 하지 못할 경우, 건강과 행동에 문제가 생길 수 있기 때문에 도그워커는 적절한 시간과 장소에서 개를 산책시켜준다.
- **보호**: 도그워커는 주인이 부재중인 동안 개를 보호하며, 필요한 경우 돌봄이나 교육에 대한 지원도 제공한다.
- **훈련**: 도그워커는 개의 행동을 관찰하고, 그에 맞는 산책훈련을 시킨다. 예를 들어, 소심한 성격의 개는 사회성을 향상시키기 위해 다른 개와 함께 산책시켜주거나, 별도의 사회화 교육을 진행한다.
- **관찰**: 도그워커는 개가 필요로 하는 의료적 도움이나, 사회화에 대한 지원을 제공할 수 있다. 예를 들어, 몸 상태가 좋지 않은 개는 정기적인 운동보다는 안정적인 상태를 유지해야 하므로 주인에게 상태를 알리는 역할을 하여 적시에 적절한 치료를 받을 수 있도록 한다.

4) 도그워커의 장단점

(1) 도그워커의 장점

① 도그워커 입장에서의 장점

- **시간과 장소의 유연성**: 다른 직업 및 일정이 있으면 그 시간을 제외하고, 활동할 수 있기 때문에 시간에 대해 유연한 직업이다. 오랜 시간 돌봄서비스를 제공해야 하는 펫시터보다 반려견 산책은 장시간이 소요되는 작업이 아니므로 훨씬 더 시간을 유연하게 사용할 수 있다.
- **운동 효과**: 도그워커는 개와 함께 걷거나 달리는 등의 신체적 움직임을 통해 운동효과를 높일 수 있다.

- **반려동물 효과**: 자신이 좋아하는 동물과 함께 시간을 보내고, 몸을 움직이는 활동은 즐기면서 할 수 있는 직업이다.
- **야외 활동**: 산책이라는 활동의 특성상 야외에서 움직이며 장소에 따라 신선한 공기를 즐길 수 있고, 다양한 볼거리를 느낄 수도 있다.

② 주인 입장에서의 장점

- **편의성**: 도그워커가 자신을 대신해 반려견에게 산책과 운동을 시킴으로써 주인이 다른 작업에 집중할 수 있도록 함으로써 시간을 절약할 수 있다.
- **안심**: 주인은 자신이 없는 동안 혹은 다른 작업에 몰두하는 동안 나의 반려견이 누군가와 함께 즐거운 야외활동을 하며 보살핌을 받고 있다는 사실에 안심할 수 있다.
- **건강 증진**: 규칙적인 운동과 야외 활동은 반려견의 신체적, 정신적 건강을 개선할 수 있다.
- **건강 체크**: 야외 산책 활동 중 움직임이나 배변 상태를 통해 반려견의 건강을 모니터링할 수 있다. 반려견의 행동을 관찰하고 잠재적인 건강 문제를 식별하여 보호자에게 전달해줄 수 있다.
- **사회화**: 산책 활동을 통하여 자신의 반려견을 새로운 환경과 다양한 상황에 노출하게 되므로 직·간접적으로 사회성을 발달시킬 수 있다.
- **스트레스 해소**: 오랫동안 혼자 남겨진 개나 야외활동이 부족한 개들은 지루함을 쉽게 느끼고, 스트레스를 받기 때문에 자칫 파괴적인 행동이나 건강 문제로 이어질 가능성이 높다. 산책은 반려견에게 다양한 오락의 기능을 한다.
- **문제행동 예방**: 규칙적인 신체 활동은 긍정적으로 에너지를 사용하기 때문에 무료함으로 인해 보일 수 있는 다양한 문제행동을 예방할 수 있다.

(2) 도그워커의 단점

① 도그워커 입장에서의 단점

- **안전 문제**: 살아있는 동물과 함께 일할 때는 항상 예측할 수 없는 사고나 부상의 위험이 있다.
- **기상 조건**: 비나 눈과 같은 극단적인 날씨 조건에서 야외에서 작업하는 것은 불편하거나 위험할 수 있다.

- **수입 변동:** 정기적인 고객 기반을 마련하지 못한 경우, 수입이 일관적이지 못하다.
- **체력 문제:** 펫시팅은 반려동물의 돌봄 활동 중 앉거나 쉴 수 있는 시간이 있지만, 도그워킹의 주업무는 지속적으로 몸을 움직여야 하는 산책 활동이기 때문에 하루에 여러 마리의 개를 산책할 경우, 빠르게 체력이 소진될 수 있다.

② 주인 입장에서의 단점

- **비용:** 전문 도그워커를 고용하게 되면 비용이 발생하며 특히 정기적으로 고용하는 경우, 매달 고정지출이 발생하게 된다.
- **안전 문제:** 다른 사람이 반려동물을 다루도록 허용할 때는 사고 위험이 뒤따를 수 있다. 신뢰할 수 있는 도그워커를 선택하기 전까지 신중하게 검토하고 조사하는 것이 필요하다.
- **정서 문제:** 소심하거나 겁이 많은 반려견의 경우, 주인 외에 다른 사람과 야외 산책을 할 경우, 개에게 혼란을 주거나 스트레스를 줄 수 있다. 산책 서비스를 시작하기 전, 고용한 도그워커와 반려견이 친해질 수 있는 시간을 갖는 것이 좋다.
- **추가 비용:** 산책 서비스 외에 다른 돌봄 기능을 요구하려면 별도의 비용을 지불해야 한다.
- **제한 시간:** 반려견을 산책시키는 사람들은 일반적으로 반려견과 제한된 시간만 보내므로 에너지 수준이 높거나 특정 요구 사항이 있는 반려견에게는 충분하지 않을 수 있다.

03 펫시터와 도그워커에게 필요한 훈련

1) 산책 훈련

(1) 산책의 순기능

개에게 있어 산책이란 단순히 신체적으로 움직이는 활동만이 아닌 다양한 순기능이 있다.

- **운동적 기능:** 온몸을 움직여 신진대사를 활발하게 하여, 활력을 높이고, 스트레스를

완화시킨다.

- **후각활동**: 산책 중 마주하게 되는 다양한 냄새를 맡는 활동을 통해 개의 가장 뛰어난 감각인 후각을 충분히 사용할 수도 있고, 후각신호를 통해 타개체와 간접적으로 사회활동을 할 수 있게 된다.
- **상호작용**: 산책이라는 활동 자체는 개에게 매우 신나는 놀이이기에 그 즐거운 활동을 함께 하는 사람과의 상호관계는 더욱 돈독해지게 된다. 리드줄을 통해 서로 보폭을 맞춰가며 함께 걷는 활동은 주인과의 교감을 북돋아 준다.
- **사회성 발달**: 산책 시 낯선 사람이나 동물을 지나치게 되기 때문에 사회성 발달에 좋은 기회가 된다.
- **집중력 향상**: 외부에 나가면 불특정 다수의 사람은 물론 다양한 환경을 접하게 되므로 자기 보호본능에 의해 집중력을 향상시킨다.
- **비만방지와 건강유지**: 활동적인 신체적 움직임은 비만을 방지하고, 골격을 튼튼하게 하는 등 건강을 유지시킨다.

(2) 산책 전 주의사항

① 소심한 반려견과 활발한 반려견은 각기 다른 패턴으로 산책하는 것이 좋다.

② 소심한 반려견은 장거리보다는 단거리를 산책, 지나치게 시끄럽고 복잡한 곳보다는 한적한 곳 산책, 산책 장소를 조금씩 변경해준다.

③ 활발한 반려견은 산책 경로에 변화를 주어 산책에 대한 호기심과 기대감을 주고 사람에게 더욱 집중할 수 있게 해준다.

(3) 산책 훈련방법

산책의 시작은 '지나치게 흥분하지 않고, 차분하고 예의 바르게 기다릴 때 비로소 출발할 수 있다' 규칙을 알려주며 진행한다.

① 산책에 필요한 도구를 준비한다. (목줄, 리드줄, 배변봉투, 강화물)

② 목줄을 채우려고 할 때 지나치게 흥분하면 다시 도구를 두고 잠시 자리를 떠난다.

③ 목줄을 채워도 말을 잘 들으면 산책 용품을 가지고 현관으로 다가간다.

④ 문을 통과할 때는 반려견이 흥분해서 먼저 나가게 해서는 안 되고 항상 '기다려' 자세를 유지한다.

⑤ 만일 문을 열 때 먼저 뛰쳐나가면 문을 통과하지 않고 기다린다.

⑥ 흥분이 지속되면 산책 용품을 다시 두고 산책을 나가지 않는다.

⑦ 몇 분 후 다시 시도해서 차분히 문 앞에서 잘 기다리면 주인이 먼저 나가고 반려견을 데리고 나온다.

⑧ 산책이 처음이거나 산책할 때 문제행동을 보이는 반려견이라면 산책 지점을 멀리 갈 필요는 없다. 산책 시 중요한 것은 얼마 동안 산책했는지의 시간이나 거리의 문제가 아니라 산책의 과정이다.

⑨ 반려견이 너무 앞서 나가서 끌고 나가는 느낌을 받으면 걸음을 멈춘다.

⑩ 이때 반려견에게 주의를 주면서 줄을 당기는 것보다는 냄새를 맡고 호기심을 풀고 다가올 때까지 기다려주는 것이 좋다.

⑪ 반려견이 내 주변으로 돌아오면 보상해주고 그때 다시 발걸음을 놓는다.

⑫ 이 과정을 반복하면 반려견은 자연스럽게 산책을 계속 나아가기 위해서 앞질러 나가기보다 주인 근처에 머무르거나 보폭을 맞추게 된다. 이렇게 주인을 의식하면서 옆에서 잘 따라오면 걷는 도중에도 칭찬을 해주며 간식을 준다.

⑬ 어느 정도까지 앞지르지 않고, 잘 따르면 안전한 지점에서 줄을 길게 준 후 자유시간을 준다.

2) 사회화 교육

펫시터와 도그워커는 인간과 더불어 사는 반려견이 함께 살아가는 동안 겪게 되는 다양한 상황과 자극을 미리 경험하게 해주는 것으로 좋아하거나 즐거워하는 강화물을 제시하여 긍정적으로 경험시켜주는 것이 좋다.

(1) 사회화의 종류

- **사람 적응**: 주인, 타인(남녀노소), 행인, 모자 쓴 사람, 우산 든 사람, 덩치 큰 사람, 검은 옷을 입은 사람, 큰 소리를 내는 사람, 뛰어가는 아이, 사방으로 움직이는 군중 등
- **동물 적응**: 개, 고양이, 다람쥐, 고라니, 말, 돼지, 소, 조류, 파충류 등의 다양한 동물
- **바닥 적응**: 잔디, 땅, 시멘트, 맨홀, 마룻바닥, 대리석, 카펫, 판벽, 계단, 빗길, 눈길 등
- **장소 적응**: 엘리베이터, 복도, 동물병원, 애견미용실, 애견호텔, 애견운동장, 공항,

쇼핑몰 등

- **소리 적응:** 경적소리, 차 소리, 오토바이 소리, 천둥소리, 벨 소리 등
- **운송 적응:** 자동차 안, 버스 안, 기차 안, 비행기 안 등
- **환경 적응:** 농촌, 산촌, 도시, 바닷가, 크레이트(캔넬)에 갇힌 상태, 줄에 묶인 상태 등

(2) 사회화 교육 전 주의사항

- 사회화는 무조건적인 노출이 아니다. 강아지에게 단지 많은 것을 노출하는 것이 아니라, 긍정적인 경험을 하고 있는지 확인해야 한다.
- 반드시 강아지의 페이스대로 움직이게 해야 한다. 준비가 되기 전에 억지로 경험에 노출시키면 강아지는 부정적인 경험을 하게 되고, 자칫 트라우마로 남아 후유증을 앓기도 한다. 사회화 교육을 하려면 훈련자는 반드시 여유롭게 시간을 가지고 강아지가 세상을 탐험하게 해주고, 격려하고 보상하되 압박하지 않는 것이 좋다.
- 의심이 들면 공간을 넓히는 것도 좋다. 강아지가 긍정적인 사회화 경험을 갖기 위해 특정 자극이나 특정 상황의 중심에 있을 필요는 없다. 오히려 그 자극이나 상황에서 멀어져서 노출시키는 것이 강아지에게 두려움을 감소시켜 안정감을 찾을 수 있다.
- 사회화 교육의 종류가 많으면 많을수록 좋다. 사회화 기간이 끝나기 전에, 강아지는 좋은 경험을 최대한 많이 가지는 것이 유리하기 때문이다. 다음과 같은 교육이 진행되는 것이 바람직하다.

① 강아지에게 가족과 친구 그리고 이웃에게 완벽하게 친근감을 느끼게 해주기
② 처음 본 사람들에게도 친근감을 느끼게 해주기
③ 낯선 개나 낯선 동물에게 거부감을 느끼지 않게 해주기
④ 낯선 환경, 낯선 냄새, 낯선 소리 등 다양한 경험을 자연스럽게 접하게 해주기
⑤ 사람의 손을 비롯한 신체를 물지 않게 하기
⑥ 단, 사회화기에는 아직 예방접종 다 끝나지 않았으니 훈련자는 교육을 진행하는 장소, 주변 사람, 주변 동물, 주변 환경 등을 주의해야 하며 질병에 노출되지 않도록 청결 및 관리에 힘써야 한다.

(3) 사회화 교육 방법

- **사람**: 최대한 다양한 사람들을 만나고 접촉하도록 사회화해야 한다. 성별, 신체 크기, 외모, 옷차림, 말투, 직업, 몸짓 등 다양한 상황을 연출하여 경험시켜주는 것이 좋다.
- **동물**: 견종에 따라 강아지가 16주 되기 전에 여러 장소에서 약 백 마리 이상의 개들과 사회화해야 한다. 느긋한 개, 에너지가 많은 개, 활력이 넘치는 개, 불안한 개, 다른 개에게 끊임없이 접근하는 개 등 당신이 만날 수 있는 최대한 다양한 나이, 크기, 노는 방식, 색깔 그리고 견종을 사회화하도록 노력하는 것이 좋다. 이때 모든 만남을 바로 옆에서 진행할 필요는 없다. 강아지가 받아들일 수 있는 정도의 거리에서부터 시작하여 점차 거리를 좁혀나가는 것이 좋다.
- **핸들링**: 강아지의 안전과 행동을 위해 사람이 만지는 것을 강아지가 편안하게 느끼도록 배우는 것이 중요하다. 핸들링은 강아지의 안전과 행동을 위하는 일이고, 개를 만질 때 사람의 안전을 위한 일이기도 하다.
- **소리**: 강아지는 사람보다 훨씬 더 민감한 청각을 가지고 있다는 것을 기억해야 한다. 먹이나 놀이처럼 즐거운 것과 긍정적인 연관을 갖도록 다양한 소리를 사회화해야 한다.
- **장소나 경험**: 개를 주로 데리고 가야 할 환경을 정해서 그러한 장소부터 사회화를 시작하는 것이 좋다. 동물병원, 애견미용실, 엘리베이터, 펫숍, 애견호텔, 애견운동장 등 다양한 장소를 미리 탐색하고 즐겁게 경험시켜주도록 한다.
- **표면**: 강아지는 다양한 표면을 걸어보는 것이 중요하다. 종종 강아지를 너무 안고만 다녀서 다양한 표면을 발바닥으로 느끼는 경험을 놓치게 된다. 마른 땅, 젖은 땅 풀밭, 시멘트, 장판, 대리석, 매트, 모래 등 다양한 바닥을 경험해주는 것이 좋다.

3) 복종 훈련

펫시터와 도그워커는 반려견을 보살피고, 돌보기 위해 필요한 수준의 기초적인 복종 훈련 능력을 겸비해야 한다.

(1) '이리와' 훈련

리콜 훈련이라고도 하는 '이리와' 훈련은 반려견을 부르면 즉시 오도록 만드는 훈련으로 산책이나 위험한 상황에서 개를 안전하게 지키고, 위급한 상황에서 통제력을 유지하는 데 도움이 되는 필수 기술이다.

- **지시어 선택**: 훈련에 지속적으로 사용하게 될 지시어는 '이리와' 또는 '여기'와 같이 기억하기 쉬운 단어를 선택한다.
- **긍정강화**: 긍정적인 강화 방법의 사용은 반려견 훈련에 매우 중요하다. 개를 부를 때마다 당신에게 오면 반드시 간식이나 장난감, 음성 칭찬 및 강화물을 사용해서 개를 칭찬하고 보상하도록 한다.
- **실내에서 시작**: 초반에 '이리와' 교육을 진행할 때는 방해 요소가 없는 조용한 환경이나 실내에서 훈련을 시작하는 것이 좋다. 개에게 리드줄을 해주고, 개의 이름을 부르며 '이리와'라고 지시어를 내린다. 개가 온다면 즉시 간식과 칭찬으로 보상한다.
- **거리 늘리기**: 반복적 부름에 개가 잘 온다면 점차적으로 당신과 개 사이의 거리를 늘리도록 한다. 몇 걸음 떨어져서 개를 부르는 것으로 시작해서 점차 거리를 늘려나가는 것이 좋다.
- **방해 요소 추가**: 개가 조용한 환경에서 안정적으로 기억할 수 있게 되면 장난감이나 간식과 같은 주의를 분산시키는 방해 요소를 추가하여 훈련을 진행한다. 점차적으로 다른 개나 사람과 같은 더 많은 산만함을 도입하고 긍정적 강화로 개를 불러들이는 것을 반복한다.
- **규칙적인 연습**: 습득한 행동을 일반화시키기 위해 실내 및 실외의 다양한 환경에서 정기적으로 회상 훈련을 연습하도록 한다.
- **긴 목줄 사용**: 야외에서 훈련할 때는 긴 목줄을 사용하여 통제하도록 한다. 만일, 개를 불러도 오지 않으면 긴 목줄을 사용하여 회수하며 당신에게 온 것에 대해 보상한다.

(2) '앉아' 훈련

개에게 앉는 법을 가르치는 것은 펫시팅이나 도그워킹 과정 중 반드시 사용하게 될 가장 기초적이며 필요한 동작 중의 하나이다. 개가 앉도록 훈련하기 위해 따라야 할 몇 가지 단계는 다음과 같다.

- **장소 선택:** 거실이나 뒷마당과 같이 조용하고 산만하지 않은 환경에서 훈련을 시작한다. 이러한 조용한 환경에서 동작이 익숙해진 후 점차 방해요인이 있는 장소로 학습된 행동을 일반화시킨다.
- **강화물 사용:** 좋아하는 강화물로 학습시키는 정적강화 훈련은 매우 효과적이고 인도적인 방법이다. 지시를 따랐을 때 보상해줄 수 있는 간식, 장난감 등을 미리 준비한다.
- **집중하게 하기:** 반려견의 이름을 불러 관심을 끌게 한 후, 개의 코앞에서 간식을 코앞에 보이며 집중하게 한다. 이때 개는 냄새를 맡을 수는 있지만 간식을 먹게 두어서는 안 된다.
- **간식 올리기:** 간식을 반려견의 코앞에서 천천히 강아지의 머리 위로 올린다. 반려견의 머리가 간식을 따라 윗 방향으로 올라가면 뒷다리가 낮아지고 자연스럽게 앉게 된다.
- **명령 내리기:** 개의 뒷다리가 땅에 닿자마자 '앉아'라고 말하고 간식을 주고 칭찬을 해준다. 반려견이 '앉아'라는 단어가 무엇을 의미하는지 정확하게 지시어를 인지할 때까지 이 동작을 여러 번 반복하는 것이 좋다.
- **간식 제거:** 사용하는 간식의 수를 점차 줄이고 대신 칭찬을 사용하도록 한다. 개가 지시어를 완벽히 이해하게 되면 간식을 단계적으로 중단할 수 있다.
- **반복 연습:** 같은 동작을 하루에 여러 번, 다른 여러 장소에서 반복하여 일반화시키며 강화하도록 한다.

(3) '엎드려' 훈련

개에게 '엎드려' 가르치는 것은 더 나은 의사소통을 하고, 개를 차분하게 만들며 위험 상황으로부터 개를 안전하게 지키는 데 도움이 되는 중요한 동작이다.

- **선행 동작:** '엎드려'를 시키기에 가장 좋은 선행 자세는 바로 '앉아'이다. 반려견의 이름을 불러 관심을 끌며 손을 살짝 위로 올리며 개를 앉게 만든다.
- **간식 내리기:** 간식을 반려견의 코앞에서 서서히 바닥으로 내리며 반려견의 팔꿈치가 바닥에 닿을 때까지 간식을 바닥에 고정시킨다.

- **명령 내리기:** 개의 팔꿈치가 땅에 닿자마자 '엎드려'라고 말하며 간식을 제공하고 칭찬해준다. 반려견이 '엎드려'라는 단어가 팔꿈치를 바닥에 닿게 하여 있는 자세라는 것을 이해할 때까지 이 동작을 반복한다.
- **간식 제거:** 사용하는 간식의 수를 점차 줄이고 대신 칭찬을 한다. 개가 '엎드려'라는 지시어에 동작을 완벽히 수행하면 간헐적으로 간식을 주며 점차 생략한다.
- **반복 연습:** 같은 동작을 하루에 여러 번 연습하고, 다른 여러 장소에서 반복하여 연습하며 일반화시키도록 한다.

(4) '기다려' 훈련

개에게 '기다려' 훈련시키는 것은 개가 도로로 달려가거나 차에서 뛰어내리는 것을 방지하는 데 도움이 되는 중요한 동작이다.

- **선행 동작:** 개에게 '기다려'를 훈련하기 좋은 선행 자세는 바로 '엎드려'이다. 개는 서 있거나 앉아 있을 때보다 엎드려 있을 때 가장 안전하게 오랜 시간 기다릴 수 있다.
- **장벽 사용:** 아기 문이나 몸과 같은 물리적 장벽을 사용하여 개가 앞으로 나아가지 못하도록 한다.
- **명령 내리기:** 단호하면서도 차분한 목소리로 '기다려'라고 말하고 수신호(예: 손들어 올리기)를 사용하여 명령을 강화한다.
- **몇 초 기다리기:** 개에게 'OK'나 '그만' 신호로 자유롭게 풀어주기 전에 몇 초를 기다렸다가 칭찬과 간식으로 보상해준다. 몇 초를 기다리면 보상을 주며 'OK'나 '그만' 신호로 움직일 수 있는 자유를 허용해준다.

- **대기 시간 늘리기**: 초반에는 몇 초만 기다려도 보상을 주다가 점차 시간을 늘려가며 강화한다.
- **거리 늘리기**: 초반에는 반려견이 움직이면 바로 통제할 수 있는 가까운 거리에서 기다리게 하다가 점차 개와 거리를 두어도 개가 움직이지 않고 기다리는 자세를 유지할 수 있도록 난이도를 높인다.
- **방해 요소 추가**: 초반에는 흐트러지지 않고 집중할 수 있는 조용한 장소에서 시작하다가 점차 방해 요소가 많은 도로나 공원으로 옮기며 난이도를 높인다.

04 펫시터와 도그워커의 직업 분석

1) 펫시터, 도그워커의 요건

펫시터는 반려동물의 안전과 복지를 보장하기 위해 적절한 훈련과 교육이 필요하다. 펫시터에게 필요한 교육의 종류는 반려동물의 종류와 개체별 성향, 보호자의 요구 수준에 따라 상이하며 다양하다. 모든 펫시터가 기본적으로 갖추어야 할 필수 요건은 다음과 같다.

- **경험**: 무엇보다도 펫시터는 자신이 돌볼 동물에 대한 경험이 있어야 한다. 반려동물 주인으로서의 경험, 동물 보호소에서의 자원봉사 활동 경험, 타인의 반려동물 돌봄 경험, 반려동물 관련 업체에서의 근무 경험 등이 필요하다.
- **지식**: 자신이 돌보게 될 반려동물 종에 대한 지식, 행동학적 지식, 영양학적 지식 및 전반적인 사육관리에 대한 지식이 필요하다. 최상의 보살핌을 제공하기 위해서는 다양한 유형의 행동, 요구 및 필요조건, 선호도 등에 대해 잘 아는 것이 중요하다.
- **기술**: 배변, 산책, 펫티켓, 관리, 그루밍 등 전반적으로 반려동물을 다루고 사양관리할 수 있는 능력을 갖추어야 한다.
- **소통**: 비언어적인 동물과 상호교감을 통해 소통하며 반려동물이 표현하는 시각적·청각적·후각적 신호를 이해하고 소통하며, 동물이 종특이적 행동을 할 수 있도록 정서적 지원을 해준다.
- **대처**: 동물의 건강과 응급 치료에 대한 기본적인 이해가 있어야 한다. 반려동물의

일반적 건강에 대한 지식, 질병이나 부상의 징후를 인식하는 방법, 필요한 경우 기본적인 응급처치 방법이 포함될 수 있다. 또한 비상사태에 대비한 계획을 가지고 있어야 하며 비상시 수의사 또는 동물병원에 연락하는 방법을 알고 있어야 한다.

- **상담**: 반려동물의 의뢰인과 효과적으로 의사소통하여 반려동물의 상태에 대한 정보를 제공할 수 있어야 한다. 우수한 고객 상담 능력은 고객과 강력한 관계를 구축하고 재계약 가능성을 높이는 데 도움이 될 수 있다.

2) 사업 전망

반려동물산업이 지속적으로 성장하고 발전함에 따라 펫시터나 도그워커의 미래 전망은 밝다. 전반적인 반려동물 양육인구의 증가로 펫시터나 도그워커를 포함한 반려동물 돌봄서비스에 대한 수요가 증가할 것으로 보인다.

- **수요 증가**: 독신층과 1인 가구, 노인층이 늘어남에 따라 반려동물 돌봄서비스에 대한 수요가 증가할 것이다. 또한 점차 수많은 반려인이 동물복지의 중요성을 인지하게 됨에 따라 반려동물 돌봄서비스에 더 많은 비용을 지출할 것으로 보인다.
- **기술 발전**: 반려동물 의뢰인이 반려동물 돌봄서비스를 찾고 연결하는 데 도움이 되는 새로운 도구와 앱, 웹사이트, 기타 플랫폼 등 반려동물 산업에서 기술 사용이 계속 증가할 것이다. 이러한 기술의 발달은 사용자와 직업인 모두에게 상당한 편의를 제공하여 사용의 빈도수를 더욱 높일 수 있다.
- **업계의 전문화**: 반려동물 돌보기 서비스에 대한 수요가 증가함에 따라 업계는 더욱 전문화될 가능성이 높다. 여기에는 새로운 교육 및 인증 프로그램 개발과 산업 표준 및 모범 사례 수립이 포함될 수 있다.
- **서비스의 다양화**: 펫시터는 개 훈련, 행동 수정 및 기타 전문 관리를 포함하여 더 광범위한 서비스를 제공하기 시작할 수 있다. 이것은 펫시터를 다른 유형의 돌봄서비스와 차별화하고 반려동물 보호자에게 추가적인 가치를 제공하는 데 도움이 될 수 있다.

3) 펫시터와 도그워커의 공통점

- **반려동물 돌보기**: 펫시터나 도그워커는 의뢰인이 집을 비우거나 스스로 돌볼 수 없을 때 반려동물을 돌보는 역할을 한다. 그들은 먹이, 운동, 배변 시간과 같은 반려동

물의 기본 요구 사항이 충족되도록 한다.

- **동물에 대한 사랑**: 펫시터와 도그워커 모두 동물에 대한 사랑을 가지고 있으며 동물과 함께 시간을 보내는 것을 즐긴다. 그들은 다양한 종류의 반려동물 돌봄경험이 있기 때문에 다양한 동물을 보살필 수 있다.
- **유연성**: 반려동물 돌봄서비스와 개 산책 서비스는 일반적으로 반려동물 의뢰인의 요구에 맞는 유연한 서비스를 제공한다. 그들은 자신의 상황과 능력에 따라 단기에서 장기, 주간에서 매일 방문할 수 있으며 기본적인 돌봄과 산책 외에 추가 서비스를 제공할 수 있다.
- **커뮤니케이션**: 펫시터와 도그워커는 일반적으로 반려동물 의뢰인과 정기적으로 의사소통하며 반려동물을 관리하는 것이다. 반려동물과의 소통뿐 아니라 보호자와도 원활한 소통으로 반려동물 돌봄서비스를 제공한다.
- **안전점검**: 전반적으로 펫시터와 도그워커는 의뢰인이 자리를 비웠거나 스스로 돌볼 수 없을 때 반려동물의 건강과 안전을 보장하는 데 중요한 역할을 한다.

4) 펫시터와 도그워커의 차이점

펫시터와 도그워커 모두 반려동물을 돌보지만 두 역할 사이에 주요 차이점은 다음과 같다.

- **서비스 범위**: 펫시터는 먹이 주기, 놀이 시간, 투약 및 기타 돌봄서비스를 포함한 광범위한 서비스를 제공한다. 펫시터는 반려동물을 돌보면서 오랫동안 자신의 집이나 보호자의 집에 머물며 진행하지만, 도그워커는 주로 야외에서 운동과 배변 휴식에 초점을 맞추는 보다 제한된 서비스를 제공한다.
- **근무 시간**: 펫시터는 일반적으로 며칠 혹은 하루 등과 같이 장시간 동안 반려동물과 함께 있지만 도그워커는 일반적으로 약 30분~1시간 정도로 근무 시간이 짧다.
- **상호작용 수준**: 펫시터는 반려동물과 밀접하게 상호작용하여 개인화된 보살핌과 관심을 제공한다. 도그워커는 주로 운동과 산책에 초점이 맞추어져 있기에 상호작용이 펫시터보다 제한적일 수 있다.

예상문제

1. 펫시터의 주된 역할은 무엇인가요?

① 문제행동 발생시 행동수정
② 보호자 부재시 반려동물을 전반적으로 돌보는 역할
③ 보호자와 소통할 수 있도록 복종훈련 전담
④ 위생과 미용을 전담하는 그루머 역할

2. 펫시터와 도그워커의 가장 큰 차이점은 무엇인가요?

① 펫시터는 자신의 집에서 반려동물을 돌보고, 도그워커는 보호자의 집에서 반려동물을 돌본다.
② 펫시터는 보다 다양한 서비스를 제공하는 반면, 도그워커는 주로 산책과 운동에 중점을 둔다.
③ 펫시터는 개만 돌보고, 도그워커는 다양한 반려동물을 돌본다.
④ 펫시터는 면허가 반드시 필요하지만, 도그워커는 면허가 반드시 필요한 것은 아니다.

3. 자격증이 없거나 검증되지 않은 펫시터나 도그워커를 고용할 경우, 잠재적인 위험은 무엇입니까?

① 반려동물이 필요한 보살핌과 관심을 받지 못할 수 있다.
② 반려동물이 아프거나 다칠 수 있다.
③ 집이 도난이나 손상의 위험이 있을 수 있다.
④ 위의 모든 것

4. 펫시터 또는 도그워커가 자격을 갖추었는지 신뢰할 수 있는 사람인지 어떻게 확인합니까?

① 사용 후기 및 리뷰를 확인한다.
② 전문 교육이수 여부와 관련 자격증을 보여 달라고 요청한다.
③ 펫시팅, 도그워킹 경험 및 반려동물 사양관리 관리에 질문한다.
④ 위의 모든 것

5. 출장형 펫시터를 고용하면 의뢰인 입장에서 어떠한 장점이 있는지 모두 고르시오.

① 보호자의 집에서 서비스를 의뢰할 수 있다.
② 맞춤형 관심과 보살핌을 받을 수 있다.
③ 불특정 다수의 다양한 동물들과 함께 지내기에 사회성이 좋아진다.
④ 전문적인 훈련을 체계적으로 받을 수 있다.

정답 1. ② 2. ② 3. ④ 4. ④ 5. ①, ②

생각하고 토의하기

- 펫시터와 도그워커의 가장 큰 차이점은 무엇인지 토론하시오.
- 펫시터는 일반적으로 어떤 유형의 서비스를 제공하는지 조사하시오.
- 자격증이 없거나 교육을 받지 않은 펫시터나 도그워커를 고용할 경우, 잠재적인 위험은 무엇일지 토론하시오.
- 펫시터나 도그워커가 자격을 갖추고 신뢰할 수 있는 사람인지 확인할 수 있는 방법에 대해 조사하시오.
- 반려동물을 위해 펫시터 또는 도그워커를 고용하면 어떤 잠재적인 이점이 있을지 토론하시오.
- 펫시터와 도그워커가 근무 중 직면하게 되는 문제들은 무엇이며 어떠한 방법으로 극복할 수 있는지 토론하시오.
- 성공적인 펫시터 또는 도그워커에게 가장 중요한 기술과 자질은 무엇이라고 생각하는지 토론하시오.
- 펫시터와 도그워커의 미래 전망은 어떠할지 토론하시오.
- 자신이 펫시터와 도그워커가 되었다면 다른 경쟁자와 어떻게 차별화할지 차별화 전략에 대해 토론하시오.

2강

반려견유치원

학습 개요

- 반려견유치원의 전반적인 개념을 이해하고 설명할 수 있다.
- 반려견유치원에서 제공하는 서비스의 종류를 이해하고 분석할 수 있다.
- 반려견유치원 교사의 역할과 필요 역량을 이해하고 설명할 수 있다.
- 반려견유치원에서 필요한 훈련을 이해하고 시행할 수 있다.
- 반려견유치원에서 발생할 수 있는 사건 · 사고를 예방하고 대처할 수 있다.

01 반려견유치원의 개요

1) 반려견유치원의 이해

반려견유치원은 반려견을 위한 돌봄(Care)서비스를 기반으로 하는 개 전용 돌봄 시설(Dog day care center)로 어린이집 및 어린이유치원과 많은 유사점을 공유한다. 주 이용 고객은 직장이나 학교 등의 이유로 고정적으로 오랜 시간 집을 비우거나 일정이 있는 반려동물 보호자이다. 특히 우리나라의 경우 경제활동을 위해 반려견을 돌보지 못하는 가정이 대다수이기 때문에 돌봄서비스의 필요성은 점차 증가하고 있다. 초기 단순 돌봄을 목적으로 운영되던 반려견유치원은 반려견을 위한 사회화 및 운동의 중요성과 분리불안 행동의 위험성 등 개의 정상행동 발달에 대한 인식이 높아짐에 따라 교육서비스까지 가미하며 상당한 성장을 이루고 있다. 이러한 사회적 현상에 맞추어 현대의 반려견유치원은 단순 돌봄서비스를 넘어서 위생관리, 사회화 및 놀이 서비스, 문제행동교정 등의 다양한 프로그램을 제공해주고 있으며 심지어 원격 CCTV가 포함된 고급 스위트룸 숙박과 재활 및 수의 진료와 같은 특별한 서비스를 제공하는 시설도 생겨나고 있다. 반려견유치원의 이러한 변화는 동물을 대하는 반려인의 의식변화와 관련 산업의 전문화를 엿볼 수 있다.

Dog day care center 출처: AKC, DSPCA

2) 반려견유치원의 유래

1980년대 미국에서 여성들의 노동 시장 진입 증가에 따라 맞벌이 가구가 증가하게 되고, 낮 동안 개를 돌보거나 맡길 장소가 필요해지면서 유치원 개념의 반려견 돌봄서비스가 사업화되기 시작하였다. 『뉴욕타임스(New York Times)』에 의하면 1987년 뉴욕의 조셉 스폰(Joseph S. Sporn)이 설립한 'Yuppie Puppy Pet Care Center'가 최초의 현대식 반려견 유치원으로 알려져 있다. 스폰은 수의사가 될 목적으로 동물병원에서 수의테크니션을 시작하였지만, 오히려 하네스(Harness) 등 다양한 관리 용품을 개발 및 반려견 돌봄 사업으로 수백만 달러 규모의 사업체로 성장시켰다.

PUPS IN DAY CARE . . .

Everything my dog needs to know he learned in kindergarten

조셉 스폰(Joseph S. Sporn) 관련 기사와 판매 용품 출처: sporn company

02 반려견유치원 교사의 역할

반려견유치원에서 근무하는 교사는 앞서 배운 펫시터의 역할과 도그워커의 역할을 포함하고 있으며 반려견유치원의 커리큘럼과 운영방침에 따라서 픽업 서비스, 타견과의 사회화훈련, 도그 피트니스, 소풍 서비스 등 기존 돌봄서비스에서 조금 더 확장된 임무와 역할을 수행하고 있다. 일반적인 반려견유치원 교사의 역할은 다음과 같으며, 펫시터 및 도그워커와 공통되는 사항은 생략하였다.

반려견유치원 교사를 위한 노트

반려견유치원 이용시 주의사항

한두 가정의 개를 돌보는 펫시터와 다르게 반려견유치원 교사는 여러 가정에서 방문하는 다양한 개를 한 공간에서 보살피는 역할을 한다. 반려견유치원의 운영방침에 따라 다르지만 초소형견부터 초대형견까지의 다양한 견종 및 성격을 가진 개체들이 한 공간으로 모이는 시스템이기 때문에 돌발적인 사고가 일어날 확률이 높다. 따라서 반려견유치원 교사는 개의 그룹 관리 및 행동 특성에 대하여 높은 수준의 지식과 지혜를 가지고 있어야 한다.

- **사양관리**: 반려견유치원은 기본적으로 돌봄 시스템이 기반인 시설이다. 반려견유치원 교사는 다양한 가정에서 오는 반려견의 개별적 성향과 견종의 특징을 이해하고, 보호자의 요구사항을 반영하여 적절한 시간대와 방법으로 사료 및 물을 제공할 수 있어야 한다. 여러 마리의 개가 함께 있을 때 간식이나 사료의 급여는 자칫 싸움으로 이어질 수 있으므로 특히 주의한다. 반려견유치원 시설에 처음 방문하는 개는 대개 적응 시간을 갖는 동안에 식욕이 떨어져 있을 가능성이 크다. 따라서 시설에 처음 방문한 개가 보호자가 준비해준 음식을 먹지 않는

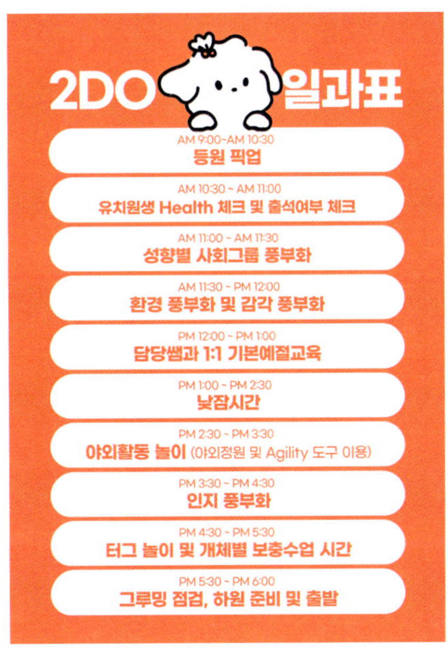

출처: 2Do educarecenter

다면 강제로 급여하려 하지 말고 시간적 여유를 가지고 유심히 지켜보며 자연스러운 적응을 도와주어야 한다.

- **커뮤니케이션:** 반려견유치원에서 보호자와의 의사소통은 매우 중요한 영역이다. 보호자에게 전달받은 정보와 반려견유치원 교사가 직접 관찰한 내용 간 차이가 발생할 때 문제는 발생한다. 반려견유치원 교사는 보호자에게 담당견의 평소 성향 외에도 주의해야 할 행동이나 음식, 타견 또는 타인과의 관계, 건강상 특이사항, 방문 전 발생한 이슈 등 개를 관리할 때 필요한 정보를 자세히 수집하여 보호자에게 전달해야 한다. 개를 관리하는 동안 절뚝거림, 상처, 설사, 콧물, 위축된 행동, 공격행동 등을 발견할 시 그 즉시 보호자와 소통하여야 한다. 누군가에게 자신의 반려견을 맡긴 보호자는 개에게 발생할 수 있는 사고와 문제들에 대하여 항시 걱정하기 마련이다. 따라서 반려견유치원 교사는 특별한 사고나 문제가 발생하지 않더라도 담당견이 잘 적응하고 다른 개들과 잘 어울리는지 지속적으로 확인하고, 반려견의 사진이나 동영상을 보호자에게 전달하여 보호자가 안정감을 가질 수 있도록 배려해야 한다.
- **휴식:** 반려견에게 편안하고 안정적인 휴식은 신체적·정신적 건강을 위해 필수적이다. 반려견유치원은 낯선 환경, 낯선 개들, 낯선 사람들이 함께 모여 있는 공간이기 때문에 처음 유치원을 이용하는 개는 환경에 적응할 수 있도록 충분한 시간과 도움을 제공해야 한다. 충분한 휴식을 취하지 못한 개는 피로로 인한 면역 기능의 저하, 인지능력의 저하, 근육의 긴장 등 다양한 문제가 발생할 수 있다. 특히 예민하고 사회성이 떨어지는 개는 다른 개나 사람들의 작은 움직임에도 휴식을 취하지 못할 수 있으니 편히 쉴 수 있는 조용하고 독립적인 공간을 마련해주는 것이 좋다. 평소 보호자의 집에서 사용하던 크레이트(켄넬)나 방석 등을 유치원에 마련해놓으면 휴식에 도움이 될 수 있다.

함께 휴식 중인 개들
출처: Dogiedaycareandmore

- **운동:** 운동은 반려견유치원을 이용하는 보호자들이 가장 선호하는 요구 사항이다. 운동은 유치원의 시설에 따라 실내 운동과 실외 운동으로 나뉜다. 각각의 개체마다 운동 요구량과 선호 방식이 다르므로 모든 개에게 같은 프로그램을 구성하기보다

비슷한 유형의 개체별로 그룹 지어 프로그램을 구성하는 것이 좋다. 장난감 놀이를 이용한 운동은 여러 마리가 어울릴 시 자칫 싸움으로 이어질 수 있으니 주의하는 것이 좋다.

수영 놀이 출처: Lucky puppy

- **도그 피트니스 & 재활운동:** 운동의 연장선으로 도그 피트니스와 재활 프로그램을 운영하는 반려견유치원에서는 다양한 방법으로 개들의 재활을 돕는다. 적절한 형태로 도그 피트니스(Dog Fitness) 운동을 하면 개의 부상을 예방하거나 더 빨리 회복할 수 있다. 러닝머신(Treadmill)은 개에게 충격 없이 전신 운동을 할 수 있는 좋은 방법이다. 트릭 훈련, 도그 스포츠, 긴 산책 또는 하이킹 전에 러닝머신을 사용하여 개를 워밍업할 수 있다. 하이드로 테라피(Underwater treadmill)는 말 그대로 수중 요법을 의미하며 건강을 돕거나 개선하기 위해 물을 치료적으로 사용하는 것을 의미한다. 수중 운동은 부력과 저항력을 모두 제공하는 이점이 있어 관절에 스트레스를 주지 않고 근육을 강화하고 컨디셔닝 하며 지구력을 키울 수 있다. 뜨거운 물을 사용하면 혈관이 확장되고 관절과 근육이 이완되어 통증과 통증이 완화되고 상처 치유에 도움이 된다.

Dog Fitness
출처: AKC

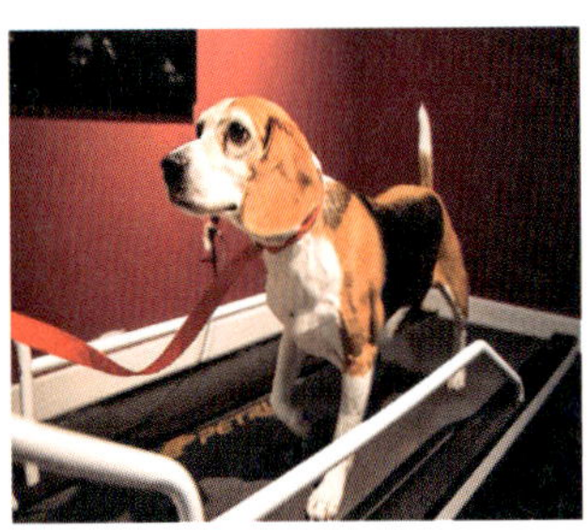

Treadmill
출처: AKC

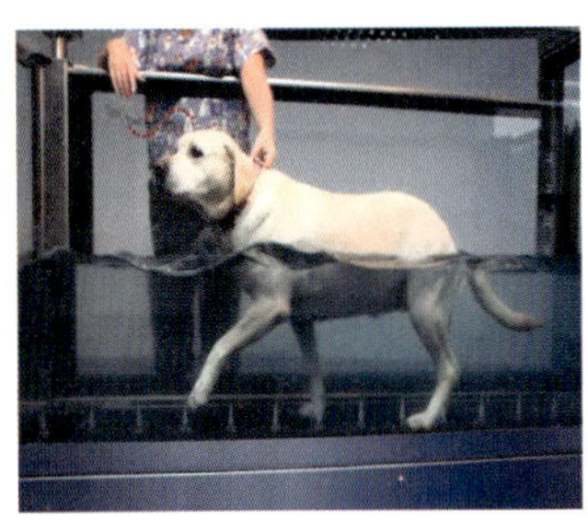

Underwater treadmill
출처: medicalexpo

- **사회화훈련:** 현대의 반려견유치원은 더 이상 돌봄서비스만을 제공하지 않는다. 반려견유치원을 이용하는 고객들의 목적 중 하나는 다른 개와의 어울림이다. 도심 속의 밀집된 주거공간에 거주하는 개들은 사회성이 떨어지는 경향을 보이게 되는데, 반려견유치원을 이용하면 자연스럽게 사회화 교육을 진행할 수 있다. 개는 사회적 동물로 다른 개와 어울리는 행위를 통해 고립감이 감소하고 정서적 안정감을 느껴 심리적 불안으로 인한 공격행동이나 회피행동을 예방할 수 있다. 다만, 사회화훈련이 되어있지 않은 개의 경우 다른 개들과 함께 어울리는 반려견유치원에서의 적응이 어려울 수 있으니 면밀한 관찰과 반려견유치원 교사의 적절한 개입 등의 도움이 필요하다.

다양한 견종과 어울림 출처: 2Do educarecenter

- **운행:** 반려견유치원은 바쁜 보호자들을 대신하여 '픽업 서비스(Dog pick up and drop off service)'를 제공하기도 한다. 최근에는 펫택시(Pet Taxi)의 발전으로 반려견유치원 자체적으로 픽업서비스를 제공하던 기존 방식에서 펫택시 업체와 협력을 맺고 보호자들에게 서비스를 제공해주는 반려견유치원 시설이 많아지고 있는 추세다. 가정에서 펫택시를 타고 반려견유치원 시설까지 오는 과정에서 개는 보호자와 떨어져서 낯선 상황을 접하게 된다. 이때 과격한 운전이나 자동차 내 큰 음악 소리, 흡연 등의 행동은 개에게 두려움을 느끼게 할 수 있으므로 펫택시 업체를 선정할 때는 운전기사 대상의 안전교육이 주기적으로 이루어지고 있는 업체를 선정하는 것이 좋다. 최근 상당수의 펫택시 업체는 반려견의 이동 과정을 실시간 CCTV 영상을 통해 보호자

와 반려견유치원 교사에게 제공해주고 있다.

강아지 픽업 서비스 출처: pawpals

- **소풍:** 반려견유치원에서 진행하는 소풍은 개들에게 재미있는 놀이이자 교육적 효과도 누릴 수 있는 유익한 경험이 될 수 있다. 특히 실내 시설만 보유하고 있는 반려견유치원의 경우 소풍은 실내 활동의 부족한 요소들을 채워줄 수 있는 중요한 활동이 된다. 반려견들과 소풍을 갈 때는 안전한 장소를 선택하는 것이 무엇보다 중요하다. 해당 장소에 울타리가 있는지, 전기 코드나 전선 등 위험 요소는 없는지, 바닥이 딱딱하거나 매끄럽지 못하지는 않은지, 온도는 적절하거나 별도의 쉼터가 있는지, 위생 및 청결은 관리가 잘 되어있는지, 직원이나 다른 사람들로부터 안전함을 확보할 수 있는지 등을 확인해야 한다. 사회성이 부족한 개들은 보호자가 아닌 사람과 함께 차를 타고 이동하거나 낯선 장소에 가는 것이 두렵게 느껴질 수도 있으므로 사회성이 좋은 개들과 그렇지 않은 개들을 구분하여 그룹화하고 관리하는 것이 중요하다. 또한 낯선 환경에서는 예측하지 못한 돌발 상황이 발생하기 쉬우니 사건·사고를 예방하기 위하여 개들의 활동과 주변 환경을 면밀하게 관찰할 인력을 충분히 배치해야 한다.

안전한 시설에서의 단체 소풍 출처: Banibunny

03 성공적인 반려견유치원 운영

최근 반려견유치원 창업을 희망하는 사람들이 크게 증가하고 있다. 상당수의 사람들은 반려견유치원을 개와 놀아주며 돈을 버는 쉬운 사업이라 생각한다. 물론, 동물을 좋아하는 사람에게 다양한 종류의 개를 돌보는 일은 보람차고 즐거운 일이지만, 반려견유치원 역시 하나의 사업체로 크고 작은 어려움이 존재하기 마련이다. 이에 성공적으로 반려견유치원을 운영하기 위해서 어떠한 점을 준비해야 하는지 살펴보도록 하겠다.

1) 다양한 프로그램의 개발과 운영

반려견유치원의 운영은 이제 단순히 개를 돌보는 서비스만으로는 충분하지 않다. 반려동물을 가족처럼 여기는 펫휴머니제이션(Pet Humanization)이 도래된 시대에서 보호자들은 자신의 반려견의 행복을 위하여 높은 수준의 돌봄서비스를 포함한 다양하고 전문적인 프로그램에 기꺼이 돈을 지불할 준비가 되어있다.

펫휴머니제이션 시대 - 반려견의 생일파티 출처: Nurida

수준 높은 돌봄서비스와 다양한 프로그램을 개발하고 운영하기 위해서는 개를 좋아하는 마음으로는 충분하지 않고, 보다 높은 수준의 통찰력과 경험이 필요하다. 그렇다고 각 프로그램마다 자격을 갖춘 전문가를 반려견유치원 교사로 채용한다면, 이는 곧 높은 급여비용으로 인한 수익성의 감소를 의미함을 염두에 둬야 한다.

다양한 프로그램의 스케쥴표 예시 출처: Nurida

2) 현대식 시설과 위치

반려견유치원 시설에 대한 보호자들의 기대 수준은 점차 높아지고 있다. 초기 반려견유치원은 보호자들의 높은 수요 대비 낮은 기대 수준이 형성되어 있었기 때문에 위탁형 펫시터와 같이 가정집이나 일반 사무실 등의 시설에서도 운영이 가능했다. 하지만 반려동물에 대한 인식의 변화와 반려동물 산업의 트렌드가 성장함에 따라 점차 청결하고 넓은 실내·외 시설은 물론 미용시설, 훈련시설, 놀이시설, 수영시설, 간호시설 등 다양하면서도 전문적인 시설을 구비하여 경쟁력을 갖추는 반려견유치원이 증가하고 있다. 이는 곧 업계 간 경쟁을 야기하여 반려견유치원 사업의 초기 투자비용이 증가하게 되었다.

반려견유치원은 무엇보다 접근의 용이성을 고려해야 하지만 반대로 반려견으로 인한 소음, 냄새, 안전사고 등의 민원 역시 고려해야 한다. 실제 반려견유치원 운영 시 소음 및 냄새 등의 이유로 도심지역 이웃 주민들과 마찰이 빈번하게 발생한다. 이러한 제한사항들을 충분히 숙지하고 보호자들의 높아지고 있는 기대 수준을 만족시킬만한 해당 반려견유치원만의 강점을 찾아 경쟁력을 갖추는 것은 무엇보다 중요해졌다.

실시간 동영상(Live streaming Cam) 제공 서비스 출처: park9dogs

3) 고객 대응 능력의 개발

보호자를 설득하고 만족시키는 것은 어찌 보면 서비스의 제공자에게 가장 중요한 능력이라 할 수 있다. 자기 개를 돌보는 것과 비용을 받고 타인의 개를 돌보는 것과는 상당한 차이가 있다. 처음 시설에 방문한 보호자나 개의 성향을 단시간에 파악하고 보호자에게 어떠한 방식으로 개를 관리하고 교육할지 등을 설명하려면 상당 수준의 전문지식과 대화기술이 필요하다. 실제 유치원에 방문하는 개들은 사회성이 부족하거나 예민하고 공격성을 보이는 개들도 있을 수 있다. 만약 까다로운 개가 반려견유치원 이용을 원할 때 반려견유치원 교사는 자신 혹은 다른 직원들의 능력으로 관리가 가능한 수준인지 파악해야 한다. 만약 돌봄과 교육이 어려운 개의 경우, 보호자에게 솔직하되 정중한 태도로 거절을 표현해야 한다. 보호자에게는 누구보다 사랑스러운 반려견이기 때문에 입학 거절을 받아들이는 것에 대해서 상당한 불만을 표할 수 있다. 보호자의 과격한 표현에도 교사는 보호자의 입장을 헤아리고 공감하려는 노력이 필요하다. 고객의 불만족스러운 후기(review) 하나가 향후 나비효과가 되어 예측하지 못한 피해를 불러오기도 하므로 주의하는 것이 좋다.

반려견유치원 운영을 위한 노트

반려견유치원 창업 과정

① **현황 조사:** 해당 지역의 반려견 돌봄서비스 시장을 이해하기 위해 경쟁업체와 반려견 관련 업체 및 공공시설, 잠재고객의 연령대와 인구수 등 철저한 조사를 수행한다.

② **위치 조사:** 이용고객이 쉽게 접근할 수 있고 개가 놀고 쉴 수 있는 충분한 공간이 있는 위치를 선택해야 한다. 또한 반려견을 기르는 보호자는 대개 차량으로 이동을 하기 때문에 주차 공간의 확보도 중요한 요소다.

③ **법적 요구 사항:** 반려견유치원 운영에 관한 현지 법률 및 규정을 확인한다. 시설의 허가를 위한 방법이나 운영하는 데 필요한 면허 등 반려견유치원 운영에 관한 법률 및 규정을 확인한다.

④ **사업 계획 수립:** 반려견유치원 시설의 사명과 비전, 목표 시장, 제공 서비스, 가격 책정 및 마케팅 계획을 포함하는 상세한 사업 계획을 수립한다.

⑤ **시설 설계:** 반려견의 편안함과 안전을 염두에 두고 시설을 설계한다. 보호자 상담 공간, 놀이 공간, 휴식 공간 및 청소 구역의 배치를 고려해야 한다. 특히 상담을 위해 낯선 사람들이 개들의 휴식 공간이나 놀이 공간에 들어오지 않도록 동선을 구성해야 한다.

⑥ **직원 배치:** 개를 돌본 경험이 있고 개의 관리와 훈련과 관련된 자격이 확인된 직원을 고용하는 것이 좋다. 개의 행동, 영양 및 위생에 대한 적절한 지식을 가지고 있는지를 확인하고, 보호자 응대를 위한 자신감도 중요한 요소다.

⑦ **마케팅:** 온/오프라인 광고, 소셜 미디어 및 입소문 등을 통해 반려견유치원을 홍보한다. 신규 고객을 유치하기 위해 할인, 체험 등의 이벤트를 시행하는 것도 방법이다.

반려견유치원을 운영하기 위해서는 많은 노력이 필요하지만, 개를 좋아하고 보호자와 의사소통에서 즐거움을 얻을 수 있다면 즐거움과 성취감 등을 다른 직업보다 더 많이 느낄 수 있는 만족스러운 일이 될 수 있을 것이다.

04 반려견유치원의 장단점

1) 반려견유치원 교사 입장에서의 장점

- **다양한 견종:** 일반적으로 반려견유치원은 펫시터와 도그워커에 비해 다양한 견종과 다양한 성격의 개를 경험할 기회가 더욱 많다. 다양한 견종을 접하는 것은 이론으로 배우는 것보다 그 견종에 대한 실질적인 이해를 돕는 좋은 기회이다. 또한 반려견유치원에 오는 개들은 반려견훈련소에 오는 개들보다 상대적으로 문제행동이 덜 하고, 사회성이 좋아 보다 쉽게 친해질 수 있는 장점이 있다.
- **업무의 난이도:** 반려견유치원은 돌봄서비스에 기반을 둔 교육 기간이기 때문에 기본적인 사양 관리 및 사회화, 예절교육에 중점을 둔다. 주 업무는 유치원을 이용하는 개들이 놀이와 훈련을 통해 긍정적인 경험을 촉진할 수 있도록 도와주는 것이다. 그래서 훈련이나 문제행동교정을 목적인 반려견훈련소에 비해서 상대적으로 업무의 난이도가 낮은 편이라 부담감이 덜하다.
- **위치:** 보호자의 집으로 직접 방문하여 업무를 진행하는 펫시터에 비해 반려견유치원은 정해진 위치에서 고정적인 업무를 수행하기 때문에 일관되게 업무를 진행할 수 있다. 또한 반려견훈련소에 비해 비교적 도심지에 위치하고 있어 출퇴근이 용이하다.

2) 반려견유치원 이용고객 입장에서의 장점

- **전문성:** 반려견유치원은 반려견에 대한 전문지식과 기술을 갖춘 교사와 다양한 프로그램을 갖추어 구조적으로 시스템화되어 있다. 이렇게 전문성을 가진 반려견유치원의 특징은 자신의 반려견이 최상의 보살핌을 받기를 원하는 보호자에게 심리적 안정감을 제공할 수 있다.
- **사회화:** 개는 사회적 동물이기 때문에 타견 및 타인과의 상호작용을 통해 심리적 만족감을 얻는다. 반려견유치원은 개별 관리를 하는 펫시터에 비해 여러 마리의 개들과 어울릴 수 있는 기회가 많아 반려견의 사회성을 향상하는 데 도움이 된다.
- **활동량:** 반려견유치원에서는 개를 위한 다양한 프로그램을 통해 신체적 활동을 제

공하여 개의 신체를 활동적이고 건강하게 유지하는 데 도움을 준다. 특히 전문적인 관리자의 지도하에 가정보다 더욱 다양한 장비를 이용할 수 있어 개에게 안전하면서도 다양한 감각자극을 제공해줄 수 있다.

- **편의성**: 바쁜 일정에 지친 보호자를 대신하여 픽업 및 전반적인 돌봄서비스를 제공하므로 자칫 혼자 혹은 무관심하게 남겨질 수 있는 반려견을 안전하고 즐겁게 돌볼 수 있는 편리한 해결책이 될 수 있다.

다양한 놀이 프로그램 출처: Nurida

3) 반려견유치원 교사 입장에서의 단점

- **자기성장**: 반려견훈련사에 비해 큰 문제행동을 가진 개들을 접할 기회가 많지 않아 전문적인 행동 분석이나 난이도 높은 훈련 기술을 연마하기 어렵다. 늘상 비슷한 수준의 개를 접하기 때문에 쉽게 안일함에 빠질 수 있다.
- **보호자 응대**: 사람을 상대하는 일은 언제나 예측 불가능한 어려움을 동반한다. 특히 점차 가족보다 더 소중해지는 반려견과 관련된 이슈는 보호자와의 의사소통에서 사소한 오해가 큰 문제로 이어지기도 한다. 특히 소수만 상대하는 펫시터와에 비해 다수의 개를 관리하면서 각각의 보호자와 소통하는 것은 상당한 인내심이 요구되는 일이다.
- **책임감**: 반려견유치원 교사는 반려견들의 건강과 안전에 대한 책임이 있다. 자신이 관리하는 개가 많다는 것은 그만큼의 사고 위험이 따를 수 있다는 것이다. 한순간의 예상치 못한 사고로 반려견들이 부상을 입거나 병에 걸릴 수 있기 때문에 늘 예민하게 신경을 써야 하는 등 책임감과 압박감에 시달리기 쉽다.

4) 반려견유치원 이용고객 입장에서의 단점

- **비용부담**: 반려견유치원은 펫시터나 비해 추가적인 비용이 발생할 수 있다. 유치원 통학서비스, 유치원물품 구입, 수제간식, 특별 교육프로그램, 소풍 등 다양한 옵션을 선택하게 된다면 상당 수준의 추가 비용을 지불할 수 있다.
- **사고 위험**: 여러 마리가 함께 지내는 공간에서는 가정환경에 단독으로 있는 개보다 질병 또는 부상에 더 취약하다. 반려견유치원은 일반적으로 질병 및 부상의 확산을 방지하기 위해 별도의 예방조치를 취하지만 보호자 입장에서는 사건 · 사고에 대한 불안한 심리가 작용할 수 있다.
- **동물 학대**: 최근 반려동물 종사자에 의한 동물학대 소식이 자주 보도되고 있다. 동물은 말을 하지 못하니 보호자가 이를 알아차리는 데 시간이 걸릴 수 있다. 유치원 교사와 두터운 신뢰관계가 형성되기 전까지 보호자는 자신의 반려견도 학대를 당할 수 있다는 의심과 불안함을 느낄 수 있다.

반려견유치원 운영을 위한 노트

반려견 돌봄시설에서 발생하는 사건 · 사고

반려견을 돌보는 반려견유치원, 애견훈련소, 애견호텔, 애견카페, 애견미용실 등의 시설에서는 종종 발생되는 사건 · 사고로 인하여 대중들에게 이슈화되곤 한다. 개는 대개 호기심이 많고 충동적이며 활동적이기 때문에 사고와 부상으로 이어지기 쉽다. 다음은 흔히 발생하는 사건 · 사고의 유형이다.

- **신체 부상**: 개는 종종 달리고 뛰고 급하게 회전하거나 급하게 멈추기 때문에 다리의 염좌, 골절, 근육 긴장과 나뭇가지를 비롯한 뾰족한 물체에 찔리거나 베이는 등의 외상으로 이어지는 경우가 많다.
- **이물질 섭취**: 개는 호기심 또는 스트레스로 인한 행동으로 구강 행위를 하기도 한다. 개가 머물거나 활동하는 장소의 담요, 벽지, 장난감, 뼈 등의 이물질을 삼켜 내상으로 이어지는 경우도 많다.
- **체온 조절**: 개는 열의 배출이 어려운 동물이기 때문에 평소 온도와 습도를 잘 맞추어주고, 충분히 수분공급을 해주어야 한다. 특히 여름철의 경우, 짧은 순간에 일사병이나 열사병으로 이어지기 쉽다.
- **관리 부주의**: 위와 같은 이유로 개는 물건이 아닌 살아 움직이는 생명체이기에 안전을 위해 면밀한 관리 · 감독이 필요하다. 흥분한 개를 통제하지 않거나 스트레스 관리를 올바르게 하지 못하는 등 관리 · 감독이 부적절하면 사고의 발생률을 높인다.

- **부적절한 안전 조치:** 반려견 돌봄시설은 안전하고 편안한 휴식 공간과 사고를 예방하기 위한 별도의 안전 조치가 필요하다. 주기적인 시설관리가 이루어지지 않을 때 사고의 발생률은 높아진다.
- **동물학대:** 일부 자격과 자질이 검증되지 않은 종사자의 돌봄이나 훈련, 미용은 개에게 부적절한 학대로 이어질 수 있다.

우리나라의 경우 2018년 동물보호법이 신설되면서 동물위탁관리업 시설에 CCTV 설치를 의무화하였다. 2021년에는 미용업 시설에도 CCTV 설치가 의무화되면서 반려동물의 관리에 대한 법적 규제가 늘어나고 있다. 중요한 것은 사건 · 사고가 발생하지 않아야 한다는 것이므로, 개와 관련된 업에 종사하는 사람은 관리와 훈련, 미용 등의 업무를 능숙하게 할 수 있는 자격과 자질을 갖추어야 한다. 개와 관련된 업무의 우수한 자질은 풍부한 이론 및 경험지식에서 나온다.

05 반려견유치원을 위한 개인기 훈련

반려견유치원에서 보호자의 만족도가 높은 프로그램 중 하나인 '개인기 훈련 프로그램'은 반려견과 사람 사이에 긍정적인 상호작용이 이루어지므로 유대감을 증진시키고, 반려견의 뇌와 신체 근육을 자극하여 정서적 · 신체적 건강 모두에 도움이 되는 장점을 가지고 있다. 또한 보호자에게는 반려견유치원 교사와 반려견 사이의 유대감을 확인함으로써 심리적 안정감을 얻을 수 있고, 반려견의 귀엽고 앙증맞은 행동을 동영상으로 확인하여 즐거움을 느낄 수 있으므로 반려견과 보호자 모두에게 긍정적인 효과를 주는 유용한 프로그램이다.

1) '빵야' 훈련

반려견이 바닥에 옆으로 누워있는 모습을 마치 '총에 맞고 쓰러지는 동작'처럼 연출하여 개인기로 훈련시키는 '빵야' 훈련은 재미와 더불어 동물병원에서 반려견의 복부를 노출시켜야 하는 초음파 검사나 X-ray 촬영 시 사용할 수 있는 실용적 훈련이기도 하다.

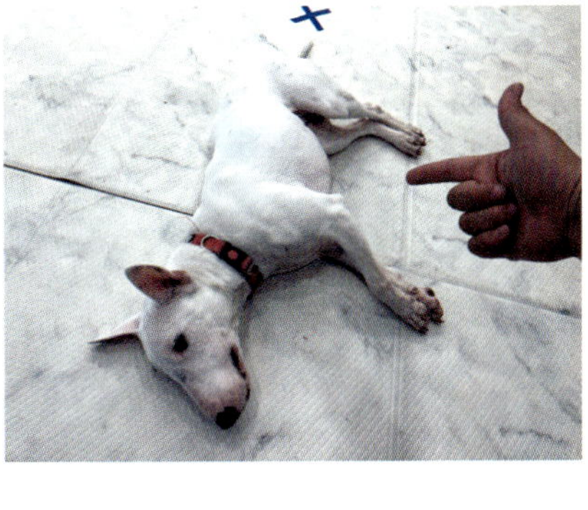

- **선행 동작:** '빵야' 훈련을 가르치기 전, 개가 '엎드려서 기다려' 동작을 수행할 수 있어야 수월한 훈련 진행이 가능하다.
- **지시어 선택:** 일반적으로 '빵', '빵야'와 같은 명령어를 사용하지만 '누워', '쉬어'와 같은 명령어를 사용하기도 한다.
- **강화물 선택:** 눕는 동작은 개의 약점인 복부 부위가 노출된다는 점에서 개가 두려워하는 동작이므로 강제성을 띠는 훈련을 적용할 시 강한 거부반응이 나타날 수 있다. 따라서 '빵야' 훈련은 '음식물'을 이용한 루어링 기술을 이용하여 강아지가 스스로 눕는 동작을 이해할 수 있도록 도울 수 있고, 건사료보다는 조금씩 뜯어 먹을 수 있는 수분함량이 있는 간식 종류를 이용하는 것이 동작을 유도하기에 유리하다.
- **모양 만들기:** 루어링을 이용해 개의 입이 손을 쫓아오는 상태에서 손을 아래로 내려 '엎드려' 자세를 만든다. 개가 엎드린 상태에서 손을 조금씩 반려견의 옆구리를 향해 움직인다. 개의 얼굴이 옆구리를 향하게 되면 자연스럽게 개가 옆으로 눕는 모양이 나오게 된다. 단, 한 번에 배를 보이고 눕는 모양을 만드는 것이 아니라 단계적으로 조금씩 모양을 만들어가야 개가 느끼는 두려움을 극복시킬 수 있다.
- **명령 내리기:** 루어링을 이용해 개가 배를 보이고 눕는 것에 거부감을 보이지 않는다면 루어링 동작에 원하는 명령어를 붙여주어 점차 명령어에 의해 눕는 동작을 할 수 있도록 반복 수행한다. 점차 손의 거리를 개의 머리로부터 멀어지게 하여 원격 명령이 가능하도록 반복 연습한다.

빵야의 응용 출처: 2Do educarecenter

- **기다려 조합:** 개가 명령어에 의해 눕는 동작을 시행할 수 있다면 기다려 훈련을 조합시켜 줌으로써, 누워있는 상태를 유지하게 하여 더욱 완성도 있는 개인기로 발전시킬 수 있다.

반려견유치원 교사를 위한 노트

루어링(Luring)이란?

루어링은 개가 특정 행동이나 동작을 가르칠 때 간식이나 장난감을 사용하여 따라 하기 쉽게 만드는 훈련 방법이다. 마치 루어낚시를 하듯이 강아지의 코앞에 간식이나 장난감 등의 강화물을 특정 방향으로 움직여 개가 따라오도록 한다. 이를 통해 기본 복종훈련에서부터 복잡한 트릭에 이르기까지 다양한 행동을 가르치는 데 사용할 수 있다. 강화물은 개가 원하는 행동을 하도록 격려하는 동기로 사용되며 개가 강화물을 따라가면 핸들러는 개가 원하는 결과에 점점 더 가까워지는 것에 대해 보상함으로써 점진적으로 행동을 형성하게 한다. 일단 성공적으로 동작이 만들어지면 강화물은 점차 제거되고 개는 강화물 없이도 명령에 따라 행동을 수행하는 방법을 배우게 된다. 루어링 훈련 기술은 개에게 성취감을 느낄 수 있게 만들어주는 긍정적 경험이며 개와 핸들러 사이에 유대감을 형성하는 데 도움이 되므로 효과적인 방법이다.

2) '기어' 훈련

마치 포복을 하는 듯 보이는 '기어' 훈련은 다른 개인기들에 비해 쉽고 빠르게 가르칠 수 있는 동작이기 때문에, 비교적 개에게 쉽게 성취감과 유대감을 느끼게 해줄 수 있으며 정지된 상태에서의 정적인 개인기가 아니라 움직임이 병행되는 동적인 개인기라는 특징이 있어 개가 명령을 수행하는 것에 더욱 의욕적인 모습을 보이는 특징이 있다. 다만 훈련 시 강아지의 접촉면이 까지거나 다치지 않도록 부드러운 바닥을 선택하는 것이 중요하다.

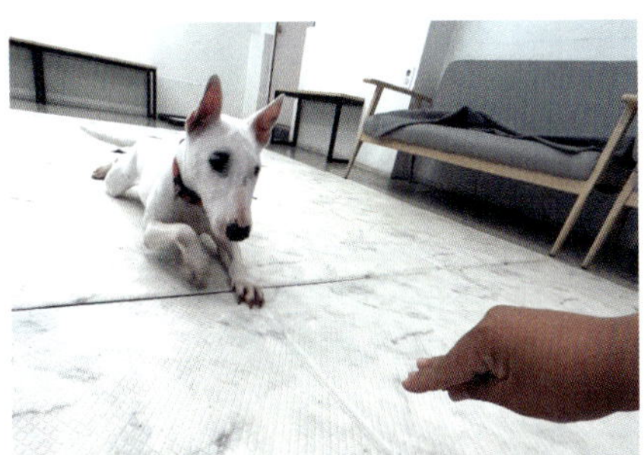

- **선행 동작:** '기어' 동작은 엎드려서 움직이는 동작이기 때문에 '기어' 훈련을 가르치기 전, 개가 '엎드려' 동작을 수행할 수 있어야만 '기어' 훈련이 가능하다.
- **지시어 선택:** 일반적으로 '기어' 단어를 사용하며, '기어와'나 '포복'이라는 명령어를 사용하기도 한다.
- **강화물 선택:** 낮은 자세를 유지하며 움직임을 만드는 개인기이기 때문에 너무 높은 수준의 욕구가 발생되는 장난감과 같은 보상은 자세가 흐트러질 가능성이 높으므로 권장되지 않으며, '빵야' 훈련과 마찬가지로 음식물을 사용하는 루어링 기술을 사용

하는 것이, 가장 쉽게 동작을 이어 나가도록 유도하기에 적합하다.

- **모양 만들기:** 먼저 '엎드려' 자세를 수행시킨 뒤, 루어링 하는 손의 높이를 개의 코 높이에 유지한 채 개로부터 멀어지게 한다. 개는 자연스럽게 손을 쫓아가기 위해 엎드린 자세에서 기는 행동을 보인다.
- **명령 내리기:** 손동작에 명령어를 붙여주며 '기어' 명령을 인지할 수 있도록 반복 수행한다. 개가 손의 높이에 맞춰 올라가려는 욕구가 강하게 발생되기 때문에, 손의 높이가 올라가도 엎드린 자세를 유지하며 동작을 실행하는 것이 중요하다. 손의 위치는 점차 개로부터 멀어져야 하고, 높이도 높아져야 한다.
- **행동 연쇄(chaining)하기:** '기어' 훈련이 숙달되면 '기어'와 '빵야'를 조합해 마치 포복으로 적에게 접근하던 중 총을 맞아 쓰러지는 짧은 스토리의 개인기로의 발전이 가능하다. 이렇게 여러 개인기를 조합하여 수행하도록 함으로써 개는 더 복잡하고 어려운 난이도의 과제를 수행하는 성취감을 느낄 수 있으며, 사람은 더욱 큰 재미와 즐거움을 느낄 수 있게 된다.

3) '인사' 훈련

마치 사람이 허리를 숙여 인사하는 것과 같이 개가 머리를 바닥으로 숙였다가 올리는 행동을 수행하게 하는 '인사' 훈련은 다른 개인기에 비해 행동의 유도가 어렵다. 훈련의 난이도는 높은 편에 속하지만, 실제로 보호자들이 가장 만족해하고 즐거워하는 개인기 중 하나다.

- **선행 동작:** 인사 동작은 앉아서 수행되므로 '앉아서 기다려'의 동작 수행이 선행되어야 수월한 '인사' 훈련이 가능하다.
- **지시어 선택:** '인사' 훈련은 일반적으로 '안녕하세요'라는 명령어를 사용하며, 이외에도 '안녕하십니까', '인사', '안녕히 가세요' 등 다양하게 연합 지어 여러 상황에 활용할 수 있다.

- **강화물 선택:** '인사' 훈련은 개가 쉽게 이해하기 어려운 행동이기 때문에 다른 개인기보다 많은 반복 연습이 필요하다. 따라서 씹지

않고 한입에 먹고 빠르게 다시 반복 수행을 할 수 있는 '크기가 작은 먹이'의 사용을 권장한다.

- **모양 만들기**: '인사' 훈련은 타겟(목표물)을 바닥에 놓고 타겟을 터치하도록 하거나, 타겟 없이 바닥에 먹이를 놓고 고개를 숙이는 행동 자체를 이해시키는 방법으로 훈련을 진행한다. 결과적으로 바닥의 타겟이나 먹이가 사라져야 하기 때문에 모양을 만들면서 명령어를 함께 붙여주는 것이 일반적이다. 발을 이용하거나 사람이 허리를 숙이는 등의 힌트 동작을 제시하면 개가 이해하기 쉬워 동작을 빨리 습득할 수 있다.
- **숙달 노하우**: 먹이가 바닥에 있다는 것을 개가 확신한다면, 훈련 도중 개에게 들키지 않게 먹이를 몰래 치운 뒤 행동 명령을 내리면 개는 확신에 의해 고개를 아래로 숙일 것이다. 이 타이밍에 개에게 칭찬을 제공한다면 개는 먹이 없이도 '고개를 숙이는 행위'가 칭찬을 제공받는다는 것을 이해할 수 있게 된다.

4) '차렷' 훈련

개가 엉덩이를 바닥에 붙인 상태에서 앞다리를 공중으로 들어 마치 '차렷' 모습과 유사한 형태를 보이는 '차렷' 훈련은 보통 개가 무엇인가 요구할 때 표현하는 '주세요' 동작과 유사하다. 이 자세는 뒷다리 근육에 도움을 줄 수 있지만, 허리에 부담을 주는 자세이기 때문에 오랜 시간 버티게 하는 것은 좋지 않으며, 육중한 체구의 견종은 이 자세를 연습하지 않는 것이 좋다.

- **선행 동작**: '차렷' 동작은 엉덩이가 바닥에 붙어있는 상태이므로 '앉아' 자세가 선행되어 있어야 훈련이 가능하다.
- **지시어 선택**: 일반적으로 '차렷'이라는 명령어를 사용한다.
- **강화물 선택**: '차렷' 동작은 개에게 익숙한 자세가 아니기 때문에 동작 수행에 사용하는 근육이 자리를 잡을 때까지의 시간이 필요하다. 따라서 개가 흥미 있어 하는 보상을 이용해 어색하고 불편한 동작임에도 불구하고 해당 자세를 수행하려는 노력 의지를 만들어내는 것이 핵심이다. 따라서 먹이나 장난감 모두 관계없다.
- **모양 만들기**: '차렷' 동작은 신체의 적응 시간이 필요하므로 짧은 시간에 만들어지는 동작이 아니다. 따라서 긴 훈련 세션보다는 짧은 세션으로 여러 회 반복하는 것이 좋다. 훈련의 진행은 먼저 '앉아' 자세를 시행시킨 후, 먹이나 장난감을 이용해

개의 시선을 위쪽으로 유도한다. 조금이라도 뒷다리를 지지해 버티는 노력이 보이면 바로 보상을 제공해주어 흥미를 돕는다. 매일 반복적으로 훈련한다면 약 1~2주 사이에 중심을 잡는 모습을 보일 수 있다.

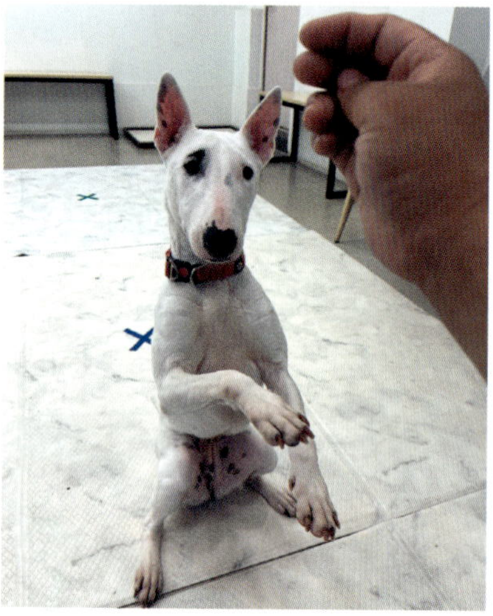

- **명령 내리기**: 명령을 지시하는 손을 위로 올려야 하는 '기어' 훈련과 반대 개념으로 '차렷' 동작에서는 개의 시선이 위쪽에 위치한 손을 향하고 있어 손을 원위치로 내리면 차렷 자세가 쉽게 무너질 수 있다. 손이 움직여도 서 있는 자세를 유지할 수 있도록 반복 연습해야 한다.
- **'일어서' 조합**: '차렷'을 능숙하게 수행하는 개에게는 엉덩이도 땅에서 떼고 두 발로 서 있는 자세를 조합해 마치 '스쿼트(Squat)'를 하는 듯한 모습을 개인기로 학습시킬 수 있다.

예상문제

1. 반려견유치원의 설명 중 올바르지 않은 것은 무엇인가?

① 반려견유치원은 돌봄서비스를 기반으로 하는 시설이다.
② 주 수입원은 관련 용품의 판매로 이루어진다.
③ 오늘날 반려견유치원은 돌봄 이상의 다양한 서비스를 제공한다.
④ 주 이용 고객은 고정적으로 집을 비우는 일정이 있는 반려견 보호자다.

2. 반려견유치원 프로그램에 대한 설명 중 올바른 것은 무엇인가?

① 개인기 훈련 프로그램은 개를 지치게 만들기 때문에 권장하지 않는다.
② 반려견유치원은 다양한 프로그램의 개발보다 돌봄서비스에만 집중해야 한다.
③ 현대의 반려견유치원에서는 새로운 자극을 제공해주기 위해 다양한 장소로 소풍 가는 프로그램을 진행하기도 한다.
④ 개에게 도움이 되는 프로그램이라면 보호자의 동의 없이 진행해도 괜찮다.

3. 반려견유치원의 장점과 단점에 대한 설명 중 틀린 것은 무엇인가?

① 반려견유치원은 실내 활동만 가능하므로 개의 에너지를 소모시키기 어렵다.
② 반려견유치원은 펫시터에 비해 훨씬 전문적인 맞춤형 서비스를 받을 수 있다.
③ 반려견유치원은 위탁훈련소에 비해 상대적으로 도심지에 있기 때문에 출퇴근이 용이하다.
④ 반려견유치원은 펫시터에 비해 다양한 개들과 어울릴 수 있는 기회를 제공한다.

4. 반려견유치원에서 발생할 수 있는 사건 · 사고에 대한 설명 중 올바른 것은 무엇인가?

① 개에게 문제가 생기면 보호자에게 즉시 연락해야 한다.
② 개에게 발생한 문제는 보호자가 책임지도록 한다.
③ 개는 사계절에 강한 동물이라 온도와 습도는 고려하지 않아도 된다.
④ 개는 음식과 이물질을 구분하므로 삼킴사고는 일어나지 않는다.

5. 반려견유치원 교사가 반드시 갖추어야 할 역량으로 볼 수 없는 것은 무엇인가?

① 사역견 훈련기술
② 반려동물 양육지식
③ 동물복지의식
④ 반려동물 돌봄역량

1. ② 2. ③ 3. ① 4. ① 5. ① **정답**

생각하고 토의하기

- 반려견유치원을 이용하는 고객의 유형과 특징을 주제로 토론하시오.

- 현대의 반려견유치원에서 제공하는 서비스는 어떻게 변화하고 있는지 토론하시오.

- 개를 돌보는 서비스를 제공할 때 펫시터와 비교해 반려견유치원 교사가 주의해야 하는 사항은 어떤 것이 있을지 토론하시오.

- 여러 마리의 개를 돌볼 때 어떤 방법으로 많은 수의 개들에게 동시에 휴식을 제공할 수 있을지 토론하시오.

- 성공적인 반려견유치원을 운영하기 위한 방법과 방향을 주제로 토론하시오.

- 반려견유치원 교사가 겪을 수 있는 즐거움과 어려움을 주제로 토론하시오.

- 반려견 돌봄시설에서 발생할 수 있는 사건이나 사고 등은 무엇이 있으며, 어떻게 예방할 수 있을지 토론하시오.

- 향후 반려견유치원의 전망을 주제로 토론하시오.

3강 위탁훈련소

학습 개요

- 위탁훈련소의 전반적인 개념을 이해하고 설명할 수 있다.
- 위탁훈련소를 이용하는 고객의 요구를 파악하여 맞춤 서비스를 제공할 수 있다.
- 위탁훈련소의 훈련사가 갖춰야 할 필요 역량을 이해하고 설명할 수 있다.
- 펫시터, 도그워커, 반려견유치원, 위탁훈련소의 차이점을 설명할 수 있다.
- 위탁관리업을 등록하는 절차에 대해 이해하고 설명할 수 있다.

01 위탁훈련소의 개요

1) 위탁훈련소의 이해

위탁훈련소란 일정 기간 시설에 의뢰인의 개를 위탁(entrust)받아 관리와 훈련을 진행하는 프로그램을 전문적으로 운영하는 시설을 말한다. 일반적으로 오전부터 오후까지 반나절의 돌봄 및 훈련 서비스를 제공하는 반려견유치원과 다르게 위탁훈련소는 월(month) 단위로 돌봄 및 훈련 서비스를 제공한다는 점이 가장 큰 차이점이다. 위탁훈련소를 이용하는 이용 고객은 ❶ 반려견유치원을 이용하는 이유와 같이 평소 바쁜 일정을 보내거나 집을 장기간 비움으로 인하여 개를 관리하고 훈련하기 어려운 상황의 보호자, ❷ 훈련전문가의 도움을 받아 개에게 복종 및 예절 훈련을 가르쳐 더 나은 개와의 삶을 영위하고자 하는 보호자, ❸ 집에서 해결하는 데 어려움이 있는 문제행동을 보이는 반려견을 기르는 보호자, ❹ 전문적이고 수준 높은 훈련을 진행하여 훈련경기대회를 참가하거나 개가 가진 능력을 최대치로 발휘시키고자 하는 보호자, ❺ 유기견보호소에서 더 나은 곳으로 개를 입양을 보내기 위해 훈련을 진행하고자 하는 보호소 관계자, ❻ 자신이 번식한 개를 사회화시키거나 훈련 시켜 입양을 보내기 위한 브리더 등이 있다. 이러한 이유로 위탁훈련소는 사회화 훈련, 복종 훈련, 도그 스포츠 훈련, 행동교정, 사역견 훈련 등 다양한 훈련 프로그램과 서비스를 제공하고, 다양한 견종과 기질을 다루는 데 있어 광범위한 지식과 경험을 갖춘 전문 훈련사에 의해 운영된다. 이외에도 변화하는 보호자들의 요구에 맞춰 반려견유치원 프로그램을 포함하거나 일대일 혹은 그룹화 형태로 보호자 훈련 수업을 진행하기도 한다. 이뿐 아니라 애견미용실이나 동물병원과 협력적인 운영을 하는 등 지속적인 변화와 서비스의 확장을 이뤄나가고 있다. 매년 성장하는 반려동물 산업에서 훈련과 교육의 중요성이 대두됨에 따라 향후 위탁훈련소의 수요는 지속적으로 증가할 것으로 예상된다.

위탁훈련시설 출처: Tendertouchvet, Starmark Academy

2) 위탁훈련소의 유래

전쟁은 개의 훈련법과 기술을 본격적으로 체계화하는 데 큰 영향을 미쳤다. 수많은 군사 조직은 군견을 위한 훈련 프로그램과 사육방법을 모색하였고, 군견 훈련 기술의 일부는 경찰견 및 기타 목적견 분야로 전파되었으며 이는 오늘날 반려견 훈련에도 적용되고 있다.

최초의 공식적인 위탁훈련소는 독일의 콘라드 모스트(Konrad Most) 대령이 책임자로 있었던 '경찰견을 위한 사육 및 훈련시설'이다. 모스트 대령은 세계대전 당시 전쟁에 이용할 수 있는 군견을 훈련하고 연구하는 임무를 수행하였다. 그는 제2차 세계대전이 끝난 후 안내견을 비롯한 사역견 훈련 센터인 'German Dog Farm'를 운영하였고, 독일 개 연구 학회(German Canine Research Society)와 동물심리학회(Society for Animal Psychology)의 설립에 주도적인 역할을 담당하였다. 그의 저서 'Training Dogs : A Manual'에는 강화물의 효과적인 사용, 강화물과 행동의 연결, 보상 및 처벌의 타이밍 등 조작적 조건화(Operant Conditioning)에 등장하는 원리의 개념을 기술하였다. 모스트의 개 훈련 방식은 다소 가혹하고 강압적인 방법이지만 당시 유럽과 미국의 훈련사들에게는 혁명적인 훈련 방식이었고, 그의 이론은 오늘날에도 여전히 적용되고 있다.

21세기에 들어서면서 스키너의 제자인 켈러(Keller)와 마리안 브릴랜드(Marian Breland)부터 시작하여 카렌 프라이어(Karen Pryor), 이안 던바(Ian Dunbar), 테리 라이언(Terry Ryan) 등의 훈련사들에 의해 보상 기반의 훈련 방식이 대중에게 알려지기 시작했다. 이들은 과거의 강압적이고 혐오적인 훈련에서 인도적이고 긍정적인 방식의 훈련으로 흐름을 변화시켰다.

콘라드 모스트의 저서 출처: amazon

02 위탁훈련사의 역할

위탁훈련소의 훈련사는 개에 대한 거의 모든 것을 알고 있어야 한다고 말해도 과언이 아니다. 위탁훈련사는 자견(puppy)부터 노견(old dog)까지 다양한 연령, 다양한 견종, 다양한 문제행동의 개들을 관리하고 훈련하는 역할을 수행해야 한다. 따라서 교배, 출산, 훈육, 사회화, 훈련, 노화, 질병, 죽음에 이르기까지 개의 전 생애(one's whole life)에 걸친 발달 및 행동에 관한 모든 분야를 통달하고 있어야 한다. 또한, 보호자를 교육하고 상담하는 역할 역시 매우 중요하다. 최근 보호자 교육의 중요성이 점차 강조되고 있어, 위탁훈련소의 훈련사는 교육학이나 상담학 등 사람을 대하는 학문의 필요성도 요구되고 있다. 다음은 위탁훈련사가 갖춰야 할 필수 역량이다.

- **사양관리**: 일반적으로 생각하기에 훈련사는 유창한 기술과 특별한 노하우를 가지고 있는 사람으로만 생각하기 쉽다. 그러나 위탁훈련사에게 개의 사양관리는 훈련 기술보다 더 우선시되는 역량이다. 효과적이고 능률적인 훈련을 하기 위해서는 개의 신체적·정서적 상태를 최상으로 유지하는 것이 중요하다. 유능한 훈련사는 개가 훈련에 집중할 수 있도록 개의 컨디션을 조절하고 유지할 수 있는 역량을 갖추고 있어야 한다. 최상의 컨디션을 형성하기 위해 훈련사는 개의 올바른 체형에 따른 적절한 먹이, 개의 성향에 따른 적합한 놀이, 개의 기질에 따른 올바른 교육, 개의 특징에 따른 적절한 그루밍 및 청결 유지 등의 사양·관리 능력을 갖추어야 한다.

위탁훈련사를 위한 노트

콘트라프리로딩 이론(Contrafreeloading, CFL)

콘트라프리로딩 이론은 대부분의 동물은 그냥 아무 대가 없이 주어지는 공짜보다 자기가 노력을 기울여서 뭔가를 성취했을 때 훨씬 더 안정감을 느낀다는 이론이다. 이 용어는 1963년 동물행동심리학자 글렌 젠슨(Glen Jensen)에 의해 소개된 이론으로 그는 약 200마리의 쥐에게 그릇에 담긴 음식과 정해진 횟수만큼 페달을 밟아야 하는 음식 디스펜서 중 하나를 선택하도록 했다. 실험 결과, 쥐들은 페달을 밟아 '공들여' 먹는 쪽을 선택하였다. 후속 연구에서는 모든 종이 모든 상황에 이러한 행동을 나타내는 것은 아니지만 야생 및 가축화된 포유류(예: 개, 쥐, 돼지, 곰, 늑대, 원숭이, 침팬지, 인간) 및 조류(예: 비둘기, 닭, 찌르레기, 까마귀)의 많은 종에서 콘트라프리로딩 이론에 따른 행동이 확인되었다. 콘트라프리로딩 이론에 의한 행동은 우리의 직관에 어긋날 뿐만 아니라 합리적인 행동 이론과도 일치하지 않는다.

콘트라프리로딩 이론을 근거로 동물은 환경을 탐색하고 상호작용하고자 하는 타고난 욕구를 가지고 있으며 보상을 얻기 위해 노력할 기회를 제공하면 이러한 욕구를 충족시킬 수 있다고 이해할 수 있다. 이는 동물의 신체적, 정신적 건강에 긍정적인 영향을 미칠 수 있음을 시사하며, 반대로 동물에게 과도하게 수동적인 환경의 조성은 동물의 기본적 욕구를 충족시켜줄 수 없으므로 신체적, 정신적 건강에 부정적인 영향을 미칠 수 있음을 시사한다. 우리는 콘트라프리로딩 이론을 기반으로 동물이 어떻게 복잡한 행동을 하도록 진화했는지, 개가 어떻게 높은 난이도의 훈련 과제를 즐겁게 수행할 수 있는지에 대한 통찰력을 가질 수 있다.

- **시설관리:** 시설관리는 사양관리의 세부 항목 중 하나이다. 과거에는 가축을 비롯한 동물의 관리(복지, welfare)와 생산성 및 훈련성과를 개별적으로 구분하여 생각했었지만, 동물복지가 올바르게 이루어졌을 때 동물의 생산성이나 훈련성과가 좋아진다는 것은 수많은 연구자와 현장 관계자들에 의해 증명되었다. 위탁훈련소에 맡겨진 개의 경우 짧게는 몇 주에서 길게는 1년 이상의 긴 기간 동안 시설에 머물기 때문에, 시설의 책임자나 담당훈련사는 개에게 편안하고 안락하면서 안전함을 느낄 수 있는 시설을 제공해주기 위해 노력할 필요가 있다. 안락한 시설을 갖추기 위해 고려해야 할 요소 중 첫 번째는 '크기'이다. 개가 머무는 공간은 개가 자유롭게 움직이고 행동할 수 있을 만큼 넓은 크기가 제공되어야 하며, 만약 그렇지 않을 때 개에게는 상동행동(stereotyped behavior), 털 물어뜯기 등의 이상행동이 발생할 수 있다. 두 번째는 '환기'이다. 개가 머무는 공간의 공기는 개의 신체적 건강과 밀접한 관련이 있다. 위탁훈련소은 대개 많은 수의 개가 지내게 되므로 적절한 환기가 이루어지지 않을 시 독감(influenza), 켄넬코프(kennel cough), 홍역(distemper) 등의 호흡기를 통한 질병의 감염 위험성이 높아진다. 세 번째는 '일조량'이다. 햇빛은 개의 생체 시계를 조절하여 수면 주기, 호르몬 생성 및 기타 생리적 과정을 제어하는 데 주요한 영향을 미친다. 또한 시설 내 채광은 소독 및 살균효과를 가지고 있으므로 실내의 세균 번식을 억제할 수 있다. 네 번째는 '온도'이다. 4계절이 뚜렷한 우리나라의 경우 더운 여름과 추운 겨울 날씨는 개들에게 스트레스를 발생시킨다. 특히 개는 열에 의한 체온조절이 어려워 여름철 일사병(sun stroke) 및 열사병(heat stroke)이 발생할 확률이 높으므로 주의해야 한다. 개가 최소의 대사량으로 정상적인 체온을 유지할 수 있는 온도 범위를 열 중성대(thermoneutral zone, TNZ)라고 하며, 온도 범위는 20°C에서 30°C 사이이

다. 다섯 번째는 '물리적 안전'이다. 위탁훈련소에서 담당 훈련사가 개를 훈련하는 시간 외 개는 위탁시설 내 위치하게 된다. 시설 내에 개가 물어뜯거나 삼킬만한 가능성이 있는 부분은 없는지, 잠금장치는 견고한지, 탈출 가능성이 있는 구멍이 있거나 다칠 수 있는 울퉁불퉁한 바닥은 아닌지 확인해야 하고, 만약의 사고를 대비한 대응 계획을 사전에 마련해야 한다. 사양관리가 올바르게 이루어지지 않았을 때 위탁시설 내 질병 및 부상의 발생빈도는 증가하므로 주기적인 시설의 진단평가와 확인 작업은 관리평가에 도움이 된다.

부적절한 시설관리 출처: 무안신문

- **커리큘럼 개발:** 훈련사는 복종훈련, 응용훈련, 사회화 및 개가 사회에서 기능하는 데 필요한 기술을 포함하는 다양한 영역의 구조화된 프로그램을 만들 수 있어야 한다. 과거의 구조화되지 않은 비체계적 훈련과정은 방향성과 명확성이 부족하여 목표를 잃어버리기 쉽고, 개의 상태나 보호자에 따라 비일관적인 차별적 접근이 이루어지기 쉽다. 결과적으로 비구조화된 프로그램은 보호자에게 신뢰를 얻어내기가 어렵고, 훈련사에게는 비교 및 평가가 가능한 훈련의 결과를 측정할 수 없어 향후 개선에 대한 정보를 알아내기 어렵다. 하지만 위탁훈련소를 이용하는 개는 다양한 성격과 행동 특성을 가졌고 보호자의 요구가 각기 다르므로, 커리큘럼은 견종과 연령 및 행동 특성은 물론 보호자의 개별 요구를 충족하도록 유동적으로 조정할 수 있어야 한다.
- **훈련:** 훈련사는 만들어진 커리큘럼을 토대로 개체별 훈련의 계획을 수립하고 시행

한다. 학습이란 기억과 망각이라는 중요한 두 가지 측면으로 구성된다. 기억은 학습한 정보를 기억하는 능력이며, 망각은 관련 없는 정보를 걸러내고 중요한 것에 집중하는 역할을 하므로 중요한 부분으로 볼 수 있다. 따라서 훈련의 세션을 정할 때는 기억과 망각의 원리를 고려하여 한 번의 긴 세션으로 진행하는 것보다 여러 세션으로 나누어 진행하는 것이 효과적이다. 훈련은 크게 '습득-유창-일반화-유지' 4단계로 이어진다. 훈련사는 각 단계별 진행 상황을 면밀히 모니터링하고 개의 상태와 보호자의 요구 사항에 따라 커리큘럼을 조정한다.

- **보호자 교육**: 과거의 훈련은 보호자가 문제를 의뢰하면 훈련사가 개를 훈련시켜 보호자에게 전달하는 방식이었다. 하지만 훈련받은 개가 보호자와의 소통이 안 되는 일들이 빈번하게 발생했고 그 이유가 보호자가 일관되지 못한 행동이나 부적절한 가르침에서 비롯됨을 깨닫게 되었다. 이러함 움직임으로 최근에는 보호자 교육의 중요성이 점점 부각되고 있다. 보호자 교육의 핵심은 보호자가 자신의 반려견에 대한 이해를 바탕으로 보호자 스스로 훈련할 수 있도록 방법을 알려주고 지도해주는 것이다.
- **자기개발**: 훈련 방법은 사회의 흐름과 변화에 따라 끊임없이 변화를 거듭하여 발달하고 있다. 과거에 주를 이뤘던 개 훈련 이론과 기술은 시대의 흐름과 과학의 발달 및 새로운 기술의 도입으로 더 이상 효과적이지 않을 수 있다. 따라서 광범위한 범위의 능력을 갖춰야 하는 위탁훈련소의 훈련사는 시대의 흐름과 변화에 수용적인 태도로 새로운 정보와 기술을 받아들여 보다 효율적으로 개와 보호자에게 적용하기 위해 끊임없이 노력해야 한다.

03 성공적인 위탁훈련소의 운영

위탁훈련소는 우리나라에서 '애견훈련소'라고 불려 왔으며, 현재는 애견훈련소보다 부드러운 느낌의 '애견학교'나 '아카데미'의 명칭을 사용하는 시설이 많아지고 있다. 명칭이 변화하고 있는 이유로는 기존 애견훈련소에 대한 미디어의 부정적인 묘사, 운영 및 관리에 대한 표준화된 규정 부재, 동물 훈련에 대한 사회적 인식부족 등으로 인한 부정적인 이미지를 탈피하고자 하는 시대적 흐름을 들 수 있다.

일반적으로 애견훈련소는 반려견유치원에 비해 문제행동의 난이도가 높은 개들을 상대하게 된다. 문제행동을 지닌 대부분의 개들은 극도로 예민하거나 소심하고, 때로는 공격성을 보이는 사나운 개인 경우가 많다. 이러한 문제견을 교육하려면 전문지식과 기술을 바탕으로 한 오랜 경험과 노하우가 필요하지만, 아직 표준화된 규정이나 검증절차가 없어 문제가 발생하곤 한다. 일부 극소수의 위탁기관은 아예 훈련사 자격이 없는 사람이 기관을 운영하면서 비위생적인 공간에서 처벌 기반의 방법만을 강조하여 훈련이 이루어지기도 한다. 이러한 일부가 전체를 대변하지 않도록 하기 위해서는 앞으로 주요 단체들의 단합적인 태도를 통해 표준화된 시스템을 정착하고, 검증 과정을 통해 대중에게 믿고 맡길 수 있는 신뢰를 만들어나가는 것이 필요하다. 현대 위탁훈련소가 갖추어야 할 필수적인 운영시스템은 다음과 같다.

1) 위탁견 관리 시스템

위탁훈련소 운영자는 훈련사에게는 직업의 책임감을 강조하고 보호자에게는 솔직하고 투명한 관리방침을 드러내야 한다. 최근 반려견 훈련사에 대한 미디어의 노출이 많아지면서 개와 함께 일하는 것에 대한 긍정적인 부분만 보고 훈련사를 지망하는 사람들이 많아지고 있다. 위탁훈련소는 보호자가 위탁한 개(특히 문제가 있는)를 돌보고 훈련시키는 시설이다. 마치 미취학 아동의 교육기관처럼 여러 돌발적인 상황과 크고 작은 사고가 발생하곤 한다. 훈련사는 단순히 개와 즐거움을 공유하는 것이 아니라 개가 인간사회에서 보호자와 즐거운 삶을 영위할 수 있도록 도와주는 역할을 해야 한다. 개로 하여금 본능적 충동을 제어할 수 있도록 돕고, 사람과의 의사소통에 협력하는 법을 가르쳐야 한다. 위탁훈련소는 이러한 전반적 교육과정을 보호자에게 사전에 고지하고, 시설에 머무는 동안 생기는 상처나 질병 등의 건강 문제와 관련된 크고 작은 일들은 항상 보호자에게 솔직하게 공유하여 투명한 서비스를 제공해야 한다. 투명성은 모든 영역의 사업에 있어 특히 강조되는 사안이다. 위탁훈련소를 운영함에 있어 투명성은 훈련사, 보호자, 기관 등의 관계에서 신뢰를 구축할 수 있고, 상호 간의 투명한 의사소통은 효율적인 결정을 할 수 있도록 돕기 때문에 더 나은 결과를 도출해낼 수 있게 한다. 이처럼 투명성은 과거 다소 폐쇄적이었던 애견훈련소의 이미지를 새로 개선할 수 있는 핵심 요소가 될 수 있다.

2) 보호자 교육 시스템

보호자 교육은 최근 반려견 훈련 분야에서 가장 강조되는 내용이다. 물론 일부 훈련사들은 여전히 보호자 교육보다는 개만 훈련하는 것을 고집하기도 한다. 하지만 과거의 시행착오를 통해 우리는 보호자 교육의 필요성과 중요성을 인지할 수 있다. 보호자 교육은 안전하고 효율적으로 훈련하는 방법을 이해하는 데 도움을 주기 때문에 위탁훈련소를 떠난 후에도 문제행동의 재발을 방지하는 데 효과적이다. 최근 반려견 훈련 방법의 추세는 보호자 참여 수업, 개인 및 그룹 클래스 수업, 훈련클럽활동, 온라인 수업, 가상현실(Virtual Reality, VR) 수업 등 다양한 방법으로 보호자들에 직접적인 훈련의 참여를 유도하고 있다. 위탁훈련소에서도 이러한 방법을 적극 활용하고 실전에 응용하여 더욱더 효과적인 훈련이 이루어질 수 있도록 변화를 모색해야 한다.

3) 새로운 시스템의 수용

어떤 분야를 막론하고 변화하는 고객의 니즈를 파악하여 충족시키는 것이 중요하다. 만일 시대에 뒤처지는 서비스, 시설, 기술을 고집한다면 보호자를 만족시킬 수 없고 차츰 경쟁력을 잃을 것이다. 새로운 시설과 기술의 도입 및 혁신적인 프로세스의 운영은 훈련의 효과를 증폭시키고, 기존의 문제점을 개선하는 데 도움이 될 수 있다. 이러한 수용적 태도는 수준 높은 훈련사를 유치할 수 있고, 기관이 경쟁력을 갖출 수 있게 되어 결과적으로 성공적인 위탁훈련소로 성장하게 할 것이다.

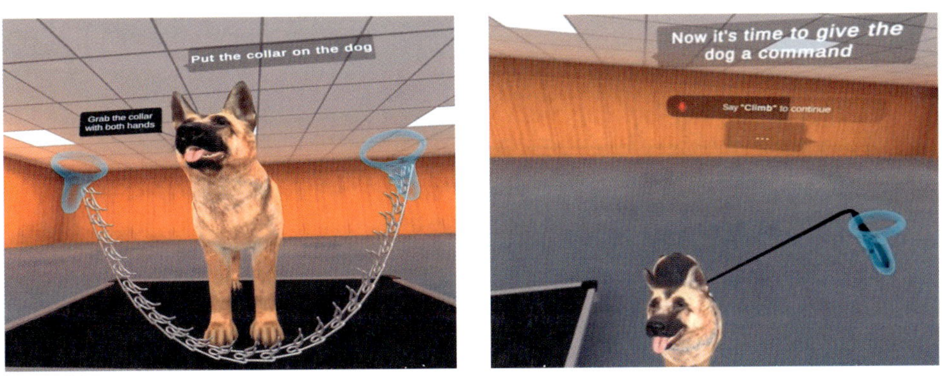

VR Training 출처: ToptierK9dogtrainingcenter

훈련사를 위한 노트

잠금 효과(Lock-in effect)

잠금 효과란 행위자가 다양한 이유로 새로운 행위가 더 나음에도 불구하고 전환하지 않고 기존의 행위를 유지하는 현상을 말한다. 잠금 효과가 발생하는 이유로는 전환 비용, 불편함, 네트워크, 충성도 등이 있다.

- **전환 비용:** 기존 행위에서 새로운 행위로 전환하기 위해서는 초기에 시간과 비용이 소비되기 때문에 전환을 꺼린다.
- **불편함:** 기존 행위에서 새로운 행위로 전환하는 행위는 복잡함이나 귀찮음을 발생시키기 때문에 전환을 꺼린다.
- **조직화:** 기존 행위로 연결된 사람들로 뭉쳐진 조직(Network)은 기존 조직 내의 권한을 잃을 수 있다는 점에서 전환을 꺼린다.
- **충성도:** 기존 행위에 대하여 강한 애착을 갖게 되어 새로운 행위가 더 좋더라도 전환을 꺼린다.

04 위탁훈련소의 장단점

1) 위탁훈련사 입장에서의 장점

- **관리 및 훈련 경험:** 위탁훈련소는 유능한 훈련사로 성장하는데 필요한 경험을 직접 체험해볼 수 있는 곳이기도 하다. 다양한 견종과 다양한 성향의 개를 위탁받아 정해진 기간 안에 성과를 내는 과정은 훈련사에게 매우 큰 경험이자 배움이다.
  개의 행동에 대한 옳고 그름은 시대의 변화에 따라 혹은 사회적 상황에 따라 달라질 수 있다. 위탁훈련소에 방문하는 개의 문제행동이나 성향을 보면 현시대 반려동물 문화의 트렌드(trend)를 알 수 있다. 위탁훈련소는 이런 흐름의 변화를 몸소 느끼고 대응하는 법을 빠르게 배울 수 있고, 이러한 실전 경험은 곧 훈련사의 자신감 있는 태도로 이어질 수 있다.
- **보호자 경험:** 위탁견이 훈련소 시설에서 지내는 기간은 짧으면 몇 달이고, 긴 경우 수년간 지속되기도 한다. 긴 시간 동안 개가 시설에 머물게 되면 보호자와 반려견에

대한 정보를 주고받으며 공통의 목표지점을 향해 교육이 진행되기 때문에 협력관계로 발전할 수 있다.

- **자부심:** 반려견 훈련은 반려문화에 공헌할 수 있는 보람찬 일이다. 반려인은 물론 비반려인의 불편함을 개선해주고, 나아가 문제행동으로 인한 동물 유기가 학대를 예방하는 역할을 한다. 이는 사회에 긍정적 영향력을 전달하는 직업이라는 자부심을 느낄 수 있게 해준다.

2) 보호자 입장에서의 장점

- **심리적 안정감:** 위탁훈련소는 대개 일정 수준의 경력과 자격을 검증받은 전문가가 운영하고 있으므로 믿고 맡길 수 있다. 보호자와 떨어져 제2의 보금자리에서 다른 개들과 함께 먹고 자고 운동하며 훈련하는 경험은 개에게 독립심을 심어줄 뿐만 아니라 신체적 · 정서적으로 건강하게 한다.
- **예절교육:** 위탁훈련소의 주기능은 고객의 반려견을 훈련하는 것이다. 개는 훈련을 통해 사회성을 발달시킬 수 있고, 타인이나 타견을 대할 때도 올바른 대처를 취할 수 있는 등 전반적으로 개와 보호자에게 삶의 질을 향상시켜줄 수 있다.
- **성취감:** 단기 교육보다는 장기적인 위탁 교육을 통해 개와 보호자는 단계적으로 높은 수준의 훈련으로 진입할 수 있다. 개와 보호자의 깊은 교감을 통해 높은 수준의 훈련을 성공했을 때 보호자는 강한 성취감과 자기효능감을 느낄 수 있다. 훈련은 사람이나 개에게도 나이 제한이 없으므로 위탁훈련소는 반려인에게 건전하고 건강한 취미의 장을 열어줄 수 있는 기반이 될 수 있다.

3) 위탁훈련사 입장에서의 단점

- **훈련성과:** 위탁훈련사는 정해진 기간 내에 훈련의 성과를 보여야 하므로 막중한 책임감과 압박감을 느끼게 된다. 훈련의 성과는 높은 성취도를 나타내는 시기도 있고, 그와 반대로 지지부진한 성과를 보이는 시기도 있다. 하지만 뚜렷한 성과를 보이지 않으면 간혹 불만을 표출하는 보호자를 접할 수 있고, 이로 인한 보호자와의 갈등을 원만하게 해결하지 못하면 훈련사는 쉽게 좌절하게 된다.

- **돌발상황**: 훈련의 성과뿐만 아니라 관리 측면에서도 문제가 발생할 수 있다. 개는 살아 움직이는 생명체이기 때문에 늘 사건 사고나 질병의 위험에 노출되어 있기 때문이다. 자신이 담당한 개가 아프거나 죽는 등의 사고를 겪으면 훈련사는 스스로 자책하며 죄책감에 시달려 자신의 직업을 포기하는 경우도 간혹 발생한다.
- **위치**: 동물보호법 개정으로 최근의 위탁훈련소는 근린생활시설에 위치해야 하지만 기존의 훈련소는 업무의 특성상 대부분 도심 외곽에 위치하여 편의시설 이용이 불편할 수 있다. 특히, 대중교통 이용이 불편한 지역이라면 외출 및 사회활동 참여에도 어려움이 있을 수 있다.

4) 보호자 입장에서의 단점

- **불안감**: 위탁훈련소를 이용하는 보호자는 일정 기간 개의 상태를 정확하게 판단할 수 없으므로 두 가지 불안한 심리가 발생하기 쉽다. 첫 번째는 자신의 개가 좋아지고 있는지, 훈련사의 말만 잘 따르는 것은 아닌지에 대한 의문이다. 이러한 문제는 과거로부터 지금까지 끊이지 않는 고민 중 하나로, 지속적인 의사소통과 보호자 교육을 통해 개선할 수 있다. 국내 상당수의 위탁훈련소는 주 1회 정도의 보호자 교육을 함께 진행하도록 프로그램을 구성하고 있으며, 훈련과정의 사진이나 동영상을 보호자에게 전송해줌으로써 불안한 심리를 해소하기 위해 노력하고 있다. 두 번째는 개의 건강에 관한 이슈에 대한 걱정이다. 미디어나 소문 등의 이유로 형성된 위탁관리에 대한 부정적인 이미지는 보호자에게 불안한 심리를 형성한다. 이러한 사건 · 사고 소식은 보호자로 하여금 훈련소에서 자신의 반려견에게 가혹한 훈련을 시키는 것은 아닌지, 제대로 먹이를 챙겨주는지, 밖에 뛰어놀게는 하는지, 질병이나 사고가 나지는 않는지 등의 불안감을 일으킬 수 있다. 마찬가지로 주 1회 이상의 보호자 교육이나 지속적인 소통 그리고 앞으로 위탁훈련소의 이미지를 변화시키기 위해 노력한다면 이 문제를 해결해나갈 수 있을 것이다.
- **비용**: 위탁훈련소는 높은 수준의 전문가와 서비스를 제공하므로 비교적 높은 비용이 요구된다. 이러한 이유로 경제적인 빈부격차는 반려견과의 행복한 삶에도 격차를 발생시킨다. 실제로 2022년 동물보호에 대한 국민의식 조사 결과, 반려동물의 파양을 고려하는 이유 중 28.8%가 행동문제, 26%가 비용 문제로 전체의 50% 이상

을 차지하는 것으로 조사되었다. 앞으로 문화 수준이 발전함에 따라 개 훈련의 필요성과 중요성이 강조된다면 이러한 격차를 줄이기 위해 정부 차원에서 여러 해결책이 등장할 것으로 보인다.

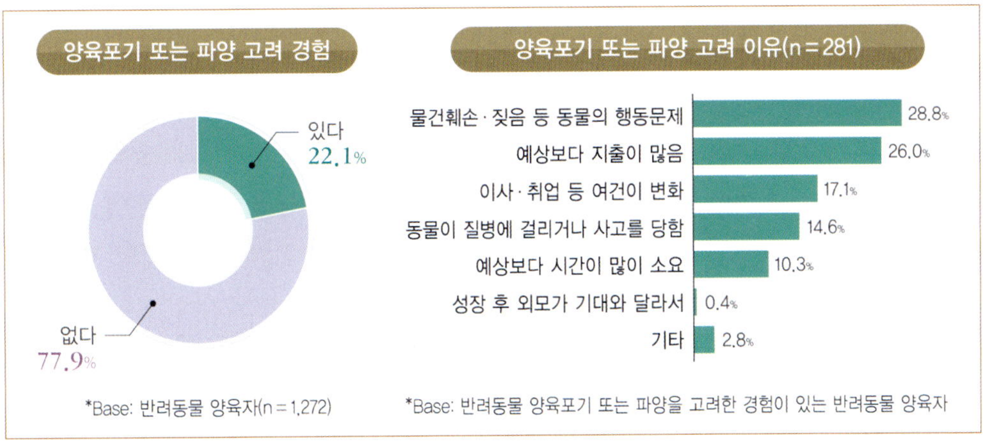

반려동물의 파양을 고려하는 이유 출처: 농림축산식품부

■ 펫시터, 도그워커, 반려견유치원, 위탁훈련소의 상대적 비교

분야별 상대적 비교		펫시터 및 도그워커	반려견유치원	위탁훈련소
근무자 입장	업무량	하	중	상
	위치적 장점	중	상	하
	자기개발	하	중	상
	유능감	하	중	상
	정서적 안정감	상	중	하
	소속감	하	중	상
분야별 상대적 비교		**펫시터 및 도그워커**	**반려견유치원**	**위탁훈련소**
이용자 입장	훈련성과	하	중	상
	밀착관리	상	중	하
	불안심리	하	중	상
	편의성	상	중	하
	비용	하	중	상

05 위탁훈련의 종류와 방법

인구밀도가 높은 대도시의 주거 형태는 고층 아파트와 다세대 주택이 주를 이룬다. 이렇게 밀집된 주거공간 안에서는 반려동물로 인한 소음과 냄새 및 안전상의 이유로 이웃 간 마찰 역시 함께 증가하고 있다. 이로 인해 위탁훈련소에 가장 많이 의뢰되는 반려견의 행동문제는 짖음, 배변, 분리불안, 공격성 등이 있다. 이러한 문제들은 이웃들에게 도움과 이해를 청하기 까다롭고 어려워 위탁훈련소에서 문제행동을 개선한 후에 가정으로 돌아가는 방식이 성행되고 있다. 개의 행동에 변화가 나타나기 위해서는 개의 기질과 문제행동의 정도에 따라 차이가 있지만, 평균적으로 3개월 이상의 기간이 소요된다. 물론 훈련 기간은 개의 연령이 어릴수록 보호자의 노력이 더해질수록 짧아질 수 있다. 위탁훈련을 통해 개는 주인의 명령을 따르고, 독립심을 키우며 낯선 사람과 다른 개들과 친해지는 과정을 학습하게 된다.

1) 분리불안

- **행동 특징**: 집에 개를 혼자 두고 외출했을 때 하울링(howling), 낑낑거림(whining), 짖음, 벽지나 가구 파손, 대소변 실수 혹은 참음, 식음 전폐, 잠만 잠, 앞발을 핥음, 꼬리나 허벅지를 물어뜯음, 서성거림 등의 행동을 보인다.
- **행동 원인**: 개의 분리불안은 대개 '단독적으로 혼자 있는 것을 힘들어할 때'와 '특정 대상과 떨어지는 것을 힘들어할 때' 등 두 가지의 원인으로 인해 발생된다. 혼자 있는 것을 힘들어하는 경우는 성장기에 단독으로 떨어져 본 경험이 없는 개에게 많이 발생한다. 이런 타입의 경우에는 집에 다른 동물이나 사람이 있는 상황에는 불안 행동을 나타내지 않는 특징을 보인다.

  특정 대상과 떨어지는 것을 힘들어하는 경우는 파양 경험이 있거나 유기견 보호소에서 입양된 개들의 경우에 많이 나타난다. 이런 타입의 개들은 다른 동물이나 사람이 집에 있어도 어울리지 못하고 불안 행동을 보이며, 전반적인 사회성이 떨어지는 특징을 보이기도 한다.
- **훈련 방향**: 분리불안 훈련의 목표는 개가 혼자 있는 공간에서 편안하고 안정된 마음을 갖도록 하는 것이다. 개는 넓은 공간보다 제한된 공간에서 안정감을 느끼므로,

분리불안 훈련을 진행할 때는 켄넬이나 울타리와 같은 도구를 사용하면 더욱 쉽게 안정된 공간을 인식시켜줄 수 있다.

켄넬(crate) 출처: AKC

- **훈련 방법**: 평소 사료나 간식을 켄넬 혹은 울타리 안에 제공하면서 공간에 구속받는 느낌이 아니라 즐겁다는 인식을 갖도록 하고, '기다려' 훈련을 조합하여 점차 공간에 머무르는 시간을 늘려나간다. 처음부터 긴 시간을 혼자 기다리게 하면 불안이 높아질 수 있으므로, 점진적으로 시간을 늘려나가도록 한다. 최종적으로 개의 시야에 다른 동물이나 사람, 보호자가 보이지 않는 상황과 현관으로 나가는 상황의 순서로 시간을 점차 늘려가며 반복·숙달시킨다. 분리불안 훈련은 문제 정도에 따라 훈련 기간의 편차가 큰 편에 속하는 훈련이므로 보호자가 포기하지 않고 꾸준히 교육에 참여하도록 설득하는 것은 매우 중요한 요소이다.

2) 배변 훈련

배변 실수 출처: AKC

- **행동 특징**: 보호자가 원하는 위치에 배변하지 않는 경우, 정해진 장소에서 배변하지만 움직이며 배변하여 배설물이 정해진 장소 밖으로 나가는 경우, 원래 배변을 잘 가리던 개가 갑자기 배변패턴이 무너진 경우 등이 있다.
- **행동 원인**: 배변 문제의 원인은 '올바른 배변 장소를 인지하지 못하는 경우'와 '올바른 배변 장소를 알고 있음에도 불구하고 심리적 이유로 그 장소에 하지 않는 경우' 두 가지로 나누어 볼 수 있다. 보호자가 원하는 배변 장소를 인지하지 못하고 성장한 개의 경우, 개가 스스로 배변 장소를 정하여 일정한 자리에 배변하는 행동이 나타낸다. 심리적인 문제로 대소변을 가리지 못하는 개의 경우, 과거에는 배변을 올바른 장소에 잘 가리다가 점차 실수의 빈도가 증가하는 현상을 보일 수도 있다. 이사를 하거나 집안의 가구 배치가 달라지는 등의 변화가 생겼을 때, 보호자의 외출 시간이 매우 길어질 때, 다른 사람에게 맡겨졌을 때 등 개는 불안한 심리상태를 배변 활동으로 해소하는 경향이 있으므로 개가 불안

함을 느끼는 원인이 무엇인지 파악하는 것이 중요하다.

배변 패드 출처: AKC

- **훈련 방향:** 배변 장소를 인지하지 못하는 개의 경우에는 장소를 인지시키는 훈련을 진행해야 하고, 심리적인 원인으로 인한 문제의 경우에는 스트레스와 불안을 해소시켜주는 방향으로 목표를 설정해야 한다. 기본적으로 개는 '발바닥 감촉'과 '공간'의 조합으로 배변 장소를 인지한다. 개가 선호하는 배변 장소의 발바닥 감촉이란, 개가 소변을 보았을 때 고이지 않고 흡수되는 '다공성' 재질의 감촉을 뜻한다. 이러한 원리로 배변패드와 배변판이 개발되었으며, 유사한 재질을 가진 발 매트 · 카펫 · 이불 등의 장소에 쉽게 실수가 일어나기도 한다. 개가 선호하는 공간은 가능하면 구석지고 완전한 노출이 일어나지 않는 영역이 좋다.
- **훈련 방법:** 개에게 올바른 배변 장소를 인지시키기 위해서는, 보호자가 원하는 배변 장소에서 개의 배변 활동이 이루어진 뒤에 칭찬이 이어져야 한다. 따라서 훈련사는 칭찬을 위해 개의 배변 활동 주기를 예측할 수 있어야 한다. 규칙적인 식사 시간과 산책 등 정해진 일과 속에서 개가 언제 배변 활동을 하는지 체크하고, 배변 활동 시간에 일정한 윤곽이 잡히면 해당 시간에 원하는 장소로 데려가 배변 활동을 기다린다. 만약 개의 배변 활동이 일정하지 않다면 켄넬을 이용하는 방법도 유용하게 사용된다. 개는 먹고 쉬는 보금자리에서 배변 활동을 하지 않으려는 경향이 있으므로, 평소 켄넬 안에 머물다가 배변할 시간에 맞추어 배변 활동을 유도하는 방식이다. 배변 장소를 선택할 때에는 개가 실수할 수 있는 확률을 낮춰주는 것이 좋다. 예를 들어 처음 훈련 시에는 배변패드를 5장으로 넓게 펼쳐 깔아두고, 점차 패드를 제거해 나가면서 성공 확률을 높게 가져가는 것이다. 대개 배변 장소의 인지는 1~2개월의 기간이 소요되는 편이다.

3) 공격성 훈련

- **행동 특징:** 사람이나 지나가는 다른 동물을 보면 으르렁거리며 달려드는 행동을 보인다. 올라탐 · 으르렁거림 · 짖음 · 입질 등의 위협적인 행동을 나타낸다.
- **행동 원인:** 개에게 공격성이 나타나는 원인은 다양하지만 두려움에 의한 '방어 형태

의 공격성'이 대부분을 차지한다. 개가 두려움을 느끼는 원인은 기질·사회성 발달의 결여 등 다양하지만 어떠한 이유에서건 보호자 역할의 부재는 개의 두려움을 해소시켜주지 못하는 가장 큰 원인이 된다. 개는 6~7개월령 전후로 두려움에 대해서 짖거나 도망가는 등의 적극적인 대응 행동을 보이기 시작한다. 이 시기에 보호자는 개가 두려움에 극복하는 방법을 알려주어야 하며 동시에 새로운 자극으로부터의 안전함을 느낄 수 있도록 도와주어야 한다. 위급한 상황에서 보호자가 미숙하여 개가 보호자를 신뢰하지 못한다면 개는 스스로 자신을 시키기 위해 자극에 대한 반응은 점차 강해지게 되고, 이는 곧 습관적인 공격 행동으로 발전할 수 있다.

줄당김 출처: tucker pups pet resort

- **훈련 방법:** 개가 느끼는 두려움을 낮춰주기 위한 대체행동으로 '앉아'와 '엎드려' 동작을 많이 사용한다. 만일 두려움을 느끼는 상황이 되면 개는 본능에 따라 공격적인 대응 행동으로 두려움을 극복하려 할 것이다. 이때 '앉아' 또는 '엎드려'를 명령하여 흥분을 가라앉히며 기다리게 한다. 개에게 공격적인 행동을 하지 않아도 위험하지 않다는 것을 이해시켜주는 것이다. 개의 컨디션에 따라 상황이 종료된 후 긍정적인 보상이 추가된다면 더욱 좋다. 다른 자극으로 바꾸어가며 이 과정을 반복훈련하면 개는 두려움을 느끼게 되더라도 앉거나 엎드리는 행동을 통해 상황이 안전하게 종료되었음을 기억하여 명령에 기꺼이 앉거나 엎드릴 것이다. 이를 대체 행동 훈련이라 하며, 일반적으로 2~3개월 정도의 훈련 기간이 필요하다.

06 위탁관리업 등록

1) 동물위탁관리업 등록 절차

다른 사람의 반려동물을 위탁받아 돌보는 서비스를 제공하는 반려견유치원이나 위탁교육시설 등의 돌봄시설을 운영하기 위해서는 동물보호법에 따라 동물위탁관리업을 등록해야 한다. 동물위탁관리업이란 동물보호법 시행규칙 제43조 제2항에 의해 '반려동물 소유자의 위탁을 받아 반려동물을 영업장 내에서 일시적으로 사육, 훈련 또는 보호하는 영업'이라고 명시되어 있다. 동물위탁관리업은 신고제가 아니라 등록제이기 때문에, 등록 절차 없이는 영업이 불가하다.

동물위탁관리업은 제2종 근린생활시설에서 등록이 가능하며, 등록을 위해서는 ❶ 영업등록신청서와 함께 ❷ 인력 현황, ❸ 영업장 시설 명세 및 배치도, ❹ 사업계획서, ❺ 「동물보호법 시행규칙」 별표 11의 시설 및 인력 기준을 갖추었음을 증명하는 서류, ❻ 동물사랑배움터에서 진행하는 위탁업자 의무교육 수료증, ❼ 임대차 계약서 또는 등기부등본, ❽ 사업자등록증 등을 제출해야 한다. 사업계획서와 인력 현황 및 시설 배치도는 정해진 양식이 없으나, 지자체별로 세부적인 요구사항이 있을 수 있으니 확인 후 작성하면 된다. 동물보호법 시행규칙에서 규정하는 동물위탁관리업 인력 기준은 개 또는 고양이 20마리당 1명 이상의 관리인력을 말하고, 주요 시설 기준으로는 동물을 위한 급수시설 및 배수시설, 온도와 습도 조절이 가능한 개별 휴식실(벽으로 구분된 공간)과 이중문 및 잠금장치, 고정형 영상정보처리기기(CCTV) 설치(30일 보관) 등이 있다.

동물위탁관리업 등록 신청 시 필요 서류

❶ 영업등록신청서 ❷ 인력 현황 ❸ 영업장 시설 명세 및 배치도 ❹ 사업계획서
❺ 「동물보호법 시행규칙」 별표 11의 시설 및 인력 기준을 갖추었음을 증명하는 서류
❻ 의무교육 수료증 ❼ 임대차 계약서 또는 등기부등본 ❽ 사업자등록증

동물위탁관리업 등록 신청을 완료하고 해당 부서에서 서류의 검토가 끝나면 며칠 내로 담당 공무원이 해당 시설로 방문하여 제출한 자료와 비교하며 실측 및 사진 촬영을 하며 등록 요건의 시설 기준을 갖추고 있는지 현장실사를 진행한다. 담당 공무원의 현장실사가 종료되면 대개 15일 이내로 등록증이 발급되며, 등록증 발급이 완료되면 '동물위탁관리업을 영업하는 영업자의 준수사항(동물보호법 시행규칙)'에 따라 영업장 내부에 영업등록증 및 요금표를 게시하고 영업을 할 수 있게 된다. 영업 시, 위탁관리하는 동물에 대해 개체관리카드를 작성하여 갖춰 두어야 하며, 우리 또는 개별 사육시설에 개체별 정보(품종, 암수, 출생일, 예방접종 및 진료 사항 등)를 표시해야 한다.

■ 영업등록신청서

동물보호법 시행규칙 [별지 제24호서식]

영업등록신청서

※ 바탕색이 어두운 난은 신청인이 작성하지 않으며, [ ]에는 해당되는 곳에 ✓ 표시를 합니다.

(앞쪽)

<table>
<tr><td>접수번호</td><td>접수일시</td><td>발급일</td><td>처리기간 15일</td></tr>
</table>

<table>
<tr><td rowspan="2">신청인</td><td colspan="2">성명(법인명)</td><td>주민등록번호(법인등록번호)</td></tr>
<tr><td colspan="3">주소
(전화번호:)</td></tr>
<tr><td rowspan="3">영업장</td><td>명칭(상호)</td><td colspan="2"></td></tr>
<tr><td>주소</td><td colspan="2">(전화번호:)</td></tr>
<tr><td>신청업종</td><td colspan="2">[ ]동물전시업
[ ]동물위탁관리업
[ ]동물미용업(일반, 자동차 이용)
[ ]동물운송업
* 다수 영업의 등록 신청 시 각각의 영업등록 신청서 작성 필요</td></tr>
</table>

「동물보호법」 제73조 제1항 및 같은 법 시행규칙 제42조 제2항에 따라
위와 같이 영업의 등록을 신청합니다.

년 월 일

신청인 (서명 또는 인)

특별자치시장 · 특별자치도지사 · 시장 · 군수 · 구청장 귀하

210mm×297mm[백상지(80g/㎡) 또는 중질지(80g/㎡)]

(뒤쪽)

첨부서류	1. 인력 현황 2. 영업장의 시설 명세 및 배치도 3. 사업계획서 4.「동물보호법 시행규칙」 별표 11의 시설 및 인력기준을 갖추었음을 증명하는 서류	수수료 영업등록 건별 1만 원
담당 공무원 확인사항	1. 주민등록표 초본(법인인 경우에는 법인 등기사항증명서) 2. 건축물대장 및 토지이용계획정보(자동차를 이용한 동물미용업 또는 동물운송업의 경우는 제외합니다) 3. 자동차등록증(자동차를 이용한 동물미용업 또는 동물운송업의 경우만 해당합니다)	

행정정보 공동이용 등 동의서

1. 본인은 이 건 업무처리와 관련하여「전자정부법」 제36조 제1항에 따른 행정정보의 공동이용을 통하여 담당 공무원이 위 확인사항을 확인하는 것에 동의합니다.
   * 동의하지 않는 경우에는 주민등록표 초본 및 자동차등록증을 제출해야 합니다.
2. 「동물보호법」 제95조 제1항 제4호에 따른 영업등록 내용(영업의 등록 및 등록번호, 업체명, 전화번호, 소재지 등)을 동물보호 정보를 체계적으로 관리하고 분석하기 위한 목적으로「동물보호법」 제95조 제2항에 따른 동물정보시스템에 게시하는 것에 동의합니다.

신청인 (서명 또는 인)

작성방법

신청인의 업종에 따라 신청업종란의 동물전시업, 동물위탁관리업, 동물미용업, 동물운송업 중 해당되는 업종의 "[ ]"란에 √ 표시를 하고, ( )안의 영업의 세부 범위에 표시합니다. 다수의 업종에 대해 동시에 영업등록 신청을 하려면 각각의 영업등록 신청서를 작성해야 하며, 영업등록 처리는 각각의 영업으로 별도 등록합니다.

처리절차

신청서 작성	접 수	첨부서류 확인 및 검토	현장조사 및 시설조사	결재	등록증 발급
신청인	특별자치시장 · 특별자치도지사 · 시장 · 군수 · 구청장	특별자치시장 · 특별자치도지사 · 시장 · 군수 · 구청장	특별자치시장 · 특별자치도지사 · 시장 · 군수 · 구청장	특별자치시장 · 특별자치도지사 · 시장 · 군수 · 구청장	특별자치시장 · 특별자치도지사 · 시장 · 군수 · 구청장

출처: 법제처

■ 동물위탁관리업 시설 및 인력기준

동물보호법 시행규칙 [별표 11]

등록영업의 시설 및 인력 기준(제44조 관련)

1. 공통 기준

가. 영업장은 독립된 건물이거나 다른 용도로 사용되는 시설과 같은 건물에 있을 경우에는 해당 시설과 분리(벽이나 층 등으로 나누어진 경우를 말한다. 이하 같다)되어야 한다. 다만, 다음의 경우에는 분리하지 않을 수 있다.

1) 영업장과 동물병원의 시설이 함께 있는 경우

2) 영업장과 금붕어, 앵무새, 이구아나 및 거북이 등을 판매하는 시설이 함께 있는 경우

나. 영업시설은 동물의 습성 및 특징에 따라 채광 및 환기가 잘되어야 하고, 동물을 위생적으로 건강하게 관리할 수 있도록 온도와 습도 조절이 가능해야 한다.

다. 청결 유지와 위생 관리에 필요한 급수시설 및 배수시설을 갖춰야 하고, 바닥은 청소와 소독을 쉽게 할 수 있고 동물들이 다칠 우려가 없는 재질이어야 한다.

라. 설치류나 해충 등의 출입을 막을 수 있는 설비를 해야 하고, 소독약과 소독장비를 갖추고 정기적으로 청소 및 소독을 실시해야 한다.

마. 영업장에는 「소방시설 설치 및 관리에 관한 법률」 제12조에 따라 소방시설을 화재안전기준에 적합하게 설치 또는 유지 · 관리해야 한다.

2. 개별 기준

나. 동물위탁관리업

1) 동물의 위탁관리실과 고객응대실은 분리, 구획 또는 구분되어야 한다. 다만, 동물판매업, 동물전시업 또는 동물병원을 같이 하는 경우에는 고객응대실을 공동으로 이용할 수 있다.

2) 위탁관리하는 동물을 위한 개별 휴식실이 있어야 하며 사료와 물을 주기 위한 설비를 갖춰야 한다.

3) 위탁관리하는 동물이 영업장 밖으로 나가지 않도록 출입구에 이중문과 잠금장치를 설치해야 한다.

4) 동물병원을 같이 하는 경우 동물의 위탁관리실과 동물병원의 입원실은 분리 또는 구획되어야 한다.

5) 개 또는 고양이 20마리당 1명 이상의 관리인력을 확보해야 한다.

6) 영 별표 3에 따라 고정형 영상정보처리기기를 설치 · 관리할 것

출처: 법제처

■ 온라인 의무교육

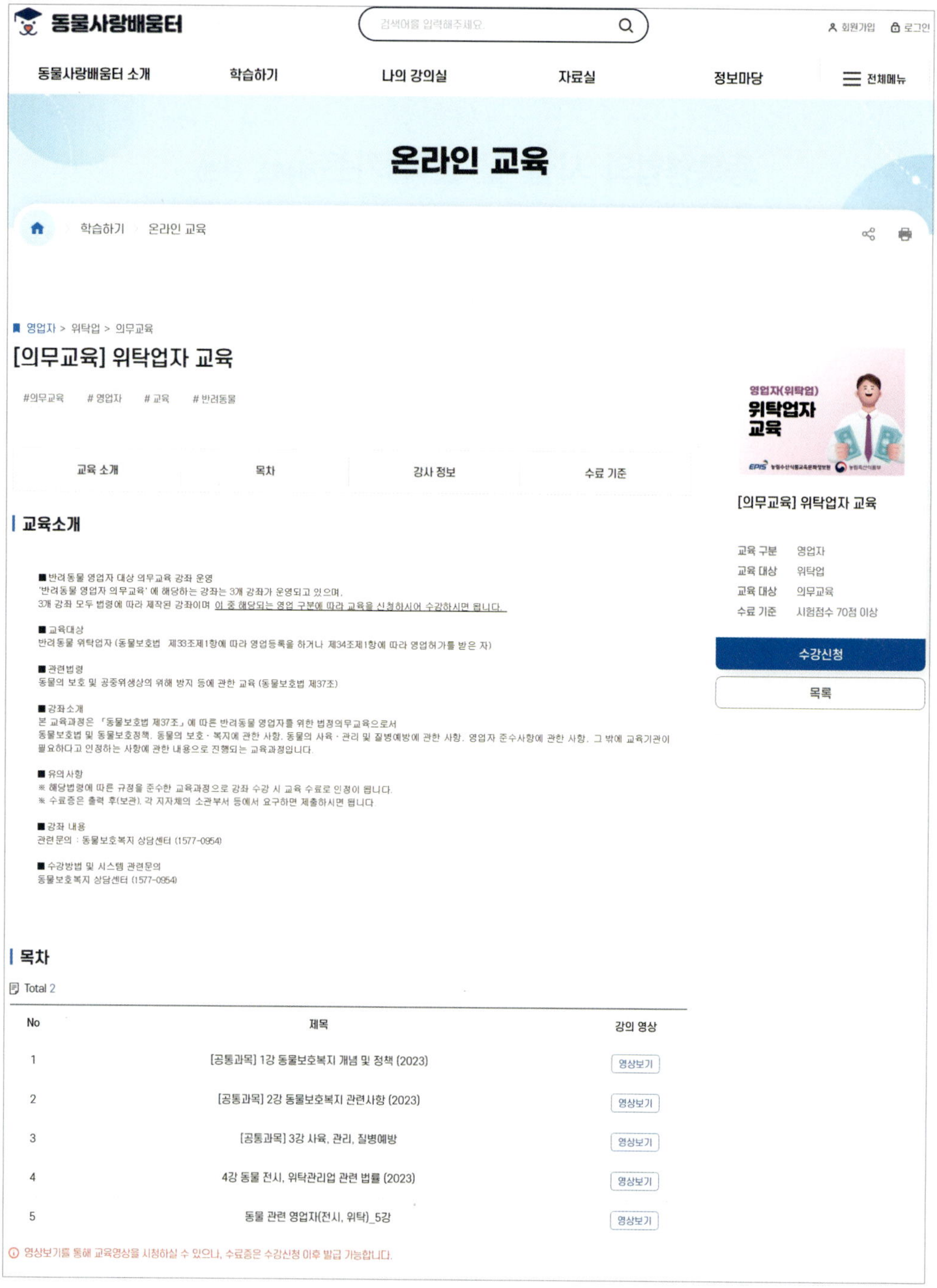

출처: 동물사랑배움터

■ 위탁업자 교육수료증

EPIS

제 2021-001-087566 호

교육수료증

성　　　명 :

교 육 과 정 : 반려동물관련 영업자 (3시간)
/전시업/위탁업

교육수료일자 : 2022년01월06일

수료인정기간 : 2022년01월06일 ~ 2023년01월06일

귀하는 위의 과정에 참여하여 교육과정을
수료하였음을 확인합니다.

농림수산식품교육문화정보원장

■ 동물위탁관리업 등록증

<table>
<tr><td colspan="3">동물보호법 시행규칙 [별지 제25호서식]
등록번호 제 호
[ ]동물전시업
[ ]동물위탁관리업 등록증
[ ]동물미용업
[ ]동물운송업</td></tr>
<tr><td>영업장의 명칭(상호)</td><td colspan="2"></td></tr>
<tr><td>주소</td><td colspan="2">(전화번호:)</td></tr>
<tr><td rowspan="2">대표자 (법인)</td><td>성명(법인명)</td><td>주민등록번호(법인등록번호)</td></tr>
<tr><td colspan="2">주소
(전화번호:)</td></tr>
<tr><td>영업의 종류</td><td colspan="2">※ 동물미용업의 경우에는 영업의 종류(일반, 자동차 이용)를 함께 표시</td></tr>
<tr><td>비고</td><td colspan="2"></td></tr>
<tr><td colspan="3">「동물보호법」 제73조 제1항 및 같은 법 시행규칙 제42조 제5항에 따라 위와 같이</td></tr>
<tr><td colspan="3">[ ]동물전시업
[ ]동물위탁관리업
[ ]동물미용업(일반, 자동차 이용)
[ ]동물운송업
으로 등록하였음을 증명합니다.</td></tr>
<tr><td colspan="3">년 월 일</td></tr>
<tr><td colspan="3">특별자치시장 · 특별자치도지사 · 시장 · 군수 · 구청장 귀하 직인</td></tr>
<tr><td colspan="3">210mm×297mm[백상지(80g/㎡) 또는 중질지(80g/㎡)]</td></tr>
</table>

출처: 법제처

동물보호법 시행규칙 [별지 제16호서식]

등록번호 제 호

[ ] 동물장묘업 [ ] 동물판매업 [ ] 동물수입업	[ ] 동물전시업 [√] 동물위탁관리 [ ] 동물미용업 [ ] 동물운송업	등록증

업소명	애견학교
소재지	경기도 고양시
대표자	
주 소	경기도
영업의 종 류	동물위탁관리업
등록조건	

동물보호법 제33조제1항 및 같은 법 시행규칙 제37조제4항에 따라 [ ] 동물장묘업 [ ] 동물판매업 [ ] 동물수입업 [ ] 동물전시업 [√] 동물위탁관리업 [ ] 동물미용업 [ ] 동물운송업

등록하였음을 증명합니다.

2020년 04월 17일

고양시장 고양시장인

210㎜ × 297㎜(보존용지(1종 120g/㎡)

■ 영업자의 준수사항(제49조 관련)

1. 공통 준수사항

가. 영업장 내부에는 다음의 구분에 따른 사항을 게시 또는 부착해야 한다. 다만, 전자상거래 방식으로 영업을 하는 경우에는 영업자의 인터넷 홈페이지 등에 해당 내용을 게시해야 한다.

1) 동물장묘업, 동물판매업, 동물수입업, 동물생산업, 동물전시업, 동물위탁관리업 및 동물미용업: 영업등록(허가)증 및 요금표

나. 동물을 안전하고 위생적으로 사육 · 관리해야 한다.

다. 동물은 종류별, 성별(어리거나 중성화된 동물은 제외한다) 및 크기별로 분리하여 관리해야 하며, 질환이 있거나 상해를 입은 동물, 공격성이 있는 동물, 늙은 동물, 어린 동물(어미와 함께 있는 경우는 제외한다) 및 새끼를 배거나 새끼에게 젖을 먹이는 동물은 분리하여 관리해야 한다.

라. 영업장에 새로 들어온 동물에 대해서는 체온의 적정 여부, 외부 기생충과 피부병의 존재 여부 및 배설물의 상태 등 건강상태를 확인해야 한다.

마. 영업장이나 동물운송차량에 머무는 시간이 4시간 이상인 동물에 대해서는 항상 깨끗한 물과 사료를 공급하고, 물과 사료를 주는 용기를 청결하게 유지해야 한다.

바. 시정명령이나 시설개수명령 등을 받은 경우에는 그 명령에 따른 사후조치를 이행한 후 그 결과를 지체 없이 보고해야 한다.

사. 영업장에서 발생하는 동물 소음을 최소화하기 위해서 노력해야 한다.

아. 동물판매업자, 동물수입업자, 동물생산업자, 동물전시업자 및 동물위탁관리업자는 각각 판매, 수입, 생산, 전시 및 위탁관리하는 동물에 대해 별지 제36호서식 또는 별지 제37호서식의 개체관리카드를 작성하여 갖춰 두어야 하며, 우리 또는 개별사육시설에 개체별 정보(품종, 암수, 출생일, 예방접종 및 진료사항 등)를 표시해야 한다. 다만, 기니피그와 햄스터의 경우 무리별로 개체관리카드를 작성할 수 있다.

차. 동물장묘업자, 동물위탁관리업자 및 동물미용업자는 고정형 영상정보처리기기로 촬영하거나 녹화 · 기록한 정보를 촬영 또는 녹화 · 기록한 날부터 30일간 보관해야 하며, 동물운송업자는 3일간 보관해야 한다.

타. 동물전시업자, 동물위탁관리업자, 동물미용업자 및 동물운송업자는 각각 전시, 위탁관리, 미용 및 운송하는 동물이 등록대상동물인 경우에는 해당 동물의 소유자 등에게 등록대상동물의 등록사항 및 등록방법을 알려주어야 한다.

2. 개별 준수사항

바. 동물위탁관리업자

1) 위탁관리하는 동물에게 정기적으로 운동할 기회를 제공해야 한다.
2) 깨끗한 물과 사료를 충분히 제공해야 하며, 사료나 간식 등을 과도하게 섭취하지 않도록 적절히 관리해야 한다.
3) 동물에게 건강상 위해요인이 발생하지 않도록 영업 관련 시설 및 설비를 위생적이고 안전하게 관리해야 한다.
4) 위탁관리하는 동물에게 건강 문제가 발생하거나 이상 행동을 하는 경우 즉시 소유주에게

알려야 하며 병원 진료 등 적절한 조치를 해야 한다.

5) 위탁관리하는 동물은 안전을 위해 체중 및 성향에 따라 구분 · 관리해야 한다.

6) 영업자는 위탁관리하는 동물에 대한 다음의 내용이 담긴 계약서를 제공해야 한다.

가) 등록번호, 업소명 및 주소, 전화번호

나) 위탁관리하는 동물의 종류, 품종, 나이, 색상 및 그 외 특이사항

다) 제공하는 서비스의 종류, 기간 및 비용

라) 위탁관리하는 동물에게 건강 문제가 발생했을 때 처리방법

마) 위탁관리하는 동물을 위탁관리 기간이 종료된 이후에도 일정 기간 찾아가지 않는 경우의 처리방법 및 절차

7) 동물을 위탁관리하는 동안에는 관리자가 상주하거나 관리자가 해당 동물의 상태를 수시로 확인할 수 있어야 한다.

출처: 법제처

■ 개체관리카드

동물보호법 시행규칙 [별지 제37호서식]

동물전시업 · 위탁관리업 개체관리카드

※ 햄스터, 기니피그는 무리별로 개체관리카드를 작성할 수 있음

<table>
<tr><td rowspan="6">기본
정보</td><td>영업장의
명칭(상호)
(대표자)</td><td colspan="3"></td><td>영업등록
번호</td><td></td></tr>
<tr><td>주소</td><td colspan="5">(전화번호:)</td></tr>
<tr><td>동물의 종류</td><td></td><td>품종</td><td></td><td>성별</td><td>암 / 수</td></tr>
<tr><td>개체관리번호(전시업만 해당)</td><td></td><td>출생일</td><td></td><td>특징(털색 등)</td><td></td></tr>
<tr><td rowspan="2">건강상태</td><td colspan="3" rowspan="2"></td><td>동물등록
여 부</td><td>○ / ×</td></tr>
<tr><td>동물등록번호
(등록대상
동물만 해당)</td><td></td></tr>
<tr><td rowspan="3">위탁
기록
사항</td><td>위탁자
(연락처)</td><td colspan="3"></td><td>위탁
내용</td><td>□ 사육 □ 훈련 □ 보호</td></tr>
<tr><td>위탁기간</td><td colspan="3">~</td><td>특이
사항</td><td></td></tr>
<tr><td>그 밖의
사항</td><td colspan="5"></td></tr>
<tr><td colspan="7"></td></tr>
<tr><td colspan="7"></td></tr>
</table>

210mm×297mm[백상지(80g/㎡) 또는 중질지(80g/㎡)]

출처: 법제처

예상문제

1. 위탁훈련소의 설명 중 올바르지 않은 것은 무엇인가?

① 반려견유치원에 비해 상대적으로 문제가 있는 개들이 많이 이용한다.
② 현대 위탁훈련소의 훈련 트렌드는 보상 기반의 긍정강화 훈련이다.
③ 개의 훈련을 전문적으로 진행하는 곳이므로 보호자 교육은 이루어지지 않는다.
④ 위탁관리업 허가를 받아야 영업이 가능하다.

2. 위탁훈련소에서 근무하는 훈련사에 대한 설명 중 올바른 것은 무엇인가?

① 견 관리보다는 훈련에 더 많이 신경을 써야 한다.
② 보호자 상담보다는 훈련에 집중해야 한다.
③ 사회화를 위해 견 관리는 담당 훈련사보다는 실습생이나 견습생에게 위임하는 것이 좋다.
④ 반려견에게 무리가 가는 동작이나 힘든 훈련은 보호자가 요구한다고 해도 다 받아들여서는 안 된다.

3. 위탁훈련소의 운영에 대한 설명 중 올바르지 않은 것을 고르시오.

① 훈련은 보상을 기반으로 진행하지만, 개의 본능적 충동을 제어해야 하는 등의 어려운 과제도 극복할 수 있도록 도와야 한다.
② 위탁훈련소의 투명성은 훈련사, 보호자, 대중, 기관 등의 관계에서 신뢰를 구축할 수 있다.
③ 현대의 반려견 훈련에서는 보호자의 직접적인 훈련의 참여가 중요시되고 있다.
④ 개 훈련에서 가상현실 수업이나 온라인 수업은 현실화 가능성이 없다.

4. 다음은 위탁훈련소의 장점과 단점에 대한 설명이다. 설명 중 틀린 것을 고르시오.

① 위탁훈련소에 방문하는 개의 문제행동이나 성향을 보면 현시대 반려동물 문화의 트렌드를 알 수 있다.
② 개를 훈련한다는 것은 사회에 이바지함을 느낄 수 있는 보람찬 일이다.
③ 위탁훈련소의 훈련사는 도그워커나 펫시터처럼 자유롭게 시간을 조절할 수 있다.
④ 일반적으로 위탁교육센터는 도심 외곽에 위치하고 있기 때문에 출퇴근이 어렵고, 편의시설의 이용에 불편함을 겪는다.

5. 위탁훈련소를 이용하는 고객에 대한 설명 중 올바른 것은 무엇인가?

① 위탁훈련소를 이용하는 고객은 주로 대형견 보호자이다.
② 유기견을 입양한 보호자는 위탁훈련소보다 보호단체에서 훈련하는 것이 좋다.
③ 보호자와 생활에 특별한 문제행동이 없는 반려견은 위탁훈련소를 이용할 필요가 없다.
④ 문제의 정도가 심한 반려견도 위탁훈련소를 이용할 수 있다.

1. ③ 2. ④ 3. ④ 4. ③ 5. ④ **정답**

생각하고 토의하기

- 반려견유치원과 위탁훈련소를 이용하는 고객의 유형과 특징에 대해 토론하시오.
- 현대의 위탁훈련소 훈련 방향은 어떻게 변화하고 있는지 토론하시오.
- 반려견유치원과 비교해 위탁훈련소에서 주의해야 할 사항은 무엇인지 토론하시오.
- 위탁훈련소에서 보호자의 개에게 사고가 발생했을 때 대처방법에 대해 토론하시오.
- 위탁훈련소 훈련사의 직업적 장단점에 대해 토론하시오.
- 보호자가 적극적으로 훈련에 참여하도록 유도할 방법에 대하여 토론하시오.
- 반려견 돌봄시설에서 발생할 수 있는 사건이나 사고 등은 무엇이 있으며, 예방방법은 무엇인지 토론하시오.
- 콘트라프리로딩 이론이란 무엇이며 이 이론이 시사하는 바가 무엇인지 토론하시오.
- 향후 반려견유치원과 위탁훈련소의 전망은 어떠할지 토론하시오.

4강 문제행동상담센터

학습개요

- 문제행동상담센터의 전반적인 개념을 이해하고 설명할 수 있다.
- 문제행동상담센터의 필요성을 제시할 수 있다.
- 행동지도사의 역할과 역량에 대하여 이해하고 설명할 수 있다.
- 반려견의 문제행동을 이해하고 개선하는 방법에 대해 이해하고 설명할 수 있다.
- 보호자를 상담하는 기술에 대하여 이해하고 설명할 수 있다.

01 문제행동상담센터의 개요

1) 문제행동상담의 이해

개의 역할은 시대의 변화에 따라 사역견(使役犬, working dog)에서 애완견(愛玩犬, pet dog)으로, 애완견에서 반려견(伴侶犬, companion dog)으로 변화하였다. 과거의 집 밖에서 생활하던 개는 시대의 변화에 따라 점차 집 안에서 사람과 함께 생활하게 되었고, 이러한 생활양식의 변화는 '문제행동'을 발생하게 하였다. 이에 따라 반려견의 문제행동을 해결해주는 훈련사에 대한 수요가 증가하게 되었으며, 기존에 개를 훈련하던 사역견 훈련사가 그 역할을 병행하여 수행하게 되었다. 국내의 경우에는 '애견훈련사'라는 명칭이 가장 대중적으로 많이 알려졌으며 이외에도 '반려견 전문가', '반려견 행동상담사', '반려견 행동교정사', '반려견 행동전문가', '반려견 행동교정 전문가' 등 다양한 명칭으로 활동하며 반려인들에게 혼란을 주고 있다. 하지만 2023년에 개정된 동물보호법의 시행에 따라 '반려동물 행동지도사'가 국가 자격증으로 도입하였으므로 본 교재에서도 문제행동상담과 훈련을 병행하는 훈련사의 명칭을 '반려동물 행동지도사'로 통일하도록 하겠다.

CGC Test 출처: AKC

현대의 개는 가축을 몰거나 사냥하던 과거의 사역견의 역할에서 가족의 구성원인 반려견으로 역할이 바뀌면서 실내에서 사람들과 함께 지내게 되었고, 외부 환경 역시 인구밀도가 높은 도심지로 변하였다. 이렇게 사람들과 개의 물리적 · 심리적 거리가 가까워짐에 따라서 대중이 기대하는 개의 긍정적인 행동에 대한 기대치는 더 높아졌지만, 다수의 반려인은 개에 대한 부족한 지식과 미숙한 훈련으로 어려움을 겪고 있다. 개의 문제행동은 보호자뿐만 아니라 반려견을 키우지 않는 비반려인들까지 안전 문제를 일으키기 때문에 반려견의 문제행동과 관련된 사안은 사회의 주요한 이슈로 떠오르게 되었다. 우리나라는 이러한 문제를 해결하기 위해 반려동물에 대한 안전관리 및 보호 의무를 강화한 동물보호법을 지속적으로 개정하고 있지만 아직까지는 효과가 미미하다. 독일의 일부 주에서는 반려견 면허시험(Hundeführerschein)을 취득하면 강아지가 출입 가능한 공원에서 목줄 없이 개를 풀어둘 수 있게 하거나 반려동물 세금과 보험의 감면 혜택을 주는 제도를 통해 보호자 교육을 적극적으로 권장하고 있다. 또한 미국의 일부 아파트는 AKC에서 진행하는 반려견 예절교육 프로그램인 CGC(Canine Good Citizen) 프로그램을 통과한 인증서가 있어야 입주가 가능하도록 함으로써 보호자의 반려견 양육능력을 기르는데 힘쓰고 있다. 이러한 정부 차원에서 보호자 교육의 강화와 이를 뒷받침하는 제도는 이미 발생한 사고를 물리적으로 수습하는 '처치'가 아닌 사전에 문제행동 발생을 예방하는 '조치'로 훨씬 더 원만하고 효율적인 결과를 얻을 수 있다.

2021년 50대 여성을 물어 숨지게 한 대형견
출처: newsis

개물림 환자 119 이송 건수
출처: 소방청

2) 문제행동상담센터의 유래

1960년대 문제행동을 개선하기 위한 초기의 훈련 방식은 충격 요법과 혐오 자극을 이용한 처벌 기반 훈련 방법으로 이는 장애인과 정신건강 문제를 가진 사람들을 치료하던 방법과 유사했다. 당시 행동 문제를 보이는 환자들을 치료하기 위해서 레몬주스나 암모니아와 같은 혐오 자극을 자주 사용하였는데 이러한 치료 방식이 애견훈련에 응용되어 개가 잘못을 저지르면 코에 레몬주스를 뿌리거나 초크체인을 채거나 던지는 등의 방법으로 사용하였다.

카렌 프라이어의
Don't Shoot the Dog

이후 1980년대에 비로소 애견훈련에도 긍정적 방법으로의 전환이 이루어지기 시작하였다. 특히 1984년 카렌 프라이어(Karen Pryor)는 과학에 기반한 인도적 훈련 서적인 'Don't Shoot the Dog'을 출판하면서 클리커 훈련(Clicker training)을 소개했고 이는 기존 처벌 기반 훈련을 하던 사람들에게 보상 기반 훈련에 관심을 갖도록 하는 강력한 계기가 되었다. 카렌은 1963년 남편인 탭 프라이어(Tap Pryor)가 만든 해양 수족관인 'Sea Life Park'에서 약 10년간 해양 포유류 조련사로 일하면서 돌고래 쇼를 개발했다. 돌고래의 신체 특성상 돌고래에게 줄을 매거나 당기는 강압적인 훈련이 불가능해 주로 보상 기반으로 훈련하였으며 이러한 경험과 기술을 애견훈련에 응용하기 시작하였다.

이렇듯 훈련의 방법과 기술은 끊임없이 발전하고 있고, 개를 교육하는 훈련사의 역량

역시 변화하고 있다. 하지만 세월이 흐르고 시대가 변해도 훈련사가 반드시 갖추어야 할 역량이 있다. 바로 지식, 기술, 태도이다. 동물의 행동과 심리에 대한 지식, 동물을 돌보고 훈련할 수 있는 기술, 동물을 소중히 여기고 생명을 존중하는 태도는 훈련사가 반드시 갖추어야 하는 핵심역량이라 할 수 있다.

02 문제행동의 이해

동물의 행동은 외부 및 내부에서 발생한 자극이 뇌를 통해 동기(motivation)가 형성되어 신체가 반응하는 것을 말한다(예외: 반사행동). 뇌는 유전적으로 가지고 있는 기질과 후천적 경험을 통한 학습으로 터득한 지식을 기반으로 내·외부의 자극을 판단하고 신체는 행동한다.

행동지도사를 위한 노트

내부 자극이란?

내부 자극은 외부 환경으로부터 들어오는 자극과 반대로 신체 내부에서 발생되는 자극을 말한다. 배고픔, 목마름, 불편함, 불안함, 호르몬 등이 그 예다.

- **배고픔:** 개가 배가 고프면 낑낑거리거나 음식을 찾는 등의 행동을 보인다.
- **목마름:** 개가 목이 마르면 헐떡이거나 물을 찾는 등의 행동을 보인다.
- **불편함:** 개가 불편하면 절뚝이거나 회피하는 등의 행동을 보인다.
- **불안함:** 개가 불안함을 느끼면 헐떡이거나 숨는 등의 행동을 보인다.
- **호르몬:** 임신 중인 개는 영역 행동이나 공격성을 보이는 등의 행동을 보인다.

행동지도사를 위한 노트

유전적 기질이란?

후천적 경험으로 터득한 학습이 아닌 각각의 개체가 가지고 있는 고유한 유전적 특징으로 개의 행동과 성향을 나타내는 생득(生得)적 기질을 뜻한다. 목축 행동, 회수 행동, 경계 행동, 사냥 행동 등이 그 예다.

- **목축 행동:** 보더콜리 등의 견종은 역사적으로 가축을 몰고 통제하는 본능을 가지고 있기 때문에 학습 없이도 다른 동물을 쫓거나 모는 행동을 보인다.
- **회수 행동:** 래브라도 리트리버 등의 견종은 역사적으로 회수하는 본능을 가지고 있기 때문에 학습 없이도 보호자와 공을 주고받는 놀이를 하는 등 물건을 회수하는 성향을 보인다.
- **경계 행동:** 로트와일러 등의 견종은 역사적으로 영역이나 사람을 보호하는 본능을 가지고 있기 때문에 낯선 사람을 경계하는 성향을 보인다.
- **사냥 행동:** 테리어 등의 견종은 역사적으로 땅의 동물을 사냥하는 본능을 가지고 있기 때문에 땅을 파거나 움직이는 물체에 쉽게 흥분하는 성향을 보인다.

동물의 행동은 정상행동과 이상행동으로 구분할 수 있다. 정상행동이란 그 종(種)이 주로 나타내는 전형적이고 일상적인 행동 패턴을 말한다. 보더콜리가 공이나 원반(혹은 자동차 바퀴)을 쫓거나, 테리어가 쥐(혹은 작은 개)를 쫓는다면 견종의 종특이성 행동으로 보았을 때 정상행동이라고 할 수 있다. 하지만 개에게 정상행동이라도 이러한 행동이 문제가 될 수 있는 상황이라면 오히려 문제행동이 될 수 있다. 예를 들어 산책 중 고양이를 보고 흥분하여 달려든다든지 지나가는 오토바이 바퀴에 뛰어든다면 인간의 관점에서 문제행동이라 간주할 수 있다. 이렇게 사람(주인)의 관점에서 문제 시 된다고 판단하는 개의 행동을 우리는 문제행동이라 한다. 인간의 관점은 사회 · 문화에 따라 달라지기 때문에 개의 문제행동은 시대마다 달라지기도 한다. 과거 마당에서 집을 지키는 역할을 하던 개들의 짖음은 정상행동이었지만, 현대 사회에 개의 짖음은 가장 많은 갈등을 발생시키는 문제행동 중 하나가 되었다. 이렇듯 문제행동의 해결을 위한 상담 및 훈련은 개의 정상 · 이상행동을 떠나, 보호자가 겪는 어려움인 주 호소 문제를 해소하는 것이 주를 이룬다.

행동지도사를 위한 노트

정상행동/이상행동/문제행동

개의 행동은 정상행동과 이상행동 두 가지로 구분할 수 있으며, 사람의 관점에서 문제행동은 그 사람의 가치관이나 사회문화적 기준에 따라 달라진다.

- **정상행동(normal behavior)**: 해당 동물의 종(species)에서 전형적이고 예상되는 행동 패턴을 의미한다. 정상행동은 연령, 성별, 환경과 같은 요인에 따라 달라질 수 있다.

- **이상행동(abnormal behavior)**: 정상행동에서 벗어나는 행동을 의미하며, 동일 종 내 다른 개체에서 전형적으로 보이지 않는 행동이나 정상행동의 빈도나 강도가 너무 많거나 적은 행동을 말하고, 정상적인 행동을 표현하지 않는 것 또한 이상행동에 포함된다.

- **문제행동(problem behavior)**: 동물의 소유자 또는 환경의 관점에서 바람직하지 않거나 문제가 되는 행동을 말하며 이는 상대적인 개념이다. 관점에 따라서 이상행동이 모두 문제행동이라 볼 수 없으며, 정상행동이 문제행동에 포함될 수도 있다.

문제행동의 범위

① 보호자 또는 제3자의 관점에서 문제가 되는 정상행동

② 보호자 또는 제3자의 관점에서 문제가 되는 이상행동

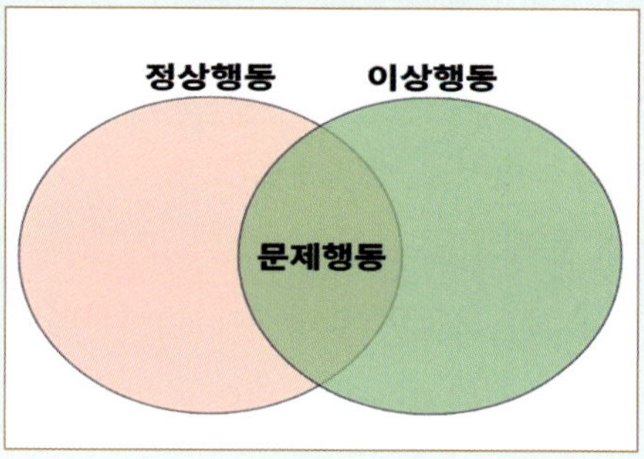

이렇게 보호자의 가치판단에 따라 문제행동의 기준이 달라지므로 훈련사는 보호자와의 상담을 통해 문제행동의 유형을 파악하는 것이 중요하다. 일반적으로 보호자가 문제행동으로 호소하는 유형은 ① 타인에게 피해를 주는 행동, ② 보호자와 가족에게 피해를 주는 행동, ③ 반려견 스스에게 피해를 주는 행동 등의 세 가지 형태로 나뉜다.

① **타인을 향한 피해**: 짖음이나 하울링으로 인한 소음, 타인 및 타견에 대한 공격성, 타인 및 타견에게 달려들거나 마운팅 행위를 함, 오토바이나 자전거 등의 사물에 대한 공격성, 과도한 마킹 행위 등

② **보호자를 향한 피해**: 줄을 당기고 통제가 안 됨, 대소변을 가리지 못함, 빗질 등 관리를 허용하지 않음, 가구 등 물건의 파괴, 보호자를 향한 과도한 집착 및 요구, 물건이나 음식에 대한 강한 소유욕, 타인 및 타견과 어울리지 못함 등

③ **개 자신을 향한 피해**: 꼬리를 물거나 자신의 털을 뜯음, 발이나 생식기를 핥음, 의미 없는 같은 동작을 반복하는 상동행동, 아무거나 주워 먹는 이식증, 변을 먹는 식분증, 높은 긴장도 및 과도한 위축상태 등

03 행동지도사의 역할

문제행동을 보이는 반려견을 개선하기 위해서 반려견행동지도사는 반려견 훈련과 보호자 교육의 두 가지 역할을 이행해야 한다. 보호자 교육 및 상담이란 대상(보호자와 반려견)에게 발생한 문제의 해결을 도와 그들이 행복한 삶을 살아갈 수 있도록 도움을 주는 과정이다. 과거에는 훈련사가 일방적으로 문제시되는 행동을 없애고자 하는 훈련 방식을 문제행동교정이라고 생각했지만, 보호자와 환경의 개선 없이 개의 행동에만 초점을 두고 훈련을 진행했을 경우 문제행동이 재발할 확률이 매우 높아 보호자의 만족도가 떨어졌다. 유능한 행동지도사는 단시간 내에 눈에 띄는 효과를 보이는 것보다 오랜 시간이 지나도 개선한 행동을 유지하여 보호자가 느끼는 어려움을 해결하고 만족감을 느낄 수 있도록 해야 한다.

1) 행동지도사의 역할

(1) 상담가 역할

반려견행동지도사는 보호자와의 긴밀한 의사소통을 통해 해당 보호자가 힘들어하는 개의 문제행동을 파악하고, 보호자가 시행할 수 있는 목표와 훈련 방식을 설정해야 한다. 만약 보호자와의 상의 없이 임의로 훈련이 진행되면 아무리 효과 있는 훈련일지라도

보호자의 인식과 태도에 변화가 생기지 않으므로 훈련의 효과가 없어 훈련을 중단하기 쉽고, 설사 훈련이 어느 정도 진행되었더라도 훈련소에서의 훈련 기간이 종료되면 과거의 상태로 되돌아갈 가능성이 높다.

반려견 문제행동 개선을 위한 교육과정에서의 핵심은 '보호자'이다. 앞서 언급했듯이 개 문제행동의 판단은 보호자가 하며, 보호자는 훈련을 지속하거나 중단에 관한 결정 권한을 가지고 있으므로 보호자의 만족도를 충족시키는 것은 중요하다. 행동지도사는 보호자 상담을 통해 보호자가 겪고 있는 어려움을 파악하고 그것을 해결하기 위한 과정을 계획하고 시행해야 한다.

처음 행동지도사와 보호자가 만나면 개의 문제행동을 진단하고 평가하는 과정을 통해 목표를 설정하게 된다. 이때 보호자들은 ❶ 행동지도사의 진단을 '수용'하고 훈련을 '허용'하는 반응을 보이거나 ❷ 행동지도사의 진단을 100% 수용하지는 못하고 훈련만 '허용'하거나 ❸ 행동지도사의 진단을 '부인'하며 훈련을 '거부'하는 등의 세 가지 반응을 보이게 된다. 보호자가 행동지도사의 진단을 부인하는 이유는 여러 가지 원인이 있다. 첫째, 행동지도사가 제안한 방법이 마음에 들지 않아서이다. 아무리 좋은 방법도 보호자를 설득하지 못하면 훈련이 시작될 수 없다. 둘째, 행동지도사의 진단을 신뢰하지 않아서이다. 보호자는 과연 저 사람이 시간과 비용을 투자할 만한 전문가인지 시시각각 관찰하고 평가한다. 셋째, 비용에 대한 부담감이다. 훈련은 진행하고 싶은데 예상보다 비용이 높다고 느끼면 훈련을 포기하는 경우가 많다. 넷째, 행동지도사가 설명한 내용을 이해하지 못해서이다. 이해하지 못한 내용에 비용을 지불할 사람은 없다. 다섯째, 시설에 대한 불만족이다. 가족과 같은 자신의 반려견을 청결하지 못하거나 취약한 환경에 노출하고 싶지 않다. 여섯째, 보호자의 분리불안이다. 문제행동이 불편해서 상담을 신청했지만 막상 떨어져 있어야 하는 부분은 보호자로 하여금 불안감을 증폭시켜 교육을 포기하게 한다. 일곱째, 시간의 부족이다. 막상 교육이 진행되면 보호자 역시도 시간을 투자하여 시행착오를 해야 효과적인데 시간적 여유가 없으면 아예 교육을 포기하기 쉽다.

■ **보호자 상담 절차**

주호소파악 → 행동 분석 → 진단 및 평가 → 목표 설정

(2) 교육자 역할

보호자 교육이 필요한 이유는 보호자가 개의 주 양육자이기 때문이다. 반려견의 행동은 유전과 환경에 의해 나타나는데 유전적 기질은 부모견에 의해 형성되지만 환경은 주로 보호자로부터 큰 영향을 받는다. 불안이나 두려움 등 부정적인 영향을 주는 것도 대부분 올바른 교육의 부재나 보호자와의 그릇된 관계에서 비롯된다.

행동지도사는 문제행동을 보이는 개를 만나면 자신의 능력을 보여주어 보호자로부터 인정받고 싶은 욕구가 생긴다. 그러나 행동지도사만의 일방적인 훈련으로는 문제가 해결될 수 없다. 문제행동수정의 1차 목표는 바로 반려견과 보호자의 행동 변화이다. 반려견의 행동 변화를 통해 현재 보호자가 겪고 있는 불편함과 고통을 해결하고, 궁극적으로는 보호자가 반려견을 이해하고 올바르게 다루는 방법을 깨달아 건강한 반려생활을 영위할 수 있기 때문이다. 이것은 어부에게 물고기를 잡아주어 순간의 행복을 느끼게 하는 것이 아닌 물고기를 잡는 방법을 가르쳐주어 앞으로 삶의 행복을 스스로 만들어나갈 수 있게 하는 과정과 같다.

결론적으로 보호자 교육은 보호자가 자신의 반려견이 보이는 문제행동의 발생 원인과 해결 방법을 이해하고, 향후 문제행동이 발생하지 않도록 예방하는 방법을 깨달아야 비로소 성공적인 행동 상담이 이루어졌다고 말할 수 있다.

행동지도사를 위한 노트

보호자 상담의 실패 사례

경력이 얼마 되지 않았던 A 행동지도사에게 7개월령의 래브라도 리트리버를 키우는 보호자에게 의뢰가 들어왔다. 집에서는 가구를 씹어서 파손하고, 산책하는 동안 강한 줄 당김과 낯선 사람과 개에게 달려든다는 것이다. 행동지도사는 해당 리트리버가 성장기의 다른 리트리버에 비해 특별히 과하지 않다는 평가를 내렸고, 보호자에게 시간을 갖고 단계적으로 훈련을 하기를 권장했다. 행동지도사는 매 회기마다 최선을 다해 보호자에게 시범을 보이고 숙제를 주며 보호자를 격려하고 지원했다. 하지만 시간이 지나도 전혀 차도를 보이지 않자, 이를 이상하게 생각한 행동지도사가 알아본 결과, 보호자가 행동지도사의 피드백을 전혀 실천하지 않는 것이었다. 보호자가 행동지도사의 제안을 실천하지 않은 이유는 시간이 너무 많이 걸리고, 비현실적이라는 것이었다. 행동지도사는 이 사실에 좌절을 느끼고 스스로를 자책하며 훈련을 중단하였다.

이 사례는 행동지도사가 보호자의 성향을 제대로 파악하지 못하고 훈련 계획을 세운 것과 보호자를 충분히 설득하지 못해 훈련이 중단되는 것을 보여주는 보호자 상담의 실패 사례이다.

(3) 훈련사 역할

반려견의 문제행동을 개선하기 위해서 보호자 상담, 행동 분석, 목표 행동 설정은 핵심이고, 훈련은 목표 행동에 도달하기 위한 과정이자 수단이다. 개를 다루는 것은 이론이 아닌 실전이므로 행동지도사는 보호자가 개를 직접 다루며 몸으로 감각을 익힐 수 있도록 도와주어야 한다. 대개 행동지도사에게 의뢰된 반려견은 사람과 정상적으로 소통하지 못하거나 이미 만성적으로 문제행동이 굳어진 상태가 많다. 이러한 상태의 개들은 보호자 혼자 다루기에는 어려움이 따르기 때문에 행동지도사의 개입이 필요하다. 반려견 훈련과정에서 행동지도사의 역할은 다음과 같다.

① 교육과정 설정 ② 단계별 티칭 ③ 격려와 지지

① **교육과정 설정**: 반려견의 문제행동을 개선하는 훈련과정에서 행동지도사는 보호자와 개의 특성을 모두 고려해야 한다. 교육과정은 보호자가 실천할 수 있으면서 개에게도 무리가 가지 않는 방법으로 훈련 계획을 설정해야 한다. 이렇게 해당 보호자와 반려견을 위한 맞춤식 교육과정은 해당 문제행동에 집중할 수 있고, 보호자와 개의 능력에 따라 속도와 자극의 정도를 조절할 수 있기 때문에 효과적인 결과를 얻어 보호자의 만족도가 좋다. 교육과정은 보호자가 도달할 수 있는 단계별 목표를 설정하여 보호자가 훈련을 중도 포기하지 않고 지속할 수 있도록 난이도를 조절하는 것이 필요하다.

② **단계별 티칭**: 반려견의 문제행동은 보호자가 반려견의 몸짓신호를 이해하지 못하여 서로 소통이 되지 않을 때 발생하기 쉽다. 이에 행동지도사는 보호자가 반려견과 소통이 이루어질 수 있도록 반려견의 청각적 · 시각적 · 후각적 신호에 대해 알려준다. 또한 개에게 명령어를 효과적으로 전달하는 방법을 가르치고 직접 훈련을 시연함으로써 쌍방의 이해를 도울 수 있다. 이때 행동지도사는 보호자의 동작이나 행동에 대한 즉각적인 피드백을 제공할 수 있다. 만일 공격성이나 짖음 등으로 보호자가 직접 다루기 힘든 반려견의 경우, 행동지도사가 사전에 숙달 과정을 진행하여 보호자가 좌절하지 않고 행동의 변화를 느낄 수 있도록 동기를 부여해주는 것이 좋다.

③ **격려와 지지**: 행동지도사를 찾아온 보호자는 대개 훈련 수업이 생소하기 때문에 자신의 반려견이 훈련을 통해 좋아질 수 있을지에 대한 의구심이 들 수 있다. 혹은 자칫 훈련과정이 부정적이거나 폭력적이지는 않을지에 대한 불안감도 들 수 있다. 행동지도사는 보호자의 이러한 복합적인 심리를 이해하고 공감해주어야 하며, 행동지도사를 찾아온 것에 대한 용기를 지지해주어야 한다. 이렇게 의구심과 불안한 마음을 가지고 찾아온 보호자에게는 행동지도사와 관련된 사소한 모든 것들이 신뢰를 형성하는 데 영향을 미칠 수 있다. 행동지도사는 훈련과정을 통해 개선할 수 있는 부분과 효과를 구체적으로 설명해줌으로써 보호자가 좋아질 것이라는 믿음을 가지고 훈련과정에 참여할 수 있도록 도와주어야 한다.

2) 행동지도사가 갖춰야 할 자질

최근 학자들은 반려견의 문제행동을 과학적이고 효과적으로 개선하기 위해서 '동물행동학'과 '상담학'을 결합한 '동물행동상담학'이라는 새로운 학문으로의 접근을 시도하고 있다. 이렇듯 행동지도사의 상담가 역할과 훈련사 역할에 대한 중요도는 계속하여 강조되고 있다. 그렇다면 유능한 행동지도사가 되기 위해 갖춰야 할 자질은 무엇인지 알아보자.

① 인격적 소양 ② 세심한 관찰력 ③ 윤리와 책임 ④ 지식과 경험

① 인격적 소양

훌륭한 행동지도사는 사소하더라도 보호자가 현재 겪고 있는 고통을 이해하고 공감할 수 있어야 하며 보호자의 다른 생각이나 가치관을 존중할 수 있어야 한다. 보호자는 행동지도사가 어떤 태도나 가치관을 가진 사람인지, 성품은 어떠한지 등의 인격적 소양을 지속적으로 관찰하고 파악한다. 훌륭한 인품은 깊은 신뢰감을 형성할 수 있게 도와주어 보호자의 생각과 감정을 솔직하게 공유할 수 있는 편안함을 주고, 행동지도사의 행동과 태도 등을 모델링(modeling)하여 보호자의 발전을 도울 수 있다. 지식이나 기술이 아무리 뛰어나도 인간으로서 자질이 부족하다면 보호자는 행동지도사를 신뢰하지 않을 것이며 문제해결에 의구심을 품을 것이다. 따라서 행동지도사는 성숙함과 도덕성을 갖추어 인격적 소양이 훌륭한 본보기가 되기 위해 끊임없이 성장하는 노력을 해야 한다.

② 세심한 관찰력

행동지도사는 보호자와 반려견의 미세하고 작은 변화도 감지할 수 있을 정도로 민감해야 한다. 세심한 관찰력은 개의 심리적·신체적 변화를 빠르게 감지할 수 있을 뿐만 아니라, 보호자의 감정과 요구를 빠르게 파악하여 문제를 해결하고, 관계를 조율할 수 있어 신뢰를 형성하는 데 도움이 된다.

특히 훈련과정에서 행동지도사의 지시에 따라 보호자가 직접 개를 다루는 연습은 다소 서툴고 어색할 수 있으므로 보호자가 어느 부분을 어려워하는지 관찰하여 부족한 부분을 이해하기 쉽도록 설명하고 시범을 보여줄 수 있어야 한다.

③ 윤리적 책임

상담 과정에서 보호자는 반려견의 행동 변화를 위해 행동지도사에게 사생활과 비밀을 공유하기도 한다. 행동지도사는 보호자의 이야기를 경청하고 공감하는 마음가짐으로 임해야 하며 이 과정에서 알게 된 정보를 제3자에게 누설하거나 자신에게 유리한 방향으로 이용해서는 안 된다. 보호자는 행동지도사를 한 분야의 전문가로 바라보기 때문에 한번 신뢰하기 시작하면 때로는 맹목적으로 신뢰하기도 한다. 이에 행동지도사는 자신의 능력을 벗어나는 문제행동이라도 보호자의 신뢰에 부응하기 위해 훈련을 지속하고자 하는 유혹에 빠지기도 한다. 그러나 어떠한 보호자도 자신의 반려견이 실험 대상이 되거나 비윤리적인 훈련을 받는 것을 달가워하지 않으며, 이는 자칫 법적인 문제로 이어질 수 있음을 주의해야 한다. 행동지도사는 자신의 능력을 벗어나는 문제가 의뢰되었을 경우, 기꺼이 솔직한 태도로 자신의 한계를 설명하고 다른 전문가에게 자문이나 의뢰를 요청하여 보호자를 도우려는 책임감을 보여야 한다. 이렇게 윤리적인 태도로 보호자를 대하면 오히려 보호자는 믿음과 안정감을 느끼며 더욱 행동지도사를 신뢰할 수 있게 된다. 나아가 행동지도사가 윤리적 지침을 올바르게 시행하고 기록함으로써 추후 생길 수 있는 법적 다툼에서 자신을 보호할 수 있다.

④ 지식과 경험

행동지도사에게 개와 사람의 행동에 대한 전문적 지식은 필수조건이다. 관련 분야의 전문지식은 보호자와 반려견의 소통을 돕고, 문제를 해결할 수 있는 원천이 된다. 단순히 자신의 경험에만 의존하는 훈련은 한계가 있기 마련이지만 전문지식을 동반한 훈련은 보호자를 이해하기 쉽게 교육할 수 있고 훈련의 성과가 좋다. 또한 전문성이 내포된 대화는 보호자에게 신뢰를 형성하고 행동지도사가 계획한 방향으로 훈련을 이끌어갈 수 있게 하는 중요한 요소다.

하지만 경험이 없는 지식은 지적 유희에 불과하다. 어떠한 이론적 지식도 실제적 경험을 능가할 수는 없으므로 행동지도사의 실전경험은 필수적이다. 단, 단편적이고 부분적인 경험을 맹신한 과잉일반화나 임의적인 추론은 자칫 큰 오류에 빠질 수 있음에 항상 주의해야 한다. 다양한 경험을 통해 얻은 지혜와 지식을 적절히 통합한 행동지도사는 보호자와 개의 요구에 유연하고 적응적인 반응을 보일 수 있으므로 신뢰를 빠르게 형성할 수 있다.

행동지도사를 위한 노트

문제행동을 교육하는 행동지도사의 고충

귀매최이(鬼魅最易) 화구최난(畵狗最難)은 한비자(韓非子)에는 나오는 이야기에서 유래된 말로 '귀신은 그리기 쉽고 개는 그리기 어렵다'는 뜻이다. 그림을 좋아하는 제나라의 임금이 한 화가에게 어떤 그림이 그리기 어렵고, 어떤 그림이 그리기 쉬운지 물었다. 이에 화가는 '개나 말은 사람들이 자주 보고 눈앞에 있으니 그들 모두가 전문가라 생각하여 그리기 어려우나 귀신이나 용은 본 적이 없으니 화가의 그림을 그대로 믿기 때문에 그리기 쉽다'고 답했다고 한다.

개를 그리기 가장 힘들다는 화가의 말처럼 개 훈련에 대해서는 전문가라 자처하는 사람들이 많다. 특히 요즘처럼 유튜브, SNS, 블로그 등의 소셜미디어(Social Media)가 범람하는 사회에서 올바른 정보를 찾기란 더욱 어려워졌다. 그러한 이유로 훈련을 진행하는 과정 중 매체의 잘못된 정보로 인해 혼란을 겪으며 보호자와 신뢰가 깨지는 상황도 발생하곤 한다. 그럼에도 행동지도사가 훈련을 포기하지 않고 지속하는 이유는 자신을 믿고 따라준 보호자와 그들의 반려견들이 주는 보람 때문일 것이다. 자신과의 짧은 만남이 그들의 인생에 큰 변화를 만들어내고, 반려견과 보호자의 삶 자체가 바뀌는 것을 경험해본 행동지도사라면 자신의 역할이 얼마나 중요한지 막중한 책임감과 더불어 성취감도 느끼게 될 것이다. 어쩌면 이러한 책임감이 수많은 힘든 과정과 어려움을 극복하며 행동지도사의 길을 걷는 이유일 것이다.

04 상담 및 훈련 방법

반려견 문제행동 상담 및 훈련과정에서 반려견과 보호자의 변화를 위해 행동지도사는 다양한 지식과 경험을 바탕으로 한 지혜가 요구된다. 이번 파트에서는 보호자를 상담하는 실제적 기법과 문제행동을 보이는 개의 훈련과정에 대하여 알아볼 것이다.

1) 보호자 상담 기술

보호자 상담 및 교육의 목표는 도달 가능해야 하고, 보호자가 실천할 수 있어야 한다. 교육의 시작은 보호자가 반려견 훈련에 적극적으로 동참하려는 동기를 만들어주는 것이다. 이는 보호자가 개를 대하는 가치관과 행동의 변화를 이끌어낼 수 있으므로 보호자를 상담하는 것은 교육의 시작과 변화를 위해 매우 중요하다. 다음은 기본적으로 갖춰야 할 상담기술 및 보호자의 유형에 따른 대처 방법이다.

(1) 보호자 상담의 기본 기술

① **라포형성**(rapport building): 신뢰와 친근감으로 이루어진 관계를 말한다. 보호자와 행동지도사 사이에 라포가 형성되면 보호자는 솔직하게 고민을 털어놓을 수 있게 된다. 또한 행동지도사의 제안에 수용적인 태도를 형성하게 되어 훈련의 과정이 수월하게 진행될 수 있다.

② **경청**(listening attentively): 단순히 듣는 것이 아닌 말과 행동 그 속의 감정까지 귀를 기울이는 것을 말한다. 경청을 통해 보호자는 존중받는 느낌을 받을 수 있고, 편안하게 자신의 이야기를 꺼내 놓을 수 있다.

③ **반영**(reflecting): 상대의 이야기를 듣고 이해한 것을 다시 말하는 것으로, 보호자의 이야기를 적극적으로 듣고 이해하였음을 보여주는 효과를 준다. 또한 반영을 통해 보호자는 자신이 이야기한 것을 행동지도사의 입을 통하여 들음으로써 자신의 생각과 행동에 대하여 다시금 생각해보는 기회를 제공한다.

④ **촉진**(prompt): 적극적인 행동을 할 수 있도록 제공하는 자극을 말한다. 구두적 촉진으로는 '좋네요', '네', '그렇군요' 등이 있을 수 있고, 시각적 촉진으로는 끄덕거

리거나 눈을 쳐다보는 방법이 주로 사용된다. 촉진을 통해 보호자는 용기가 생기고 적극적인 태도를 보일 수게 된다.

⑤ **공감(empathy):** 공감은 우뇌에서 이루어지는 자동적인 상호작용으로, 상대의 감정을 공유하는 능력을 말한다. 공감은 중립적이고 비판단적이기 때문에 라포형성에 중요한 역할을 한다.

⑥ **진실성(genuineness):** 행동 · 감정 · 사고가 모두 일치하는 것으로 꾸밈이나 거짓 없이 자신의 모습을 그대로 드러내는 태도를 말한다. 진실하기 위해서는 높은 수준의 자기 자각이 필요하며, 이를 통해 일관된 태도를 보일 수 있어 신뢰 형성에 중요한 역할을 한다.

⑦ **수용(acceptance):** 보호자의 감정, 행동, 의견을 평가하거나 판단하지 않고 그대로 받아들이고 인정해 주는 것을 말한다. 이렇게 인간으로서의 가치를 일관적으로 수용해주면 방어적인 태도를 줄일 수 있고 보호자 역시 수용적인 태도를 형성할 수 있다.

⑧ **유머(humor):** 흥미를 자극하고 긍정적인 태도를 유발하는 것으로, 상담과정에서 쉽게 발생할 수 있는 긴장 · 불안 · 자책 등의 분위기를 전환하는 데 유용하다. 밝은 분위기와 즐거움은 개의 훈련에서도 중요하게 작용한다.

⑨ **전달(explanation):** 내용의 전달은 일방적인 메시지의 전송이 아닌, 내용의 원인과 이유를 근거 기반으로 보호자가 이해하기 쉽게 설명하는 것을 말한다. 유능한 행동지도사일수록 전문적인 용어의 남발보다 알기 쉬운 용어로의 해석을 통한 전달 기술을 사용한다.

⑩ **직면(confrontation):** 보호자의 행동, 생각, 감정 등의 불일치나 모순을 깨닫도록 하는 것을 말한다. 대결이라고 부르기도 하는데, 행동지도사와 보호자의 대결을 뜻하는 것이 아니라 보호자를 보호자의 내면에서 일어나는 갈등과 모순됨, 혼란스러움과 대결시키는 것을 의미한다.

(2) 유형에 따른 대처 방법

① **방어적/저항적 태도의 보호자:** 방어적이고 저항적인 보호자는 충고받는 것을 꺼리고, 문제를 심각하게 받아들이지 않으려 하기 때문에 훈련의 가치를 보지 못하고 회의적이다. 이러한 태도는 보호자 스스로 심리적 충격을 완화하기 위한 무의식적

인 방어에서 기인한다. 만약 방어적/저항적 태도의 보호자에게 훈련을 강요한다면 보호자의 방어와 저항을 더 강하게 만들어 훈련을 더 이상 진행할 수 없게 될 가능성이 크다. 따라서 이러한 태도의 보호자를 상담할 때는 간접적인 접근으로 이야기를 나누어야 하며, 개방형 질문을 통해 보호자의 입장과 상황을 공유하도록 격려해야 한다. 이때 행동지도사는 보호자의 생각을 이해하고 공감하며 적극적으로 감정을 반영해주어야 한다. 그럼에도 불구하고 보호자가 수용하지 못한다면 잠시 유예기간을 갖는 것도 괜찮다.

② **적대적/강요적 태도의 보호자**: 행동지도사를 불신하거나 훈련 방식에 적대적인 보호자는 자신의 반려견에 대한 정보를 자세히 제공하지도 않으면서 불가능한 기간에 문제의 해결을 강요하기도 한다. 보호자 상담 경험이 부족한 행동지도사의 경우 적대적이거나 강요적인 태도의 보호자를 만나면 긴장하여 자신감을 잃거나 자신도 적대적인 반응을 보이기 쉽다. 행동지도사가 보호자를 대할 때 긴장하게 되면 훈련의 방향을 잃을 수 있으므로 이러한 유형의 보호자를 상대할 때는 좋은 관계를 만들기 위해 노력하거나 설득하려 하는 것보다 일관성 있고 최선을 다하여 훈련을 진행하는 모습을 보여주며 개가 변화하는 모습을 보여주는 것으로 충분하다. 개의 행동이 개선되면 보호자는 결국 행동지도사를 신뢰하며 적극적인 협조를 보일 수 있다. 단, 과도한 요구와 강압적인 태도에 대해서는 한계를 분명히 하여 행동지도사 스스로의 안전을 확보해야 한다.

③ **회피적 태도의 보호자**: 심리적으로 불안정하거나 부담감을 많이 가지고 있는 보호자의 경우 작은 실패에도 큰 좌절감을 보이며 '훈련을 중단하고 싶다'는 의견을 자주 표현한다. 회피적 태도의 보호자에게는 무엇보다 감정의 공감과 격려가 중요하다. 행동지도사는 적극적인 촉진 자극을 통해 보호자가 많은 이야기를 할 수 있도록 도와주고 적극적으로 경청해주어야 한다. 만약 유사한 문제를 가진 다른 보호자들과 함께 훈련을 진행할 수 있는 상황이라면 그룹수업이 긍정적 효과를 볼 수 있다. 서로 비슷한 문제를 가진 보호자들 간에 의사소통은 고립감을 줄이고, 공감을 얻을 수 있으며, 다양한 관점의 의견을 공유하고 성찰함으로써 자신의 생각, 감정, 행동에 대한 통찰력을 얻는 기회가 될 수 있다.

④ **종속적 태도의 보호자**: 종속적 태도의 보호자의 경우, 상담 초기에는 행동지도사의 설명에 적극적으로 수용하는 것처럼 보이는 태도를 보이기 때문에 수월한 진행을

보인다. 하지만 타인에게 지나친 의존적인 성향을 보이는 보호자들은 작은 문제도 스스로 해결하지 못하는 특징이 있고, 자신의 반려견에 관한 모든 문제를 행동지도사가 책임져 주기를 원하며 의존한다. 따라서 행동지도사는 간결하고 명료한 내용만을 쉽게 전달하고 올바르게 이해했는지 매번 재확인할 필요가 있고, 보호자가 직접 훈련할 수 있도록 격려하는 등 보호자 스스로의 자립 능력을 향상시키는 데 집중하여야 한다.

2) 문제행동 개선훈련 과정

문제행동의 개선을 위해서는 무엇보다 해당 행동이 발생하는 원인을 파악하는 것이 중요하다. 행동이 어떤 기능을 하는지 알면 그 원인을 알아낼 수 있으며, 행동의 원인을 토대로 효과적이고 효율적인 해결 방법으로의 접근이 가능하다. 예를 들어 질병이나 부상이 행동의 원인이라면 수의학적 접근을 해야 하고, 불안이나 두려움이 원인이라면 심리학적 접근을 해야 한다. 일반적인 문제행동 개선을 위한 훈련 단계는 다음과 같다.

> ① 보호자 상담 및 관찰 ② 행동의 원인분석 ③ 행동의 기능분석
> ④ 환경 개선 ⑤ 대체 행동 훈련 ⑥ 일반화

① **보호자 상담 및 관찰**: 반려견 문제행동 개선 과정에서, 보호자가 느끼는 어려움을 파악하는 것은 훈련의 성공과 실패를 결정하는 요인이다. 문제행동의 기준은 반려견 보호자의 가치관에 따라 달라지기 때문에 행동지도사의 임의적인 판단을 주의해야 한다. 행동지도사는 상담 단계에서 개와 보호자를 관찰함과 동시에 반려견의 문제행동을 기점으로 과거와 현재에 대한 정보를 들어야 한다. 보호자의 상담 내용와 스스로 관찰한 정보를 토대로 행동지도사는 원인분석과 개선사항을 설명한 뒤 보호자와 협의를 통한 공동의 목표를 설정한다. 낯선 사람이 있거나 낯선 장소에서는 반려견의 문제행동이 나타나지 않을 수 있으니 사전에 문제행동에 대한 동영상 촬영을 요구할 수 있다.

② **행동의 원인분석**: 행동 분석에는 일반적으로 ABC 모형을 사용한다. ABC 모형이란 선행사건(Antecedents)과 나타난 행동(Behavior) 그리고 행동의 결과(Consequence) 간의 인과관계를 밝히는 과정을 말한다. ABC 모형에 의하면 행동은 선행사건과

결과가 복합적인 원인이 되어 나타난다. 따라서 행동의 변화를 만들기 위해서는 행동의 원인인 선행사건이나 결과에 변화가 생겨야 한다. 예를 들어 초인종 소리에 짖는 개를 조용히 시키기 위해 간식을 주었다면 선행사건인 초인종을 없애거나, 간식을 제공하지 않는 방법을 사용해야 한다. 이 단계의 핵심인 행동의 원인을 분석하기 위해서 행동지도사는 행동의 전·후 상황을 면밀히 관찰하고 기록해야 한다.

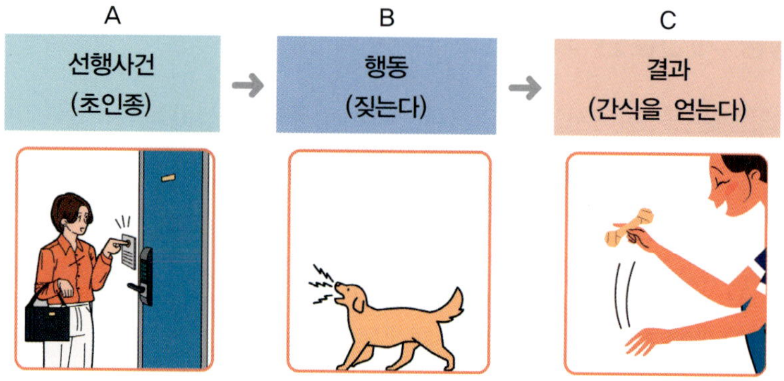

③ **행동의 기능분석**: 앞선 단계에서 행동의 원인이 되는 선행사건과 결과를 확인했다면 이들을 개선하기 위해서 개가 결과를 통해 성취하는 것이 무엇인지 분석해야 한다. 모든 행동에는 원인과 목적이 있는데, 해당 원인이 발생하는 동기가 사라지거나 해당 행동으로 목적이 달성되지 않음을 깨닫는다면 행동은 나타나지 않게 된다. 행동은 관심, 회피, 획득 및 요구, 자기자극 등 네 가지의 기본기능을 갖고 있다. 같은 행동임에도 기능이 다를 수 있기 때문에 원인분석은 문제 시 되는 행동 전·후 상황의 맥락을 전체적으로 이해하여 원인과 행동의 결과 간의 인과관계를 살펴볼 수 있다.

A 선행사건	B 행동	C 결과
초인종	짖는다	
		a) 보호자의 관심을 성취한다. (관심) b) 두려움 해소를 성취한다. (회피) c) 간식을 성취한다. (획득) d) 도파민을 성취한다. (자기자극)

■ **행동의 네 가지 기능**

(1) **관심:** 보호자를 비롯한 사람의 관심을 끌려는 의도의 행동으로 우회적인 행동으로 관심을 얻고자 한다. 서성거림, 짖음, 배변 실수, 꼬리 물기, 상동행동 등이 대표적이다.

(2) **회피:** 하기 싫은 행동을 회피하거나 두려움을 회피하려는 의도의 행동으로 목욕 거부, 발톱 자르기 거부, 외면하기, 명령 불복종 등이 대표적이다.

(3) **획득 및 요구:** 원하는 것을 얻기 위한 목적성 행동으로 그 목적이 뚜렷하게 드러난다. 대상을 향한 낑낑거림, 짖음, 공격, 줄 당김, 하울링, 보호자나 밥그릇 긁기 등이 대표적이다.

(4) **자기자극:** 내부 자극에 의한 행동으로 장난감 놀이, 달리기, 발 핥기, 꼬리 물기, 상동행동 등이 대표적이다.

④ **환경 개선:** 행동의 원인과 기능의 분석을 모두 마쳤다면 실제적인 환경의 개선작업을 시행한다. 실제 현장에서 개는 여러 복합적인 행동과 지속적인 행동 변화를 통해서 목적을 달성하고자 노력하기 때문에 행동지도사는 광범위하고 매시간 변하는 행동마다 그 원인을 즉각적으로 평가하고 대처해야 한다. 만약 문제행동의 정도가 매우 심각하다면 생물학적 접근으로 수의사와 협의를 통해 약물을 동반하여 훈련을 진행하는 것도 고려해야 한다. 아래의 예시는 문제행동 개선 과정의 극히 일부임을 주의한다.

행동지도사를 위한 노트

기능별 환경 개선의 예시

(1) **관심을 목적으로 한 행동의 환경 개선 예시:** 초인종 소리에 짖는 문제의 개 중에는 특정 보호자가 없으면 초인종 소리에 반응을 보이지 않는 개가 있다. 개가 초인종 소리에 짖는 상황을 관찰하면 개가 특정 보호자를 신경 쓰는 모습과 해당하는 보호자가 개를 말리는 모습을 보인다. 이러한 문제행동을 보이는 개의 경우 특정 보호자의 관심을 얻고자 하는 것이 의도인 것으로 가설을 설정할 수 있다. 이 경우 특정 보호자가 평소 초인종 소리에 짖는 개에게 하던 행동을 멈추고 무반응으로 행동하고(성취감 제거), 짖지 않았을 때는 충분한 관심을 제공(정서적 환경의 개선)할 수 있다. 민원의 발생 등(예: 야간 시간의 훈련)으로 행동 개선에 제약이 있다면 초인종 소리를 제거(물리적 환경의 개선)하여 개의 동기 발생을 없애는 방법을 사용할 수 있다.

(2) **회피를 목적으로 한 행동의 환경 개선 예시:** 물을 무서워하는 이유로 목욕을 거부하는 개의 경우에 개는 두려움으로부터의 회피임을 알아야 한다. 이 경우 물에 대한 두려움을 조건화 훈련을 통해 긍정적인 감정(정서적 환경의 개선)으로 바꿔주거나 회피할 수 없는 욕조에서 목욕을 시키는 방법(성취감 제거)을 사용할 수 있다. 간혹 샤워기 헤드에서 분사되는 물이 무서운 개의 경우 고여 있는 물을 사용한다면(물리적 환경의 개선) 간단히 문제가 해결되기도 한다.

(3) **요구를 목적으로 한 행동의 환경 개선 예시:** 보호자가 휴대폰을 할 때마다 짖는 개는 평소 보호자가 휴대폰을 할 때 자신에 대한 관심이 끊어진다는 것을 불안해한다는 것을 가설로 설정할 수 있다. 이 경우 휴대폰을 들고도 개에게 관심을 보여주어(정서적 환경의 개선) 불안도를 낮출 수 있고, 보호자가 휴대폰을 할 때는 개에게 장난감을 주어(물리적 환경의 개선) 관심을 얻고자 하는 동기유발을 제거할 수 있다. 때에 따라 일부로 휴대폰을 들고 개가 짖는 것을 무시하여 짖음으로는 관심을 얻을 수 없다는 것을 이해시키는(성취감 제거) 방법을 사용하기도 한다.

(4) **자기자극을 목적으로 한 행동의 환경 개선 예시:** 개가 집에 혼자 있을 때 발을 핥는 개의 경우 무료함과 우울함이 원인일 가능성을 가설로 세운다. 이러한 행동을 보이는 개를 분리불안 증세를 보인다고 이야기한다. 이러한 개의 경우 평소 사회성이나 독립성이 발달 되지 못한 경우가 많다. 따라서 독립성을 길러주거나 보조 약물을 사용해 혼자 있는 것이 불안하지 않게(정서적 환경의 개선) 도와주고, 건강의 이유로 개선되기 전까지 일시적으로 넥 칼라를 사용(물리적 환경의 개선)하기도 한다.

만약 개가 보호자의 무관심에도 불구하고 행동에 변화가 생기지 않는다면 가장 먼저 개의 문제행동에 대한 기능분석을 재시행한다. 행동을 통해서 얻을 수 있는 것이 보호자의 관심이 아니거나 그 외에 다른 얻을 수 있는 것이 있다면 행동은 변화되지 않을 것이다. 그다음으로 보호자가 시행하는 무관심이 실제로 잘 실행되고 있는지 다시 분석해야 한다. 개는 뛰어난 감각으로 보호자의 미세한 표정 변화까지 읽을 수 있다. 개의 행동에 보호자도 모르게 눈길을 주거나 얼굴을 찡그리는 등의 반응이 나타나는지 확인한다.

⑤ **대체 행동 훈련**: 대체 행동이란 개가 행동함으로써 얻을 수 있는 이점을 보호자가 원하는 바람직한 행동을 통해 얻을 수 있음을 가르치는 것이다. 개가 원하는 것을 제공해주는 긍정강화 기반 훈련인 대체 행동 훈련과정은 행동지도사가 가장 적극적으로 권장하는 훈련 방법이다. 일반적으로 많이 사용하는 대체 행동으로는 앉아, 엎드려, 기다려, 하우스 등이 있다. 대체 행동을 가르치기 위해서는 일관성 있는 태도와 인내심을 바탕으로 지속적인 반복·숙달이 필요하고 정확한 타이밍의 보상이 핵심이므로 행동지도사는 이 과정에서 특히 보호자의 행동을 관찰하고 정확한 지침을 제공해주어야 한다. 아래의 예시는 '하우스'를 완벽히 숙달한 개의 대체 행동 메커니즘이다.

A 선행사건		B 대체 행동		C 결과
초인종	→	'하우스' 명령에 하우스로 들어간다	→	간식을 제공받는다

초인종과 켄넬(하우스)에 들어가는 훈련을 반복 강화하면 개는 초인종 소리에 명령 없이도 켄넬에 들어가서 결과를 기대한다. 보호자와 관련된 기대(보상)는 점차 줄여나가면서 간헐적인 형태로 제공한다. 이러한 방식으로 대체 행동은 다른 여러 가지 문제행동에 똑같이 적용된다. 각각의 문제행동과 상황에 따라 가장 적합한 대체 행동을 선정하여 시행한다.

행동지도사를 위한 노트

소거격발(extinction burst)

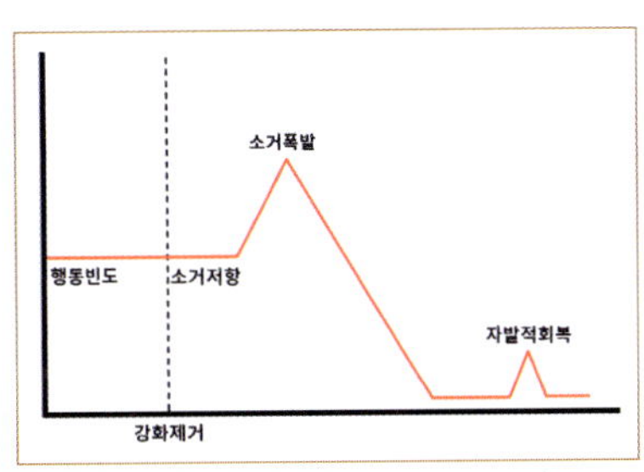

소거격발(extinction burst)이란 행동이 소거되기 전에 갑자기 행동의 반응(강도나 빈도수)이 증가하는 것을 뜻한다. 이는 마치 보호자로 하여금 문제행동이 사라지는 것이 아니라 더욱 악화되는 것처럼 보여 쉽게 행동수정을 포기하게 한다. 하지만 이런 현상은 행동이 소거되는 과정에서 자연스러운 현상이다. 따라서 만일 훈련 중 소거하려던 문제행동이 더욱 심해지는 것을 느낀다면 그것은 올바르게 소거되고 있는 과정일 가능성을 염두에 두며 훈련을 진행하면 된다.

⑥ **일반화**: 일반화란 조건반응을 일으킨 조건자극과 유사한 자극이 주어졌을 때 조건화된 반응이 일어나는 현상을 말한다. 예를 들어 초인종 소리에 켄넬로 들어가는 훈련이 된 개는 초인종과 유사한 벨 소리나 노크 소리에도 켄넬에 들어가는 행동을 보인다. 특정 자극 외에도 공간 · 시간 · 날씨 · 분위기 등의 유사한 요소들은 개의 일반화에 영향을 준다. 그러므로 개가 습득한 행동을 다른 공간, 다른 시간, 다른 날씨와 분위기에도 유지할 수 있도록 일반화시키는 작업이 중요하다.

행동지도사를 위한 노트

체계적 둔감화와 홍수법

- **체계적 둔감화:** 낮은 단계에서 점차 높은 단계로 자극에 둔감하게 하는 방식이다. 예를 들어 초인종 소리에 예민함을 보이는 개에게 둔감화 교육을 진행하고자 할 때 처음에는 초인종의 볼륨을 1부터 시작하여 점차 10까지 올려가며 둔감화시키는 것이다. 체계적 둔감화의 장점은 개가 자극에 대한 부담감이 적어 트라우마가 생기지 않게 자극에 적응시킬 수 있다.

- **홍수법:** 처음부터 목표 단계에서 지속적으로 자극을 반복 제시하여 자극에 둔감하게 하는 방식이다. 예를 들어 초인종 소리에 예민함을 보이는 개에게 처음부터 초인종의 볼륨을 10에서 적응시키는 것이다. 홍수법은 소심하거나 예민한 개에게는 자칫 자극에 대한 트라우마가 생길 수 있으니 주의해서 사용하는 것이 좋다.

05 사례분석

도심에서 지내는 개들에게 가장 빈번하게 발생하고 문제행동은 공격행동, 회피행동, 짖음, 분리불안, 대소변 실수 등이 있다. 해당 행동들의 발생 원인과 해결 방법을 사례를 통해 알아보자.

1) 사회성이 부족한 반려견의 사례

견종	성별	나이	입양 시기	주 보호자
말티즈	♂(중성)	4살	2개월령	30대 초반 여성

사회성의 부족은 실제 대부분의 문제행동과 연결되어있는 원인이다. 사회성이 부족한 개는 공격행동이나 회피행동으로 불안을 해결하려 한다. 다음 사례는 공격적인 행동으로 불안을 대처하는 개의 전형적인 환경을 보여준다.

(1) 행동관찰

보호자와 반려견이 처음 훈련기관에 방문했을 때 보호자는 목소리, 행동 심지어 걸음걸이까지 자신감이 부족해 보였다. 그에 비해 반려견은 자신감 넘치는 걸음걸이로 우렁차게 짖어대며 분주하게 여기저기를 탐색했다. 상담을 진행하는 동안 반려견은 끊임없이 탐색하며 마킹을 하였고, 지나가는 사람을 향해 짖어댔지만, 보호자는 아무런 통제도 하지 못했다. 반려견은 짖음 중간중간 보호자에게 시선을 돌리며 보호자의 반응을 살피기도 하였다.

(2) 보호자 상담 내용

① 외부 환경에서 타인이나 타견, 움직이는 물체(오토바이, 자동차 등)를 보면 공격적이다.
② 초인종 소리나 외부의 작은 소리에도 예민하다(흥분과 공격적인 짖음).
③ 집 안에서도 마킹을 한다.
④ 자기 다리를 입으로 물어뜯고, 앞발을 핥는다.
⑤ 보호자와 침대에서 같이 잔다.
⑥ 대소변을 가리지 못한다.
⑦ 자율배식을 하고 있다.
⑧ 보호자가 보기에도 사회성이 없다고 느낀다.

(3) 원인분석

행동의 배경		문제행동		행동의 결과
보호자의 규칙이 없다. : 생존에 불안함이 생긴다.	→	공격성 자해 마킹	→	생존에 성공한다. 불안함이 해소된다.

(4) 목표설정

① 켄넬과 분리 수면을 통해 안정감과 독립성 형성(물리적 환경 개선)

② 보호자의 소극적인 태도를 적극적인 태도로 변화(정서적 환경 개선)

③ 엎드려와 기다려를 대체 행동으로 사용하여 불안함을 낮춤(대체 행동)

※ **사회화 교육의 핵심**: 사회성이 발달하지 못한 개는 생존하고자 하는 욕구가 강해져 자극에 적대적이거나 회피하려는 행동을 보인다. 따라서 보호자는 자신감 있는 태도를 바탕으로 자신의 반려견에게 안정감을 주고, 보상 기반의 훈련을 통해 긍정적인 경험을 학습시킴으로써 사회성을 길러준다면 공격행동과 회피행동이 사라질 수 있다.

2) 트라우마가 있는 반려견의 사례

견종	성별	나이	입양 시기	주 보호자
잭러셀테리어	♀(중성)	6살	2~3개월령	40대 중반 여성

트라우마란 어떠한 사건으로 발생한 정신적인 충격을 말한다. 특히 생명에 지장을 줄 수 있는 사건이나 사고는 강한 충격으로 남아 오랜 시간이 지나도 극복하지 못하는 경우도 있다. 다음 사례를 통해 트라우마를 극복하는 과정을 알아보자.

(1) 행동관찰

보호자는 반려견을 안은 상태로 학교를 방문하였으며 표정이 어두워 보였다. 개를 바닥에 내려놓으라는 지시에 머뭇거림을 보였고 개는 바닥에 놓이자마자 구석으로 들어가 보호자의 부름에도 나오려 하지 않았다. 보호자는 현재 우울증이 있음을 알렸고 개의 상태가 자신의 잘못이라며 죄책감을 보였다.

(2) 보호자 상담 내용

① 옆집 아저씨가 알코올중독으로 이유 없이 보호자 집의 문을 두드리거나 소리를 지른 적이 있다. 옆집에서 부부싸움이 잦아 한밤중에도 시끄러울 때가 많다. 이외에도 불규칙한 소음이 많이 발생하는 환경이다.

② 산책 중 낯선 남자에게 이유 없이 개가 발로 차인 적이 있다.

③ 비가 오거나 천둥소리가 나면 개는 몸을 심하게 떨고 불러도 나오지 않는다.

④ 평소에도 침대 밑이나 구석진 곳을 좋아하고 외부에서 큰 소리가 들리면 도망치듯 들어간다.

⑤ 사회성이 부족하고 다른 강아지와 어울리지 못한다.

⑥ 귀 청소, 발톱 손질을 싫어한다.

⑦ 옷을 입히면 움직이지 않는다.

⑧ 12시간을 혼자 지낸다.

⑨ 이유 없이 좌우로 움직이거나 빙글빙글 도는 등의 상동행동을 보인다.

(3) 원인분석

행동의 원인		문제행동		행동의 결과
낯선 남자에게 차였다. : 사람에 대한 불신 형성, 세상에 대한 불신으로 발전	➜	위축, 우울 상동행동	➜	생존에 성공한다. 불안함이 해소된다.

(4) 목표설정

① 조용한 주변 환경의 조성(물리적 환경 개선)

② 보호자의 죄책감 해소와 자신감 회복(정서적 환경 개선)

③ 소리 자극에 대한 노출 치료와 대체 행동 마련 (대체 행동)

※ **트라우마 극복의 핵심:** 트라우마를 극복하기 위해서는 외상 기억을 처리하고 통합하여 사고의 패턴을 바꾸도록 돕는 것이다. 기존에 두려움을 일으키던 상황이 이제는 아무 일도 아님을 깨닫게 해주고 나아가 긍정적인 기억으로 바꿔주는 작업으로 진행한다. 트라우마 극복 과정은 충분한 시간적 · 심리적 여유를 가지고 참여해야 한다.

3) 통제가 안 되는 반려견의 사례

견종	성별	나이	입양 시기	주 보호자
보더콜리	♂	1살 6개월	2개월령	20대 후반 남성

견종의 특성, 선천적 기질, 교육의 부재 등의 다양한 이유로 통제 불능의 충동적인 반려견도 있다. 다음 사례는 통제력이 부족한 개가 보이는 전형적 행동과 개선과정을 잘 나타내고 있다.

(1) 행동관찰

차에서 내리기 전부터 차 안에서 심하게 짖는 소리가 들렸으나 보호자는 자신의 반려견을 전혀 통제하지 못했다. 보호자는 개에게 끌려서 운동장으로 들어왔으며 줄을 풀어주자 개는 운동장을 전속력으로 뛰어다녔다. 다른 개의 짖는 소리에 격한 흥분을 보였고, 다른 개의 모습이 보이면 더욱 강하게 짖으며 달려들었다. 상담이 진행되는 50분가량의 시간 동안 지속적인 짖음과 불필요한 움직임 보였다.

(2) 보호자 상담 내용

① 산책 시 다른 개를 소리만 들어도 지나치게 흥분한다.
② 오토바이나 버스와 같이 큰 소리가 나는 물체에도 반응하며 흥분한다.
③ 아이들에게도 비슷한 반응을 보인다.
④ 전동 드릴이나 커피머신 소리에도 흥분한다.
⑤ TV에 나오는 개에게도 흥분한다.
⑥ 공격적이지는 않으나 완전한 통제 불능 상태에 빠지는 것 같다.
⑦ 집에 혼자 있으면 가구와 벽지를 뜯는다.
⑧ 공놀이와 터그 놀이를 아주 좋아한다.
⑨ 실외에서 대소변을 보지 않는다.

(3) 원인분석

A 행동의 배경		B 문제행동		B 행동의 결과
산책을 나간다. 자극이 발생한다. (외부, 내부)	→	흥분, 줄 당김, 짖음, 파손 등 구강 행위	→	보호자의 관심을 받는다. 도파민을 얻는다.

(4) 목표설정

① 최대한 조용한 곳에서 산책하며 안정감을 형성(물리적 환경 개선)

② 보호자의 부드러운 표현과 안정적인 스킨십 제공(정서적 환경 개선)

③ '기다려' 훈련의 강화 및 노즈워크 훈련 진행(대체 행동)

④ 긍정적으로 에너지 발산(대체 행동)

※ **통제력 훈련의 핵심:** 통제 불능 행동을 보이는 개들은 흥분했을 때 느끼는 쾌락에 중독되기 쉽다. 따라서 통제력(참을성)을 집중적으로 강화시키고 편안하고 이완된 상태에서 얻을 수 있는 행복감과 안정감을 느끼도록 해야 한다.

4) 대소변을 못 가리는 반려견의 사례

견종	성별	나이	입양 시기	주 보호자
푸들	♂(중성)	3살	3개월령	30대 중반 남성

개가 능숙하게 배변판이나 배변 패드를 사용하기 위해서는 배변 교육이 선행되어야 한다. 개가 배변을 실수하는 이유는 ❶ 정확한 배변 장소를 인지하지 못했거나, ❷ 배변 장소가 마음에 들지 않거나, ❸ 심리적인 문제 등으로 발생할 수 있다. 다음 사례는 훈련 부족과 장소의 불편함 그리고 심리적 문제를 모두 보여준다.

(1) 행동관찰

개의 행동은 전반적으로 평범하였으나 보호자의 태도는 다소 강압적인 느낌을 주었다. 개는 보호자의 눈치를 살피다가 사무실 내에서 대변을 보았다. 보호자가 이를 보고

혼내려 하자 혼내지 말라고 지시했고, 개는 다시 아무렇지 않게 탐색 활동을 이어갔다.

(2) 보호자 상담 내용

① 보호자가 있을 때는 배변 활동을 참거나 몰래 보이지 않는 구석에 가서 배설한다.

② 반려견 혼자 있을 때 가끔 보호자의 침대에 소변을 본다.

③ 배변실수를 하면 보호자가 많이 혼냈다.

④ 거실 TV 아래에 배변 패드를 깔아놓았다.

⑤ 야외 산책 중에는 보호자가 보는 앞에서도 배변을 한다.

(3) 원인분석

A 행동의 배경		B 문제행동		C 행동의 결과
배변 욕구가 발생한다. 외롭고 불안하다.	→	아무 데나 배변한다. 숨어서 배변한다. 침대에 배변한다.	→	혼난다. 배변욕구가 해소된다. 불안이 해소된다.

(4) 목표설정

① 집의 구석진 곳에 배변 패드를 위치한다(물리적 환경 개선).

② 어떤 상황이건 배변 활동 후에는 칭찬하고 보상한다(정서적 환경 개선).

③ '화장실로 가'를 가르친다(대체 행동).

※ **배변 훈련의 핵심:** 배변 훈련에서 처벌의 사용은 매우 신중해야 하며 가급적이면 사용하지 않는 것이 좋다. 위의 사례와 같이 배변 행위 자체에 두려움을 느끼게 되면 회피적인 태도를 보이기 때문에 심리적인 불안함을 느껴 배변훈련이 불가능해지게 된다. 이렇게 배변실수로 혼난 개들의 배변 훈련은 우선 배변하는 행위 자체가 잘못된 행동이 아니라는 것을 먼저 심어주어야 한다. 그 후 올바른 배변 장소를 인지시키는 작업을 진행하는 것이 좋다.

예상문제

1. 행동지도사에 대한 설명 중 올바르지 않은 것은 무엇인가?

① 행동지도사의 훈련목적은 개와 보호자의 공존과 소통이다.
② 행동지도사의 핵심 교육은 개의 훈련 능력 향상이다.
③ 행동지도사의 훈련은 보호자가 실행할 수 있는 방법과 도구를 사용해야 한다.
④ 행동지도사는 주로 문제행동을 개선하고 예방하는 훈련을 목표로 한다.

2. 다음 행동과 관련된 설명 중 올바른 것은 무엇인가?

① 행동을 유발하는 자극인 외부 자극을 통제하면 행동은 나타나지 않는다.
② 기질은 후천적 경험으로 학습한 지식을 말한다.
③ 문제행동은 보호자의 가치판단에 따라 기준과 판단이 달라진다.
④ 개에게 정상행동은 문제행동이 될 수 없다.

3. 행동지도사의 역할에 대한 설명 중 올바른 것은 무엇인가?

① 행동지도사는 개 훈련을 담당하고, 보호자 상담은 상담사가 진행한다.
② 행동지도사는 실전의 경험보다 풍부한 지식과 기술이 더 중요하다.
③ 행동지도사는 예민한 성격보다는 둔감한 성격이 유리하다.
④ 행동지도사는 보호자가 훈련에 적극적으로 참여하도록 격려와 지지를 해야 한다.

4. 다음 보호자 상담과 관련된 설명 중 올바르지 않은 것은 무엇인가?

① 종속적 태도의 보호자는 이미 신뢰관계가 형성되었으므로 중간 상담이 생략되어도 무방하다.
② 회피적 태도의 보호자는 무엇보다 감정의 공감과 격려가 중요하다.
③ 적대적 태도의 보호자는 일관성 있는 태도로 대응하는 것이 좋다.
④ 방어적 태도의 보호자에게는 훈련을 강요해서는 안 된다.

5. 문제행동 개선훈련에 대한 설명 중 올바르지 않은 것은 무엇인가?

① 문제행동 개선에서 원인분석 보다 행동교정이 먼저 선행되어야 한다.
② 행동에는 다양한 원인과 기능이 존재한다.
③ 문제행동 개선을 위해 대체 행동 훈련을 진행하기도 한다.
④ 문제행동 개선훈련의 마지막 단계로 일반화 과정을 진행한다.

1. ② 2. ③ 3. ④ 4. ① 5. ① **정 답**

생각하고 토의하기

- 반려견의 문제행동의 종류에는 무엇이 있는지 토론하시오.
- 반려견훈련사와 반려견행동지도사는 어떻게 다른지 구분하시오.
- 반려동물 보유 세금에 대해 찬성과 반대 중 자신의 의견은 무엇인지 토론하시오.
- 반려견의 문제행동을 훈련하는데 보호자 상담이 필요한 이유에 대해 토론하시오.
- 반려견행동지도사가 되기 위해 필요한 자질에 대해 토론하시오.
- 홍수법의 사례를 들어보시오.
- 체계적 둔감화의 사례를 들어보시오.
- 사람의 발소리에 짖는 개에게 ABC모형을 사용하여 대체행동을 만들어보시오.
- 보호자 상담 진행 시 보호자에게 라포를 형성하는 방법에 대해 토론하시오.

PART

02

도그스포츠 훈련

도그스포츠는 개가 썰매를 끌거나 양을 몰고, 사냥한 동물을 회수해오는 등의 사역견 활동이 스포츠화(Dog sledding, Sheepdog Trial 등)되거나, 애완견에서 반려견으로 의미가 변화하면서 개와 함께 즐길 수 있는 즐거운 놀이가 스포츠화(Agillity, Disc dog 등)된 신체적 활동을 말한다. 도그스포츠란 경쟁과 승리가 아닌 주인과 함께 교감하고 즐기는 경기임을 잊지 말아야 한다. PART 2에서는 대중적으로 많이 알려진 어질리티(Agility), 디스크독(Disc dog), 플라이볼(Flyball), 도그댄스(Dog Dance)에 대하여 알아볼 것이다. 또한 도그스포츠를 즐기기 위해서 알아야 하는 각 경기종목의 규칙과 규정, 훈련의 원리 및 방법, 주의점 등에 대해 학습하도록 하겠다.

5강 어질리티(Agility)

학습 목표

- 어질리티 대회의 경기 규칙을 이해하고 설명할 수 있다.
- 어질리티에서 사용하는 장비를 이해하고 설명할 수 있다.
- 어질리티 훈련의 단계적 학습 방법과 주의사항을 이해하고 설명할 수 있다.
- 어질리티 대회를 위한 개의 체급을 측정하고 규정할 수 있다.
- 어질리티 대회에서 심판의 판정 행동이 어떤 내용을 의미하는지 설명할 수 있다.

01 어질리티의 개요

1) 정의와 역사

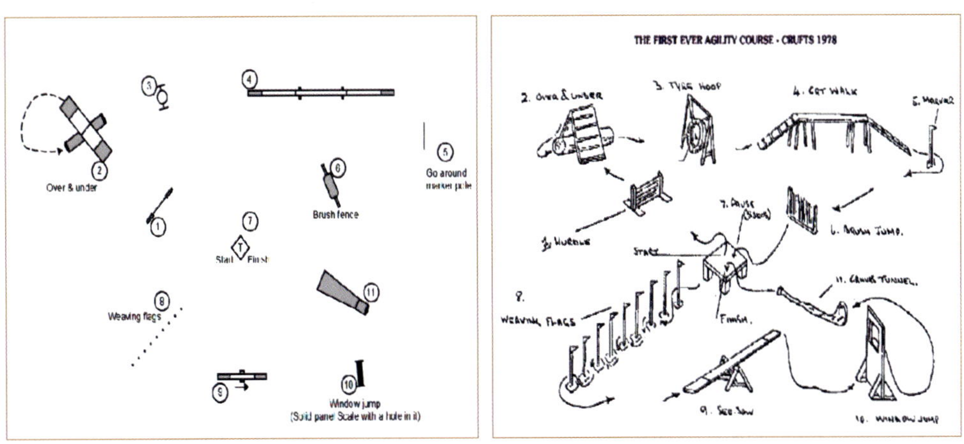

최초의 Agilitty 코스(1978) 출처: AKC

‘기동력’, ‘민첩성’, ‘빠른’ 등의 뜻을 가진 어질리티는 장애물이 놓여있는 코스를 핸들러와 개가 함께 뛰며 호흡을 맞추는 도그스포츠의 종목이다. 어질리티는 심사위원에 의해 정해진 코스를 다른 팀보다 더욱 빠르고 정확하게 완주할수록 높은 점수를 획득하는 경기로, 개와 사람의 깊은 교감을 느낄 수 있다는 점에서 도그스포츠 중 가장 대중화에 성공한 종목이라고 말할 수 있다. 특히 모든 견종, 남녀노소 모두가 함께 즐길 수 있다는 점은 어질리티의 가장 큰 장점이다.

어질리티는 1978년 영국 켄넬클럽(KC)의 Crufts Dog Show에서 관중의 흥미를 위한 단순한 시범경기에서 시작되었다. 1977년 쇼 위원회 소속이었던 존 발리(John Varley)는 복종훈련대회와 도그쇼 사이에 관중들에게 보여줄 이벤트를 만드는 임무를 받았다. 존은 어떤 이벤트를 만들까 고민하던 중 말의 장애물 경기에서 아이디어를 얻었다. 예로부터 말과 기수가 정해진 시간 내에 장애물을 뛰어넘는 장애물 경기는 인기 스포츠 종목 중 하나였는데(장애물비월, showjumping), 존은 이 종목에 경험이 있었다. 존은 말의 장애물 종목을 개에게 응용하기 위해 당시 'Working Dog Trial'에서 성공적인 기록을 가지고 있던 훈련사 피터 민웰(Peter Meanwell)에게 도움을 청한다.

Crufts Dog Show of KC

이듬해인 1978년 최초로 4마리의 개로 구성된 2개의 팀이 참가하여 시연을 보였고, 이 이벤트는 큰 인기몰이를 하였다. 이에 1979년에는 3개의 팀이 시연을 보였고, 1980년 켄넬클럽은 어질리티를 규칙이 있는 공식 종목으로 인정하였다.

> "어질리티는 재미있고 안전해야 하며 관객 위주여야 한다."
> – 어질리티 창시자 존 발리(John Varley) -

이후 국제도그스포츠연맹(IFCS) 소속 미국 어질리티 협회(USDAA: 1986), 미국애견협회(AKC: 1993), 북미 어질리티 위원회(NADAC: 1993), 켄넬클럽연합(UKC: 1995), 세계애견연맹 어질리티 세계 챔피언십(AWC: 1996)과 유러피언 오픈(EO: 2002), 세계어질리티오픈(WAO: 2011) 등의 세계적인 단체에서도 어질리티 대회를 지속적으로 개최하고 있다.

국내의 경우, 한국애견협회(KKC)는 자체 조직의 어질리티 분과에서 혹은 국제도그스포츠연맹(IFCS)와 협약하여 매년 다수의 어질리티 대회를 개최하고 있고, 한국애견연맹(KKF)은 한국어질리티연합(KKA)과 코리아어질리티클럽(KAC)라는 명칭으로 활동하고 있으며,

(사)동물과사람은 WAO 국가대표 선발전을 개최하고 있다.

어질리티 훈련을 위한 노트

어질리티 관련 단체

- KC: 영국 켄넬 클럽(The Kennel Club)
- IFCS: 국제도그스포츠연맹(International Federation of Cynological Sports, IFCS)
- USDAA: 미국 어질리티 협회(United States Dog Agility Association)
- AKC: 미국 애견 협회(American Kennel Club)
- NADAC: 북미 어질리티 위원회(North American Dog Agility Council)
- UKC: 켄넬 클럽 연합(United Kennel Club)
- WAO: 세계 어질리티 오픈(World Agility Open)
- FCI: 세계 애견 연맹(Federation Cynologique Internationale)
- AWC: 어질리티 세계 챔피언십(Agility World Championship)
- EO: 유러피언 오픈(Agility European Open)
  (세계애견연맹은 FCI 혈통견만이 참가가 가능한 AWC를 대체하기 위해 FCI 혈통이 없는 개도 참가가 가능한 EO를 지원하고 있다.)
- KKC: 한국애견협회(Korea Kennel Club)
- KKF: 한국애견연맹(Korea Kennel Federation)
- KKA: 한국어질리티연합(Korea Kennel Agility)
- KAC: 코리아어질리티클럽(Korea Agility Club)

2) 어질리티 장애물의 종류와 세부 종목

어질리티는 개의 영리함과 민첩함을 증진시키는 스포츠라고만 생각할 수 있지만, 장애물의 어려움을 극복하고 해결하는 과정을 통해 두뇌와 육체의 에너지 활동을 활발하게 만들어 스트레스를 해소하며 사회성 발달에도 큰 효과가 있다. 또한 어질리티의 훈련 과정은 개와 핸들러 사이에 깊은 신뢰와 유대 관계가 형성된다. 국내에서도 세계적인 어질리티 대회에서 이름을 올리는 전문가가 나오길 바라며 본 교재에서는 여러 단체의 규정 중 FCI의 규정(2023.01.01)과 IFCS의 규정(2017.02.01)을 기준으로 어질리티의 세부 내용을 소개하고자 한다. 각 단체의 규정마다 약간의 차이는 있지만, 어질리티를 즐기는 원리와 방식은 같으므로 어떠한 규정을 참고하여도 훈련에 무리가 없음을 고지한다.

(1) 장애물의 종류

어질리티는 개가 장애물을 넘거나 통과하는 스포츠이기에 사고 및 부상의 위험이 있을 수 있다. 핸들러는 우수한 경기 성적보다 개의 안전에 유의하여 스포츠를 즐겨야 한다. 특히 검증된 기관에서 승인된 장애물을 사용하는 것은 사고의 발생을 줄이는 중요한 역할을 한다. 국제 규모의 어질리티 단체에서 승인한 어질리티 장애물은 허들(Hurdles), 벽(Wall), 타이어(Tyre), 롱 점프(Long Jump), 도그워크(Dog-walk), 시소(See-saw), A-프레임(A-frame), 터널(Tube Tunnel), 위브 폴(Weave poles) 총 9가지이다. 도그워크, 시소, A-프레임은 장애물 통과 시 개의 접촉이 필요한 접촉 장애물(Contacts obstacles)이고 점프 장애물(Jump obstacles)은 개의 체급에 따라 높이나 넓이를 조절하게 되어있다. 이외 과거에는 프레임 형태의 타이어(Frame Tyre)와 자루 터널(Flat Tunnel), 테이블(Table) 등의 장애물도 사용하였으나 현재는 안전상의 이유로 점점 사용하지 않는 추세이다.

승인 장애물의 종류			사용 금지된 장애물 (FCI 대회 기준)
Jump	Contacts	Others	
Hurdles Tyre Long Jump Wall	Dog–walk See–saw A–frame	Tube Tunnel Weave Poles	Frame Tyre Flat Tunnel Table

※ 개최단체마다 프레임 타이어, 자루 터널, 테이블의 승인 기준에 차이가 있으므로 대회 참가 전 최신 규정을 확인하는 것을 권장함.

■ **어질리티 장애물의 세부 규격**

Jump 장애물

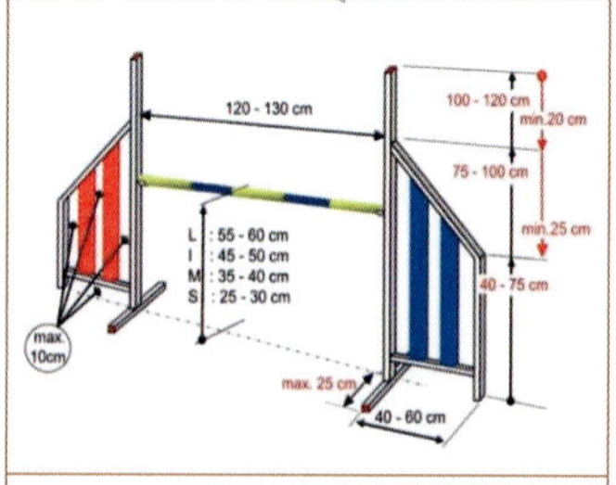

허들(싱글)

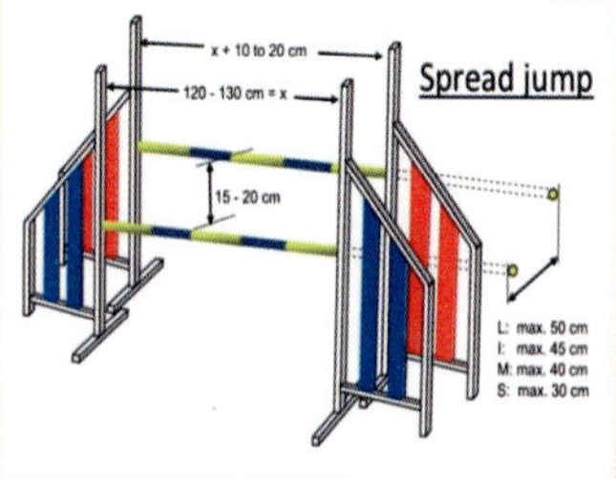

복식 허들(더블/스프레드)

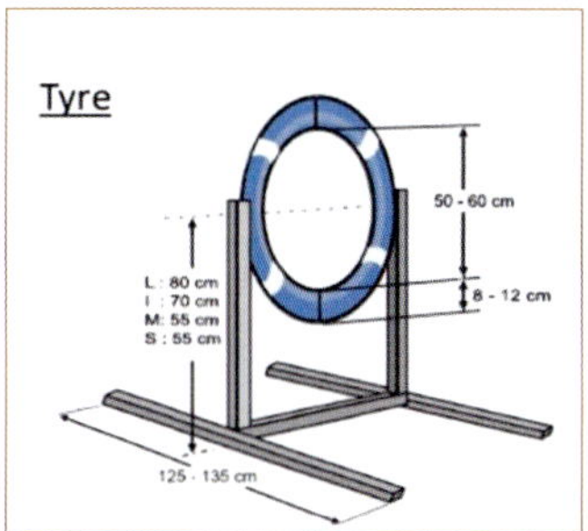

타이어

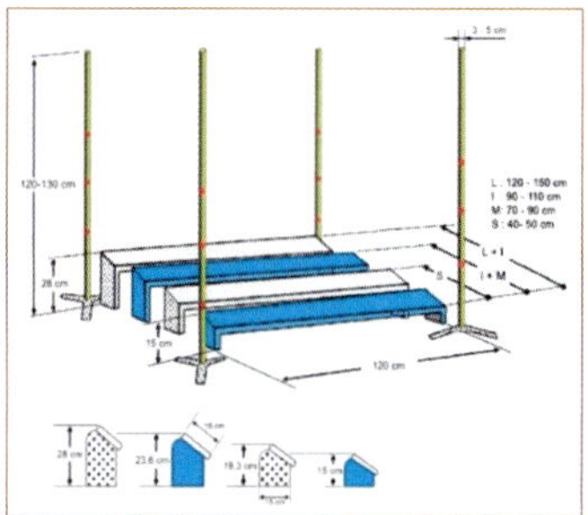

롱 점프

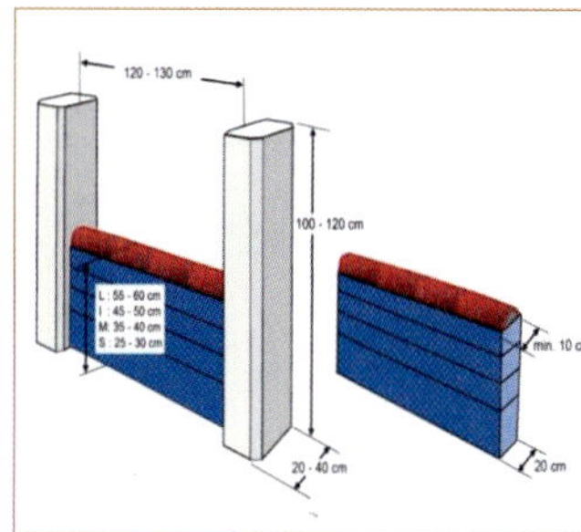

벽

① 허들

싱글 허들은 체급에 따라 높이를 조정한다(L: 55~60cm, I: 45~50cm, M: 35~40cm, S: 25~30cm).

너비는 최소 120cm에서 최대 130cm로 구성하며 허들바(bar)의 지름은 3~5cm이다. 개에게 명확한 시각적 효과를 주기 위하여 허들바는 최소 3개 부분에서 대비되는 색상을 구성해야 한다. 허들윙(wing)은 최소 40cm에서 최대 60cm로 구성하며 높이는 최소 1m 이상이어야 한다. 직사각형이나 삼각형 형태는 허용하지 않고 날개의 바깥쪽으로부터 안쪽으로 가늘어지는 형태로 만들어야 한다. 허들윙 내부로 개가 통과할 수 없어야 하지만 허들윙이 모든 면으로 채워져서도 안 된다. 안전상의 이유로 허들윙끼리 결합하여 고정해서는 안 된다.

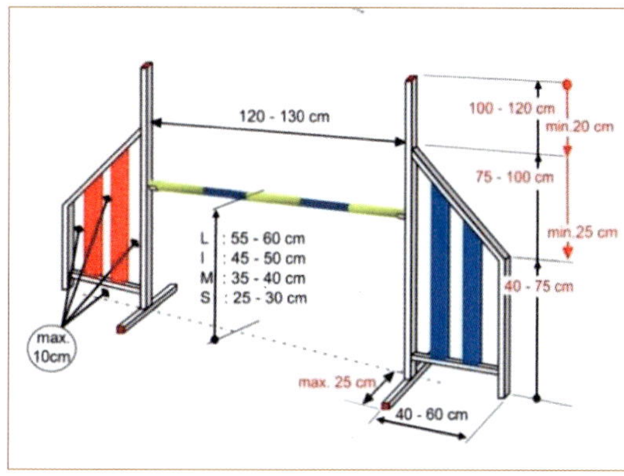

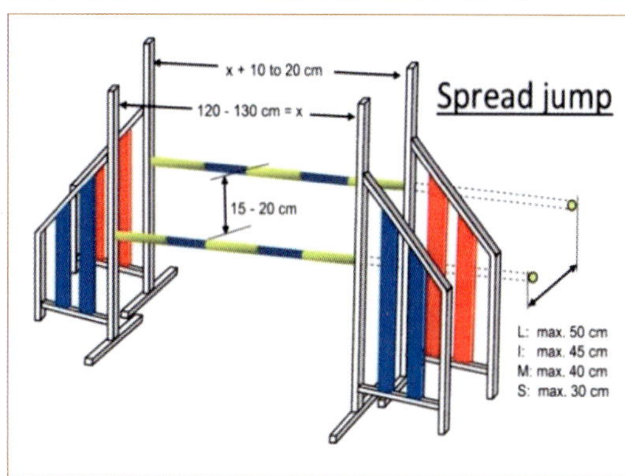

출처: FCI

복식 허들(Spread hurdle)은 허들 2개를 오르막 형태로 가깝게 배치한 것이다. 복식 허들의 허들바는 15~25cm의 높이 차이가 있어야 하며, 뒤쪽 허들바의 길이를 10~20cm 더 길게 해야 한다. 높이 규정은 싱글 허들과 같으며, 깊이는 체급에 따라 약간의 차이가 있다(최대 L: 50cm, I: 45cm, M: 40cm, S: 30cm).

② 타이어

타이어도 허들과 마찬가지로 체급에 따라 높이를 조정한다(L: 80cm, I: 70cm, M 및 S: 55cm). 내부 지름은 50cm에서 60cm, 외부 너비는 최소 8cm에서 12cm로 구성한다. 만약 타이어에 8kg의 무게에 해당하는 힘을 가하면 분리될 수 있는 구조여야 하며 충격을 흡수하는 재료로 제작되어야 한다. 또한 타이어가 쉽게 쓰러지지 않도록 프레임이 제작되어야 한다. 과거에는 빔으로 전체를 둘러싼 프레임 타이어를 사용했지만, 현재는 상단의 프레임은 허용하지 않는 U자 형태만 허용한다.

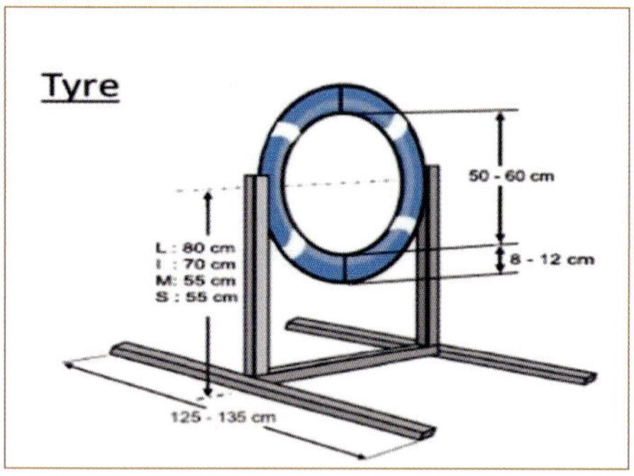

③ 롱 점프

롱 점프 역시 점프 장애물에 속하며, 높이 뛰는 장애물이 아닌 멀리 뛰는 장애물이기 때문에 유닛의 개수를 조정하여 길이가 조정된다. 너비는 전면 120cm, 후면 150cm로 구성된다. 유닛의 폭은 모두 15cm로 동일하고 높이는 가장 낮은 유닛의 높이부터 각 15cm, 19.3cm, 23.6cm, 28cm로 구성되어 오르막 형태로 놓아야 한다. 체급에 따른 유닛의 개수와 길이는 다음과 같다. (L: 4개 유닛 사용, 120~150cm, I: 3~4개 유닛 사용, 90~110cm, M: 3개 유닛 사용, 70~90cm, S: 2개 유닛 사용, 40~50cm) 유닛을 감싸고 있는 4개의 기둥은 높이 120~130cm, 지름 3~5cm이고, 기둥은 유닛과 땅에 고정하지 않은 채 배치해야 한다.

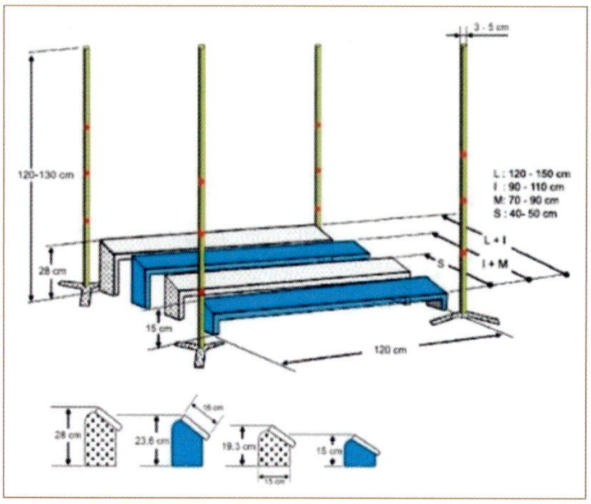

출처: FCI

④ 벽

벽은 100~120cm의 높이와 20~40cm의 너비로 구성된 기둥 사이에, 여러 개의 유닛을 쌓아 올려 벽 형태를 구성한 장애물이다. 유닛의 너비는 최소 10cm에서 최대 20cm이고, 가장 상단의 유닛은 반원 형태로 구성되어야 한다. 과거에는 벽의 중간 부분이 뚫려있는 형태도 허용하였으나 현재는 모두 닫힌 구조만 허용하고 있다. 체급에 따른 높이는 다음과 같다. (L: 55~60cm, I: 45~50cm, M: 35~40cm, S: 25~30cm)

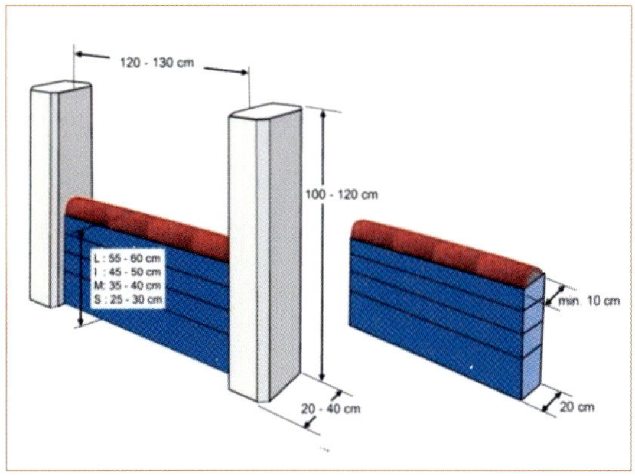

출처: FCI

Contacts 장애물

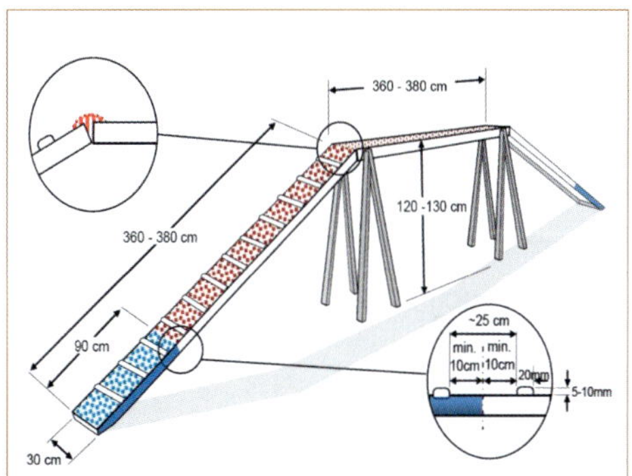

도그워크

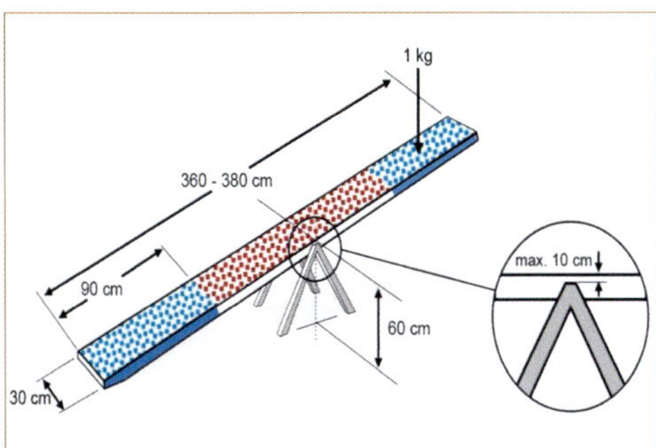

시소

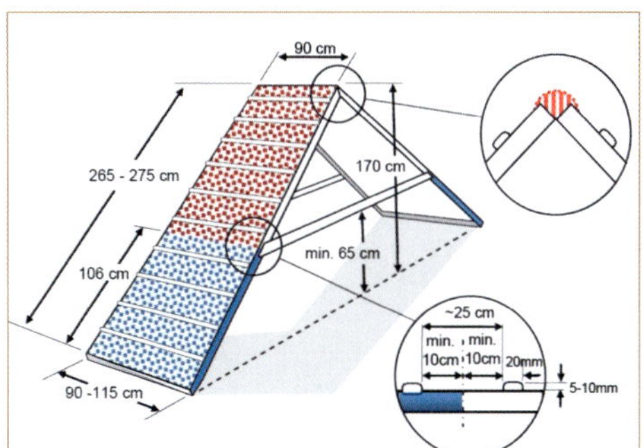

A프레임

출처: FCI

⑤ 도그워크

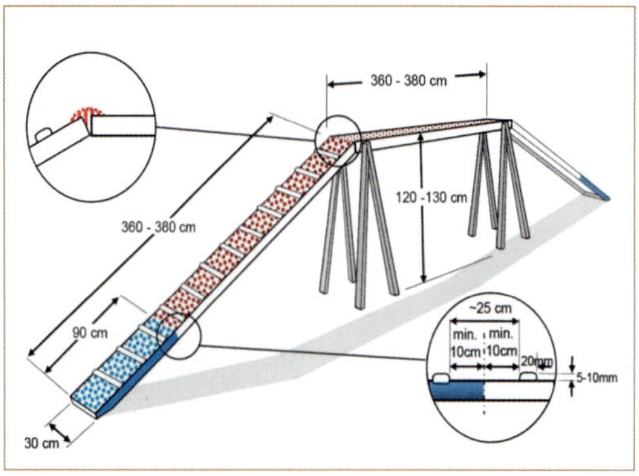

도그워크의 너비는 30cm의 판자로 구성되어 있으며 높이는 최소 120cm에서 최대 130cm로 구성한다. 경사로의 길이는 최소 360cm에서 최대 380cm이고, 각 경사로 하단에서 마지막 90cm는 측면을 포함하여 다른 색상이어야 한다. 상판을 지지하는 다리는 장애물 위쪽으로 돌출되어서는 안 되며, 도그워크 아래에 터널을 놓을 수 있게끔 배치되어야 한다.

추가적으로 모든 접촉 장애물의 접촉 영역 색상은 흰색, 검은색 또는 갈색이 아니어야 한다. 접촉 장애물의 표면은 미끄럽지 않아야 하고, 시소를 제외한 도그워크와 A-프레임의 각 경사로에는 미끄러짐을 방지하고 더 쉽게 올라갈 수 있도록 일정한 간격(약 25cm마다)으로 미끄럼 방지 슬랫이 있어야 한다(접촉 구역 시작 지점에서 10cm 이내 제외). 이 슬랫은 너비 2cm, 두께 0.5~1cm이어야 하며 날카로운 모서리가 없어야 한다.

⑥ A-프레임

A-프레임은 너비가 최소 90cm에서 115cm인 판자로 구성되고 정점(꼭짓점)의 높이는 170cm이고 구성하는 경사로의 길이는 최소 265cm에서 최대 275cm이다. 두 개의 판자가 만나 틈이 생기는 꼭짓점 부분은 안전의 이유로 필요한 경우 덮어야 한다. 도그워크와 마찬가지로 아래에 터널을 놓을 수 있게끔 지지대를 알맞은 위치에 배치하여야 한다.

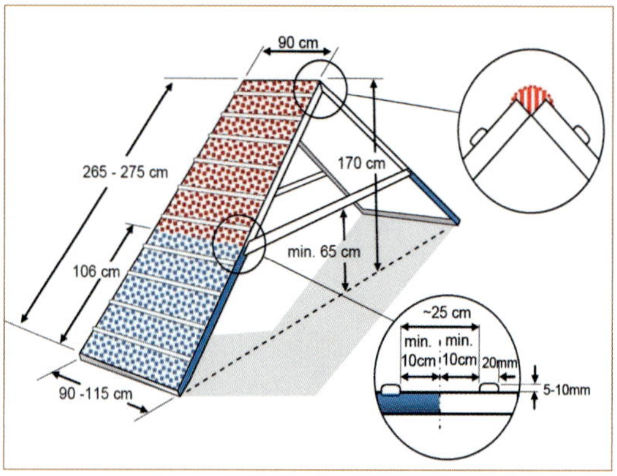

출처: FCI

⑦ 시소

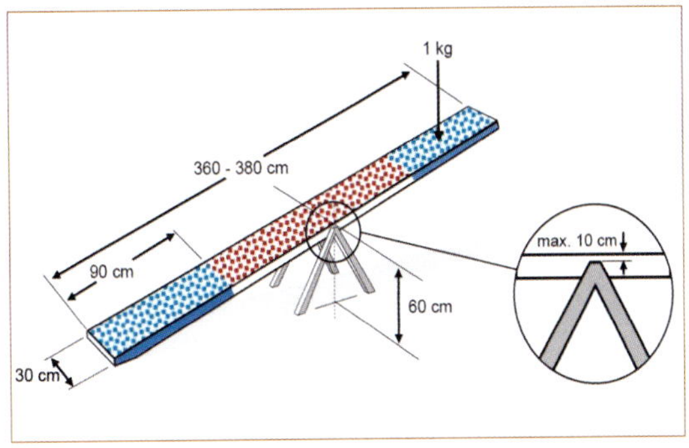

출처: FCI

시소는 30cm의 너비의 판자로 구성되며 중앙 지점부터 판자 상단까지의 높이는 60cm이다. 총 길이는 최소 360cm에서 최대 380cm로 구성되어 있으며 도그워크와 마찬가지로 경사로의 90cm 지점은 측면을 포함하여 다른 색상이어야 한다. 시소의 기울어지는 속도는 너무 빠르거나 느려서는 안 되는데, 이를 확인하기 위하여 1kg의 추를 접촉 영역 중앙에 놓았을 때 2초에서 3초 사이에 기울어지면 된다.

Others 장애물

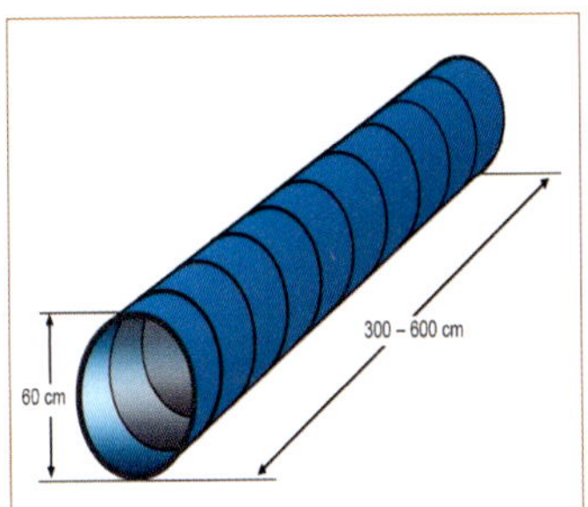

터널

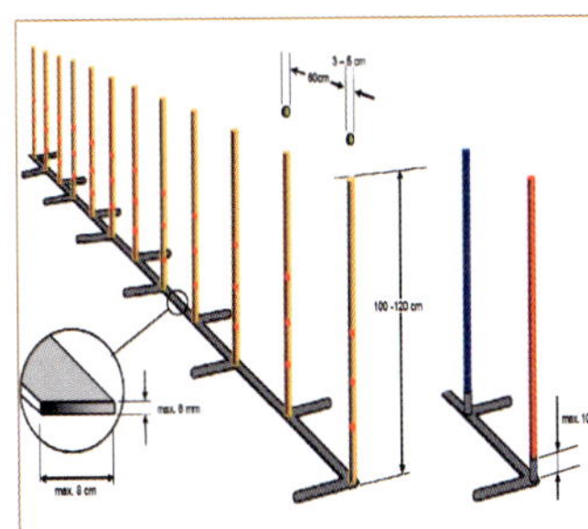

위브 폴

출처: FCI

⑧ 터널

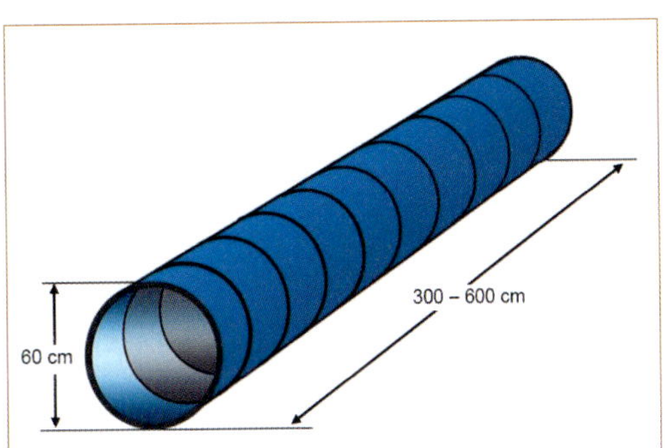

출처: FCI

터널의 내부 지름은 60cm이며 길이는 300~600cm로 구성된다. 터널은 항상 전체 길이까지 빼내어 사용하고, 재질은 유연해야 하며 밝은 색상의 균일한 표면 재료로 만드는 것이 좋다. 터널의 움직임을 보호하기 위한 고정 가방(모래주머니)의 수는 미터당 가방 1개다(예: 6m 터널의 경우 가방 6개).

⑨ 위브 폴

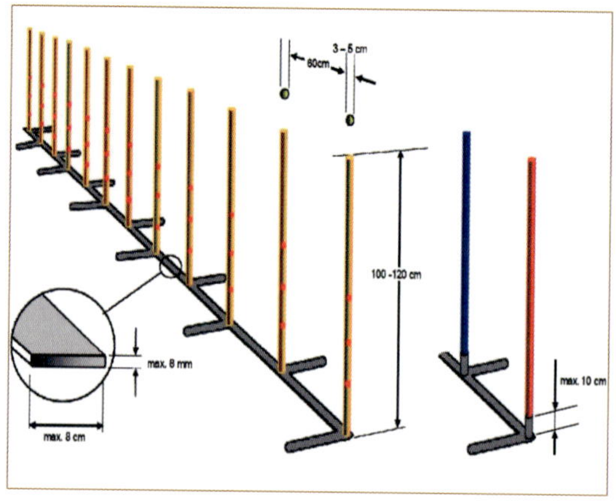

출처: FCI

위브 폴의 지름은 3~5cm이며 기둥의 높이는 최소 100cm에서 최대 120cm, 60cm 간격으로 배치한다. 기둥은 금속이 아닌 목재 또는 안전한 합성 재료로 만들어져야 한다. 프레임의 지지대는 최대 8mm의 높이로 위브 폴이 안전하게 고정될 수 있도록 받혀주어 개가 위브 폴을 통과할 때 방해가 되지 않아야 한다.

■ **과거에는 사용했지만 현재 사용 금지된 장애물(FCI 대회 기준)**

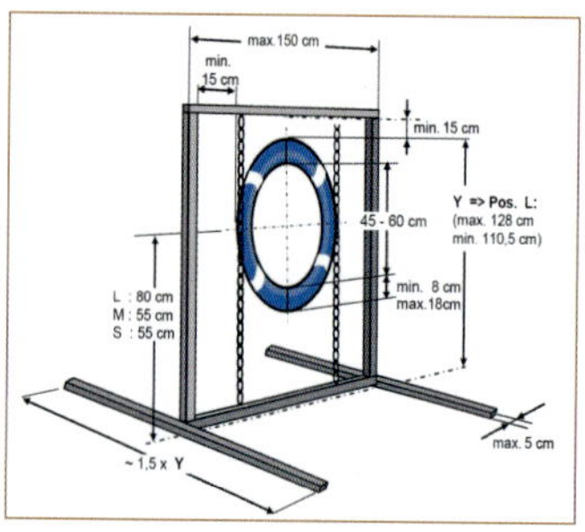

프레임 타이어

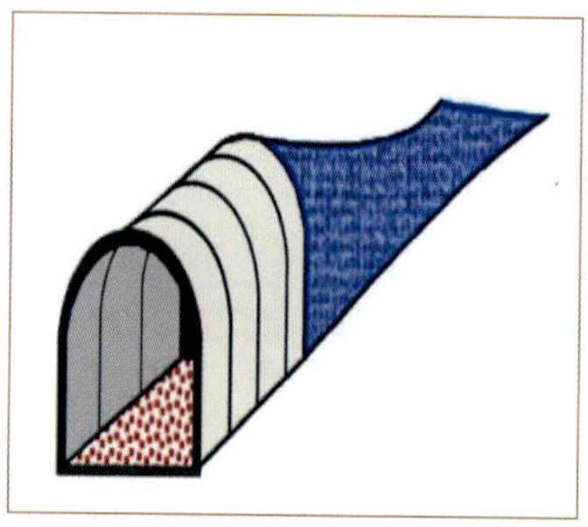

플랫 터널

테이블

출처: FCI

(2) 세부 종목

어질리티 공식 종목은 접촉 장애물(도그워크, 시소, A-프레임)이 포함된 Agility(AG) 종목과 접촉 장애물을 사용하지 않는 Jumping(JP) 종목으로 나뉜다. 각 종목의 코스 수준은 3단계의 레벨 수준으로 세분화된다. 레벨1에서 레벨2로, 레벨2에서 레벨3으로 가기 위해서는 각 국가단체별 요구 사항에 도달해야 한다. 한국애견협회의 승급시스템에서는 한 대회에서 AG종목과 JP종목을 동시에 합격했을 때 승급이 이루어지도록 규정하고 있고, 한국애견연맹의 승급시스템에서는 AG종목을 기준으로 승급포인트를 3점 획득하면 승급이 가능하도록 규정하고 있다. 레벨1에서는 클린런(clean run, 실점 없는 경기) 또는 감점 1개, 레벨2에서는 클린런을 달성해야 승급 포인트가 1점 부여된다. 레벨1에서는 클린런(무실점) 또는 감점 1개, 레벨2에서는 클린런(clean run, 실점 없는 경기)을 달성하면 승급 포인트가 1점 부여된다.

AG 1 → AG 2 → AG 3 (접촉 장애물 포함)
JP 1 → JP 2 → JP 3 (접촉 장애물 제외)

■ **체급 측정**

3명의 위원회 구성원이 지면에서부터 견갑골의 높이를 측정한다(3중 측정). 참가한 반려견이 잘못된 체급으로 밝혀지면 해당 반려견은 대회에서 제외된다. 일단 측정한 체급이 승인되면 항상 해당 체급에 참가해야 한다.

■ **FCI 체급규정**

분류	cm	
Large	Over 47cm	48cm 이상
Intermediate	Over 42 up to 47cm	43cm 이상 48cm 미만
Medium	Over 34 up to 42cm	35cm 이상 43cm 미만
Small	Up to 34cm	35cm 미만

■ **IFCS 체급규정**

분류	cm	
Maxi	No restriction in height	제한 없음
Midium	Up to and including 50cm	50cm 이하
Mini	Up to and including 40cm	40cm 이하
Toy	Up to and including 30cm	30cm 이하

■ **USDAA 체급규정**

분류	inches	cm
Extra Large	Over 22inches	55.9cm 초과
Large	Over 18 up to 22inches	45.7cm 초과 55.9cm 이하
Medium	Over 15 up to 18inches	38.1cm 초과 45.7cm 이하
Small	Over 12 up to 15inches	30.5cm 초과 38.1cm 이하
Extra Small	Up to 12inches	30.5cm 미만

02 어질리티 경기 규정

국제대회에 참가하기 위한 개의 연령은 USDAA의 경우 15개월 이상(공식 기록은 18개월 이상), FCI의 경우 24개월 이상이어야 한다(국가대회는 18개월 이상). 개의 기본정보 확인을 위하여 각 단체의 개체정보에는 참가견의 견종, 성별, 생년월일이 등록되어 있어야 한다. 발정기의 암컷도 참가할 수 있지만, 임신 중이거나 신체 이상, 도핑 의혹이 있는 개는 참가할 수 없다.

※ 한국애견협회 어질리티 챔피언십의 JP, AG종목에 출진하기 위해서는 스마트독1단계(SD1) 이상의 복종 시험에 합격한 자료(훈련기록카드)가 있어야 한다.

1) 경기장 규격

■ FCI 기준

- 어질리티 경기장을 둘러싼 링의 크기는 최소 20m×40m여야 한다. 링을 포함하는 경기장은 최소 24m×40m로 측정되어야 한다.
- 두 개의 링을 사용하는 경우 경기장 사이에 닫힌 칸막이를 설치하거나 최소 10m의 거리로 분리하는 것이 좋다.

■ IFCS 기준

- 코스 면적의 최소 크기는 20m×30m이며, 30m×40m 또는 35m×35m가 선호된다.
- 경기장은 직사각형 또는 정사각형이며, 링마다 별도의 입구와 출구가 있어야 한다.
- 이상적인 경기장은 링의 입구와 출구가 시작 및 종료 장애물에서 멀지 않아야 한다.

2) 코스 규칙

■ FCI 기준

- 코스의 총 길이(개가 달리는 길이)는 100m에서 220m 사이여야 하며 등급에 따라 최소 15번의 장애물을 넘어야 하나 최대 22번을 초과해서는 안 된다.

- 연속된 장애물 사이의 경로는 최소 거리 5m 이상 최대 9m 이하여야 한다(거리 측정: 허들의 경우 바의 중심. 터널, 컨택 장애물, 위브 등의 경우 해당 장애물의 입구 · 출구 지점).
- 각 장애물 사이에는 최소 1m의 여유를 두어, 핸들러가 장애물 양쪽을 통과할 수 있어야 한다(A프레임과 도크워크 아래에 놓인 터널은 제외).
- 장애물 중 7개 이상이 점프여야 하고 위브 폴, 타이어, 벽은 코스 중 1번만 넘을 수 있다. 터널은 최대 5번 가능하다.
- 복식 허들(spread hurdle), 타이어, 롱 점프는 이전 장애물을 통과한 뒤 개가 직선으로 접근 가능하도록 배치한다.
- AG1/JP1에서는 복식 허들을 사용하면 안 된다.
- 위브 폴은 모든 코스에서 사용해야 한다.

■ IFCS 기준

- 장애물은 15개에서 22개 사이로 심판이 선택한다.
- 접촉 장애물과 위브 폴은 코스의 첫 번째 혹은 마지막 장애물이 될 수 없다.
- 복식허들, 타이어, 롱점프는 비교적 직선으로 접근할 수 있도록 배치한다.
- 연속된 장애물 사이의 최소 거리는 4.5m이며 최대 제한은 없다. 그러나 일반적으로 장애물 사이의 거리는 5~7m에 위치하도록 설계되어야 한다.

3) 코스 설계

- 코스의 설계는 심사위원의 재량이며, 최소 2번의 방향 전환이 있도록 설계해야 한다.
- 잘 설계된 코스란 개가 편하고 부드럽게 뛸 수 있는 코스를 말하며, 개와 핸들러 모두의 다양한 기술과 능력을 테스트할 수 있어야 한다. 목표는 핸들링(장애물 실수를 방지하는)과 코스를 완주하는 속도 사이에서의 올바른 균형을 맞추는 것이다.
- 숫자의 위치는 명확해야 한다. U자형 터널은 예외로 숫자를 중앙에 배치하여 어느 쪽이든 관계없음을 표시할 수 있다.
- AG 코스에는 3가지 유형의 접촉 장애물이 있어야 한다(불가항력이 발생한 상황 제외). AG2와 AG3 코스에서는 심판의 재량에 의해 최대 4개의 접촉 장애물을 사용할 수 있다.

- 전자 접촉 존(Electronic contact zone)을 사용할 수 있다.
- AG3로 향할수록 코스 길이와 난이도가 증가하고, 채택 속도(SCT 결정요인)가 빨라진다.
- 시작 장애물과 마지막 장애물은 점프(허들, 벽, 타이어, 롱 점프) 장애물이어야 한다.

4) 표준시간(Standard Course Time, SCT)과 제한시간(Maximum Course Time, MCT)

(1) 표준시간

- FCI 국제 어질리티 대회(AWC, EO, JO-AWC)에서는 코스 오류가 가장 적으면서 가장 빠른 개의 기록에 +15%로 결정되며 가장 가까운 초 단위로 반올림한다.

> JO-AWC란, Junior Open Agility World Championship의 약자로 18세 이하의 핸들러가 경쟁하는 종목이다. (U12: 12세 미만, U15: 12~14세, U19: 15~18세)

- 각 나라의 대회에서는 코스 길이(미터)를 채택 속도(m/s)로 나누어 결정할 수 있다. 선택한 속도는 경쟁 수준, 코스 난이도, 바닥에 따라 달라진다. 일반적으로 2.0~4.0m/s 사이의 속도가 채택된다.

> 예시: 코스 길이가 150m이고 채택 속도가 3.0m/s인 경우 SCT는? 50초(150÷3.0)

■ IFCS의 속도범위

분류	Rate of Travel (ROT)	
	AG	JP
Maxi	3.20–3.40 m/s	4.00–4.50 m/s
Midium	3.20–3.40 m/s	4.00–4.50 m/s
Mini	2.75–2.95 m/s	3.50–4.00 m/s
Toy	2.60–2.80 m/s	3.20–3.65 m/s

(2) 제한시간

■ FCI 기준

• 코스의 길이를 AG는 2.5m/s, JP는 3.0m/s로 나눈 값

> 예시: 코스 길이가 150m인 경우 MCT는?
> AG는 60초(150÷2.5) JP는 50초(150÷3.0)

■ IFCS 기준

• 표준시간(SCT)의 1.5시간

> 예시: 표준시간이 60초인 경우 MCT는?
> 60초×1.5=90초

5) 핸들링 절차

• 코스의 연습은 허용되지 않지만, 경기가 시작되기 전에 개 없이 코스를 걸을 수 있다.

• 개의 리드줄과 목줄은 안전상의 이유로 착용이 금지된다.

• 핸들러는 손에 아무것도 지참해서는 안 된다.

• 핸들러는 심판이 신호를 보내기 전에는 시작할 수 없다.

• 심판의 신호가 있고 나서 15초가 지나면 자동으로 시간이 시작된다.

• 핸들러는 코스의 어느 곳이든 위치할 수 있다.

• 개가 출발선을 통과하는 즉시 시간이 시작된다.

• 대회 도중 명령어를 비롯한 다양한 신호는 모두 허용된다.

• 핸들러가 장애물을 통과하거나 장애물의 아래 또는 위로 이동해서는 안 된다.

• 핸들러와 개는 코스에 입장하는 순간부터 코스를 떠날 때까지 심판의 감독을 받는다.

6) 심사

어질리티 경기에서의 실점은 주로 시간 초과와 장애물에서 발생한다.

(1) SCT의 초과

시간 실점이란 표준시간(SCT)을 초과한 것이다. 시간은 0.01초의 단위로 측정한다.

> 예시: SCT가 60초인 경기에서 68초32로 통과했다면 실점은 8.32점

(2) 장애물 실점

장애물과 관련된 실점은 5점씩 측정되며, 심판은 일반적인 실수에 대하여 손바닥을 머리 위로 올려 실점을 표현하고(실책), 장애물의 실패에 대하여 주먹을 쥔 손을 머리 위로 올려 실점을 표현한다(거부). 팔을 교차하여 X자를 그렸을 때는 실격을 표현한 것이다. 거부는 성공적인 장애물 극복을 보일 때까지 재시행해야 하며, 3회 거부 시 실격 처리된다. 다음은 장애물이 관련된 실점 요인이다.

① 장애물의 떨어짐이나 쓰러짐(심판이 손바닥을 펴 머리 위로 올린다)

장애물을 통과할 때 장애물의 어느 부분(유닛, 날개, 허들 바 등)이라도 떨어지거나 쓰러질 때마다 실책 판정으로 5점 실점한다(※ 롱점프의 폴대는 표시를 위한 용도이므로 장애물이 아니다).

② 장애물 거부(심판이 주먹을 쥐고 머리 위로 올린다)

개가 장애물을 거부하면 5점 실점한다. 만일 개가 3회 이상 장애물을 거부하면 그대로 실격 처리된다. 장애물 앞에서 멈추거나, 피해 가거나, 점프 장애물 아래로 들어가거나, 되돌아 나오거나(접촉 장애물 내리막 지점 전에 되돌아 나오거나 뛰어내리는 것도 포함), 롱 점프의 진입 방향이 아닌 측면으로 넘거나, 터널이나 허들 윙을 넘거나, 접촉 장애물 아래로 달리거나 뛰어넘는 등의 상황이 있다. 개에게 거부 상황이 발생 되면 해당 장애물을 반드시 재실시해야 한다.

③ 접촉 장애물의 미접촉(실책 사항으로 심판이 손바닥을 펴 머리 위로 올린다)

도그워크와 A-프레임에서 개는 적어도 한 발 또는 발의 일부로 내리막 접촉 영역을 터치해야 한다. 시소에서는 오르막, 내리막 접촉 영역 모두를 터치해야 한다. 접촉하지 않는 상황이 발생 될 때마다 실책 판정으로 5점 실점 된다(USDAA 어질리티 대회에서는 도그워크와 A-프레임의 오르막 영역도 필수 접촉해야 한다).

④ 시소 장애물에서 이른 점프(실책 사항으로 심판이 손바닥을 펴 머리 위로 올린다)

개가 시소에 올라가 반대편 내리막 경사로에 진입하여 판자가 기울어진다. 만약 기울어지고 있는 시소가 땅에 닿기 전에 뛰어내리면 접촉 영역을 밟았음에도 불구하고 실책 판정으로 5점 실점 된다.

■ 흔히 혼동하는 사항

- 대회 도중 핸들러가 개나 장애물을 만질 때마다 5점이 실점 된다.
- 롱점프의 폴대는 장애물로 판단하지 않기 때문에 넘어지거나 만져도 실점하지 않는다.
- 도그워크와 A-프레임에서 오르막 경사로에 네 발 모두가 닿지 않는 경우 실격된다.
- A-프레임의 상단을 통과하기 전에 뛰어내리는 경우 거부로 판정한다.
- A-프레임의 상단을 통과하고 내리막 경사로에 닿지 않고 땅을 밟으면 실격된다.
- 위브 폴의 진입은 왼쪽 어깨로 해야 하며(첫 번째 폴이 개의 왼쪽에, 두 번째 폴이 오른쪽에 위치하도록), 부정확한 진입은 거부로 판정한다. 진행 과정 중 실수의 반복은 단 한 번의 5점 실점으로 처리된다. 실수는 그 즉시 수정하거나 진입부터 다시 시도할 수 있다. 만약 위브 폴을 거꾸로 2번 진입(3개의 폴)하거나, 정확한 통과를 끝까지 하지 못한다면 실격된다.
- 불가항력적 요인으로 경기가 중단되면 처음부터 다시 시작하지만, 중단 전까지 발생한 실점은 유지되며, 중단된 이후 장애물부터 실점을 부여받을 수 있다.

■ **실책, 거부, 실격의 정리**

❶ **실책**(심판이 머리 위로 손바닥을 올린다): 5점 실점, 실책 한 장애물을 재시행 없이 계속 진행한다.

- 극복한 장애물이 쓰러진 경우
- 극복한 장애물의 유닛이 떨어진 경우
- 접촉 장애물에서 필수 접촉 영역을 접촉하지 않은 경우
- 시소의 내리막 경사로가 땅에 닿기 전에 뛰어내는 경우
- 핸들러가 개나 장애물을 만지는 경우

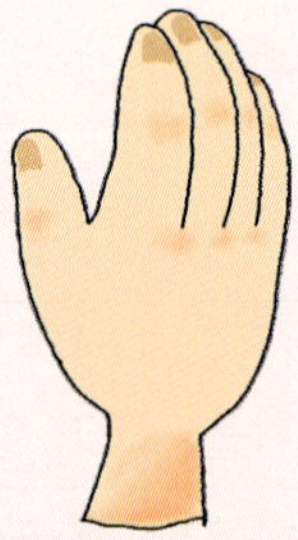

❷ **거부**(심판이 머리 위로 주먹을 올린다): 5점 실점, 거부 한 장애물을 재시행해야 한다.

- 장애물 앞에서 멈춘 경우
- 장애물을 피해 간 경우
- 장애물의 옆을 지나친 경우(거부라인)
- 장애물 아래로 들어간 경우
- 장애물을 진입 후 되돌아 나온 경우
- 도그워크 내리막 경사로 전에 뛰어내리는 경우
- 시소의 중앙을 통과하기 전에 뛰어내리는 경우
- A-프레임의 상단을 통과하기 전에 뛰어내리는 경우
- 시소의 내리막 경사로(측면)에서 진입한 경우
- 롱점프의 측면으로 진입한 경우
- 롱점프를 뛰지 않고 걸어간 경우
- 터널을 뛰어넘거나 뛰어넘으려는 시도를 한 경우
- 허들 윙을 뛰어넘은 경우
- 위브 폴의 진입을 오른쪽 어깨로 한 경우(추가 실수는 감점되지 않지만 완벽하게 통과에 성공해야만 다음 장애물로 이동할 수 있다)

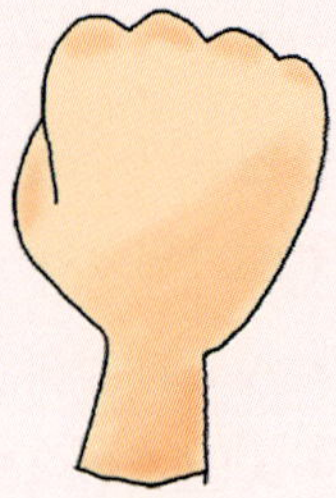

❸ **실격**(심판이 팔을 교차하여 머리 위로 올린다)

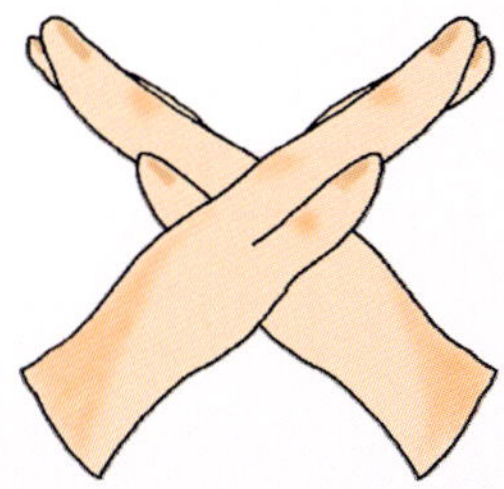

- 핸들러와 개가 심판에게 부적절한 행동을 보인 경우
- 핸들러가 거칠게 개를 다룬 경우
- 심판이 3회 거부를 선언한 경우
- 개가 제한 시간을 초과한 경우
- 개가 잘못된 순서로 장애물을 통과한 경우
- 위브 폴을 거꾸로 2번 진입(3개의 폴)한 경우(Back-weaving)
- 위브 폴을 끝까지 성공하지 못한 경우
- 개가 장애물을 통과하기 전 장애물을 더 이상 시도할 수 없게 만든 경우
- 핸들러가 장애물을 쓰러뜨리거나 파괴한 경우
- 핸들러가 순서가 아닌 장애물을 만지거나 통과하는 행위를 한 경우(단, 장애물 아래에 위치한 터널을 거부하는 경우 A-Frame 또는 Dog Walk 아래로 이동 가능)
- 핸들러 손에 무언가를 들고 있는 경우
- 개가 목줄을 착용한 경우
- 심판의 지시 없이 핸들러 스스로 시작하고 멈춘 경우
- 출발선을 넘은 후 출발점에서 개를 교체한 경우
- 개가 통제 불능인 경우
- 개가 코스에서 대소변 혹은 구토를 한 경우
- 시합 전/후로 코스에서 개와 연습한 경우

7) 순위 결정

순위는 총 실점으로 결정되며, 총 실점이 같은 경우 빠른 개가 1순위가 된다.

(SCT: 60초)

출진 번호	실점	시간	시간 실점	총 실점	순위
7	5	58.71	0.00	5.00	2
12	0	65.00	5.00	5.00	3
18	5	57.25	0.00	5.00	1
4	0	68.32	8.32	8.32	4
15	10	59.17	0.00	10.00	5
2	5	65.00	5.00	10.00	6

03 어질리티 훈련 방법

어질리티는 달리고 뛰는 등의 '운동 욕구'와 핸들러와 함께 코스를 완주(해결)하고 나서 얻어지는 칭찬, 스킨십, 음식, 장난감 등의 보상을 통한 '성취 욕구'를 이용하여 훈련을 진행한다. 눈앞에 보이는 보상을 쫓는 디스크독이나 플라이볼과 달리 어질리티는 눈에 보이지 않는 보상을 위해 보호자의 명령을 따라야 한다. 따라서 어질리티 코스를 완주하기 위해서는 단계적이고 세분화된 훈련과정이 필요하다. 어질리티 훈련을 시행하는 순서는 다음과 같다.

① 기다려 훈련	② 장애물 인지 훈련	③ 접촉 장애물 훈련
④ 장애물 신호 인지 훈련		⑤ 장애물 진입 심화 훈련
⑥ 장애물 연결 훈련		⑦ 장애물 코스 조합 훈련

1) 기다려 훈련 및 복종훈련

어질리티는 역동적인 스포츠이지만, 역설적으로 기다리는 훈련 역시 매우 중요하다. 어질리티는 규칙 없이 마구잡이로 장애물을 뛰는 스포츠가 아닌, 핸들러의 명령에 따라 정해진 순서대로 빠르게 코스를 완주해야 하는 경기이다. 그래서 어질리티 훈련은 오히려 복종훈련이 잘 되어있는 개가 좋은 성적을 거두기에 유리하다.

처음 어질리티를 배우는 개는 먼저 장애물을 인지하는 것을 연습하고, 핸들러의 신호를 학습해야 한다. 만일 산만하고 돌발적인 개라면 장애물을 올바로 익히기 어렵다. 특히 Agility 종목 중 접촉 장애물 훈련에서는 접촉 영역을 인지시켜주기 위해 기다려 훈련은 필수적이다.

대회 현장에서는 다른 개들이 달리고 짖는 등의 산만한 상황에서도 에너지를 소비하지 않고 차분하게 자신의 차례를 기다려야 한다. 경기장에서는 심판 및 핸들러의 출발신호가 떨어지기 전까지 기다림이 필요하다. 경기가 시작되기 전 대기 상황은 개와 핸들러 모두 고도의 긴장 상태이다. 이러한 상황에 복종훈련이 미흡하다면 경기에 집중하지 못하게 되어 경기장 이탈이나 장애물 실수 등을 하게 되고, 그로 인해 핸들러의 통제력은 흔들리기 쉽다.

따라서 어질리티 훈련을 시작하기 전 핸들러는 기본적인 복종훈련, 크레이트 적응훈련, 대회 현장 분위기 적응훈련 등의 기초교육에 많은 시간을 투자하여야 한다.

2) 장애물 인지 훈련

어질리티에는 허들(Hurdles), 벽(Wall), 타이어(Tyre), 롱 점프(Long Jump), 도그워크(Dog-walk), 시소(See-saw), A-프레임(A-frame), 터널(Tube Tunnel), 위브 폴(Weave poles)의 총 아홉 가지의 장애물을 사용한다. 어질리티에서 사용하는 장애물은 크기가 크고, 높이가 높으며, 반대편이 보이지 않거나, 장애물이 움직이는 등 개에게 다소 두려움을 느끼게 만들 수 있는 요소가 숨어있다. 따라서 가능하면 어린 나이에 시간적 여유를 가지고 천천히 장애물을 익숙하게 만들어주는 것이 좋다.

개가 용기 있게 뛰어넘어야 하는 점프 장애물(허들, 벽, 타이어, 롱 점프)의 경우, 개가 부딪히면 겁을 먹을 수 있다. 자극에 대한 둔감화 훈련으로 개가 부딪혀도 괜찮다는 것을 깨달으면 더 이상 장애물을 두려워하거나 장애물 앞에서 위축된 모습은 나타나지 않을 것이다. 만약 개가 장애물 앞에서 머뭇거리거나 뒤돌아선다면 장애물에 대한 두려움이 있다는 뜻이므로 다시 초반의 훈련단계로 돌아가 장애물에 대한 두려움을 극복시켜주어야 한다.

일반적으로 먹이나 장난감을 활용한 루어링(luring) 방식으로 장애물을 익히는 훈련이 진행된다. 기본적으로 높이와 관련된 장애물(허들, 벽, 타이어, 도그워크, 시소, A-프레임)을 가르칠 때는 바닥 높이부터 규정된 높이까지 단계를 올리며 훈련을 진행하고, 길이와 관련된 장애물(롱 점프, 터널, 위브 폴)을 가르칠 때는 짧은 길이부터 규정된 길이까지 점진적으로 늘려가면서 훈련을 진행하는 것이 좋다.

■ 장애물 극복 방법

• **터널**

터널은 개에게 폐쇄적인 느낌을 전달하여 두려움을 유발시킨다. 따라서 처음 터널을 가르칠 때는 굴곡을 주지 않고 반대편 출구가 보이게끔 직선 형태로 장비를 설치하는 것이 좋다. 터널의 길이 또한 짧은 것이 도움이 된다. 하우스 훈련이 잘된 개라면 상대적으로 쉽게 가르칠 수 있을 것이다. 도우미가 있다면, 도우미가 개를 입구 쪽에서 잡은 상태에서 핸들러가 반대편 출구에서 개를 부르는 방법도 효과적이다.

• 시소

시소는 오르막 지점을 올라가 중심점을 지나면 아래로 내려가는 형태의 장애물이다. 시소 판이 오르막에서 내리막으로 내려갈 때 바닥에 '쿵'하는 소리와 부딪히는 느낌은 개에게 거부감을 유발한다. 따라서 개가 시소를 접할 때 불편함을 느낄 수 있는 자극은 최대한 작게 조절하여 점차 큰 자극에도 익숙하게 둔감화시키는 작업이 필요하다. 높이 조절이 가능한 시소를 선택하도록 하고, 가장 낮은 높이에서 연습하되, 낮은 높이라도 떨어지는 느낌과 부딪히는 소음은 거부감이 들수 있으니 받침대를 설치하여 안전감을 느끼게 해주는 것이 좋다. 점차 받침대를 치우고 높이를 높여가며 훈련을 진행한다. 또한 좋아하는 보상과 싫어하는 자극을 조건화하여 긍정적인 경험으로 만들어주는 과정 역시 중요하다.

시소 받침대를 사용한 모습
출처: baddogagility

• 위브 폴

위브 폴 가이드 출처: carlsonagility

다른 단일 통과 장애물들과 다르게 위브 폴은 지그재그로 폴대를 지나야 한다는 것을 개에게 가르쳐주어야 하므로, 핸들러와 개 모두 어려워하는 장애물에 속한다. 앞서 경기규정에서 언급했듯이 위브 폴은 대회에서 완벽히 통과해야만 하는 피할 수 없는 장애물이다. 위브 폴을 가르치는 방법은 폴을 지그재그 형태로부터 일자 형태로 줄여나가는 방법과 2X2훈련법 두 가지로 구분할 수 있다. 지그재그 형태로 위브 폴을 가르칠 때는 위브 폴 전용 가이드를 사용하여 가르치는 방법이 편리하다. 2X2훈련법은 2개의 폴을 통과하는 것을 시작으로 4폴-6폴-12폴의 단계로 점차 개수를 늘려가는 것으로 조형의 원리를 이용한 훈련 방법이다.

어질리티 훈련을 위한 노트

어질리티 훈련에서 보상을 주는 방법

어질리티와 복종훈련의 가장 큰 차이점은 개의 시선이다. 개의 시선이 핸들러에게 완벽히 집중해야 하는 복종훈련과 달리 어질리티에서는 개가 앞을 보고 다음 장애물을 찾아 달려야 한다. 만약 핸들러가 직접 보상을 주는 것이 반복된다면 개는 장애물을 통과한 후 다음 장애물을 찾지 않고, 보상을 얻기 위해 핸들러에게 돌아오는 상황이 벌어질 수 있다. 따라서 어질리티 훈련 시 개에게 보상을 줄 때는 장애물의 앞쪽에 보상이 위치하도록 해야 한다.

일반적으로 사용하는 보상 방법으로는 ① 성공 타이밍에 맞추어 개의 시선 앞쪽으로 보상물을 던져주는 방법, ② 락앤락 통(Food Containers)이나 리모컨으로 음식이 제공되는 기계를 사용하여, 개가 장애물 극복 시 개의 시선 앞쪽에 있는 락앤락 통 뚜껑을 열어주거나 리모컨 버튼을 눌러 음식을 제공하는 방법, ③ 도우미가 성공 지점에 대기하고 있다가 보상을 제공해주는 방법 등이 있다.

추가적으로 어질리티 훈련에서 장애물 인지 훈련 단계가 끝나는 시점부터는 음식물을 잘 사용하지 않는 편이다. 여러 가지 이유로 개가 땅에 떨어진 음식물을 획득한 경우, 개가 훈련이나 경기 도중 바닥의 냄새를 맡으려는 행동이 발생될 수 있기 때문이다.

30m 거리까지 작동이 가능한 원격 보상제공 장치 출처: amazon

3) 접촉 장애물 훈련

Agility 종목에서 사용되는 도그워크, 시소, A-프레임은 접촉 영역이 존재하는 장애물이다. 빠르게 달리는 과정에서 개는 성급한 마음에 장애물의 접촉지점을 지나치지 않고, 중간지점에서 뛰어내리는 상황이 발생하곤 한다. 특히 시소는 시소판이 땅에 부딪힐 때 느껴지는 소리와 충격에서 빨리 벗어나기 위해서 접촉지점을 거치지 않고 뛰어내리려고 한다. 만약 시소에서 느껴지는 두려움으로 인해 접촉 영역을 밟지 않고 뛰어내리는 개에게 별도의 교정작업을 진행하지 않는다면 시소 훈련은 무너질 수 있다. 이외에도 접촉 장애물은 개가 높은 위치로 올라가는 장애물이기 때문에, 자칫 개가 장애물에서 떨어지는 경우도 심심치 않게 발생 된다. 이러한 경험을 하게 되면 개가 이전까지 장애물을 능숙하게 극복했었음에도 불구하고 올라가기를 거부하거나 장애물을 빠르게 지나치기도 한다. 이렇듯 개에게 어떤 문제가 발생되면 핸들러는 그 상황과 맥락을 이해하고, 그 문제점을 극복할 수 있도록 방법을 모색해야 한다.

일반적으로 접촉 영역을 가르치기 위해서는 2on2off, 4on, Running contact 3가지 방법을 사용한다. 2on2off는 뒷발 2개를 접촉 영역에 올린 상태로 기다리게 만드는 방법이고, 4on은 4개 발 모두 올린 상태로 기다리게 만드는 방법이다. 러닝 컨택은 말 그대로 속도를 줄이지 않고 그대로 달려가는 것을 말한다. 그래서 접촉 영역에 머무르지 않고 그대로 지나쳐가기 때문에 속도는 빠르지만, 접촉 영역을 밟지 않고 지나치는 실수의 확률이 높아진다. 개의 성향에 따라서 적절한 방법을 사용한다.

2on2off 출처: oneminddogs

4on 출처: agilitycampus

러닝컨택 출처: IhanParhaat

4) 장애물 신호 인지 훈련

어질리티는 코스의 난이도가 올라갈수록 핸들러가 개의 속도를 쫓아가지 못하기 때문에 필연적으로 핸들링 위치가 계속해서 변화하게 된다. 지도수의 왼쪽에서 보폭을 맞추며 각측보행을 하는 복종훈련 경기와 달리, 개의 위치와 상태가 지속적으로 변화하기 때문에 어질리티 경기에서 핸들러는 개의 위치가 좌 · 우 · 앞 · 뒤 어느 곳에 있든 원격으로 통제가 가능해야 한다.

원격통제를 위해서는 가정 먼저 개에게 조건에 맞는 음성신호와 몸짓신호를 훈련시켜야 한다. 일반적으로 도그워크와 A-프레임의 음성신호는 'Up', 시소 · 위브 · 터널은 '명칭 그대로' 부르고 그 외 앞에 있는 장애물을 진입하라는 명령어는 'Go'라고 훈련한다(정해진 규칙은 없으므로 어떠한 명령 신호를 사용해도 관계없다). 몸짓신호는 음성신호와 함께 해당 방향으로 마치 펜싱을 하듯 같은 방향의 손과 발을 뻗는다. 원격통제를 위해서는 루어링의 거리를 점차 늘려가며 명확한 음성신호와 몸짓신호를 사용해야 한다. 개는 음성신호보다 몸짓신호에 더 신뢰 있는 반응을 하므로, 무엇보다도 일관적이고 명확한 몸짓으로 전달해야 한다.

특히 도그워크 아래의 터널이나, 터널 옆에 위치한 위브 폴과 같이 개에게 두 가지 장애물 사이에서 선택에 혼란을 줄 수 있는 장애물 배치는 핸들러의 핸들링이 무엇보다 중요하다. 훈련 과정에서는 이렇게 혼란을 줄 수 있는 장애물 코스를 배치하여 개가 핸들러의 음성신호와 몸짓신호를 통해 장애물을 구분할 수 있는지, 핸들링을 통해 구분시킬 수 있는지를 확인해야 한다.

도그워크 아래 터널 출처: depositphotos

올바른 몸짓신호 출처: oneminddogs

5) 장애물 진입 심화 훈련

앞서 개에게 각각의 장애물에 해당하는 명령어와 몸짓신호를 인지시키는 과정을 훈련했다. 다음 단계로 핸들러는 ❶ 앞 · 뒤 · 좌 · 우 다양하고 멀어진 핸들링 위치, ❷ 넓어진 장애물 진입 각도, ❸ 핸들링 전/후 핸들러 행동의 변화 등 세 가지 상황에 대하여 훈련을 진행한다.

개는 핸들러의 미세하고 사소한 변화 하나하나에 모두 영향을 받는다. 만약 터널 진입의 핸들링을 개의 오른쪽에서 왼손을 사용하여 훈련했다면 개는 핸들러가 오른손으로 개의 왼쪽에서 지시하는 명령을 매우 어색해할 것이며, 이는 실수가 발생할 확률이 높아진다는 것을 의미한다. 비슷한 상황의 예로 정면에서 진입하던 장애물을 측면에서 진입하는 것, 핸들러가 다양한 방향으로 움직이면서 신호를 보내는 것 등의 상황이 있다. 이 훈련단계에서 핸들러는 ❶, ❷, ❸ 세 가지 상황을 개별적으로 강화 훈련하고 난 뒤, 점차 세 가지 상황을 조합[❶+❷, ❶+❸, ❷+❸, ❶+❷+

❸]하여 훈련을 진행한다. 이러한 방식의 학습 방법을 '분습법(part learning method)'이라 말한다.

특히 위브 폴은 다른 장애물과 비교하여 명확한 입구가 표현되지 않는 동시에 진입 각도에 제한이 없어서, 원격통제 시 개들이 가장 어려워하는 장애물이다. 위브 폴 진입을 연습할 때는 (1) ❶번 폴을 끼고 진입하는 상황과 (2) ❶번과 ❷번 폴 사이로 진입하는 상황, 두 가지를 모두 숙달해야 한다.

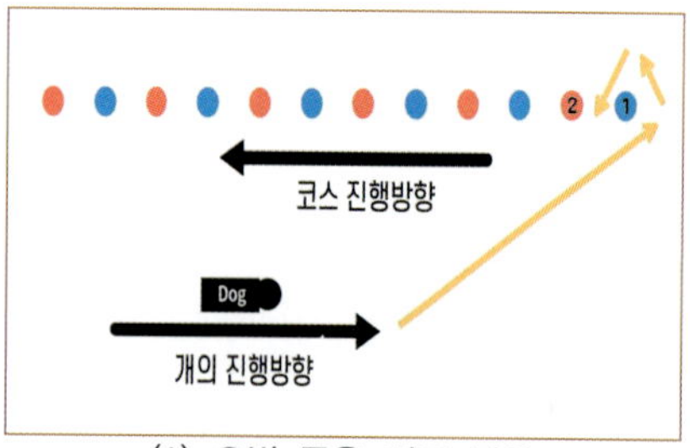

(1) ❶번 폴을 끼고 진입

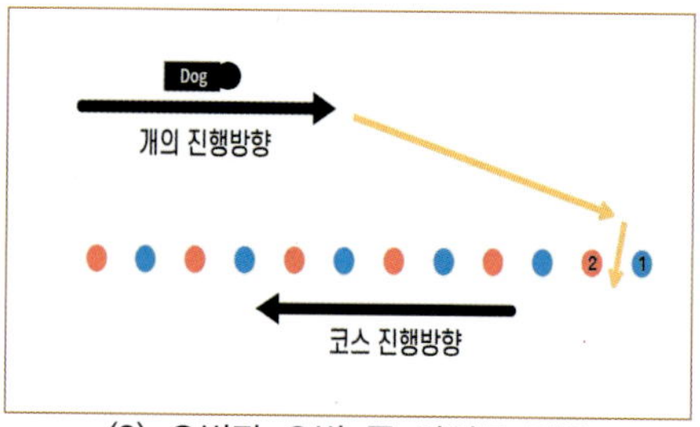

(2) ❶번과 ❷번 폴 사이로 진입

6) 장애물 연결 훈련

개별적인 장애물의 인지 · 숙달 · 다양한 진입상황에 대한 훈련이 끝나고 나면 점차 코스를 향해 훈련을 진행할 수 있다. 이 단계에서의 목표는 전에는 장애물 하나 극복하면 보상을 받았지만, 이제는 여러 개의 장애물을 하나의 세트처럼 완성해야 보상을 받는다는 것을 개에게 이해시켜주는 작업이다. 따라서 초반부터 장애물의 종류가 너무 많거나 장애물의 각도가 너무 깊은 난이도가 높은 코스라면 개가 이해하기 어려울 수 있다. 처음 시작은 일자 형태의 코스로 허들을 2~5개 정도 구성하여 핸들러와 함께 달리는 호흡을 맞춰본다. 개와 함께 뛰는 호흡이 어느 정도 익숙해졌다면, 점차 조금씩 각도를 만들고 장애물을 추가해본다. 목표는 10~15번 정도의 장애물 극복을 구성해보는 것이다. 가상의 코스를 미리 만들어보고 싶다면 www.agilitymaps.com 사이트를 이용할 수 있다. 이 단계를 완성한다면 국내에서 개최되는 이벤트성 종목인 Beginner와 Novice 종목에 도전해볼 수 있을 것이다.

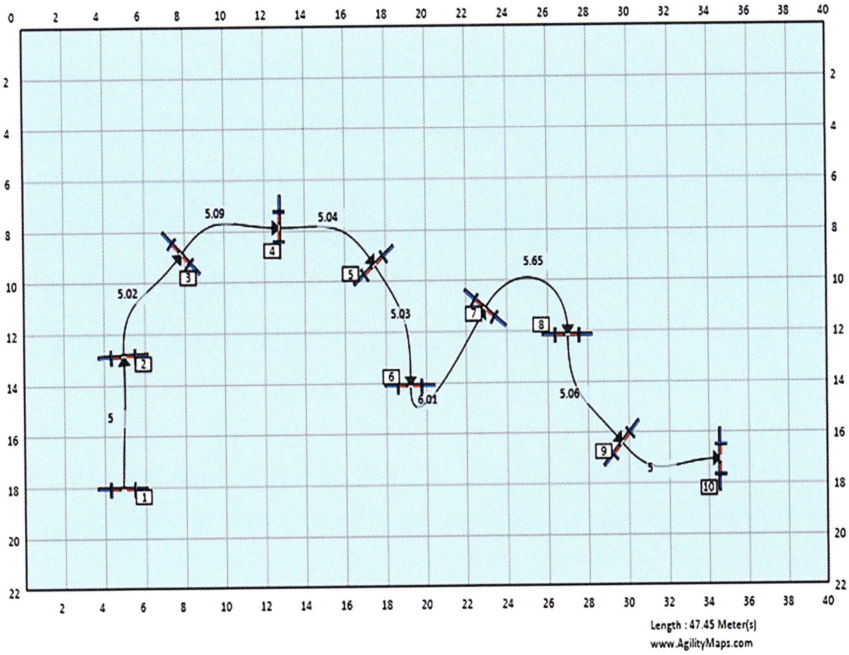

Beginer 코스 예시

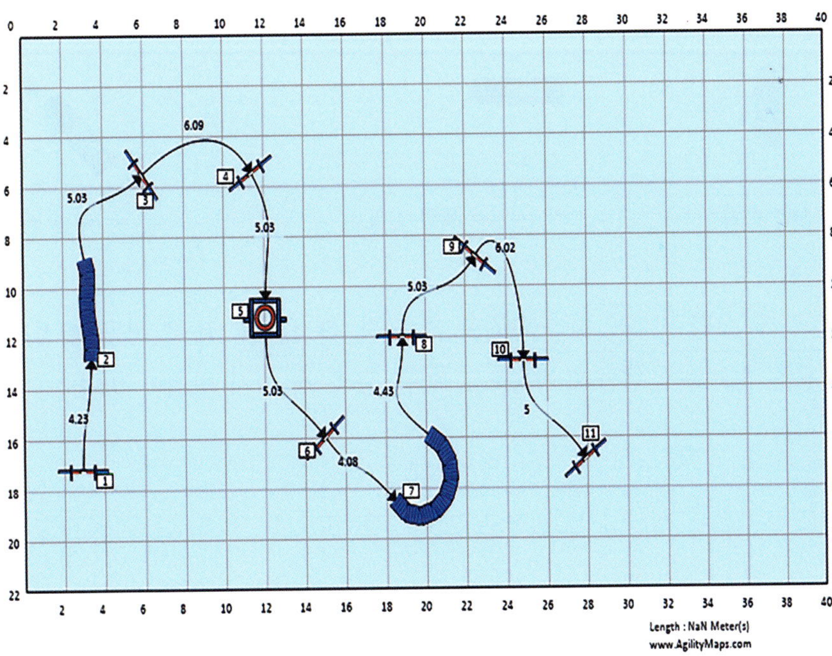

Novice 코스 예시

7) 장애물 조합 훈련

마지막 단계로 높은 난이도의 코스를 위한 훈련을 진행한다. 난이도가 높다는 것은 방향 전환 횟수가 늘어나고, 장애물 배치 각도가 급격하며, 핸들링해야 하는 범위가 넓어진다는 것이다. 이 과정에서의 어려움은 가장 익숙한 허들에서부터 발생 된다. 허들은 가장 기초적인 장애물이면서도 난이도가 높은 장애물에 속한다. 그 이유는 코스에서 가장 많은 점프를 함과 동시에 진입 각도의 제한이 없으면서 다른 장애물과 연결 동작이 가장 많이 발생하기 때문이다. 따라서 허들이 숙달되지 않는다면 높은 순위에 도달할 수 없다.

난이도 높은 코스 구성에서의 허들 훈련은 진입 방법에 따라 ❶정면 진입, ❷측면 진입, ❸후면 진입(좌/우 허들 윙을 끼고돌아서 후면으로 진입하는 과정)의 세 가지가 있다.

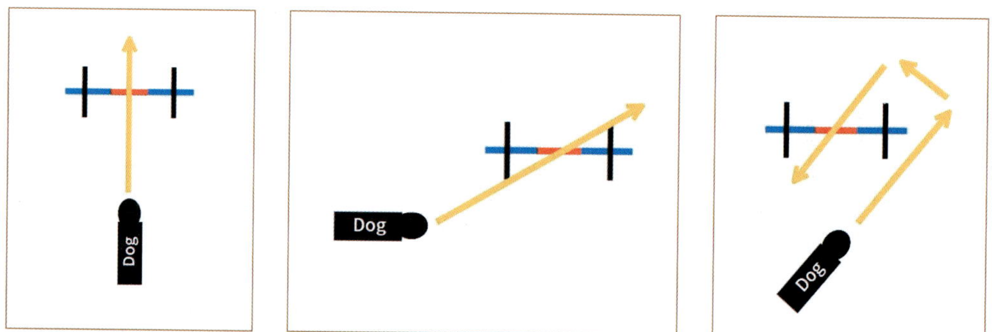

정면 진입　　측면 진입　　후면 진입

허들 점프 후 상황 변수에 따라 ❶점프 후 직진, ❷점프 후 좌/우 이동, ❸점프 후 좌/우 허들 윙을 끼고돌아 핸들러 방향으로 이동 등의 세 가지 방법이 있다.

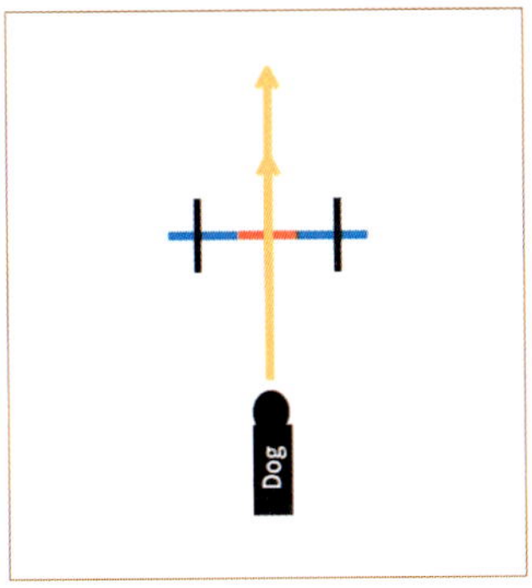

점프 후 직진

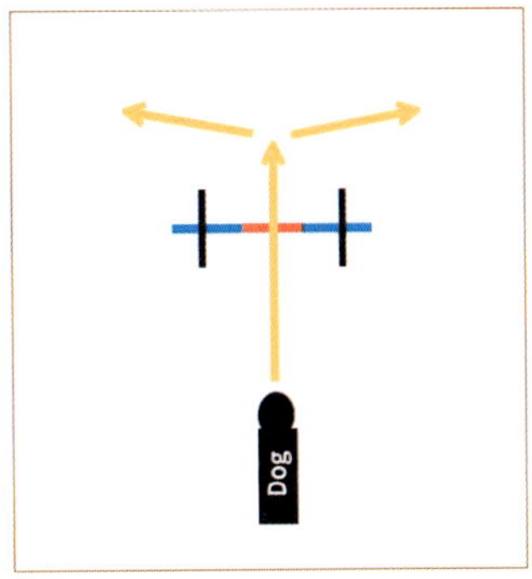

점프 후 좌/우 이동

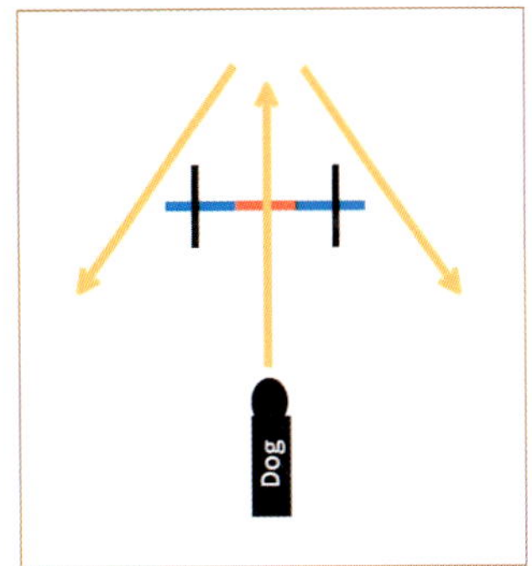

점프 후 허들 윙 끼고 이동

각각의 변수를 조합하여 연습한다면 허들 한 가지 장애물을 점프하는 방법도 쉽지 않음을 느낄 것이다. 같은 맥락으로 다른 장애물들도 진입 과정의 다양한 상황 연습과 점프 후 방향 전환에 대한 연습을 시행해야 한다.

이렇게 개와 핸들러가 여러 진입 방법과/진출 방법을 익혔다면 다음으로 핸들러의 자연스러운 핸들링 위치 변화를 숙달해야 한다. 상황에 따라 다음 코스 장애물을 핸들링하기 위해서는 핸들링 위치가 좌에서 우로 혹은 우에서 좌로 자연스럽게 바뀔 수 있어야 하기 때문이다. 대표적으로 많이 쓰이는 방향 전환 기술로는 Front Cross, Blind Cross, Rear Cross 등이 있다.

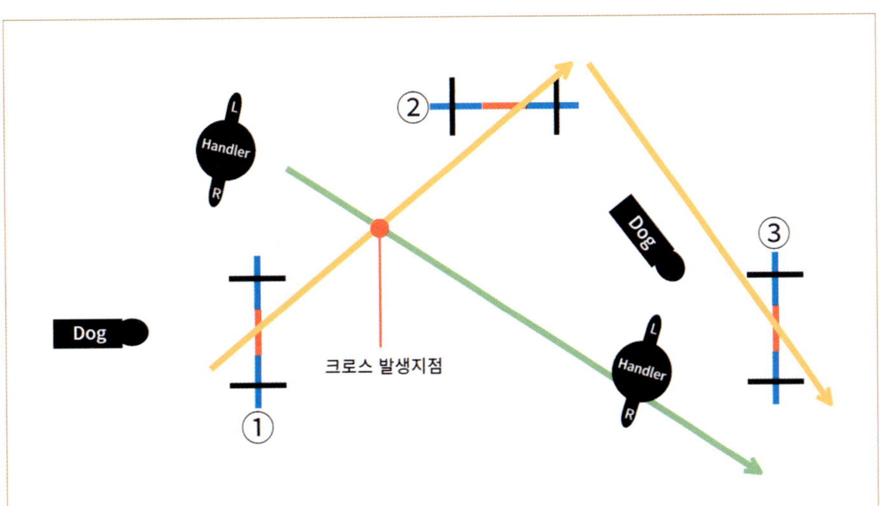

크로스 상황의 예시

프론트 크로스(Front Cross)란 핸들러의 앞면(Front)에서 개와 핸들러의 위치가 교차되는 기술을 말한다. 예를 들어 개를 핸들러의 오른쪽으로 핸들링하고 있었다면, 핸들러는 개의 진행 방향 중심 지점을 통과하는 동시에 개를 바라보며 오른쪽으로 회전한다. 결과적으로 개는 핸들러의 왼쪽에 위치하게 된다. 프런트 크로스는 개가 핸들러의 시야 안에 있기 때문에 개의 통제력을 끊임없이 발휘할 수 있는 장점이 있다. 대신 핸들러가 회전하는 동작이 있으므로 속도가 줄어들고 스텝이 엉킬 수 있는 위험이 있다.

블라인드 크로스(Blind Cross)란 핸들러의 시야 뒷면(Blind)에서 개와 핸들러의 위치가 교차되는 기술을 말한다. 예를 들어 개를 핸들러의 오른쪽으로 핸들링하고 있었다면, 핸들러는 개의 진행 방향 중심 지점을 통과하면서 오른쪽을 향해있던 시선을 왼쪽으로 돌리며 개를 왼쪽으로 핸들링하는 포지션을 만든다. 이때 핸들러는 순간적으로 개를 시야에서 잃어버리게 되기 때문에 개를 놓치는 일이 생길 수 있다는 단점이 있으나, 핸들러의 행동이 간단하다는 장점이 있다.

리어 크로스(Rear Cross)란 개를 앞쪽으로 먼저 보낸 뒤, 개보다 뒤쪽(Rear)에서 개와 핸들러의 핸들링 위치가 교차되는 기술을 말한다. 예를 들어 개를 핸들러의 오른쪽으로 핸들링하고 있었다면, 핸들러는 개를 다음 장애물로 먼저 보낸 뒤 개의 뒤편에서 개의 진행 방향 중심 지점을 통과한다. 이 모습은 마치 개가 블라인드 크로스를 시행하는 것처럼 보이기도 한다. 즉, 순간적으로 개는 핸들러를 시야에서 잃어버리기 때문에 당황하고 핸들러를 찾기 위해 코스 진행을 멈추거나 되돌아올 가능성이 있다. 이외에도 코스의 형태에 따라 다양한 기술들이 존재한다.

어질리티는 단순히 스피드가 강조된 스포츠로 오해되기 쉽지만 사실, 핸들러의 사소하고 미세한 실수와 판단 하나가 바로 실수나 실격으로 이어지는 예민한 스포츠에 속한다. 매번 바뀌는 코스마다 수많은 변수가 존재하기 때문에 모든 내용을 책의 일부에 담기에는 무리가 있다. 국내에도 어질리티 클럽이 상당수 형성되어 있으므로, 높은 수준의 어질리티를 도전하고자 한다면 클럽에 참가하여 여러 사람과 함께 직접 몸을 부딪치며 장애물에 도전하는 것을 권장한다.

어질리티 훈련을 위한 노트

도그스포츠와 놀이(흥분)중독

도그스포츠 대회를 목적으로 개를 대하다 보면 높은 성적의 욕심에 빠져 자칫 개를 과도하게 흥분/쾌락에 몰입시키기 쉽다. 적정수준 이상의 강한 달리기, 터그놀이, 공놀이, 원반던지기 등의 과몰입 상태가 반복되면 자칫 개는 놀이(흥분)중독에 빠질 수 있음에 주의해야 한다. 흥분과 관련된 놀이는 즐거움과 관련된 뇌의 신경전달물질인 도파민의 방출을 유발하고 이것은 행동을 강화하여 반복하고 싶게 만들어지기 때문이다. 중독은 도파민의 방출을 갈망하게 되어 일상활동에 지장을 초래하며 끊임없이 흥분과 관련된 요소만 찾는 강박적 행동으로 이어질 수 있다. 이러한 상태를 놀이 혹은 흥분 중독상태라고 한다. 흥분과 관련된 놀이는 신체적으로는 훌륭한 운동이 될 수 있지만 지나치면 뇌를 쉬게(Refresh) 하는 건강한 자극을 얻지 못하기 때문에 건강한 정신과 신체를 유지하기 어렵다. 따라서 흥분과 관련된 활동과 동시에 복종훈련, 사람과 개와의 상호작용, 자연과의 접촉 등의 다양한 형태의 정신적 · 육체적 자극을 제공하는 것은 반려견과 도그스포츠를 즐김에 있어서 매우 중요하다. 만약 반려견이 아래와 같은 행동을 보인다면 놀이와 일상생활의 균형을 잡기 위해 노력해야 할 것이다.

- 집이나 외부에서 끊임없이 공놀이 등 흥분과 관련된 놀이를 원한다.
- 흥분하는 놀이 외에는 무기력함을 보인다.
- 제지하지 않으면 창밖을 끊임없이 바라본다.
- 산책을 나가는 과정부터 극도의 흥분상태에 빠진다.
- 산책 시 시각적으로 매우 산만하며, 목적 없이 리드줄을 당기는 느낌이다.
- 산책 시 평소 흥분과 관련된 놀이를 하던 장소로 가기 위해 리드줄을 당긴다.
- 산책 시 대소변을 잘 보지 않는다.
- 산책 시 땅의 냄새를 잘 맡지 않는다.
- 산책 시 공이나 킥보드 등 움직이는 물체에 흥분한다.
- 반려견 운동장이나 공원에서 상대 개가 반응이 없음에도 주시하고 흥분한다.
- 지쳐서 쓰러질 때까지 흥분과 관련된 놀이를 하는 편이다.

예상문제

1. 다음 중 어질리티 경기대회에서 사용하지 않는 장비는 무엇인가?

① 허들　② 박스　③ 타이어　④ 위브 폴

2. 다음 중 어질리티 경기 규칙과 맞는 설명은 무엇인가?

① 경기 도중 허들을 넘어뜨리면 거부가 선언된다.
② 접촉 장애물을 접촉하지 않았을 때는 접촉에 성공할 때까지 반복 시도해야 한다.
③ 핸들러는 원활한 경기를 위해 장난감이나 음식 등 보상물을 소지하고 있어도 된다.
④ 경기 도중 핸들러는 개를 독려하기 위해 경기장 내 어디든 위치할 수 있다.

3. 어질리티 훈련 방법 중 설명이 잘못된 것을 고르시오.

① 허들을 가르칠 때는 낮은 높이부터 서서히 높여간다.
② 접촉 장애물을 접촉하지 않고 내려왔을 때 핸들러는 큰 충격을 주어 잘못됨을 인지시킨다.
③ 위브 폴을 어려워하는 개에게는 가이드를 사용한다.
④ 보상은 개의 진행 방향 앞쪽에서 이루어지는 것이 좋다.

4. 다음 나열된 어질리티 경기 결과표에서 올바른 순위를 나열하시오. (SCT: 60)

출진번호	코스 실점	완주 시간	시간실점	총 실점
①	5	58.71	0.00	5.00
②	0	65.00	5.00	5.00
③	5	57.25	0.00	5.00
④	0	68.32	8.32	8.32
⑤	10	59.17	0.00	10.00
⑥	5	65.00	5.00	10.00

5. 심판이 머리 위로 손바닥을 올리는 행동을 한다면 그것은 무엇을 의미하는가?

① 통과　② 실책　③ 거부　④ 실격

1. ②　2. ④　3. ②　4. ③-①-②-④-⑤-⑥　5. ②　정 답

생각하고 토의하기

- 도그스포츠의 장점에 대해 나열하시오.

- 어질리티를 훈련하면서 부상을 최소화하기 위한 방법에는 무엇이 있는지 토론하시오.

- 어질리티 훈련에서 복종훈련이 필요한 이유를 토론하시오.

- 어질리티 장애물을 어떠한 방법으로 초보 강아지에게 가르칠지 과정을 설명하시오.

- 복종훈련과 어질리티 훈련의 차이점은 무엇인지 설명하시오.

- 어질리티의 단점은 무엇이 있는지 토론하시오.

- 어질리티가 일반 반려인들에게 대중화되기 위해서는 무엇이 필요한지 토론하시오.

6강

디스크독(Disc Dog)

학습목표

- 디스크독 대회의 경기 규칙을 이해하고 설명할 수 있다.
- 디스크독에서 사용하는 원반의 비행 원리를 이해하고 설명할 수 있다.
- 디스크독 훈련을 위해 원반을 던지는 법을 이해하고 설명할 수 있다.
- 디스크독 훈련의 단계적 학습 방법과 주의사항을 이해하고 설명할 수 있다.
- 디스크독 대회의 점수 획득 시스템을 이해하고 설명할 수 있다.

01 디스크독의 개요

1) 정의와 역사

Disc Dog 출처: UFO

디스크독은 많은 장비가 필요하지 않고 그저 원반을 던질 수 있는 공간과 원반만 있다면 쉽게 즐길 수 있다. 프리스비(Frisbee)란 던지기를 하고 놀 때 쓰는 원반형의 스포츠용품을 의미하지만, 일반적으로 프리스비는 '원반을 던지고 노는 놀이'라는 활동명으로 사용되고 있다. 이에 따라 통상적으로 프리스비 놀이를 하는 개를 Frisbee dog 혹은 Disc dog라고 부른다. 사실 프리스비는 사람들끼리 던지고 노는 게임에서 유래되었기 때문에 미국에서는 '사람과 원반을 주고받는 놀이'라는 개념이 일반적이지만, 우리나라에서 프리스비는 '개에게 원반을 던져주는 놀이'로 대중화되어 국내에서 프리스비란 사람이 아닌 '개와 함께하는 놀이'로 사용되고 있다.

고대 올림픽에서 실시하던 '고대 5종경기'1)에는 원반던지기가 포함되어있을 정도로 인간은 오래전부터 납작하고 둥근 물체를 던져왔다. 1800년대 중반 미국은 산업 혁명이 이루어지면서 다양한 디자인의 뚜껑이나 깡통 등의 제품들이 생산되었고, 그 중 프리스비는 미국 북동부에 위치한 제과점인 'Frisbie Pie Company(1871~1958)'에서 유래되었다.

Frisbie pie의 빈 접시 출처: FDM

제과점의 주인 윌리엄 러셀 프리스비(William Russell Frisbie)는 파이를 둥근 원반 형태의 깡통에 담아 팔았는데, 사람들은 파이를 먹고 나서 빈 접시를 뒤집어 공중에 날려 주고받는 것에 흥미를 느끼며 곧 이 놀이는 유행이 되었다.

원반을 발명한 월터 프레드릭 모리슨(Walter Frederick Morrison, 1920~2010)은 어렸을 때부터 페인트 통 뚜껑, 파이 깡통, 케이크 팬 등의 물체가 날아가는 것에 흥미를 느꼈다. 그는 제2차 세계대전에서 전투기를 조종했는데, 이 경험을 통해 비행의 공기역학에 대한 통찰을 얻어 1946년 최초로 가벼운 금속 재질인 Flying Disc를 설계하고 만들었다. 이후 금속 대신 플라스틱 공정을 활용하여 여러 번의 시행착오를 겪은 뒤, 1955년 초 플루토 플래터(Pluto Platter)라는 현대 플라스틱 원반의 원형인 디스크를 디자인한다. 마침내 모리슨은 1957년 1월 23일 자신의 생일에 장난감 회사였던 Wham-O사와 계약을 맺고 대중화에 성공한다. 그들은 대중화 과정에서 판매하고 있는 원반의 이름이 Pluto Platter가 아닌 Frisbie라고 불리는 것을 알게 되었고, Frisbie의 'i'를 'e'로 변형하여 'Frisbee'라는 단어로 상표특허를 획득하였다.

Alex stein과 Ashley 출처: FDM

1970년대 미국은 사람끼리 원반을 주고받는 플라잉 디스크는 대중화되었으나 개와 함께 즐긴다는 것은 다소 생소한 내용이었다. 하지만 1974년 어느 날 대학생 한 명의 기이한 행동으로 디스크독은 대중에게 알려지게 되었다. 당시 19세였던 알렉스 스테인(Alex stein)은 자신의 반려견 애슐리(Ashley)를 데리고 메이저리그 야구장 다저스

1) 고대5종 경기: 고대 올림픽에서 실시하던 종목으로 멀리뛰기, 원반던지기, 창던지기, 달리기, 레슬링의 다섯 종목을 말한다. (두산백과)

타디움에 난입해 생방송 중계 중 약 8분 동안 자신의 개에게 원반을 던지고 물어오게 하는 퍼포먼스를 보이며 사람들의 관심과 더불어 대중적인 인기를 얻게 되었다. 다음 해인 1975년 알렉스는 어브 랜더(Irv Lander)와 엘던 맥킨타이어(Eldon McIntire)와 함께 최초의 디스크독 대회 'Frisbee Dog World Championship'을 조직하였고, 대회에서 알렉스와 애슐리는 1977년까지 3년간 챔피언이 되었다. 1982년 대회명을 'Ashley Whippet Invitational(AWI)'로 공식화하였고, 이 대회는 현재까지도 이어져 오고 있다.

국내에서 정기적으로 개최되고 있는 비교적 큰 규모의 디스크독 대회는 'Hyperflite'의 후원으로 진행되고 있는 세계적 대회인 'Skyhoundz World Canine Disc Championship'이다. 이 대회는 2013년부터 개최되고 있으며(국가대표 선발전이며, 최종 월드 챔피언십 결선은 미국에서 개최된다), 사단법인 동물과사람은 USDDN(US Disc Dog Nationals)과 협약하여 2019년부터 미국에서 개최되는 USDDN에 참가할 수 있는 기회를 제공하는 KDDN(Korea Disc dog National)을 개최하고 있다. 이외에도 한국애견협회와 한국애견연맹을 비롯한 여러 단체에서 매년 대회를 개최하고 있다.

2) 원반의 원리와 종류

(1) 원반의 원리

사람이 회전을 주며 앞으로 던져진 원반에는 앞으로 나아가려는 추력(Driving force)과 그에 맞서는 항력(Drag force), 위로 올라가려는 양력(Lift force), 내려가려는 중력(Gravity), 그리고 회전관성(Rotational inertia) 및 자이로스코프 효과(Gyroscopic effect) 등의 물리적 힘이 발생한다.

① 추력과 양력

앞으로 나아가려는 추력으로 공기를 가르며 전진하는 원반에는 비행기의 날개와 같이 위로 올라가려는 힘인 양력이 발생한다. 원반 윗면에 있는 에어포일(Airfoil) 형태의 구부러진 면을 따라 더 빨리 지나가는 공기로 인하여 원반 윗면에는 낮은 기압이 발생(베르누이 법칙)하는데, 여기서 발생하는 압력 차이로 인하여 위로 올라가려 힘을 바로 '양력'이라 한다. 양력의 힘이 중력보다 강할 때 원반은 위로 떠오를 수 있다.

디스크독 훈련을 위한 노트

베르누이 법칙(Bernoulli's theorem)

스위스 물리학자자 베르누이(Daniel Bernoulli)가 정리한 내용으로, 유체의 흐름이 빠른 곳의 압력이 유체의 흐름이 느린 곳의 압력보다 작아진다는 이론이다.

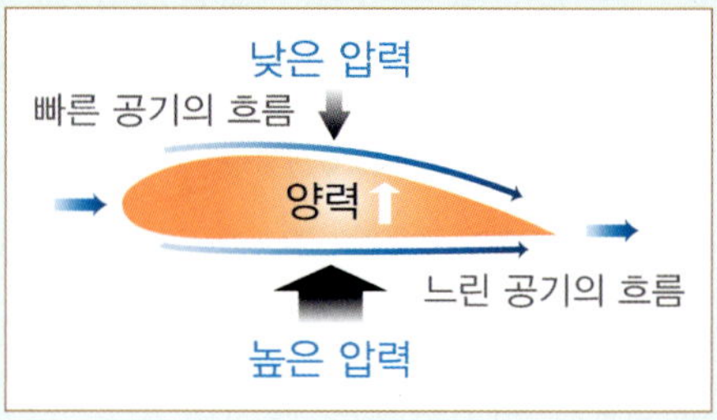

출처: 시사상식사전

② 중력

중력은 지구가 물체를 아래로 끌어당기는 힘으로, 날아가는 원반에 발생하는 양력이 중력보다 강하면 위로 떠오르고, 반대로 중력이 양력보다 강할 때 땅으로 하강하게 된다. 원반이 비행하면서 항력에 의해 속도를 잃게 되고, 이에 따라 양력이 줄어들어 마침내 중력보다 약해지면 원반이 점차 바닥으로 떨어지게 된다.

③ 항력

원반 운동에서 항력이란 앞으로 던져진 원반이 공기를 가르며 전진할 때 공기와 부딪혀 발생하는 공기 저항을 말한다. 원반의 옆면인 림(Rim)이 얇으면 공기와 부딪히는 면이 작아 항력이 적게 발생하기 때문에 원반이 날아가는 속력의 감소는 상대적으로 낮아지지만, 양력의 발생 또한 낮아져 비행 성능이 줄어들게 된다. 또한 원반의 속력이 너무 빠를 때는 사람이나 개가 날아가는 원반을 받기 어려워지고 부상의 위험성이 높아진다. 따라서 원반을 사용하여 스포츠를 할 때는 시행하는 종목에 적합한 형태의 원반을 신중히 선택해야 한다. 예를 들어 디스크 골프용 원반은 림이 얇고 무게가 무겁기 때문에 회전 속도와 날아가는 속도가 상당히 빠르다. 이러한 특징의 디스크 골프용 원반을 사람이나 개가 주고받는 용도로 사용한다면 쉽게 신체 부상의 위험에 노출되므로 항상 안전에 주의하여 원반을 선택해야 한다.

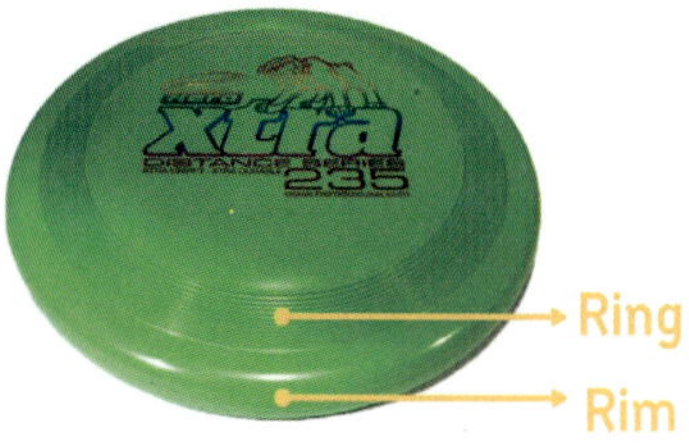

림(Rim): 원반의 옆면,
링(Ring): 원반 상판의 줄

④ 회전관성

사람이 원반을 던질 때 만들어지는 회전은 관성(Inertia)을 만들어 원반이 여러 힘에도 흔들리지 않고 균형을 잡도록 도와준다. 원반에 필요 이상의 회전력을 주지 못하면 관성이 빠르게 감소하여 원반은 비틀거리고 양력이 감소하며 항력은 커지게 되므로 빠르게 땅으로 떨어지게 된다. 날아가는 원반에 발생하는 힘의 균형을 적절히 유지하기 위해서 발생하는 회전관성은 원반던지기의 핵심이다.

⑤ 자이로스코프 효과(Gyroscopic effect)과 매그너스 효과(Magnus Effect)

일반적인 사람들이 원반을 던질 때 사용하는 방법인 오른손으로 던진 백핸드 스로우를 기준으로, 손을 떠난 원반은 매그너스 효과에 의해 점차 우측으로 이동하려는 성질을 띠게 된다. 시간이 지나면서 원반의 회전 속도가 줄어들면 원반에는 자이로스코프 원리에 의해 발생된 세차운동(precession)이 일어나게 되어 원반이 왼쪽으로 서서히 기울게 된다. 따라서 원반의 비행 방향은 다시 좌측으로 이동하게 된다. 세차운동이란 팽이처럼 회전하는 물체의 회전축이 변하여 일정한 규칙으로 흔들리는 현상을 말한다. 원반의 회전 속도가 빠르면 회전축이 지면에 수직이지만, 속도가 줄어들어 관성이 약해짐에 따라 회전축은 기울게 된다. 원반은 날아가는 동안 공기저항에 의해 앞면이 들려있는 상태이기 때문에 우측으로 회전하고 있는 원반의 회전축은 점차 왼쪽으로 기울어지게 되어 원반이 떨어지는 과정에서 왼쪽으로 향하게 된다.

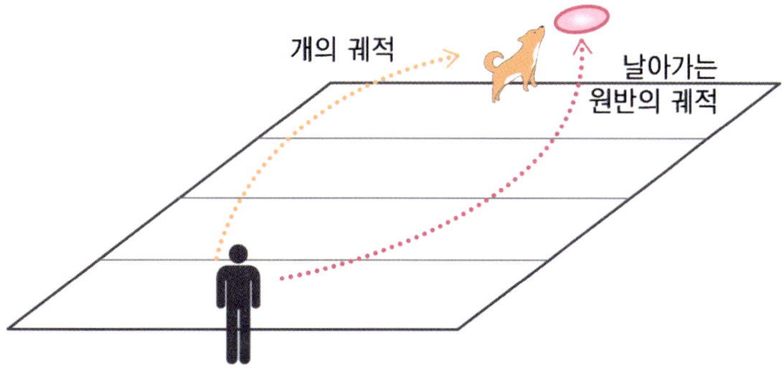

날아가는 원반과 개의 궤적

디스크독 훈련을 위한 노트

매그너스 효과(Magnus Effect)

독일의 물리학자 매그너스(Heinrich Gustav Magnus)가 유체 속에서 회전하는 물체가 한쪽으로 휘는 현상을 정리한 내용으로, 회전하는 물체 표면의 방향과 유속의 방향이 일치하는 쪽의 유속은 커지고 일치하지 않는 방향의 유속은 작아지므로 압력 차이가 발생한다. 이에 따라 물체는 고기압에서 저기압으로 이동하는 원리다. 일상생활에서는 축구공이나 야구공이 휘는 현상으로 쉽게 매그너스 효과를 찾아볼 수 있다.

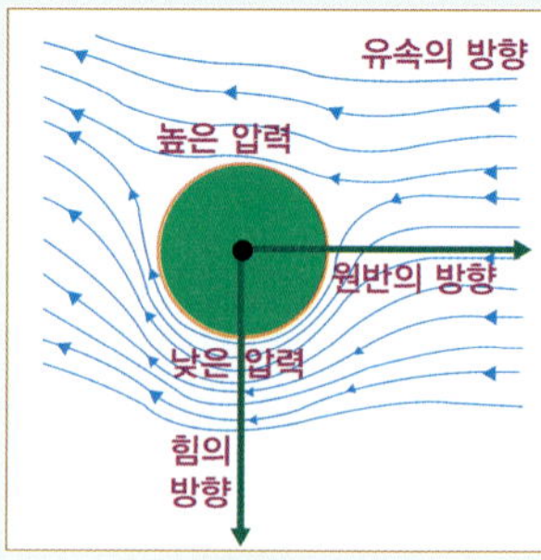

출처: en.wikipedia.org

(2) 원반의 형태와 종류

도그스포츠를 즐겁게 즐기기 위해서는 언제나 개와 사람의 안전이 우선시 되어야 한다. 사람끼리 주고받는 놀이에 쓰이는 원반은 개가 입으로 물기에는 딱딱하고 무거워서 개에게 물리적 통증을 줄 수 있다. 또한 디스크독 전용이 아닌 원반은 개가 물었을 때 플라스틱이 깨지면서 뾰족한 부분이 개의 입에 상처를 줄 수 있다. 반면 디스크독 전용 원반은 다소 부드럽고 유연성 있는 소재로 만들어져 깨지지 않고, 구멍이 뚫리거나 움푹 파일 수 있게 만들어 충격을 흡수할 수 있다. 하지만 충격을 흡수할 수 있는 유연한 소재는 반대로 원반의 형태를 쉽게 변형할 수 있기 때문에 개가 사용한 원반은 소모품처럼 주기적으로 교체해주는 것이 좋다. 보더콜리 성견의 경우 약 10~20회 정도 디스크독 전용 원반을 사용하면 원반의 형태가 변하게 되어 개의 입이 다치거나 원반의 비행 능력이 줄어들 수 있다. 또한 플라스틱 재료를 기반으로 만들어진 원반은 영하의 날씨에 쉽게 파손될 수 있으니 계절에 맞는 원반을 선택하는 것도 중요하다.

Ultimate용 원반

Disc golf용 원반

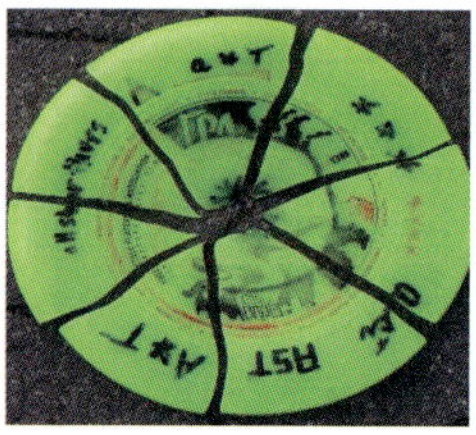

깨진 원반

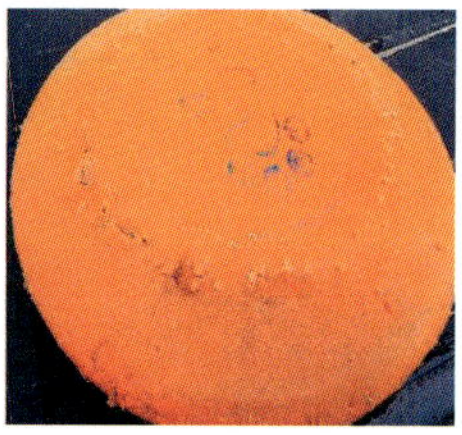

교체가 필요한 원반

디스크독 전용 원반은 크게 스탠다드 타입, 소형견 타입, 동계 타입, 부드럽고 유연한 타입 등 네 가지 형태로 나뉘어 사용되고 있다. 이외 천으로 만들어진 원반이나 전문회사가 아닌 곳에서 형태만 비슷하게 만든 제품들도 있으나 원반은 개와 사람이 모두 사용하는 도구이기 때문에 안전이 확보된 제품을 사용하는 것이 좋다. 디스크독 대회에서는 인증받은 회사의 제품만 사용할 수 있고, 공인된 회사의 원반이 아닌 경우에는 불이익을 받게 된다.

■ **상황별 원반의 종류**

스탠다드

소형견
(70g, 7인치)

동계 전용

유연한 타입

출처: skyhoundz

■ **국제 대회에서 대표적으로 인증하는 브랜드와 제품**

브랜드	제품명	크기	무게
skyhoundz	K-10	8.75인치/22.2cm	115그램
Discovering the World(DTW)	Chomper	9.49인치/24.1cm	110그램
Wham-O	Fastback	9.35인치/23.74cm	110그램
Innova Hero	Air 235	9.25인치/23.5cm	103그램
Dogstar	standard	9.45인치/24cm	100그램
Mamadisc	standard	9.25인치/23.5cm	100그램

02 원반 던지는 방법

디스크독 훈련에서 핸들러의 원반을 던지는 능력은 매우 중요하다. 뛰어난 능력의 개를 소유했음에도 불구하고 핸들러의 원반던지기 능력이 부족하다면 개는 그 능력을 온전히 발휘하지 못한다. 만약 개가 능력이 다소 부족하더라도 핸들러가 개에게 원반을 물기 편하게 던져줄 수 있는 능력을 갖췄다면 그 팀은 높은 성적을 거둘 수 있다. 개와 원반을 주고받는 디스크독에서의 핵심은 힘이 아닌 던지기 기술과 개와 핸들러의 협동 능력이다.

1) 백핸드 던지기(Back Hand Throw)

[그림 1] 백핸드 던지기의 그립

백핸드 던지기는 원반던지기에서 가장 기본적인 던지기 방법이다. 정확하고 멀리 던질 수 있는 기술이기 때문에 던지고 받기 종목에서 주로 사용한다. 다른 기술에 비해 비교적 쉬운 편에 속하지만, 일상생활에서 사용하지 않는 근육과 움직임이기 때문에 올바른 자세를 만들기까지는 많은 노력이 필요하다. 백핸드 던지기의 그립(Grip)은 손바닥이 위로 가는 방향으로 주먹을 쥐고 엄지손가락을 히치하이킹하는 모양으로 펴 원반의 링(Ring) 부분에 올린다(그림1). 백핸드 던지기 방법으로 원반을 던질 때는 어깨가 타겟을 조준하는 조준점이다. 따라서 핸들러는 목표를 마주하고 서는 것이 아니라 옆으로 서서 목을 돌려 시선을 목표에 고정해야 한다. 어깨를 이용해 목표물을 조준했다면 조준한 방향의 손목, 팔꿈치, 어깨를 순서대로 원반을 감싸 안 듯 안았다가 골프나 야구에서 스윙을 하듯이 허리를 회전하며 어깨, 팔꿈치, 손목을 순서대로 펴면서 마지막에 스냅을 사용해 원반을 놓는다(그림2). 만약 날아가는 원반이 위로 떠오른다면 원반의 앞부분이 들려서 던져졌다는 것을 의미하고, 원반이 왼쪽으로 날아간다면 손에서 빨리 놓았다거나 조준이 정확하게 되지 않았다는 것을 의미한다. 반대로 오른쪽으로 날아간다면 원반을 손에서 늦게 놓았거나 스냅이 강해 회전이 너무 많이 들어갔을 수 있다(혹은 기울기나 조준의 문제). 어깨의 방향과 각도, 목표를 향한 조준, 놓는 순간 원반의

[그림 2] 백핸드 던지기 자세

지점, 원반에 적용된 미세한 각도 등은 날아가는 원반의 궤적과 거리에 큰 영향을 미치므로 많은 연습을 통해 신체의 감각을 익혀야 한다. 스로잉이 익숙해지면 커브(curve) 던지기, 에어바운스(Air bounce, Rise) 등 프리스타일 종목에서 사용하는 다양한 백핸드 던지기 기술을 익혀볼 수 있다.

2) 포핸드 던지기(Fore Hand Throw)

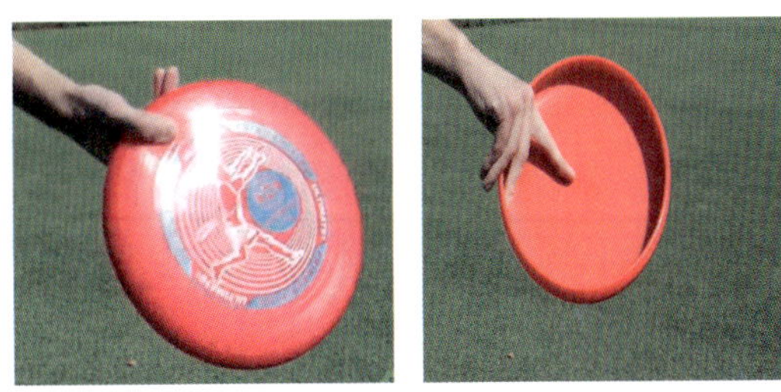

[그림 3] 포핸드 던지기의 그립 출처: wikihow

포핸드 던지기는 백핸드 던지기와 함께 원반던지기의 기본기술에 속한다. 하지만 백핸드 던지기에 비해 던지기는 감을 형성하기가 어려워, 정확한 던지기를 하기 위해서는 상당한 연습 기간이 필요하다. 포핸드 던지기는 백핸드 던지기에 비해 정확도와 거리가 짧아서 주로 프리스타일 종목에서 사용한다. 포핸드 던지기의 그립은 중지와 검지를 이용하여 원반의 벽과 아랫부분을 받치고, 엄지는 자연스럽게 링에 올린다(그림3). 던지는 동작은 야구의 언더핸드 투수가 공을 던지듯 한 모습처럼 보이며, 팔꿈치와 손목의 스냅을 주로 이용한다(그림4). 포핸드 던지기는 특히 놓는 타이밍과 각도가 매우 중요하며, 백핸드 던지기와 원반의 회전 방향이 반대로 형성된다는 특징이 있어서 처음 원반을 던지는 사람이나 받는 개는 어색해하기도 한다. 기본적인 백핸드와 포핸드 던지기에 익숙해졌다면 해머(Hammer)던지기, 써머(Thumber)던지기 등의 다양한 그립 방법과 다리 사이(Under leg) 던지기, 돌면서(Spin) 던지기 등의 다양한 던지기 동작을 연습하여 프리스타일 종목을 준비할 수 있다.

[그림 4] 포핸드 던지기 자세 출처: wikihow

03 디스크독 훈련 방법

디스크독 훈련은 개의 본능을 이용하여 능동적인 움직임을 만들어내는 과정이다. 강압적·강제적 방법으로는 디스크독을 훈련할 수 없다. 우리는 디스크독 훈련을 통하여 개의 민첩성 증진 및 평가, 두뇌와 육체적 에너지 소모 활동을 통한 스트레스 해소, 긍정적 경험을 통한 사회성 증진, 핸들러와 반려견 간의 신뢰관계 형성 등의 목적을 달성할 수 있다. 다만, 무리하거나 올바르지 못한 훈련을 진행할 경우 관절이나 치아의 부상, 열사병의 위험성, 통제력 상실과 흥분중독, 핸들러와의 잘못된 관계 형성 등의 문제점이 발생할 수 있으니 주의해야 한다. 개에게 디스크독 훈련을 시행하는 순서는 다음과 같다.

① 물욕 키워주기 ② 회수(가져와) 가르치기 ③ 물어, 놔 명령어 입히기
④ 공중의 원반을 무는 법 가르치기 ⑤ 출발신호 가르치기 ⑥ 회수 독려하기
⑦ 놔 명령어 제거하기 ⑧ 볼팅, 플립 등 다양한 기술로 연결 짓기

1) 물욕 키워주기

디스크독 스포츠는 개의 물욕과 추적본능 그리고 회수본능을 이끌어내는 종목이다. 따라서 개가 물고자 하는 욕구인 물욕을 키워주는 것은 가장 기본적이면서도 중요한 과정에 속한다. 개에게 물욕을 키워줄 때는 약하고 부드러운 강도의 터그용품부터 시작하여 부드러운 재질, 딱딱한 재질의 원반으로 변화를 준다. 물욕이 약한 개를 물욕을 강한 개로 만드는 데 가장 중요한 핵심은 개에게 자신감을 키워주는 것이다. 처음부터 딱딱하고 불편한 감촉의 플라스틱 재질의 원반보다는 부드러운 수건과 같은 물건으로 터그놀이를 해주며 승리와 성취감을 얻을 수 있도록 독려해준다. 디스크독을 비롯한 도그스포츠 교육과정 중에는 개를 억압하거나 압박하여, 개가 위축되거나 자신감을 잃지 않도록 특히 주의해야 한다. 디스크독 훈련의 기본은 강아지의 능동성이다. 개의 컨디션, 즐거움, 지루함 등의 상태를 항시 주의하여 최고의 컨디션에 훈련을 종료할 수 있도록 노력해야 한다.

디스크독 훈련을 위한 노트

물욕이 없는 개를 훈련시키는 TIP

만약 개가 무는 것에 관심이 없다면, 먼저 관심과 흥미를 끌어 동기를 유발시키는 것이 중요하다. 핸들러가 스스로 혹은 도우미와 함께 터그용품이나 원반을 가지고 신나게 노는 모습을 보여주거나 다른 개가 노는 모습을 보여줌으로써 모방학습(Modelling)을 유도해 볼 수 있다. 만약 식욕이 왕성한 개라면 간식을 넣을 수 있는 터그용품을 사용하거나 원반의 뒷면을 이용하여 밥그릇으로 원반을 사용하는 방법을 시도해볼 수 있다. 며칠간 간식을 넣은 터그용품이나 원반을 이용하여 밥을 먹은 개는 터그나 원반을 보면 관심과 흥미를 보일 것이다. 이때 핸들러는 용품이나 원반을 마치 사냥감의 느낌이 들 수 있도록 바닥에 낮게 날리거나 바닥에 굴려봄으로써 개의 흥미를 끌어 점차 놀이로 발전시켜볼 수 있겠다.

간식을 넣을 수 있는 터그용품

출처: KLIN

원반을 밥그릇으로 사용하기

출처: mehrdarou

2) 회수(가져와) 가르치기

디스크독의 기본 원리는 던진 원반을 개가 핸들러에게 가지고 돌아오는 것이다. 만약 개가 던져진 원반을 가져오지 않는다면 디스크독 놀이는 더 이상 진행할 수 없으므로 회수 훈련과정은 매우 기초적이면서 중요한 핵심 과정이다. 개가 무는 것에 흥미가 높아지면 개는 이 물건에 대해서 소유욕이 높아지게 된다. 따라서 터그놀이와 동시에 핸들러에게 가져오는 연습을 병행하여 가르쳐야만 개의 소유욕으로 발생할 수 있는 문제를 예방할 수 있다. 실제로 대회 도중 개가 원반을 물고 도망가거나, 핸들러에게 원반을 가져오지만 놓지 않는 개들을 종종 볼 수 있다. 이는 소유욕이 높은 개에게 가져온 원반을 놓게 하는 훈련을 별도로 진행하지 않았기 때문이다. 개는 무는 것과 동시에 핸들러에게 가져다주는 것에 대한 즐거움을 반드시 알아야 한다. 회수의 원리는 소유욕을 느낀 개에게 '네가 가진 것을 나에게 주어도 괜찮아, 다시 가질 수 있어'를 이해시키는 것이다. 일반적으로 같은 장난감 두 개를 준비하여 교대로 주고받는 놀이를 통한 훈련 방법이 있고, 던진 장난감을 가져오면 간식을 주어 '주인에게 가져다주면 간식을 얻을 수 있다'는 원리를 학습시키는 방법도 있다. 단, 던지고 받기 종목에서는 단 1개의 원반만 사용할 수 있으므로(프리스타일 종목은 5~10개의 원반을 사용하지만) 궁극적으로는 1개의 터그용품으로 '회수'와 '놓기'가 가능하도록 훈련해야만 한다.

3) '물어', '놔' 명령어 입히기

개가 회수 훈련을 통해 원반이나 터그를 핸들러에게 가져가는 행동이 강화되었다면, 그다음은 핸들러가 내리는 명령에 물고 있던 원반을 놓게 하는 법을 가르쳐준다. 일반적으로 '물어'는 'Take'로 '놔'는 'Drop'으로 명령어를 가르친다. 대회장에서는 개와 사람 모두의 흥분도가 높은 상태이기 때문에 평소 명령어를 통해 맺고 끊는 습관은 아주 중요한 요소가 된다. 개는 본능적으로 움직이는 것은 물고자 하고 멈춰있는 것은 놓고자 한다. 따라서 '물어'를 가르칠 때는 순간적으로 원반을 비롯한 용품에 움직임을 만들고, '놔'를 가르칠 때는 손과 팔을 이용하여 원반이나 용품을 고정시켜서 움직이지 않게 만들면 개가 물고 놓는 것을 쉽게 이해시킬 수 있다. 훈련과정에서 개의 물고자 하는 욕구와 소유하고자 하는 욕구가 점차 강해진다면 핸들러의 통제력도 비례하게 강해져야 한다. 그렇지 않은 경우, 개는 핸들러의 약한 통제력을 느끼고 통제와 규칙에 따르기보다 자신이 원하는 욕구대로 행동할 가능성이 커지게 된다. 이는 높은 점수를 기대하기 어려울뿐더러 개에게 문제행동이 발생하여 일상생활에도 문제가 생기는 상황에 놓일 것이다.

4) 공중의 원반을 무는 법 가르치기

3단계까지 진행이 완료된 개에게는 점차 원반만을 사용하여 훈련을 진행하여 원반에 대한 욕구를 높이는 것을 권장한다. 만약 개가 소심하거나 흥미가 충분하지 않다면 충분한 욕구가 생길 때까지 3단계까지의 과정을 반복하는 것이 좋다. 욕구가 충분히 형성된 개는 원반을 보는 순간 원반을 물고자 하는 흥분된 행동을 보일 것이다. 이때 핸들러가 개의 눈높이에서 수평 방향으로 원반을 빠르게 움직인다면 추적본능에 따라 개는 자연

떨어지는 원반을 캐치하는 궤적 출처: redhillpark

공중의 원반을 무는 법 가르치기 출처: justjesse

스럽게 공중의 원반을 물게 될 것이다. 이 순간 핸들러는 원반을 잡은 손을 놓아 개가 원반을 물고 이동할 수 있도록 해야 한다. 개가 공중에서 핸들러 손에 잡혀있는 원반을 무는 것을 이해했다면, 핸들러는 점차 위에서 아래로 떨어지는 원반의 궤적을 연출하여 익혀주도록 한다. 마지막 단계로 회전을 주어 던져진 원반이 낙하할 때 공중에 떠 있는 원반을 잡는 것을 연습한다. 단, 원반을 개를 향해 던지는 것은 숙달이 되지 않은 개에게는 위협적으로 느껴질 수 있으니 주의한다. 공중의 날아가는 원반을 잡을 때 개에게 정확한 타이밍을 독려하기 위해 '물어' 혹은 'Catch'라고 명령어를 붙여주기도 한다.

5) 출발신호 가르치기

앞서 배운 이론에 따라 오른손 백핸드로 올바르게 던진 원반은 우측에서 좌측으로 떨어진다. 따라서 개는 좌측에서 우측을 향해 달리도록, 사람의 몸이나 다리 사이를 우측으로 돌아나가도록 가르치는 것이 일반적이다. 이때 돌아나가는 신호는 'GO'라고 명령한다. 개에게 신호를 가르치기 위해서는 행동을 먼저 숙달시켜야 한다는 것을 잊어서는 안 된다. 출발신호를 가르칠 때는 앞서 배운 루어링을 이용한다. 루어링은 어떠한 보상물을 사용해도 무방하지만, 이 단계부터는 개가 핸들러의 손에 있는 보상물이 아닌 앞으로 던져진 보상물을 획득해야 하기 때문에 음식물은 오염의 이유로 권장하지 않는다. 핸들러의 'Go' 신호에 맞춰 개가 핸들러의 두 다리 혹은 다리 사이를 돌아 앞으로 나오는 순간 핸들러는 손에 들고 있는 용품을 개의 시야에 맞춰 앞으로 던져주어 개가 핸들러의 손이 아닌 앞에 떨어질 용품을 예측하고 앞으로 달려나가도록 훈련을 반복 진행한다.

핸들러를 돌아서 뛰어가는 모습

6) 회수 독려하기

디스크독은 시간제한이 있는 스포츠다. 특히 던지고 받기 종목의 경우, 1초의 짧은 시간에도 한 번의 스로잉을 할 수 있는 시간이므로 단 몇 초의 차이로도 순위가 크게 바뀔 수 있다. 일반적으로 추적본능에 의해 개가 날아가는 원반을 향해 달려갈 때는 빠른 속도를 보이지만 회수 시에는 핸들러에게 빠르게 달려오지 않는다. 핸들러에게 빠르게 돌아와야 할 이유가 없기 때문이다. 따라서 이 단계에서 핸들러는 개가 원반을 물었을 때 큰 소리를 내며 개의 반대로 도망치듯 뛰는 행동을 연출하여 개에게 빠르게 돌아와야 하는 동기를 만들어주어야 한다. 만약 개가 속도를 내어 빠르게 핸들러에게 돌아왔다면 핸들러는 다른 보상물이나 개가 회수한 원반을 사용해 터그놀이를 해주어 개에게 빠른 회수를 독려해주어야 한다. 단, 실제 경기에서는 1장의 원반만 허용되므로 점차 핸들러의 음성신호와 몸짓신호만으로도 최고 속력을 유도해낼 수 있도록 반복 연습한다.

7) 놔 명령어 제거하기(던지고 받기 종목을 위한)

마찬가지로 개가 원반을 회수한 뒤 개가 핸들러 앞에서 머무르는 시간이 길어지는 것은 점수획득에 있어서 큰 손해다. 따라서 첫 번째 스로잉을 통해 던져진 원반의 회수와 동시에 핸들러는 개를 지체없이 앞으로 출발시키는 훈련을 해야 한다. 이 훈련 단계에서의 핵심은 앞서 훈련한 'Drop'을 외친 후 'Go'를 명령하여 개를 앞으로 보내는 것(2번의 명령이 필요)보다, 개가 원반을 회수하여 핸들러의 앞쪽으로 왔을 때 'Drop' 명령어를 생략하고 바로 'Go'를 외쳐(1번의 명령이 필요) 핸들러의 손 혹은 핸들러 앞쪽 바닥에 원반을 두고 즉시 달려나가도록 하는 것이다. 원반의 날아가는 속도는 개보다 빠르기 때문에 개가 먼저 출발하는 것이 올바른 타이밍을 만들어 낼 확률이 높다. 이 단계에서는 개의 속도와 핸들러가 원반을 던지는 타이밍 사이에 괴리가 발생하는 단계다. 개마다 핸들러를 회전하여 나가는 속도와 달리는 속도가 다르고 핸들러의 던지는 루틴과 원반의 속도가 다르기 때문에 반복적인 훈련을 통하여 각자 파트너의 특성을 이해하고 올바른 타이밍을 형성해나가야 한다.

8) 볼팅, 플립 등 다양한 기술로 연결 짓기(Freestyle 종목을 위한)

'플립(Flip)'이란 개가 공중에서 회전 혹은 비틀며 원반을 무는 것을 말하며, 좌측으로 도는 좌측플립과 우측으로 도는 우측플립의 두 종류로 나뉜다. '볼팅(Vaulting)'이란 사람의 몸을 밟고 도약하며 원반을 캐치하는 행동을 말하며, 크게 무릎을 밟는 '니볼팅(Knee vaulting)', 등을 밟는 '백볼팅(Back vaulting)', 가슴을 밟는 '프런트 볼팅(Front vaulting)'으로 나뉜다. 일반적으로 볼팅의 명령어는 'Over'라고 명령한다. 사람의 몸을 밟는 볼팅 기술은 개의 발톱에 사람이 상처를 입을 수 있고, 개가 미끄러져 부상을 당할 수 있으므로 볼팅 기술을 위해서는 특수 제작된 옷(vaulting vest)을 입고 시행해야 한다. 기본적인 응용 기술을 익혔다면 개를 발 위에 올리는 '풋스톨(Foot stall)', 등 위에 올리는 '백스톨(Back stall)', 등이나 바닥에서 구르는 '롤오버(roll over)', '저글링(Juggling)' 등의 다양한 트릭과 원반을 연결할 수도 있다. 모든 응용 기술은 루어링을 이용하여 행동을 익힌 뒤 행동에 명령어를 입히는 형태로 이루어진다. 단, 개가 높은 높이에서 떨어지는 볼팅과 같은 기술은 개의 안전을 위협하는 동작이므로 높은 점수를 획득하기 위한 필수조건이 아니라는 점을 기억해야 한다.

Knee vaulting

Back vaulting

Front vaulting

Foot stall과 Back stall 출처: performancedogsofohio

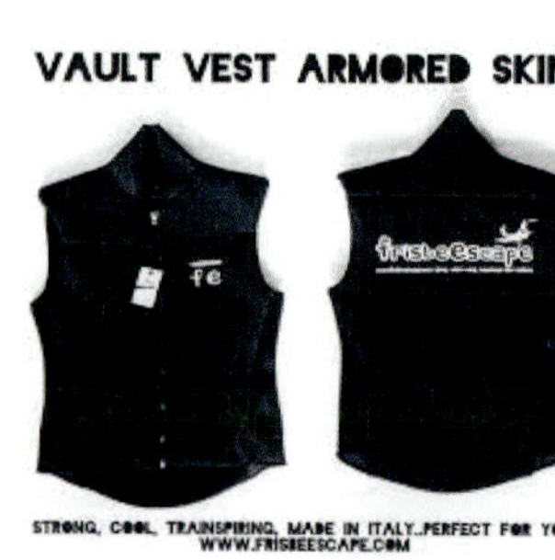

vaulting vest 출처: frisbeescape

04 디스크독 경기규정

디스크독 경기대회는 개최단체마다 조금씩의 차이가 있지만, 큰 틀에서 던지고 받기(Throw and Catch) 종목과 프리스타일(Freestyle) 종목 두 가지의 형태로 나눠볼 수 있다. 대부분의 대회에서 참가를 위한 견종의 제한은 없으며, 발정기의 개는 대회장에 입장할 수 없다. 던지고 받기 종목을 참가하기 위해서는 개가 만 12개월 이상, 프리스타일 종목을 참가하기 위해서는 만 18개월 이상이어야 한다. 이외에도 두 명의 사람과 한 마리의 개가 던지고 받기 종목을 진행하는 페어종목(Pairs), 작은 개를 위한 마이크로독 종목(Micro dog) 등으로 세분화 종목이 있으며, 이벤트성 종목도 다양하게 생겨나고 있다. 이 책에서는 가장 오래된 종목인 던지고 받기와 프리스타일에 대하여 알아볼 것이다.

■ Skyhoundz Micro Dog 측정 기준

스카이하운즈에서 개최되는 디스크독 대회는 짧은 다리의 개를 위한 Micro Dog 종목이 따로 구분되어 있다. 체급의 측정은 American Kennel Club(AKC) 측정 도구를 사용하여 지면에서 어깨 상단까지 17인치(43.18cm) 미만이면 MicroDog 종목에 참가가 가능하다. 만약 측정 당시 개가 2세 이상인 경우에는 영구적인 측정 카드(Skyhoundz Measurement Card, SMC)를 발급받을 수 있고 이후 대회부터는 측정하지 않아도 된다.

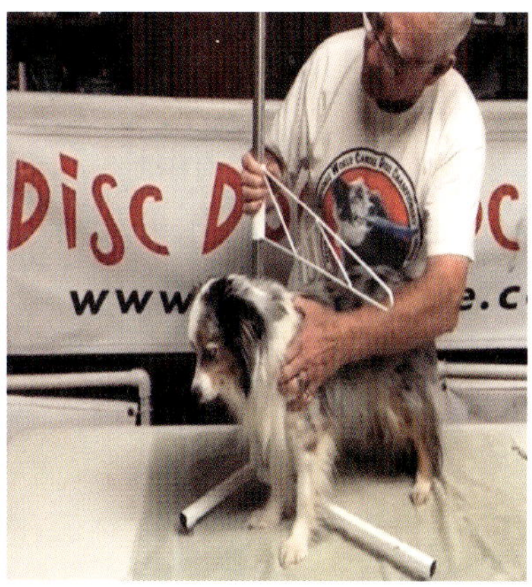

AKC Measuring Jig와 측정 출처: skyhoundz

■ **한국애견협회(KKC) Small Dog 측정 기준**

한국애견협회에서 개최되는 디스크독 대회는 UFO 규정에 따른다. UFO는 척골(Ulna)의 길이가 13.5cm 이하인 개를 Small Dog 종목에 참가 가능하도록 규정하고 있다.

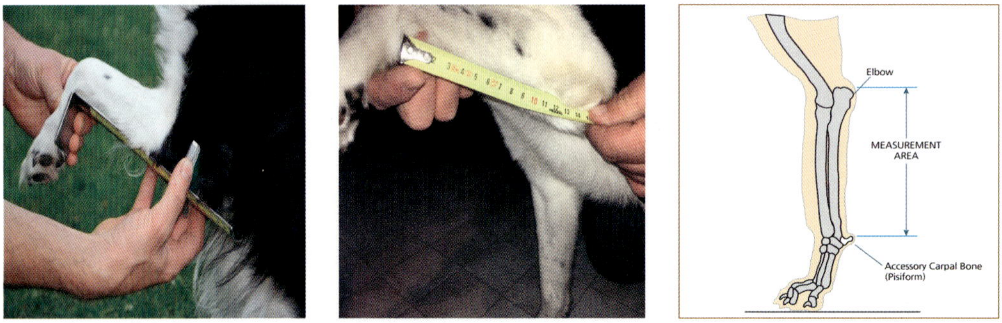

Ulna 측정 출처: UFO

1) 던지고 받기

각 대회 단체마다 부르는 이름이 다르지만(Skyhoundz: Distance Accuracy, D/A, UFO: Throw and Catch, T/C, AWI: Toss and Catch, T/C, USDDN: Toss & Fetch, T/F 등) 그 안의 규칙은 동일하다. 단 하나의 원반을 가지고 60초 안에 가능한 많은 점수를 획득하는 개와 파트너가 높은 순위에 오른다(USDDN의 경우 90초 동안 최고 5개의 점수만 계산). 일반적으로 2번의 라운드를 진행한다. 종목 이름에서 느껴지듯 멀리 던질수록 더 높은 점수를 획득할 수 있으며, 운동장의 제한지점 밖으로 원반이 나갈 경우에는(장외) 개가 원반을 물더라도 점수를 획득할 수 없다. 이러한 이유로 스카이하운즈 대회에서의 던지고 받기의 종목 명칭은 거리(Distance)와 정확도(Accuracy)로 표기하고 있다. 따라서 던지고 받기 종목이란, 정해진 시간 안에 핸들러가 얼마만큼 멀고 정확하게 원반을 던지고 개는 또 얼마만큼 빠르게 던져진 원반을 물고 다시 돌아오느냐를 측정하는 경기라고 정리할 수 있다. 던지고 받기 종목은 핸들러가 원반을 멀리만 던져서도, 정확하게만 던져서도 높은 점수를 획득할 수 없고, 개가 달려나가는 속도를 맞추지 못해도 높은 점수를 획득할 수 없다. 이러한 점에서 핸들러의 개인 능력과 개와의 호흡을 맞추는 능력이 가장 중요한 점이며 부수적으로 개의 빠른 속도와 정확함, 점프 능력 등이 조화를 이루었을 때 높은 순위를 기대해볼 수 있겠다.

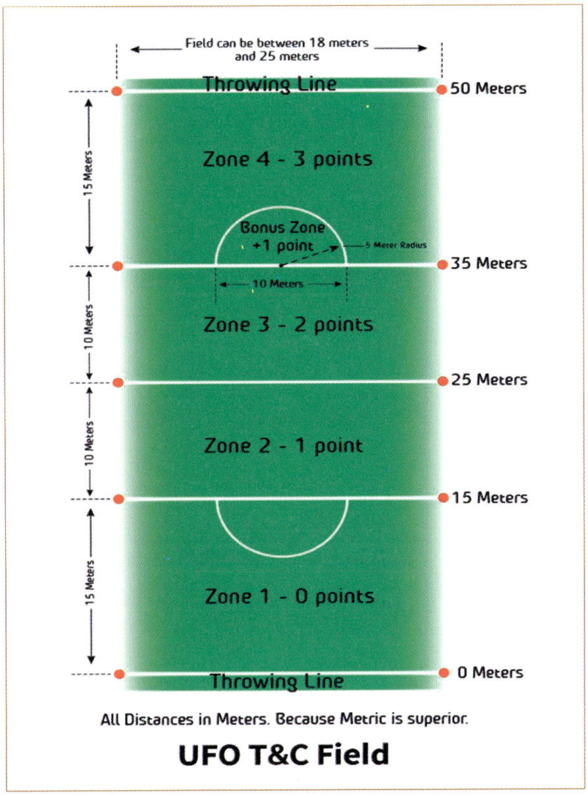

출처: UFO

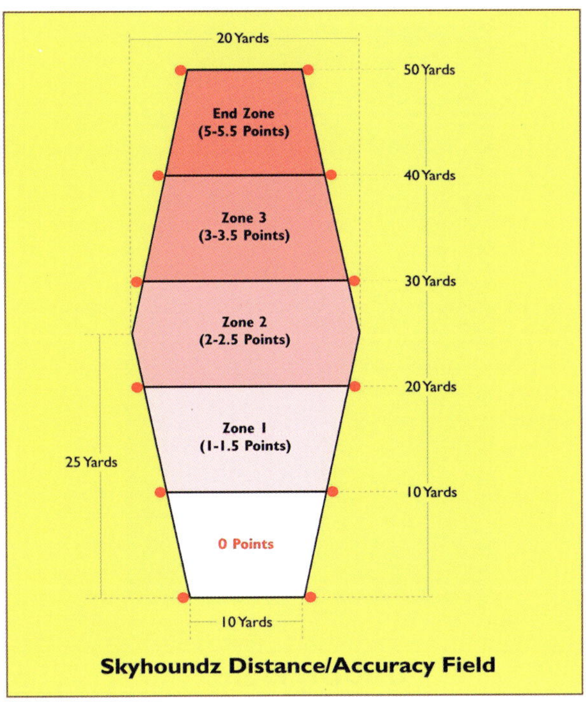

출처: skyhoundz

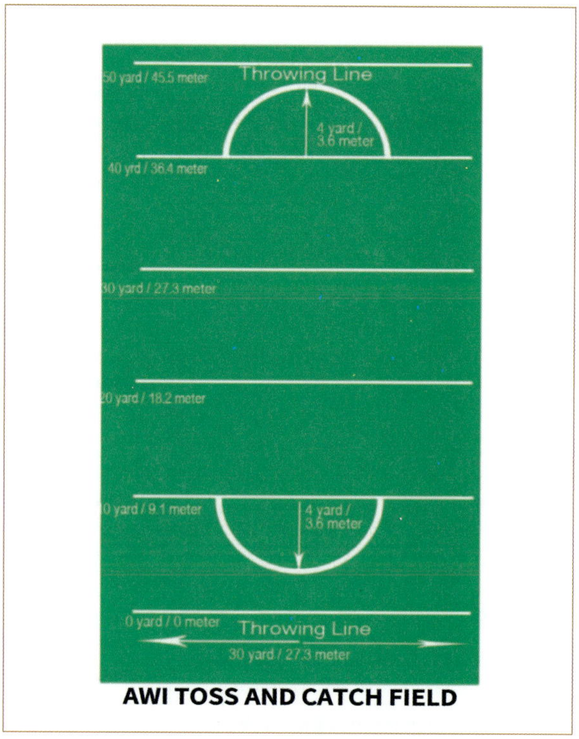

출처: AWI

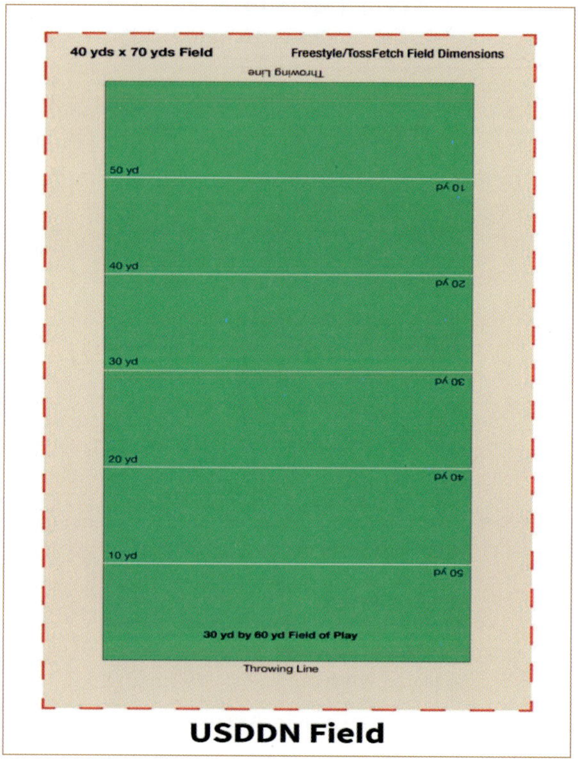

출처: USDDN

다음은 일반적인 경기대회 규정이다. 각 대회 단체마다 세부 규칙이 상이하고, 연도마다 규칙이 개정되므로 참가 전 세부 사항에 대하여 사전 확인을 권장한다.

(1) 점수 획득 규정

- 득점 구역의 기준은 캐치 후에 개가 땅에 착지하는 착지 지점을 말한다.
- 한 개 이상의 득점 구역에 발이 착지하며 원반을 캐치 한다면, 점수가 낮은 득점 구역점수로 인정한다.
- 착지 지점에서 가장 뒷발이 선을 밟을 경우 높은 점수로 인정한다.
- 개가 원반을 쳤는데, 경기장 경계 내(inbounds)에서 디스크를 다시 잡는다면, 마지막으로 캐치가 완성된 시점에서의 위치 점수를 얻는다.
- 최소한 발 하나가 사이드라인 위나 안쪽에 착지해야 OB(Out of bound) 판정을 받지 않는다.
- UFO필드에서 보너스존의 경우 한 발이라도 존에 위치한다면 보너스 점수를 획득할 수 있다(단, 4존에서의 캐치만 인정).
- 개의 네 다리가 모두 공중에 떠 있는 상태로 원반을 캐치했을 때 보너스 점수가 0.5점 주어진다(mid-air Catch).

(2) 스로잉 규정

- 개는 경기나 연습을 할 때를 제외하고는 항상 목줄을 매고 있어야 한다.
- 원반은 승인된 제조업체의 원반 목록에 있어야 한다.
- 핸들러와 개는 시간이 시작되기 전 스로잉 라인 뒤에 위치한다.
- 연습 스로잉은 허용되지 않는다.
- 선수가 준비되면, 라인심판은 팔을 들어서 진행자에게 신호를 보낸다.
- 타이머의 준비가 확인되면 라인심판은 선수에게 출발신호를 준다.
- 진행자는 타이머를 시작하며 시간이 시작되었다는 큐를 보낸다(Time start).
- 시간이 시작되기 전에 개가 미리 출발했다는 판정을 라인심판이 하게 되면, 시간은 0으로 재설정 되어 다시 시작한다.
- 선수의 스로잉은 반드시 라인 뒤, 그리고 원뿔(cone) 사이에서 해야 한다.
- 스로잉 후에는 경기장 내부로 자유롭게 이동할 수 있다.

- 선수가 원반을 던지는 중 라인을 밟으면 그 스로우는 점수를 받지 못한다(foot fault).
- 개는 첫 스로잉 시에만 라인 뒤에 있으면 된다.
- 시간이 종료되기 전 원반이 선수의 손에서 떠난다면 그 원반은 효력이 인정된다.
- 경기 중 원반이 안전하지 못할 경우(깨지거나 찢어진), 선수가 교체를 요청할 수 있다. 단, 선수가 교체 원반을 미리 마련한 경우에만 라인 심판에게 교체 요청이 가능하다.
- 원반 교체 중 시간은 중지되지 않으며 교체가 이루어지기 전에 사용했던 원반은 심판에게 전달되어야 한다.
- 남은 시간에 대한 알림은 30초, 10초, 그리고 타임이 불리기 전 마지막 5초에 대한 카운트다운(5, 4, 3, 2, 1)을 한다.

디스크독 훈련을 위한 노트

출발선에 대해 흔히 혼동하는 사항

- 스로우 시, 원반이 먼저 선수의 손을 떠나든 개가 먼저 출발하든 관계없다.
- 선수가 경기장 안으로 들어가 개의 원반 회수를 독려하거나 땅에 떨어진 원반을 가져올 수 있다. 캐치 후라면 그 점수는 인정된다.
- 단, 다음 스로잉은 다시 라인 뒤에서 해야 점수가 인정된다.
- 경기 시작 후 개는 라인 뒤로 들어오지 않아도 된다.

(3) 배변 규정

- 개가 배변 활동 시 시간은 정지된다.
- 참가자는 자리를 지키고 배변이 완료되기를 기다린다.
- 배변이 끝나면 경기가 속개된다.
- 배변 시작 시점과 끝나는 시점에 관한 판단은 심판이 측정한다.
- 소변과 대변 동일하다.
- 라운드가 끝난 후, 스태프가 배변을 정리한다.
- 프리스타일 종목도 위 사항을 똑같이 적용한다.

(4) 던지고 받기 종목의 동점 승자 가리기

- Skyhoundz
  1. 두 번의 라운드에서 총 스로우 횟수가 가장 적은 팀
  2. 슛아웃(승부 가리기, 한 개가 다른 개들보다 더 높은 점수 캐치 할 때까지 반복)

- UFO
  1. 하나의 T/C 라운드에서 가장 높은 점수를 획득한 팀
  2. 모든 라운드에서 보너스 존 획득 횟수가 가장 많은 팀
  3. 슛아웃

- AWI
  1. 하나의 T/C 라운드에서 가장 높은 점수를 획득한 팀
  2. 가장 높은 점수의 라운드에서 총 스로우 횟수가 가장 적은 팀
  3. 슛아웃

- USDDN
  1. 슛아웃

2) 프리스타일(Freestyle)

자유형 종목은 공통적으로 Freestyle이라는 명칭으로 불린다. 대회마다 5개에서 최대 10개(Skyhoundz: 5개. UFO: 7개. AWI: 9개. USDDN: 10개)의 원반을 가지고 90초에서 120초(Skyhoundz: 90초. UFO, AWI, USDDN: 120초) 동안 음악과 함께 자유롭게 원반을 개와 주고받으며 다양한 기술을 선보인다. 이때 심판은 개와 핸들러의 움직임이나 독창성, 개와 핸들러의 협동력과 시퀀스 및 흐름, 성공도 등을 중점으로 채점하게 된다. 이때 높은 높이의 볼팅 동작이나, 과격한 행동 등 개에게 무리가 갈 수 있는 동작은 높은 점수가 반영되지 않으므로 권장하지 않고 있다. 프리스타일 종목에서 높은 점수를 획득하기 위해서는 화려하고 멋진 개별적인 동작이 아닌, 동작들의 과정(루틴)이 얼마나 신나고 부드러운 흐름으로 매끄럽게 흘러가며 세부적으로 독창적이고 에너지 함을 보이면서도 높은 성공률을 보이느냐가 중요한 점이다.

다음은 일반적인 경기대회 규정이다. 각 대회 단체마다 세부 규칙이 상이하고, 연도마다 규칙이 개정되므로 참가 전 세부 사항에 대하여 사전 확인을 권장한다.

(1) 점수 획득 규정

Freestyle의 점수 채점 시스템은 다음 표와 같다.

채점 시스템	UFO	Skyhoundz	USDDN	AWI
개의 능력	Drive and Athleticism	Athleticism	Canine Elements	Dog
핸들러 능력(독창성)	Ingenuity	Wow! Factor	Player Elements	Human
시퀀스 및 흐름	Sequences and Flow	Presentation	Team	Team
루틴 전체의 인상	Comprehensive			Overall
성공률	Catch Ratio	Success	Success	Success

① **개의 능력**: 개의 집중력, 추적능력, 달리기, 지구력, 점프, 착지, 캐치력, 역동성 등의 능력을 채점한다.

② **핸들러 능력**: 핸들러의 다양한 그립, 동작 등 어려운 기술이나 새로운 동작의 창의성, 다양한 방향과 운동능력 및 정확성 등의 능력을 채점한다.

③ **시퀀스 및 흐름**: 각각의 동작이 자연스럽고 부드럽게 이어지는 정도, 여러 장의 원반을 원활히 관리하는 능력, 운동장을 활용하는 능력, 개와의 협동적 호흡을 채점한다. 쇼맨십, 음악의 해석, 예술성 등은 추가적인 점수가 될 수 있다.

④ **성공률**: 스로우 시도 횟수 대비 성공 횟수를 각 대회의 기준에 따라 채점한다.

(2) 스로잉 규정

- 개는 경기나 연습을 할 때를 제외하고는 항상 목줄을 매고 있어야 한다.
- 원반은 승인된 제조업체의 원반 목록에 있어야 한다.
- 남은 시간의 카운트다운은 60초, 30초, 10초 시간으로 주어진다.
- 핸들러는 동일 라운드 내에서 다른 무게 등급의 디스크 또는 다른 직경의 디스크를 혼합할 수 없다. 선수가 단일라운드에서 디스크의 크기 또는 무게 등급을 혼합한 것으로 밝혀지면 벌점이 적용된다.
- 정해진 수 이상의 원반을 경기장으로 가져갔고 플레이어가 시작하기 전에 이를 인지하지 못한 경우 추가 디스크당 1점의 벌점을 받는다.

- 높은 점수를 얻기 위해 볼팅을 포함할 필요는 없다. 볼팅을 자주 반복하거나 과도한 높이에 대해서는 점수를 부여하지 않으며, 감점 및 실격을 초래할 수도 있다.
- 핸들러의 손을 떠난 원반만이 득점으로 인정된다. 원반을 개에게 건네주는 동작은 득점 되지 않는다.
- 의도적으로 땅을 따라 개에게 굴리는 던지기(롤링 스로우)는 개가 깔끔하게 잡으면 득점으로 인정된다.
- 대회 중 개가 망토, 조끼, 장신구 등 어떠한 소품 착용은 허용되지 않는다.
- 참가자는 가족 청중에게 적합하지 않은 음악을 피해야 한다.
- 전기 목줄, 화학용품 등은 절대 허용되지 않으며, 공격성이 강한 개는 심판의 판단하에 경기 참가가 거절될 수 있다.
- 경기장에서 발생하는 예측하지 못한 산만함이나 중단으로 인해 개 선수가 직간접적으로 부상 위험에 처하거나 팀의 공정한 경쟁 능력을 방해하는 경우 시간이 정지된다. 팀의 라운드 중단 결정은 대회 관계자의 재량에 따라 내려진다.

(3) 프리스타일 종목의 동점 승자 가리기

- Skyhoundz
  1. '채점시스템의 활동(Athleticism)과 와우(Wow) 부문의 합산 스코어로 판단한다.'
  2. 포착(Snapshot) 라운드: 각 팀이 10초 동안 자신의 가장 자신 있는 트릭을 보인다. 순서는 동전 뒤집기로 순서를 정하고, 심판들은 전반적인 퀄리티(quality)에 대한 인상을 기반으로 승자를 정한다.

- UFO
  1. Catch Ratio score로 판단한다.

- AWI
  1. 1라운드에서의 다음 채점 score 순서대로 판단한다.

  ① Catch ratio ② Team score ③ Dog score ④ Human score ⑤ Overall score

- USDDN
  1. Team score로 판단한다.

디스크독 훈련을 위한 노트

디스크독 관련 단체

- **AWI**: Ashley Whippet Invitational
- **Skyhoundz**: Hyperflite Skyhoundz World Canine Disc Championship Series
- **UFO**: UFO World Cup Frisbee Dog Series
- **Purina**: Purina Pro Plan Incredible Dog Challenge
- **USDDN**: US Disc Dog Nationals
- **KDDN**: Korea Disc Dog Nationals
- **KKC**: Korea Kennel Club
- **KKF**: Korea Kennel Federation

예상문제

1. 다음 중 디스크독 경기 규칙과 맞는 설명은 무엇인가?

① 디스크독 경기는 시간제한이 없는 스포츠다.
② 디스크독 경기에서 사용하는 원반의 개수가 정해져 있다.
③ 디스크독 경기는 특정 견종만 참가할 수 있다.
④ 디스크독 경기에서 사용하는 원반은 규정되어 있지 않다.

2. 다음 중 날아가는 원반에 작용하는 힘이 아닌 것은 무엇인가?

① 중력 ② 추력 ③ 양력 ④ 탄성력

3. 다음 중 원반을 정확하고 멀리 던질 수 있는 기술이기 때문에 던지고 받기 종목에서 주로 사용하는 기본적인 스로잉 기술은 무엇인가?

① Back Hand Throw ② Fore Hand Throw ③ Air Bounce Throw ④ Hammer Throw

4. 다음 중 개에게 원반을 가르치는 방법 중 적절하지 않은 것은 무엇인가?

① 개에게 처음 원반을 가르칠 때는 부드러운 재질의 원반을 사용하는 것이 좋다.
② 개가 원반을 낯설어한다면 원반을 이용해 사료를 급여한다.
③ 원반을 가르칠 때는 볼팅 기술을 먼저 가르치는 것이 좋다.
④ 개가 원반을 물면 빠르게 회수를 독려해야 한다.

5. 다음 상황 중 점수 채점에 대한 올바른 설명이 아닌 것은 무엇인가?

① 시간이 종료되기 전 원반이 선수의 손에서 떠난다면 그 원반은 효력이 인정된다.
② 프리스타일 종목에서 볼팅 동작은 높은 점수를 획득하기 위해 필수로 루틴에 추가되어야 한다.
③ 던지고 받기 종목에서 개의 착지 지점 가장 뒷발이 선을 밟을 경우 높은 점수로 득점한다.
④ 착지 지점에서 개의 발 하나가 사이드라인 위나 안쪽에 착지했다면 OB(Out of bound) 판정을 받지 않는다.

1. ② 2. ④ 3. ① 4. ③ 5. ② **정 답**

생각하고 토의하기

- 원반을 더욱 멀리 안정적으로 던질 수 있는 각자의 노하우를 소개하시오.
- 개를 위해 만들어진 전용 원반을 사용해야 하는 이유에 대해 토론하시오.
- 백핸드 던지기의 장점과 단점을 설명하시오.
- 포핸드 던지기의 장점과 단점을 설명하시오.
- 개에게 물욕을 키워줄 수 있는 방법을 설명하시오.
- 도그스포츠 종목 중 디스크독의 장점과 단점을 분석하시오.
- 원반을 처음 접하는 개가 원반에 대한 거부감이 있다면 이를 개선할 방법을 설명하시오.
- 원반 훈련을 할 때 주의해야 할 사항에 대해 토론하시오.
- 원반 훈련에 적합하지 않은 개(혹은 견종)에 대해 토론하시오.

7강

플라이볼(Flyball)

학습목표

- 플라이볼의 경기 규칙을 이해하고 설명할 수 있다.
- 플라이볼에서 사용하는 장비를 이해하고 설명할 수 있다.
- 플라이볼 훈련의 단계적 학습 방법과 주의사항을 이해하고 설명할 수 있다.
- 플라이볼 대회를 위한 개의 체급을 측정하고 알맞은 허들 높이를 설정할 수 있다.
- 플라이볼 팀의 구성원과 심판의 역할을 이해하고 설명할 수 있다.

01 플라이볼의 개요

1) 정의와 역사

플라이볼(Flyball)은 각각 4마리의 개로 구성된 두 팀이 병렬로 나란히 구성된 51피트(약 15.5m) 길이의 코스를 릴레이 형태로 경주하는 도그스포츠다. 각 팀의 개는 4개의 허들을 넘어가 플라이볼 상자의 페달을 밟아 튀어나온 공을 물고, 넘어왔던 4개의 허들을 다시 넘어서 돌아간다. 4마리의 개가 모두 릴레이로 실수 없이 코스를 완주한 팀이 승리하는 방식이다. 한 마리의 개가 플라이볼 코스를 왕복하는 시간은 보통 5초 이내로, 20초 안에 한 경기가 승부가 나는 빠른 스피드의 경기이다.

플라이볼은 다른 여러 도그스포츠와 마찬가지로 놀이로부터 발전하였다. 이 스포츠는 미국 서부 캘리포니아 출신의 헤르베르트 바그너(Herbert Wagner)가 개가 발로 장치를 누르면 끼워둔 공이 발사되는 테니스공 발사 장치를 최초로 개발한 1970년대부터 놀이의 형태로 시작되었다. 이후 1976년 헤르베르트가 투나잇쇼라는 방송에 게스트로 출연하며 미국과 캐나다 전역에서 인기를 얻기 시작했고, 도그쇼에서 몇 차례 토너먼트식의 소규모 경기 개최 후 1983년 미국에서 첫 번째 플라이볼 토너먼트가 열렸다. 1985년 그동안 개최했던 경기 진행 노하우와 보관된 토너먼트 기록을 바탕으로 플라이볼의 경기 규칙을 표준화하였고, 같은 해에 북미에서 북미플라이볼협회(North American Flyball Association, NAFA)가 설립되었다. 이 단체는 미시간과 온타리오의 12개 팀을 대표하는 그룹으로 시작되었으며 현재 플라이볼 도그스포츠에서 가장 영향력이 있는 단체 중 하나로 자리 잡았다. 마이크 랜달(Mike Randall)은 최초의 NAFA 규정집을 작성한 인물이며 NAFA 전무이사였다. 현재까지 NAFA에 소속된 클럽은 700개 이상이고, 등록된 개가 16,000마리 이상이 있으며 북미, 유럽, 호주 및 기타 다양한 국가에서 플라이볼을 즐기고 있다. 그 외 영국의 크러프트 도그쇼에서 열리는 플라이볼 대회는 플라이볼협회(BFA)와 플라이볼리그(UKFL)의 두 단체에서 예선전을 담당하고 있다.

Flyball 출처: Crufts

도그스포츠 훈련을 위한 노트

플라이볼 관련 단체

- AKC–NAFA(North American Flyball Association, 1985) 북미플라이볼협회
- U–FLI(United Flyball League International, 2005) 국제 플라이볼 리그 연합
- BFA(British Flyball Association, 1994) 영국플라이볼협회
- UKFL(UK Flyball League, 2017) 영국플라이볼리그
- AFA(Australian Flyball Association, 1996) 호주플라이볼협회
- FCI–FOWC(Flyball Open World Cup, 2018) 플라이볼 오픈

플라이볼은 어질리티와 디스크독에 비해 경기가 단순해 보이지만 보기와 다르게 ❶ 개가 코스를 숙달하고 즐길 때까지 상당한 연습과 노력이 필요하다는 것, ❷ 함께 경기에 참여할 팀을 구성해야 한다는 것, ❸ 혼가 경기를 진행하는 것이 아닌 팀플레이로 경기가 진행된다는 것, ❹ 개보다 핸들러의 역할 비중이 작아 핸들러가 다소 재미를 느끼기 어렵다는 것, ❺ 점프 동작이 많아 개가 부상을 입을 수 있다는 것 등의 이유로 현재까지는 일반 대중보다는 매니아층 위주로 인기가 있는 종목이다. 하지만 다른 도그스포츠들 역시 과거에는 매니아층의 노력으로부터 대중화를 이뤘기 때문에 플라이볼도 점차 대중성 있는 도그스포츠로 발전해나갈 것이다. 우리나라도 여러 도그스포츠의 인기가 많아지면서 다른 도그스포츠 경기대회 내 플라이볼이 세부 종목으로 추가되는 등 관심도가 점차 높아지고 있다.

2) 플라이볼 장비

플라이볼은 빠른 속도로 허들을 뛰어넘고, 플라이볼 상자에서의 부딪히는 동작은 급회전이 발생하는 등 전반적으로 고강도의 훈련 경기다. 따라서 핸들러는 정해진 규격과 장치에 대한 이해를 바탕으로 장비를 구성해야 개의 부상을 최소화할 수 있다. 플라이볼의 장비는 4개의 허들, 1개의 플라이볼 상자, 공, 백보드로 구성된다. 허들과 백보드는 개최단체에서 제공하며, 플라이볼 상자와 공은 규정에 맞추어 각 팀에서 준비해야 한다. 경기대회를 개최하거나 참여를 위해서는 기본적으로 경기장 바닥을 미끄럽지 않게 구성해야 하고, 급격한 신체 활동에 수분 보충은 물론 체온 유지 도구, 안전 용품 등을 준비해야 한다. 플라이볼의 규칙은 대부분 국가에서 북미 플라이볼 협회(NAFA)의 규칙을 기반으로 하거나 개정하여 사용하고 있다. 본 교재에서는 2022년 10월 1일 버전의 NAFA 규정집과 영국의 BFA 및 UKFL 규정집(2022) 등을 참고하여 규칙을 소개하였다. 단체별로 리틀리그, 싱글리그, 페어리그 등 이벤트성 경기도 있으나 가장 표준형인 4마리의 개와 4명의 핸들러가 경주하는 종목을 소개한다. 각 단체마다 장비나 체급 등의 부분에서 상이한 내용은 있으나, 원리와 방식은 같으므로 플라이볼을 즐기고 훈련함에 있어서는 어떠한 규정을 참고하여도 무리가 없음을 고지한다.

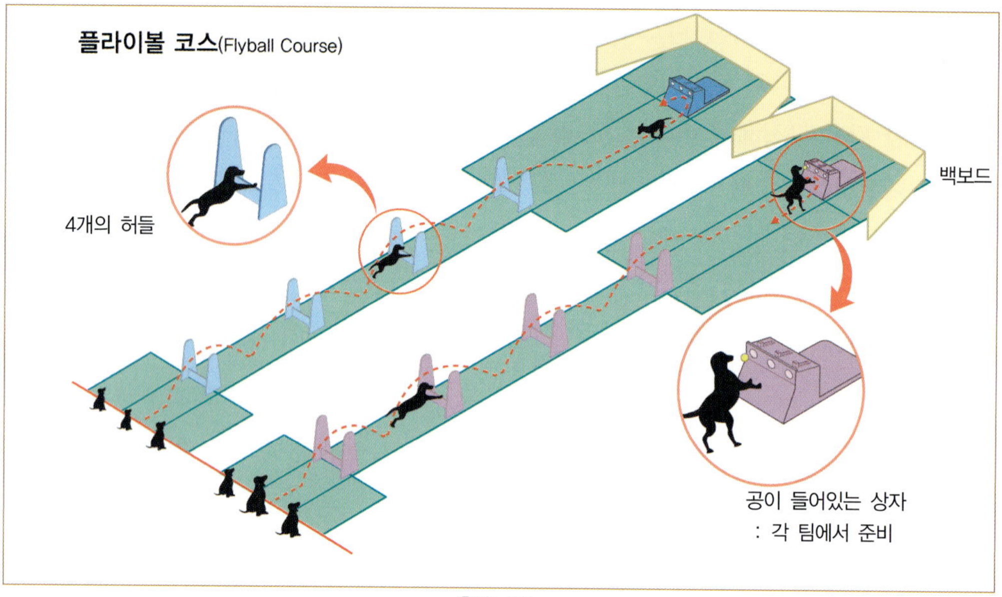

출처: AFA

(1) 허들(Jumps)

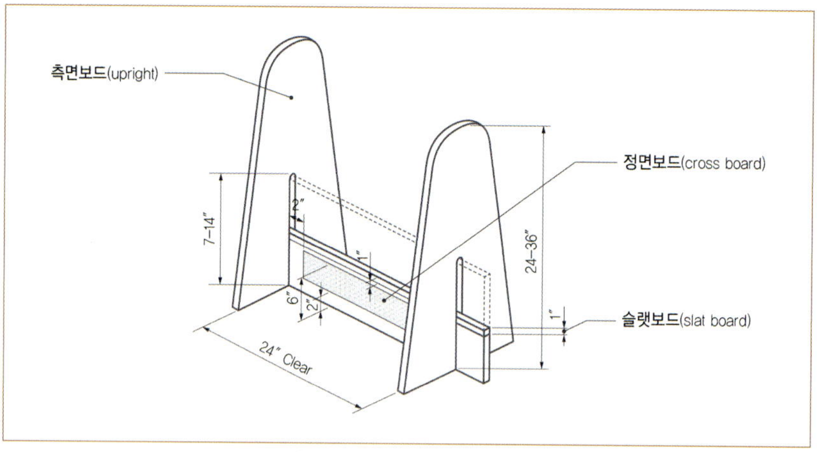

출처: NAFA rule book(2022)

플라이볼을 위한 허들은 개최단체에서 제공한다. 기본적으로 허들은 흰색이어야 하며 측면 보드(uprights)만 예외적으로 모든 색상이 가능하다. 측면 보드는 클럽을 상징하는 색상 혹은 색상을 두 가지로 구분하여 관중들이 멀리서도 차선을 쉽게 구분할 수 있도록 표시한다. 정면 보드(cross boards)는 규정에 따라 흰색으로 구성되어야 하지만 가운데 부분에 광고 또는 클럽 로고를 넣는 것을 허용하고 있다. 허들의 너비는 24인치(60.96cm)

혹은 30인치(76.2cm)로 구성되며, 높이는 6인치(15.24cm) 또는 5인치(12.7cm)의 정면 보드 위에 1인치(2.54cm) 혹은 2인치(5.08cm) 슬랫(slat) 보드를 쌓아 올리는 식으로 구성하고 가장 위에는 1인치 보드가 있어야 한다. 슬랫 보드는 PVC로 제작하여 개가 부딪혔을 때 쉽게 구부러져 부상을 최소화해야 한다.

출처: flyballbox

허들의 높이는 해당 팀의 참가견 중 가장 작은 개를 기준으로 팀의 허들 높이가 결정된다(4개의 허들은 모두 동일한 크기로 구성된다). 허들의 높이 결정 기준은 NAFA의 경우, 팀에서 가장 작은 개의 어깨(withers) 상단 높이보다 6인치 아래로 설정되며 최소 높이는 7인치(17.78cm), 최대 높이는 14인치(35.56cm)로 제한된다. BFA 및 UKFL의 경우, 척골 길이에 따른 허들 높이가 규정되어 있으며 최소 6인치에서 최대 12인치로 제한된다. 허들 높이 기준표와 체급 측정 방법은 다음과 같다.

■ 허들 높이 기준표

- NAFA: 가장 작은 개의 어깨높이–6인치(최소 7인치 ~ 최대 14인치)

- AFA, BFA, UKFL

허들 높이 측정 차트

AFA		BFA, UKFL	
척골 길이	허들 높이	척골 길이	허들 높이
Up to 5 inches	7 inches	Up to 4 inches	6 inches
Over 5 up to 5.5 inches	8 inches	over 4 up to 4.5 inches	7 inches
Over 5.5 up to 6 inches	9 inches	over 4.5 up to 5 inches	8 inches
Over 6 up to 6.5 inches	10 inches	over 5 up to 5.5 inches	9 inches
Over 6.5 up to 7 inches	11 inches	over 5.5 up to 6 inches	10 inches
Over 7 up to 7.5 inches	12 inches	over 6 up to 6.5 inches	11 inches
Over 7.5 up to 8 inches	13 inches	over 6.5 inches	12 inches
Over 8 inches	14 inches		

■ **NAFA의 어깨높이 측정 시스템**

체급의 측정은 개최단체에서 지정한 계측심판이 진행한다. 측정은 공개적으로 진행하며 1마리의 개당 1명의 핸들러가 함께 참여할 수 있다. 최대 3회 측정할 수 있으며 5분 이내로 측정이 가능한 자세를 취할 수 있어야 하고, 측정 중 공격성은 용인되지 않는다. 측정 자세는 아래 3가지 조건을 모두 부합해야 한다. 생후 24개월 이상의 개는 영구 측정값을 받을 수 있다. 영구 측정은 두 명의 다른 심판이 체급을 측정한다.

(ㄱ) 앞다리는 수직이어서 어깨에서 팔꿈치 지점까지 이어지고 다리 뒤쪽을 따라 바닥까지 이어지는 지면에 수직인 선을 그릴 수 있어야 한다.
(ㄴ) 개의 턱선이 바닥과 평행하게 있어야 한다.
(ㄷ) 뒷다리의 뒷 발목이 지면과 수직이 되도록 배치하고 다리는 개의 너비보다 더 넓게 벌어지지 않아야 한다.

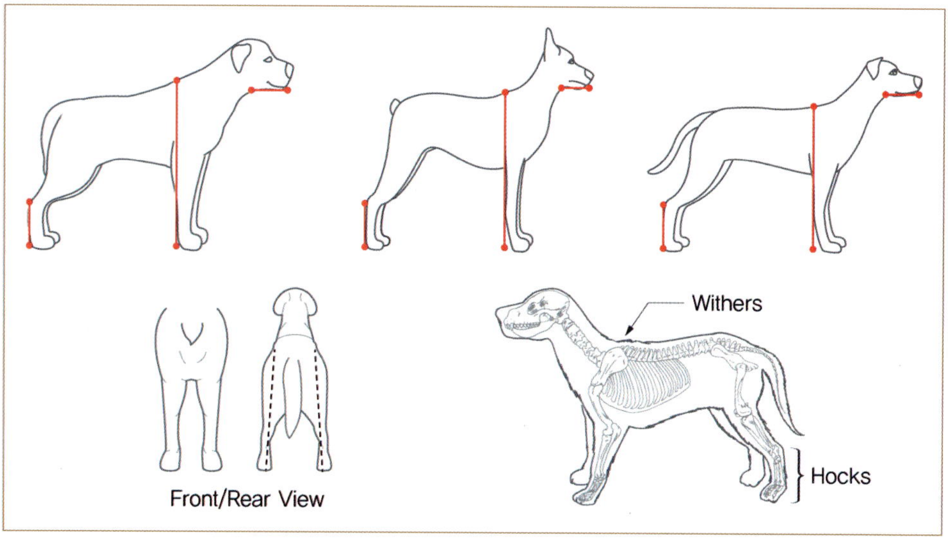

출처: NAFA rule book(2022)

■ **AFA, FCI, UKFL의 척골(Ulna)길이 측정 시스템**

척골 길이를 측정하기 위하여 팔꿈치 지점에서 손목 위 돌출된 뼈(pisiform)까지의 길이를 측정하며, 측정 시 발은 90도 각도로 구부린다.

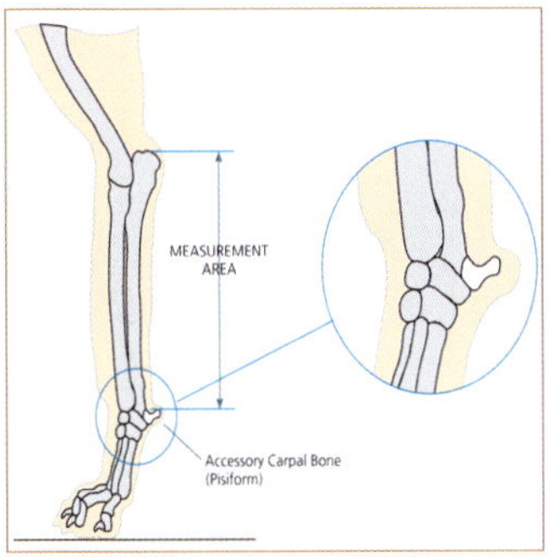

척골

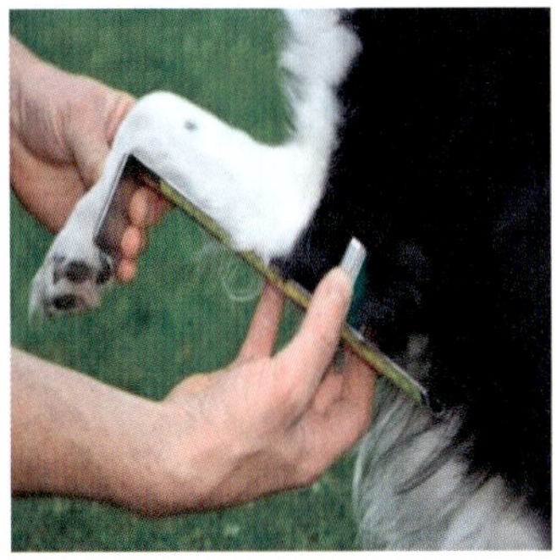

측정 사진

측정 기구

출처: UFLI rule book(2021), AFA rule book(2023)

(2) 플라이볼 상자(Flyball Boxes)

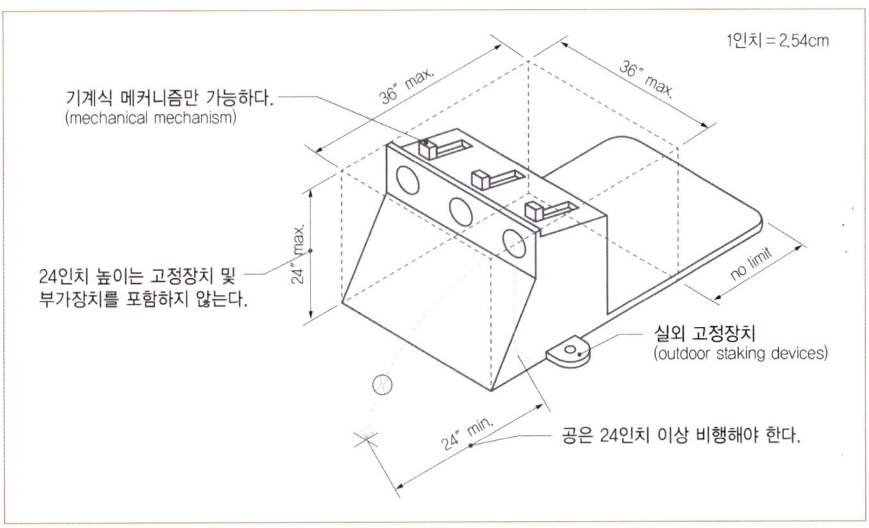

출처: NAFA rule book(2022)

플라이볼 상자는 각 팀에서 경기 규격에 맞는 팀 전용 상자를 준비해야 한다. 상자는 어떠한 색상, 장식, 로고, 문자 모두 허용된다. 단, 날카로운 모서리는 피해야 한다. 플라이볼을 개최하는 모든 단체에서 동일한 규정은 기계식(전기식이 아닌) 압력 페달 장치로 구성되어야 하며, 개가 페달을 밟으면 고정

출처: flyballbox

되어 있던 공이 24인치(60.96cm) 이상 비행해야 한다는 것이다.

공을 끼우는 구멍의 개수는 제한이 없고, 일반적으로 2~4개의 구멍을 구성한다. 공의 위치는 중앙에서 벗어날수록 개가 더 쉽게 회전하므로 개가 더 선호하는 방향에 맞추어 중앙보다는 왼쪽 혹은 오른쪽에 치우치도록 공을 배치하는 것이 속도 경쟁에 유리하다.

(3) 공(Balls)

공은 각 팀에서 준비해야 하며 일반적으로는 테니스공을 사용하지만 크기, 색상, 디자인은 정해져 있지 않다. 다만 구멍이 뚫려있거나 삑삑 등의 소리가 발생하지 않아야 하고 딱딱한 표면에 떨어뜨렸을 때 튀고 굴러야 한다. 일부 핸들러는 스쿼시 공이나 작은 테니스공을 사용하기도 한다. 핸들러는 자신의 개에게 맞는 크기에 공을 선택하는 것이 중요하다.

출처: alibaba

(4) 백보드(Backboards 혹은 Barriers)

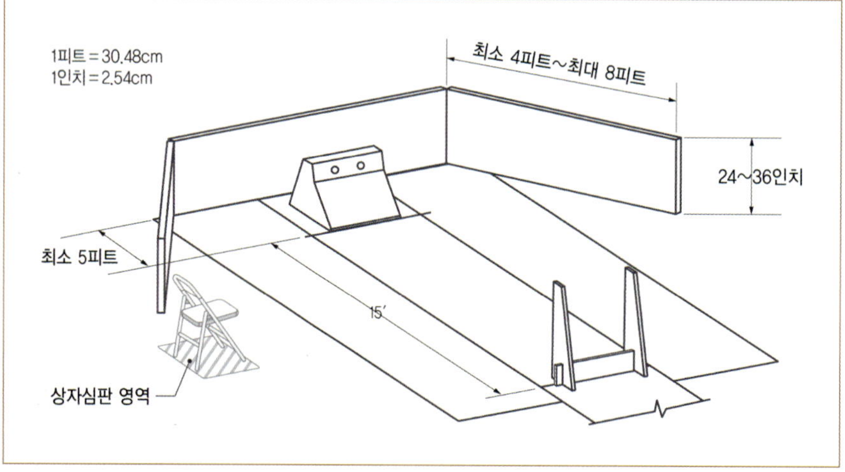

출처: UFLI rule book(version 3.0)

개최단체는 개가 상자에서 놓친 공이 너무 멀리 굴러가는 것을 방지하기 위해서 각 레인의 상자 뒤편으로 백보드를 설치해야 한다. 백보드는 3면으로 구성되며, 높이는 심판의 적절한 관찰을 방해하거나 관중의 시야를 가리지 않도록 24인치에서 36인치 사이로 제한된다. 각 면의 길이는 4피트에서 최대 8피트로 구성되며, 상자 배치 라인 앞쪽으로 최대 3피트, 박스 배치 라인 뒤쪽으로 최소 5피트까지 백보드를 배치할 수 있다. 백보드에는 로고가 있을 수 있으며 모든 색상이 가능하다.

(5) 경기장 구성

2개의 레인을 구성하기 위해 경기장의 최소 규격은 약 30피트×110피트(9.14m× 33.53m)이다. 출발선, 결승선, 플라이볼 상자 라인, 허들의 위치 라인, 링의 중심선은 모두 개와 핸들러의 안전을 염두에 두고 명확하게 정의되어야 한다. 테이프, 끈 등의 도구를 사용하는 경우에는 걸려 넘어지지 않도록 단단히 고정해야 한다.

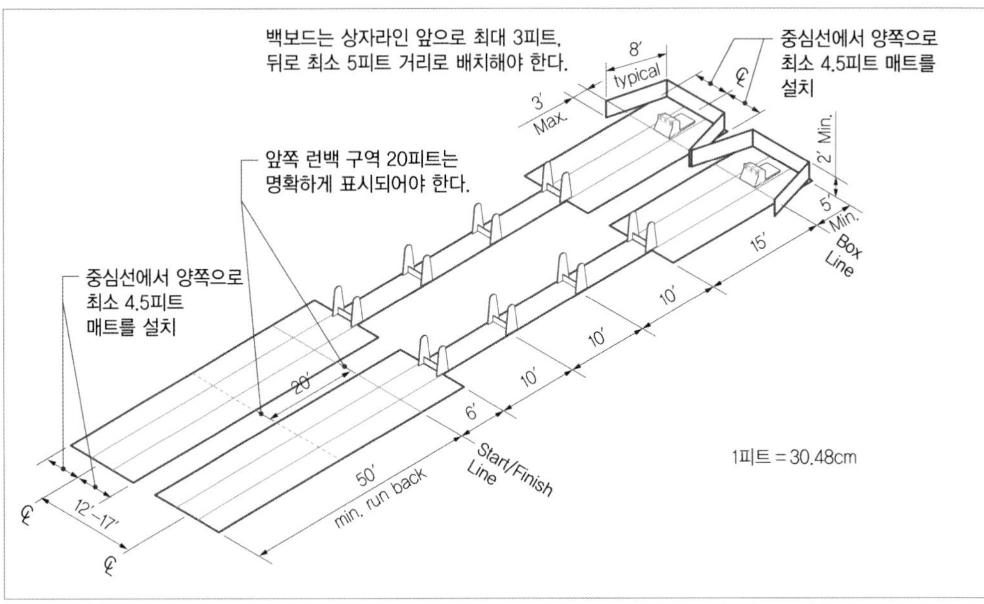

출처: NAFA rule book(2022)

한 레인의 중앙에서 반대 레인의 중앙까지의 사이 거리는 최소 12피트(3.7m)에서 17피트(5.2m) 사이로 구성되며, 출발선 뒤쪽으로는 50피트(15.2m)의 런백(runback) 거리가 있다. 출발선(결승선)으로부터 첫 번째 허들까지는 6피트(1.83m)의 거리가 형성되어야 하고, 각 점프 사이에는 10피트(3.05m)의 거리, 마지막 허들로부터 플라이볼 상자 라인까지는 15피트(4.57m)의 거리로 구성한다. 즉, 출발선부터 플라이볼 상자 라인까지의 거리는 51피트(15.55m)가 되어야 한다. 출발/결승선부터 백보드까지의 레인 사이에는 전자 판정 시스템을 사용하는 데 필요한 장비를 제외하고 장비 또는 기타 품목이 없어야 한다.

실내에서 개최되는 경우 레이싱 레인에 매트(Carpet)를 깔아야 하는데, 이 경우 각 첫 번째 점프로 이어지는 레이싱 레인과 마지막 점프에서 백보드까지의 영역의 중앙선 양쪽에서 최소 4.5피트(1.4m) 길이로 매트 처리되어야 한다. 잔디, 흙, 풀 또는 이와 유사한 표면이 있는 경우 매트가 필요하지 않다. 경기가 만약 자연 표면에서 개최된다면 경기장에 명백한 오염 물질이 없고 합리적으로 평평하며 구멍, 흠집 및 장애물이 없도록 해야 한다.

(6) 전자 판정 시스템(Electronic Judging Systems, EJS)

전자 판정 시스템 출처: AFA, sparky devices

디지털 타이밍 시스템(Digital Timing System, DTS)으로 불리기도 한다. 기계에 부착된 센서가 정확하게 출발신호를 보내고 개의 진·출입을 체크한다. 전자 판정 시스템의 등장으로 개들의 경기 시간을 1,000분의 1초까지 추적할 수 있었고 신빙성 있는 기록이 측정되고 기록될 수 있게 되었다. 센서 패널은 출발/결승선에 직접 배치되고 표시등은 레인 사이에 직접 배치되며 장애물을 만들지 않아야 한다.

출처: NAFA rule book(2022)

만약 전자 판정 시스템이 없다면 주심은 출발선과 런백 구역 사이에 위치하여 주심이 직접 출발신호를 보내고 라인 심판과 함께 진·출입을 체크한다. 만약 경기에 방해가 된다면 위치를 변경해도 된다. 단, 전자 판정 시스템이 없는 경우 토너먼트/브레이크아웃 경기는 진행하지 않는다. 주심은 출발신호를 보낼 때 명확하게 시각적 행동을 표현해야 하며 휘슬을 통해 시작을 알린다. 승자를 결정할 때 심판의 결정은 만장일치로 이루어져야 하며 시계가 아닌 결승선의 시각적 관점을 기반으로 해야 한다. 라인 심판이 동의하지 않는 경우, 주심은 라인 심판과 상의할 수 있으며, 동점을 선언하는 것도 가능하다.

플라이볼 훈련을 위한 노트

브레이크 아웃(break out)이란?

플라이볼은 어질리티와 디스크독과 다르게 기록 경기가 아닌 토너먼트 형식으로 승자와 패자가 나뉘도록 경기가 구성된다. 따라서 스포츠맨십이 무엇보다 중요하다. 팀이 승점이나 유리한 토너먼트 배치를 받기 위해 디비전 경기에서 고의적으로 제출 시간을 조작하는 것은 스포츠 정신에서 위배되는 행위이다. 이와 같은 상황의 방지와 경쟁력 있는 디비전을 유지하기 위해서 각 클래스의 최상위 디비전을 제외한 모든 클래스의 모든 디비전에 1초 브레이크아웃 룰이 적용된다. 브레이크아웃이 적용되는 시간은 각 디비전의 상위 시드 팀보다 1초 더 빠르게 형성된다. 만약 상위 시드 팀의 시간보다 1초 이상 빠르게 달리는 팀은 디비전에서 'break out'으로 선언되어 패배로 기록된다.

02 플라이볼 경기 규정

1) 참가 기준

국제대회에 참가하는 개는 모든 단체에서 1년 이상이어야 하고(NAFA, UKFL: 15개월 이상/ AFA, FCI: 18개월 이상/ BFA: 12개월 이상) 견종 상관없이 참가할 수 있다. 발정기의 암컷 개, 신체적 문제가 있는 개는 경기장에 입장할 수 없다.

2) 팀의 구성

각 릴레이팀은 4마리의 개와 4명의 핸들러로 구성되며 최대 2마리의 예비견과 2명의 예비 핸들러를 구성할 수 있다. 이외 상자 로더를 포함하여 여러 작업을 도와주는 다른 구성원도 함께 경기장에 들어와 있을 수 있다.

3) 착용 가능 물품

보호 밴딩과 목줄을 착용한 개 출처: AKC

레이스에서 개는 일반형 목줄(Flat Collar)과 체인이 없는 제한형 슬립 목줄(Limited Slip, e.g. martingale), 비제한적 하네스(Non-restrictive Harness)를 착용하는 것이 허용된다. 하지만 제한이 없는 슬립형 목줄을 비롯한 초크체인(Choke Chain), 핀치칼라(Pinch/Prong), 헤드 홀터(Head Halters), 전기충격기(Electric shock Collar) 등의 용품과 펄럭일 수 있는 장식은 착용이 금지된다. 다리보호를 위한 보호 밴딩은 착용할 수 있다.

■ 착용 허용 물품 예시

일반적인 플랫 칼라
(Flat Collar)

리미티드 슬립 칼라
(Limited Slip Collar)

비제한적인 하네스
(Non-restrictive Harness)

■ 착용 금지 물품 예시

초크체인
(Choke Chain)

헤드할터
(Head Halters)
출처: AKC

펄럭이는 장신구
(Fluttering Decoration)

4) 워밍업(WARM-UPS)

워밍업이란 본격적인 경기 시작 전, 개와 핸들러가 가볍게 몸을 풀 수 있는 시간으로 심판의 관리 감독하에 준비운동을 할 수 있는 시간이다. 워밍업 시간 동안 심판은 경기장 내에 위치하고 있어야 한다. 워밍업은 참가표에 작성된 6마리의 개만 워밍업을 할 수 있으며, 링 안팎 모두에서의 연습은 금지된다. 개최단체는 경기 전 팀에게 워밍업 시간을 알려야 하고(일반적으로 1분), 워밍업 중 충돌이 일어나는 경우 추가적인 워밍업 시간이 부여된다.

5) 경기 규칙

주심의 신호에 따라 작동된 전자 장치의 표시등이 녹색으로 바뀌면 개는 정지 상태 혹은 달리는 상태에서 출발선을 통과할 수 있다. 첫 번째 개가 결승선에 도달한 경우에만 다음 개가 출발선을 통과할 수 있다. 4마리의 개가 임무를 완벽히 수행했을 때까지의 기록이 측정된다. 만약 표시등이 녹색이 되기 전에 출발선을 통과 시 부정 출발이 선언되며 첫 번째 부정 출발은 재경기를 시행하고 두 번째 부정 출발은 파울로 간주하여 해당 개는 나머지 팀원의 개들이 모두 코스를 마친 후 다시 시행해야 한다. 허들을 통과하지 못하거나 공을 회수하지 못한 경우에도 나머지 개들이 모두 코스를 마친 후 다시 코스를 시행한다. 여러 마리에게 파울이 선언된 경우에는 파울이 발생한 순서대로 다시 시행해야 한다. 만약 재시행할 수 없거나 의사가 없을 시 'NF(No Finish)' 처리를 받는다. 허들은 쓰러져도 파울이 아니지만 경기에 참가한 모든 개들은 마치 허들이 서 있는 것처럼 허들을 통과해야 한다. 만약 보드가 부서지거나 쓰러진 허들로 인해 부상이 예상된다면 심판은 경기를 중단하고 다시 시작할 수 있다.

■ **흔히 혼동하는 사항**

- 플라이볼 상자에 오작동이 있을 때 상자 로더(loader)는 두 팔을 교차하여 머리 위로 올려 심판에게 알린다. 주심은 상자를 검사하고 오작동이 확인되면 팀은 대체 플라이볼 상자로 교체하거나 주심의 판단에 따라 합리적인 시간 내에 수리가 이루어질 수 있는 한 오작동 상자를 수리한 후 경기를 다시 진행한다. 만약 올바르게 작동되는 것이 확인되거나, 수리 및 교체가 불가능할 때, 수리 및 교체한 상자가 다시 오

작동할 때는 패배로 기록된다.

- 상자 로더는 개를 격려하기 위해 구두로 격려할 수 있지만, 손짓이나 몸짓 등의 비언어적인 격려는 위반사항이다. 다만 청각장애견의 경우, 상자 로더의 과하지 않은 비언어적 격려는 허용된다.
- 상자의 페달을 밟지 않고, 발사되지 않은 공을 입으로 빼내면 인정하지 않는다.
- 개가 달리는 도중 핸들러나 핸들러가 가지고 있는 물품이 출발선을 넘는 경우 그 개는 코스를 재시행해야 한다.
- 경기 중 개나 팀원이 상대 팀을 방해하면 패자 처리된다. 단, 떨어진 공을 쫓는 개가 다른 팀 구역으로 들어가는 것은 반드시 방해로 처리하지는 않는다.
- 경기장에 입장한 시간부터 팀이 링에서 나갈 때까지 경기장 내에서 개가 소변을 보거나 배변하는 경우 해당 팀은 패자 처리된다.
- 경기 중 개에게 음식 사용은 허용되나, 바닥에 떨어뜨려서는 안 된다. 경고 후 추가 위반은 패자 처리된다.
- 런백 구역에서 공이나 장난감 등의 물건을 던지는 것은 안 된다. 경고 후 추가 위반은 패자 처리된다.
- 유모차, 카시트를 사용해야 하는 아이나, 사람 품에 안겨야 하는 아이(너무 어린아이)는 경기장 내에 입장할 수 없다.
- 경기 중 개가 과도한 공격성을 보이면 심판은 해당 개를 경기에서 제외시킬 수 있다.
- 개가 다리를 절뚝이거나, 발정기, 수술에서 회복 중인 경우 등 안전한 경쟁이 불가할 경우 해당 개를 경기에서 제외시킬 수 있다.

플라이볼 훈련을 위한 노트

상자 로더(Box Loader)

상자 로더란 출발선의 반대편에 있는 상자에 공을 장전하는 인원을 말한다. 로더의 손은 공을 장전할 때 외에는 옆구리나 등 뒤에 가만히 있어야 하며, 주심이 경기의 승자를 선언할 때까지 상자에 위치를 유지해야 한다(경기 전/후 공을 공급받거나 떨어진 공을 줍는 등의 경우는 제외). 로더는 각 개에게 구두로 격려할 수 있고 만약 개가 청각장애를 앓고 있는 경우 상대 팀을 산만하게 하지 않는 한 수신호를 사용할 수 있다. 상자 로더가 규칙을 따르지 않았을 때 심판에 의해 팀이 패배 처리될 수 있다.

6) 심판(judge)

심판은 복장을 선택할 때, 심판이란 팀 성과를 평가하기 위해 링에 있는 것으로 관심의 중심이 아니라는 점을 이해해야 한다. 심판은 항상 무결성과 전문성의 이미지를 유지해야 하며 이러한 이미지의 필수적인 부분은 적절한 복장이다. 심판은 허가 없이 저명한 기업, 후원자 또는 기타 조직의 휘장이 있는 의복을 착용할 수 없다. 심판의 옷은 검정, 흰색 또는 이러한 색상의 조합을 권장한다.

심판진은 ❶ 라인 심판 2명, ❷ 상자 심판 2명, ❸ 헤드 심판 1명 등 최소 5명의 심판으로 구성되며 경기 내용을 기록하기 위한 기록원도 함께 위치한다. 심판을 포함한 경기장 내 관계자들은 경기가 진행되는 동안 최대한 가만히 있어야 한다. 라인 심판은 각 팀의 출발선에 1명씩 서로 마주 보게 배치된다. 라인 심판은 출발/결승선을 명확하게 볼 수 있도록 배치해야 한다. 라인 심판은 개의 체급이 맞는 허들이 설정되어있는지 확인해야 하고 출발/결승선에서 발생하는 파울을 확인해야 한다. 상자 심판은 각 레인의 상자 끝에 각 1명씩 위치하여 플라이볼 상자와 상자 로더를 명확하게 볼 수 있는 위치에 배치해야 한다. 단, 개를 방해하거나 산만하게 하는 위치에 있어서는 안 된다. 상자 심판은 허들을 넘지 않는 개, 공을 떨어뜨린 개, 상자의 페달을 밟지 않는 개, 상자 로더의 비언어적 격려 등을 포함한 위반사항을 확인해야 한다. 헤드 심판은 경기를 운영하는 심판으로써 공정한 판정을 내려야 한다. 두 레인이 잘 보이도록 레인 사이의 런백(runback)에 위치한다. 승자를 결정하기 전에 라인 심판 및 상자 심판과 상의할 수 있으며, 간섭이나 공격 등의 중단 상황에는 호루라기를 사용하여 명확히 경기의 중단을 표현해야 한다.

03 플라이볼 훈련 방법

플라이볼의 핵심은 여러 마리의 개와 많은 사람이 북적이는 시끄러운 경기장에서 핸들러 반대편 위치에 놓여있는 상자의 공을 회수하여 돌아오는 것이다. 따라서 성공적인 플라이볼 경기 진행을 위해서는 다른 개와 사람에 대한 사회성은 물론 공에 대한 높은 동기, 핸들러를 향한 집중력이 형성되어 있어야 가능하다. 플라이볼을 가르치는 순서는 다음과 같다.

① 공 회수 훈련 ② 허들 극복 및 허들 개수 추가 훈련
③ 플라이볼 상자 페달 밟기(Trigger) 훈련 ④ 상자와 허들의 결합 훈련
⑤ 타견과 교차(Cross over) 훈련 ⑥ 병렬 레인 추가 훈련

1) 공 회수 훈련

플라이볼을 즐기는 데 있어서 불가능한 개는 없다. 다른 도그스포츠들처럼 크기나 품종(혼혈견 포함)에 관계없이 모든 개가 즐길 수 있다. 일반적으로 장난감을 좋아하는 대다수의 개는 플라이볼 게임을 재미있게 즐긴다. 특히 보더콜리, 하운드, 셔틀랜드 쉽독과 같은 견종은 선천적으로 민첩하고 탄력이 좋아 높이 뛰고 빨리 달릴 수 있으며 정확한 타이밍에 허들을 뛰고 상자의 페달을 밟을 수 있는 계산능력이 뛰어난 개들이다. 그렇다고 플라이볼 경기에 특정 견종만 고집하지는 않는다. 만약 공을 그다지 좋아하지 않고, 신체적 조건이 미흡한 개라도 핸들러와의 협동을 통해 공을 좋아하게 되고, 운동을 통해 신체적인 능력이 발달한다면 그것이 진정한 도그스포츠의 의의가 될 것이다. 공에 흥미가 없는 개를 훈련시키는 방법은 디스크독 페이지에서 '물욕이 없는 개를 훈련시키는 TIP'을 참고하여 터그 놀이부터 흥미를 유발시킨다. 추가로 플라이볼은 다양한 종류의 공이 허용되므로 다양한 크기, 색상, 질감 등의 공으로 흥미를 테스트해볼 수 있다. 연습 과정에서는 소리가 나는 공을 사용해도 괜찮다.

간식을 넣을 수 있는 공 출처: RDPET

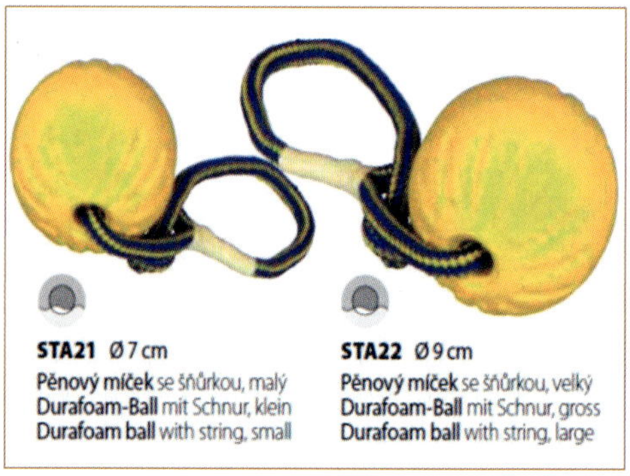

줄이 달린 공 출처: STARMARK

개가 공에 흥미를 보인다면 핸들러로부터 떨어진 위치에 공을 두고 명령에 의해 가져

오는 연습을 시행하면서 개가 선호하는 회전 방향을 확인해야 한다(좌측 혹은 우측). 추후 플라이볼 상자에 공을 장착하려면 개가 선호하는 회전 방향에 맞추어 공의 위치를 선정해야 하기 때문이다. 개가 선호하는 방향을 확인하는 것은 과정에 따라 핸들러의 핸들링에 따라 조금씩 변화가 생길 수 있으니, 핸들러는 회전 방향을 확인하는 것을 염두에 두고 다음 훈련과정을 지속한다.

회수 과정에서의 중요한 사항은 개에게 전력 질주(Sprint)를 해야 한다는 것을 이해시켜야 한다는 것이다. 일반적으로 공을 회수하도록 훈련시키는 것은 모두가 알고 있는 사항이지만, 회수할 때 공을 더욱 빠르게 핸들러에게 가져오도록 가르치는 것은 간과하기 쉽다. 한 마리의 개가 코스를 왕복하는 시간은 5초 이내이고, 상대 팀과의 승부가 1,000분의 1초 차이로 갈릴 수 있기 때문에 플라이볼은 특히나 개가 가진 최고의 능력을 순간적으로 이끌어내야 한다. 디스크독과 다르게 플라이볼은 다른 장난감을 가지고 경기에 임할 수 있다. 따라서 회수 훈련 시 핸들러는 개가 공을 무는 순간에 다른 흥미로운 장난감을 개에게 보여주며 전속력으로 핸들러를 향해 뛰어오도록 훈련하는 것이 좋다. 회수 훈련 과정 중 보호자와 떨어지는 것을 불안해하는 개나 핸들러가 가지고 있는 다른 장난감에 더욱 강한 욕구를 보이는 개도 있는데 이런 개들은 회수하던 공을 중간에 떨어뜨리기도 한다. 플라이볼은 반드시 개가 공을 입에 문 채로 결승선을 통과해야 하며 중간에 공을 떨어뜨리면 개가 공을 완벽히 회수할 때까지 반복해야 한다는 것을 잊어서는 안 된다. 그렇기에 핸들러는 매 순간 개의 변화를 관찰하고 기록하여 정확하게 회수할 수 있도록 신중해야 한다.

2) 허들 점프 및 허들 개수 추가 훈련

개의 회수 능력이 능숙해지면 허들을 넘어 공을 회수하는 방법을 가르친다. 이때 허들은 공과 개의 일직선 사이에 설치되어야, 개가 이동하는 진로 내에서 자연스럽게 허들을 넘을 수 있다. 공의 회수 시에는 많은 수의 개들이 허들을 회피하려는 행동을 보이기 쉽다. 따라서 핸들러는 개가 공을 무는 즉시 허들 방향에서 루어링을 실시

출처: KSN

하여 허들을 넘어오도록 유도하고 격려해야 한다. 만약 개가 허들을 회피하려는 경향이 지속적이고 자주 나타난다면 허들 양옆으로 가이드를 설치해 허들을 넘어올 수밖에 없는 환경을 조성하고, 허들을 점프했을 때 보상이 주어진다는 것을 이해시켜야 한다.

허들은 처음부터 규정 높이와 규정된 개수를 연습하기보다 낮은 높이부터 규정 높이까지, 하나의 허들부터 여러 개의 허들까지 점진적으로 훈련하여 개가 자신감을 갖도록 훈련한다. 개가 자신감을 회복하면 거리를 늘려가며 4개의 허들을 자신 있게 넘을 때까지 반복하여 수행한다. 이 단계에서 개의 속도가 다소 느려질 수 있으나 이는 당연한 일이다. 핸들러는 속도보다 개가 허들을 넘어야만 한다는 것을 이해했는지에 더 중점을 두어야 한다.

허들 가이드 출처: DOGTHUSIAST

3) 플라이볼 상자의 페달 밟기(Trigger) 훈련

플라이볼에서 승패가 결정 나는 핵심 요소는 개가 플라이볼 상자를 얼마나 정확하고 빠르면서도 유연하게 사용할 수 있는지에 달려있다. 이전 단계까지 우리는 개가 바닥에 떨어져 있는 공을 핸들러에게 빠르게 회수해오기 위해서 왼쪽으로 돌아서 뛰어오는지 오른쪽으로 돌아서 뛰어오는지를 관찰했다. 플라이볼 상자의 페달을 누르는 훈련을 하기 전에 반드시 알아야 할 것은 앞서 확인하였던 개가 선호하는 회전 방향과 개가 닿는 위치의 파악이다. 만약 개가 왼쪽으로 도는 것을 선호한다면 플라이볼 상자의 왼쪽 구멍에 공을 넣어야 하고 개가 오른쪽으로 도는 것을 선호한다면 플라이볼 상자의 오른쪽 구멍에 공을 넣어야 한다. 플라이볼 상자를 제작할 때 가운데 구멍을 만드는 경우는 극히 드물지만, 가운데 구멍이 있는 플라이볼 상자를 사용한다고 해도 가운데에 공을 위치시키는 것은 결코 바람직하지 않다. 개가 전속력으로 허들을 넘어서 플라이볼 상자를 밟아야 하는 플라이볼 경기

출처: JTD Flyball

특성상 개의 어깨와 발목 등의 관절 부위에 가해지는 충격은 다소 부상을 초래할 수 있는데, 이 속도를 정면으로 마주하는 것은 매우 위험한 일이기 때문이다. 개가 공을 물기 위해 플라이볼 상자를 정면으로 밟고 도는 행위를 'Slammer's Turn'이라고 부르는데 이 회전은 관절에 스트레스를 가함과 동시에 플라이볼 상자에서 시간을 낭비하게 되어 좋은 결과를 얻기도 어렵다. 따라서 개가 측면으로 부드럽게 회전하며 페달을 밟고 돌아나가는 동작인 'Swimmer's Turn'[2]으로 회전할 수 있도록 공의 위치를 조절하는 것이 필요하다. Swimmer's Turn의 부드러운 회전 동작은 개의 신체에 발생 되는 부담을 최소화하고 빠르게 돌아나갈 수 있어 가장 효율적인 회전 방법이기 때문이다. 경기장에서 핸들러는 상자 로더에게 자신의 개가 어느 방향의 회전을 하는지 명확히 전달하고 상자 로더는 개의 선호 방향에 맞추어 공을 위치시킬 수 있어야 한다.

Slammer's Turn 출처: NALA

Swimmer's Turn 좌/우 출처: AKC

어떤 개도 처음부터 플라이볼 상자의 공이 페달을 밟아야 튀어나온다는 사실을 알지 못한다. 따라서 개에게 페달을 밟으면 공이 나온다는 원리를 이해시키는 과정이 필요하다. 페달을 밟는 행동을 가르치는 방법은 ❶ 벽면(wallboard)을 밟고 뛰는 것을 가르치고 플라이볼 상자에 대입시키는 방법과 ❷ 바로 플라이볼 상자를 가지고 연습하는 방법이 있다. 대부분의 핸들러들은 벽면에서 상자로 두 번의 과정을 거쳐 페달을 밟게 하는 방법보다 바로 플라이볼 상자에 대입하는 방법을 선호한다.

후자의 방법으로 훈련하고자 할 때 핸들러는 우선 개에게 플라이볼 상자를 소개해주어야 한다. 이때 페달을 밟으면 발생하는 큰 스프링 소리가 개를 놀라게 할 수 있으니

---

2) Swimmer's Turn: 수영 선수들이 측면으로 벽을 밟고 돌아나가는 회전 동작

주의해야 한다. 개가 먼저 플라이볼 상자를 충분히 탐색했다면, 핸들러는 공을 플라이볼 상자의 구멍에 장착한다. 적극적인 개의 경우에는 연습 과정도 없이 자연스럽게 플라이볼 상자의 원리를 이해하여 페달을 누르고 회전을 하기도 한다.

하지만 그런 개가 아니라면 허들이나 기타 장애물의 도움을 받을 수 있다. 개가 플라이볼 상자의 공을 물기 위해서 허들을 뛰어넘어야만 하는 거리에 허들을 놓은 뒤 개에게 공을 가져오라고 명령하면 개는 자연스럽게 허들을 넘어 상자의 페달에 착지하게 될 것이다. 그리고 경사면에 착지한 개는 공이 날아감과 동시에 다시 평평한 바닥으로 내려오기 위해 몸을 비틀어 회전하며 허들을 넘어 공을 향해 달릴 것이다. 이 과정을 몇 회 반복되면 개는 더 이상 공을 놓치지 않고 공중에서 공을 낚아채기 시작하며 페달의 원리를 이해하게 될 것이다.

출처: AKC

플라이볼 훈련을 위한 노트

플라이볼 상자가 움직이는 것을 방지하는 방법

점차 개의 속도가 빨라지고 상자에 가해지는 힘이 세짐에 따라 상자가 뒤로 밀리는 현상이 발생할 수 있다. 이때 고정장치를 끼울 수 있는 플라이볼 상자의 경우는 말뚝을 박아 고정을 할 수 있고, 고정장치 구멍이 없는 플라이볼 상자의 경우에는 모래주머니를 놓거나 테이프(벨크로나 접착)를 붙여서 고정시키는 방법을 사용할 수 있다. 여러 가지 방법 중 가장 권장하는 방법은 상자 로더의 도움을 받는 것이다. 상자 로더 없이 연습한 개는 막상 대회에서 처음 마주하게 되면 매우 당황해하거나 어색함을 느낄 수 있다. 상자 로더의 정확하지 않은 장전 타이밍이나 사소한 몸짓과 소리 등의 작은 변화가 개에게는 큰 변화를 만들어낼 수 있기 때문에 개와 핸들러, 상자로더의 호흡 역시 매우 중요하다.

4) 상자와 허들의 결합 훈련

개가 플라이볼 상자의 원리를 이해한 후에는 이전에 훈련했던 허들훈련과 결합하여 학습한다. 허들훈련, 공 회수 훈련, 회전 훈련을 성실히 수행했다면 큰 어려움 없이 진행

될 것이다. 이 시점부터는 개가 정확하게 4개의 허들을 넘어 플라이볼 상자의 공을 무는 것과 동시에 빠르게 되돌아오도록 격려하여 속도를 높이는 것에 목표를 두어야 한다. 속도가 올라가면 정확도가 떨어지기 쉽고, 정확도에 신경을 쓰면 속도가 떨어지기 쉽다. 따라서 정확도와 속도 두 가지의 능력을 모두 높은 수준으로 만들기 위해서는 핸들러와 개의 수많은 반복된 훈련이 필요할 것이다. 만약 진행 과정에서 어려움을 느낀다면 앞에서 사용한 가이드를 설치하고 진행하는 것도 방법이다. 계속된 실수 행동은 자칫 습관 행동이 될 수 있기 때문이다.

5) 타견과 교차(Cross over) 훈련

출처: CHESHIRE SET FLYBALL TEAM

개가 플라이볼 코스를 실수 없이 빠르게 완주할 수 있게 되었다면 이제부터 훈련을 도와줄 팀원과 팀원의 개가 필요하다. 플라이볼은 릴레이 형태의 경기로 출발/결승선에서 반드시 다른 개와 교차하게 된다. 출발 시에는 팀원의 개가 공을 물고 자신을 향해 달려오는 것을 마주하게 되는데 이때 많은 수의 개들이 순간적으로 당황하여 공에 대한 집중력이 흐트러지곤 한다. 순간적으로 집중력이 흐트러지면 개는 허들을 뛰지 않고 플라이볼 상자로 달려가거나 팀원 개를 쫓아가는 등의 문제가 발생하게 된다. 개가 공을 물고 회수하는 과정에서도 마찬가지로 자신을 향해 달려오는 팀원의 개를 마주하면 자신이 물고 있는 공을 뺏기지 않으려고 팀원의 개로부터 회피하는 행동을 보이게 되고 이 과정에서 결승선 통과하지 않고 결승선 바깥으로 나가거나 핸들러에게 돌아오는 문제가 발생할 수 있다. 따라서 Cross over 훈련은 플라이볼 경기에 참여하기 위해 필수적으로 훈련해야 하는 과정이다. 핵심은 다른 개와 교차하여 반대 방향으로 달리면서도 여전히 핸들러와 임무에 집중을 유지할 수 있는 능력을 강화하는 것이다.

교차 훈련을 위해서 우선 팀원과 팀원의 개가 공놀이를 하거나 플라이볼 코스를 뛰는 상황을 조성한다. 이러한 상황에서도 개가 핸들러에게 집중하는 방법을 익히도록 줄

(Leash)을 매거나 울타리를 사이에 두고 담당 핸들러와 터그놀이 혹은 공놀이를 진행한다. 점차 줄이나 울타리 제거하고 산만한 상황 속에서 핸들러와 놀이를 진행한다. 개가 산만한 상황에서도 핸들러와의 집중을 통해 즐거움을 얻을 수 있다는 것을 이해했다면, 점차 짧은 거리부터 시작하여 먼 거리의 플라이볼 상자에 있는 공을 회수하도록 지시한다. 만약 훈련 도중 개가 산만함에 집중이 흐트러져 팀원이나 팀원의 개에게 관심을 가지려는 모습이 미세하게 느껴진다면 그 순간 핸들러는 재빠르게 더 큰 목소리와 행동으로 개의 집중을 가져올 수 있어야 한다. 이미 다른 방향으로 집중을 옮긴 개를 다시 집중시키는 일은 쉬운 일이 아니다. 같은 방법으로 4마리 혹은 그 이상의 개와 팀원들이 함께 순서를 지키면서 핸들러와 호흡을 맞출 수 있도록 반복하여 훈련한다. 경기장에서 개와 핸들러는 오직 둘만의 세상에 있는 듯한 느낌을 받아야 한다.

6) 병렬 레인 추가 훈련

출처: newyorktimes

플라이볼 경기장에는 팀원과 팀원의 개들 외에도 상대 팀원과 상대 팀원의 개들, 심판, 관중, 박수 소리 등 수많은 장난감과 소음이 개의 집중을 흐트러트린다. 특히 바로 옆 레인에서는 처음 보는 낯선 개들이 달리고 흥분하고 있으며, 낯선 사람들이 소리를 지르고 움직이고 있다. 그럼에도 불구하고 앞서 교차 훈련 과정을 충실히 수행한 개라면 이러한 상황에서도 어려움 없이 자신의 페이스를 유지할 수 있다. 대회 경험이 부족한 개는 낯선 환경이나 새로운 장소에서 집중력이 떨어질 수 있으니 평소보다 속도가 느리거나 실수한다고 좌절할 필요는 없다. 여러 경기대회에 참가하고 많은 팀원들과 다양한 클럽들과 함께 훈련을 진행하다 보면 자연스럽게 평소의 실력을 발휘하게 될 것이다.

예상문제

1. **다음 중 플라이볼 경기대회에서 사용하지 않는 장비는 무엇인가?**

① 허들 4개 ② 플라이볼 박스
③ 백보드 ④ 위브 폴 가이드

2. **다음 중 플라이볼 경기 규칙에 대한 설명 중 옳은 것을 고르시오.**

① 경기 도중 허들을 넘어뜨리면 파울이 선언된다.
② 상자 로더는 개를 독려하기 위해 소리치는 것이 가능하다.
③ 경기장 내 상자에 사용하는 공 외에 장난감은 반입이 금지된다.
④ 경기 도중 핸들러는 개를 독려하기 위해 경기장 내 어느 위치든 위치할 수 있다.

3. **다음 중 플라이볼 훈련 시 개에게 권장되는 회전 방법은 무엇인가?**

① Slammer's Turn ② Swimmer's Turn
③ Dolphin's Turn ④ scissors's Turn

4. **플라이볼 심판에 대한 설명 중 옳은 설명을 고르시오.**

① 심판은 눈에 띄어야 하므로 빨간색이나 노란색의 복장이 권장된다.
② 심판은 라인 심 1명, 상자 심 1명, 헤드 심 1명 등 최소 3명의 심판이 있어야 한다.
③ 심판의 위치는 자유로우며 심판의 움직임에 공격성을 보이는 개는 경기할 수 없다.
④ 헤드심판은 승자를 결정하기 전에 라인 심판 및 상자 심판과 상의할 수 있다.

5. **다음 중 체급측정 규정에 대한 설명이 틀린 것은 무엇인가?**

① 앞다리는 수직이어서 어깨에서 팔꿈치 지점까지 이어지고 다리 뒤쪽을 따라 바닥까지 이어지는 지면에 수직인 선을 그릴 수 있어야 한다.
② 개의 턱선이 바닥과 평행하게 있어야 한다.
③ 뒷다리의 뒷 발목이 지면과 수직이 되도록 배치하고 다리는 개의 너비보다 더 넓게 벌어지지 않아야 한다.
④ 대회에 참가하는 모든 참가견의 체급 측정은 매 대회마다 측정해야 한다.

1. ④ 2. ② 3. ② 4. ④ 5. ④ **정 답**

생각하고 토의하기

- 플라이볼이 다른 도그스포츠에 비해 훈련하기 어려운 점은 무엇인지 토론하시오.

- 개가 선호하는 회전 방향을 알아내는 방법을 설명하시오.

- 개가 빠르게 공을 회수해오도록 독려하기 위한 방법을 설명하시오.

- 플라이볼 훈련에서 부상을 방지하기 위해 핸들러가 할 수 있는 방안을 토론하시오.

- 향후 플라이볼의 전망은 어떠할지 토론하시오.

8강 도그댄스(Dog Dance)

학습목표

- 도그댄스가 반려동물과 핸들러에게 미치는 긍정적인 영향에 대해 이해할 수 있다.
- 도그댄스의 정식 명칭과 도그댄스의 종류에 대해 구체적으로 설명할 수 있다.
- 도그댄스 경기에 참여하기 위해서 진행되는 절차에 대해 이해하고 설명할 수 있다.
- 각 단체별 경기진행방법과 심사기준 및 감점요인은 무엇인지 설명할 수 있다.
- 다양한 도그댄스의 참가종목별 음악, 의상 및 컨셉을 준비할 수 있다.

01 도그댄스의 개요

1) 도그댄스의 이해

도그댄스는 핸들러와 개가 한 팀으로 협력하여 사전에 기획한 안무와 음악에 맞추어 다양한 동작과 퍼포먼스를 선보이는 도그스포츠 중 하나이다. 도그댄스는 힐워크(Heel Walk), 점프, 트릭, 회전 등의 다양한 동작이 안무 루틴에 포함되기 때문에 민첩성, 창의력, 복종 능력이 요구되며 일부 초보자 경기를 제외한 모든 루틴은 목줄 없이 진행된다.

출처: Andy Shimada Dog School

도그댄스에서 중요하게 여기는 것은 바로 조화이다. '조화(調和)'란 '균형을 이루어 서로 잘 어울린다'는 의미로 핸들러와 개의 조화, 음악과 동작의 조화, 컨셉과 의상의 조화 등이다.

(1) 핸들러와 개의 조화

핸들러와 개의 조화는 도그댄스에서 가장 중요한 요소이다. 도그댄스는 한 곡의 음악이 끝날 때까지 다양한 동작을 끊임없이 선보여야 하며, 동작을 구현하는 동안 음악은 계속해서 흐르고 있기에 실수를 하더라도 중간에 정정하지 못한 채 끝까지 진행해야 한다. 도그댄스의 이러한 특성 때문에 도그댄스 출진견들은 높은 수준의 복종훈련이 요구되며 무엇보다 핸들러와의 호흡이 매우 중요하다. 일본의 전설적인 도그댄서이자 WCFO심사위원인 앤디 시마다(Andy Shimada, 1965.6.28.~2019.2.10.)는 도그댄스에서 가장 중요시되어야 하는 것은 '개와 사람의 유대(Bond)'라고 했다. 그는 아무리 난이도가 높은 동작이나 현란한 루틴도 개와 사람의 교감이 느껴지지 않으면 실패라고 하였다. 그래서 도그댄스 훈련의 초반에는 스킬을 강조하는 훈련보다 함께 많은 시간을 보내고 서로 교감하며 호흡하는 과정을 충분히 갖는 것이 성공의 지름길이다.

(2) 음악과 동작의 조화

음악과 동작의 조화는 선곡한 음악과 안무가 조화롭게 어우러지는가이다. 도그댄스를 완성하기 위해서는 음악이 필수적이다. 도그댄스는 음악의 리듬에 맞추어 신체의 움직임으로 표현하는 스포츠인 만큼 음악과 동작의 조화는 매우 중요하다. 음악을 선정할 때 음악의 리듬과 템포가 개의 움직임과 일치하는지, 리듬과 템포가 핸들러의 동작과 일치하는지, 움직임과 동작의 변화를 허용하는 음악의 변형 구간이 있는지, 음악에 청중 대다수에게 어필할 수 있는지, 개가 음악에 편안함을 느끼는지 등을 고려하여야 한다. 음악의 리듬과 동작이 조화롭게 어울리지 않으면 기술이 아무리 뛰어나고 어려운 동작을 구현해내어도 좋은 점수를 받을 수 없다.

(3) 컨셉과 의상의 조화

컨셉과 의상의 조화는 도그댄스를 통해 자신이 표현하고자 하는 생각과 인식이 의상과 무대소품을 통해 얼마나 조화롭게 이루어지는가이다. 컨셉이란 'Con(=together)'과 'Cept(=take)'가 결합된 단어이다. '함께 갖는다'라는 뜻으로 '같은 목표, 같은 생각, 같은 느낌'으로 정의될 수 있으며 한마디로 '맥락(Context)'이라고 할 수 있다. 예를 들어 '거북선', '임진왜란', '충무공' 하면 공통적으로 떠오르는 단어가 '이순신 장군'일 것이다. 이

순신 장군은 이들을 설명할 수 있는 공통적인 속성이기 때문이다. 이렇듯 컨셉은 여러 가지 정보들을 하나로 모을 수 있는 '공통된 속성'이다. 하나의 도그댄스 작품을 만들기 위해서는 먼저 컨셉을 잡고, 그에 맞는 음악과 의상을 선정해야 한다. 적절한 의상과 소품은 심사 평가 종목에 포함되어 있을 정도로 작품의 독창성을 나타내는데 중요한 요인이자 작품의 예술성을 보다 극대화할 수 있는 방법이다.

도그댄스 훈련을 위한 노트

도그댄스의 '3가지' 조화

- **핸들러와 개의 조화:** 도그댄스 경기 출진견은 높은 수준의 복종훈련과 음악의 흐름에 맞추어 동작을 구사하는 표현력이 필요하기에 핸들러와의 호흡이 매우 중요하다.
- **음악과 동작의 조화:** 음악의 리듬과 템포가 핸들러의 개의 동작과 적절하게 어우러지며 일치해야 한다.
- **컨셉과 의상의 조화:** 표현하고자 하는 컨셉과 그에 맞는 의상으로 작품의 예술성을 극대화할 수 있다.

도그댄스의 명칭은 국가와 단체에 따라 약간씩 차이가 난다. 일반적으로 Canine Freestyle, Musical canine freestyle, Musical freestyle, Freestyle Dance 등과 같은 명칭을 사용한다. 도그댄스는 창조적이고 예술적인 방식으로 개의 장점을 잘 드러내는 스포츠 경기이다. 따라서 도그댄스를 통해 개의 운동신경, 주의력, 유연성, 훈련 수준을 관객에게 보여주어야 하며, 개와 함께 표현하는 예술인만큼 팀워크가 필수적이다.

2) 도그댄스의 유래

복종훈련과 어질리티 훈련이 일반 반려인들에게 대중화가 된 1980년대 들어서야 비로소 도그댄스는 미국과 유럽에서 알려지기 시작했다. 초반의 도그댄스는 그저 몇 명의 훈련사들이 힐링(heeling)[3]과 같은 기본적인 복종동작을 음악에 맞추어 선보이는 것이었

3) 힐링(heeling)은 복종훈련에서 '각측보행'의 의미로 개의 머리는 위로, 어깨를 뒤로 하고 핸들러에게 집중한 상태로 핸들러보다 앞서나가지 않으며 보행하는 것이다. 복종훈련에서 힐링은 일반적으로 개가 핸들러의 좌측에서 보행하지만, 도그댄스에서 힐링은 복종훈련의 힐링 동작을 바탕으로 좌측, 우측, 앞면, 뒷면 등 다양한 방향과 각도에서 연출할 수 있다.

다. 영국 출신의 메리 레이(Mary Rae)와 미국 출신의 캐롤린 스콧(Carolyn Scott)이 음악에 맞춰 힐링 동작을 보여준 최초의 훈련사들이다. 당시의 복종훈련은 비교적 엄격하고 딱딱한 이미지였는데 딱딱한 복종 동작에 음악을 더한 후 리듬에 맞추어 복종훈련을 선보이자 사람들은 크게 호응하였다. 그때부터 훈련사들은 어질리티나 디스크독의 동작을 응용하여 더 창의적으로 도그댄스 안무를 만들기 시작하였다. 기존의 동작이 단순히 음악에 맞추어 개가 핸들러의 왼편에서 각측으로 보행하는 힐링 동작 위주였다면, 이때부터는 핸들러를 중심으로 우측 힐링, 돌기, 후진, 다리 사이 등의 다양한 보행 동작과 점프, 리바운드, 볼팅 등의 점프 동작이 추가되어 훨씬 더 화려해졌다.

1991년 캐나다 밴쿠버에서 MCSI(Musical Canine Sports International)가 설립되었다. Terri Arnold(테리 아놀드)가 도그댄스 경기 규칙과 심사 지침을 만들었으며 1993년 Pacific Canine Showcase에서 규칙에 따라 첫 번째 대회를 개최하였다. 1993년 영국의 전설적인 도그댄서 메리 래이(Mary Ray)는 세계 최고 규모의 크러프츠 도그쇼(Crufts Dog Show)에서 도그댄스를 선보여 세상을 깜짝 놀라게 하였으며 그로부터 거의 매년 크러프츠의 도그댄스 경기에서 멋진 작품을 선보이며 우수한 성적을 기록하였다.

(좌) WCFO 설립자 Patie Ventre 출처: Patie Nastro-Ventre (@SassyDancer)
(우) 2014년 크러프츠 경기대회에서 HTM을 선보이는 Mary Ray 출처: alchetron.com/Mary-Ray

1999년 전직 피겨 스케이팅 선수이자 볼룸 댄서였던 패티 벤트레(Patie Ventre)는 도그스포츠의 일환인 도그댄스를 보다 적극적으로 홍보하고, 표준화하기 위해 WCFO(World Canine Freestyle Organization)를 설립하였다. WCFO는 17개국에 회원과 클럽이 있는 도그댄스 기관 중 가장 큰 조직으로 지금까지 끊임없이 활발한 활동을 이어오고 있다.

3) 도그댄스의 분류

도그댄스는 안무의 목적과 표현 방식에 따라 힐워크투뮤직(Heelwork-To-Music)과 뮤지컬 프리스타일(Musical Freestyle) 및 단편극(SKITS)으로 구분할 수 있다.

(1) HEELWORK-TO-MUSIC(HTM): 힐워크투뮤직

힐워크 작품 출처: 사진 Christopher Thomond/ The Guardian

HTM은 Heelwork To Music의 약자로 루틴 전반에 걸쳐 힐링 동작을 기본으로 하여 개와 핸들러가 서로 가까이 있는 상태에서 안무를 진행하는 것이다. 힐링 동작은 복종훈련에서 비롯되었으며 HTM의 힐링은 동서남북의 모든 방향에서 좌, 우, 앞, 뒤로 힐링 동작을 다양하게 연출할 수 있다. 크러프츠 경기 규정은 힐워크 동작이 최소한 2/3를 차지해야 하고, 나머지 1/3은 자유형 동작으로 구성할 수 있다. FCI 국제 챔피언 규정은 최소 75%의 HTM 동작과 최대 25%의 프리스타일을 포함해야 하며 개는 전체 루틴 동안 핸들러로부터 2미터 이상 떨어져서는 안 된다. HTM 루틴에는 원격 훈련을 포함할 수 없고, 개나 핸들러가 수평이든 수직이든 의도적으로 점프하려는 시도가 포함되어서는 안 된다.

(2) MUSICAL FREESTYLE(MF): 뮤지컬 프리스타일

MF란 Musical Freestyle의 약자로 단어 그대로 모든 동작이 자유롭게 허용된다는 뜻이다. 즉 핸들러와 개를 위험에 빠뜨리지 않는 한에서 모든 동작이 가능하다는 의미이다. 그래서 뮤지컬 프리스타일은 점프하기, 멀리 보내기, 회전하기, 구르기, 두 발로 다니기 등 다양한 동작과 트릭이 포함되어있어 HTM보다 높은 수준의 숙련도가 필요하다. FCI 국제 챔피언 규정에서는 최소 75%의 프리스타일 동작과 최대 25%의 HTM 동작을 포함해야 한다. WCFO에서는 프리스타일을 'Freestyle to Music(FTM)'이라고 칭하기도 한다.

프리스타일 작품 출처: barkpost.com/life/dancing-with-your-dog

(3) SKITS

SKITS은 짧은 콩트와 같은 스토리가 있는 단막극의 형식을 띤다. 단막극에서 핸들러와 개는 모두 확실한 캐릭터가 있어야 하고, 루틴 중에 수행되는 모든 동작은 극의 주제나 스토리와 명확한 연관성이 있어야 하며 내용의 흐름을 전달할 수 있어야 한다. 프리스타일 동작은 콘텐츠를 추가하기 위한 것이 아닌 스토리의 일부가 될 경우에만 사용해야 하며 이야기를 전달하는 데 목적이 있어야 한다. 단막극 동작에는 주인과 대화 형식으로 진행하기도 하며 필요에 따라 음악 대신 음향 효과가 대신할 수도 있다. 핸들러는 단막극에 사용하는 소품을 직접 가져오고 회수하여야 하며 이때 허용되는 시간은 각 2분이다.

출처: eurohtm.files.wordpress.com/2014/03/nicci-hindson2.jpg

도그댄스 훈련을 위한 노트

참고하기

- 유럽의 도그댄스는 개의 복종능력인 힐워크에 더 중점을 두고, 의상이나 디자인에는 비교적 덜 집중하는 편이다. 그래서 유럽에서는 도그댄스의 전체 종목을 'Heelwork to Music(HTM)'이라 부른다.
- 반면, 미국의 도그댄스는 트릭 기반의 루틴이나 음악, 이상 등 쇼적인 부분에 더 중점을 둔다. 그래서 미국은 도그댄스의 정체 종목을 'Musical Freestyle(MF)'이라 부른다.

4) 도그댄스의 특성

도그댄스에 출진하는 핸들러는 남녀노소 누구나 가능하다. 해외의 도그댄스 영상자료를 보면 노년의 핸들러들이 자신의 반려견과 멋진 동작을 구현해나가는 모습을 자주 접할 수 있다. 출진견 역시 모든 연령, 모든 견종, 심지어 장애가 있는 개까지 참가할 수 있기 때문에 멋진 스포츠이다. 도그댄스는 엄격한 제한사항이 없이 자신에게 맞는 움직임과 노래를 선택할 수 있으며 어떠한 동작도 가능하다. 또한 다른 도그스포츠와 같이 특별한 장비나 시설이 필요하지 않아 집 마당 또는 공원 등 어디서는 쉽게 훈련할 수 있다.

도그댄스 훈련을 위한 노트

도그댄스의 장점 다섯 가지

1. 다른 도그스포츠 종목에 비해 특별한 시설이나 장비가 필요하지 않다.
2. 다른 도그스포츠 종목에 비해 반드시 넓은 공간이 아니어도 얼마든지 훈련할 수 있다
3. 자신에게 맞는 음악과 동작으로 만들기 때문에 남녀노소 누구나 훈련할 수 있다.
4. 견종, 연령, 성별에 상관없이 어떠한 개도 훈련이 가능하다.
5. 음악과 동작 등 엄격한 제한사항이 없어 무한한 작품이 나올 수 있다.

(1) 도그댄스의 스포츠적 특성

도그댄스는 넓은 의미에서 움직임의 예술이다. 댄스는 신체적 움직임을 통해 미적가치를 창조하는 생활체육의 한 분야로 댄스의 핵심은 움직임이다. 댄스는 주로 대근육을 사용하는 활발한 신체활동으로 반려견과 핸들러가 서로 교감하여 루틴을 완성해나가기 때문에 신체적 · 심리적 · 사회적 가치를 고루 갖추고 있는 훌륭한 스포츠이며, 체력 향상과 스트레스 완화에 큰 효과가 있다.

(2) 도그댄스의 예술적 특성

춤은 가장 원초적인 욕구에서부터 우러나온 신체적 움직임에서부터 시작되었다. 춤은 단순한 근육의 운동만이 아닌 정신활동을 포함한 행동이다. 도그댄스는 리듬에 맞추어 춤을 추는 과정 중 핸들러와 개의 일치된 호흡을 통한 상호 교감 및 신체 일부가 접촉하는 절묘한 조화미를 추구하는 종합예술이다. 춤이라는 움직임을 통해 나타내어지는 정동적(情動的) 예술의 한 분야라고 할 수 있다.

(3) 도그댄스의 운동생리학적 특성

도그댄스의 동작은 복종훈련의 기본인 힐링 동작을 기본으로 주로 전진, 후진, 회전 등으로 구성되며 이러한 기본적인 움직임에서 가장 중요한 요소는 바로 균형이다. 춤은 중심을 잡고 평형을 유지한 상태에서 핸들러와 개가 이동하게 되므로 운동학적 측면에서 균형을 잡아주는 데 매우 적합한 신체활동이다. 또한 비교적 빠른 워킹으로 리듬감을 유지하므로 심폐기능 향상에도 도움이 된다. 음악의 리듬에 맞추어 몸을 움직이는 이러한 활동은 핸들러에게 우수한 유산소운동 효과를 주고, 혈액순환과 탄력 있는 몸매를 유지하게 하며, 개에게는 심폐지구력을 강화하고, 스트레스 해소 및 문제행동 예방에도 도움을 준다.

(4) 도그댄스의 레크리에이션적 특성

도그댄스는 혼자만의 놀이가 아닌 자신의 사랑하는 반려견과 함께하는 즐거운 활동이다. 춤이라는 스포츠 활동을 통하여 협동심, 책임감, 교감 등을 함양하며 음악의 리듬과 일치감을 느끼며 움직임의 기쁨을 만끽할 수 있고, 긴장을 풀어주며 즐거움을 제공한다.

02 도그댄스 입문

1) 도그댄스의 구성과 절차

도그댄스를 하기 위해서는 간단한 기본 절차가 있다. 먼저 컨셉을 정한 뒤 그에 어울리는 음악을 선택하는 것으로 시작한다. 음악은 하나의 특정 곡을 그대로 사용할 수도 있고, 여러 다른 음악을 편집하여 자신만의 특별한 음악으로 만들 수도 있다. 음악이 준비되면 두 번째 단계는 음악에 맞춰 루틴을 구성한다. 도그댄스는 즉흥적으로 하는 것이 아닌 만들어진 루틴대로 하나의 작품으로 완성하는 것이다. 그래서 도그댄스의 루틴은 개의 복종훈련 능력, 핸들러의 훈련 기술, 음악의 박자를 고려하여 구성하여야 한다. 세 번째 단계는 핸들러와 출진견을 위한 의상을 선택하는 것이다. 의상은 선택한 음악과 어울리고, 컨셉과 조화를 이루며 관중이나 심사위원에게 쉽게 각인될 수 있는 것으로 고른다. 네 번째 단계는 자신이 참가할 조직의 경기방식과 규정에 대해 이해하며 데모 영상을 찍어서 제출하는 것이다. 도그댄스의 경기방식과 규정은 조직과 대회에 따라 약간씩 차이가 날 수 있으므로 반드시 미리 확인하는 것이 좋다.

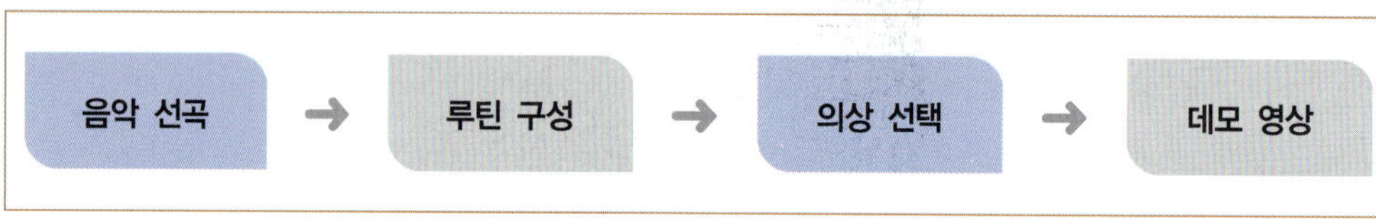

도그댄스 경기 참가 절차

2) 도그댄스 입문 전 주의사항

도그댄스는 개에게 춤추는 법을 가르치는 것이 아니라 개가 표현해내는 자연스러운 움직임에 따라 함께 어울리고 서로 즐기는 것이다.

도그댄스 훈련을 위한 노트

도그댄스의 10가지 훈련 팁

① 재미

도그댄스는 재미있어야 한다. 연습할 때나 훈련할 때 핸들러는 목소리를 항상 활기차게 유지하는 것이 좋다. 특히 원하는 동작이나 목표에 도달했을 때는 충분히 보상과 음성 칭찬으로 재미를 주는 것이 좋다. 훈련 과정 동안 진심으로 칭찬하고, 진심으로 즐겁게 표현하다 보면 개는 핸들러의 긍정적인 목소리와 에너지에 영향받고, 받은 만큼 다시 핸들러에게 반영할 것이다. 재미없는 핸들러와 훈련하는 것은 개에게는 큰 고욕이라는 것을 잊지 말도록 하자.

② 보상

원하는 동작이나 목표에 도달했을 때 줄 맛있는 간식이나 좋아하는 장난감을 많이 준비한다. 한 가지 종류의 양을 많이 준비하는 게 아닌 다양한 종류의 보상을 준비하는 것이 중요하다. 다양한 음식과 장난감은 개를 더 오랫동안 집중력 있게 훈련에 참여하게 한다. 훈련하는 동안의 보상은 평소 자주 접하는 일반적인 간식이나 사료가 아닌 치즈, 소시지, 햄, 간, 고기와 같은 기호성이 높은 간식을 사용하는 것이 좋다. 또한 동작을 알려주는 과정 중에는 보상에 인색하지 말고, 잘할 때마다 좋아하는 보상을 주는 것이 좋다.

③ 훈련 세션

훈련 세션은 가장은 짧게 하고, 한 세션은 여러 동작을 해보는 것이 아닌 한 동작으로 구성하는 것이 좋다. 세션이 길어지면 개의 집중력이 떨어지며, 개가 오히려 다른 곳에 집중하거나 다른 행동을 하기 쉽다. 또한 한 세션에 여러 동작을 가르치면 개는 혼란스러울 수 있어 습득력이 떨어지며 학습한 동작의 정확성이 떨어지게 된다. 그러므로 초반에는 짧은 세션으로 한 동작을 가르치고 놀아주는 방법으로 훈련을 반복하는 것이 효과적이다. 점차 시간이 지나면서 각기 가르쳤던 동작을 연결하며, 점차 지구력을 키워주는 것이 좋다.

④ 놀이

훈련 세션 사이에 놀이를 추가하면 개가 훨씬 더 집중하며, 훈련하고자 하는 동기를 유지하는 데 효과적이다. 어떠한 동작을 반복하여 훈련하면 먹이 보상이 주어져도 같은 반복된 동작에 집중력이 떨어질 수 있다. 개가 지루함을 느끼기 전 최상의 집중력을 보일 때 장난감이나 터그를 사용하여 짧은 놀이를 진행하면 훨씬 더 집중력이 오래도록 유지할 수 있으며 전체적인 훈련 세션의 완성도를 높일 수 있다.

⑤ 휴식

훈련의 세션이 끝나면 개에게 휴식을 주는 것이 매우 중요하다. 간혹 훈련이 끝난 후 놀이나 휴식 시간 중에도 훈련을 시키는 사람도 있다. 그러면 개는 훈련이 끝난 것이 아니라 훈련이 연장되고 있다고 여기게 된다. 핸들러는 개에게 훈련과 휴식을 명확하게 구분해주는 것이 필요하다. 휴식 시간에는 조용히 쉴 수 있는 장소나 공간을 준비하여, 개가 편히 쉴 수 있도록 해주는 것이 건강에도 좋고, 다음 훈련을 위해서도 도움이 된다.

⑥ 긍정(정적)강화

훈련 세션 동안 처벌과 체벌보다는 긍정적으로 훈련하는 것이 훨씬 효과적이다. 도그댄스는 개의 민첩함이나 뛰어난 훈련 실력도 필요하지만, 그보다 얼마만큼 즐기면서 훈련하는지가 더욱 중요하다. 실수할 때마다 개를 혼낸다거나 충격을 가한다면 개는 아무리 신나는 음악을 틀어주어도 즐겁게 훈련할 수는 없을 것이다. 개는 노력에 대한 긍정적인 보상을 받을 때 새로운 움직임을 시도하고 싶어 한다. 만일 개가 같은 실수를 반복한다면, 핸들러는 개의 실력을 문제 삼기보다는 개가 이해할 수 있는 방법을 사용했는지 스스로를 되돌아보는 것이 좋다. 즐겁고 긍정적인 방법으로 배우면 도그댄스의 학습 속도는 훨씬 더 빨라질 수 있다.

⑦ 클리커

클리커는 도그댄스의 동작을 가르칠 때 핸들러가 원하는 행동을 정확하게 표시하는 데 매우 효과적인 도구이다. 클리커는 누르면 '딸깍' 소리가 나는 작은 훈련도구로 일상생활에서 흔히 들리지 않고, 소리가 늘 일정하기 때문에 목표 행동에 도달했을 때 개에게 명확하게 표시하여 이해시킬 수 있다. 그러한 이유로 수많은 도그댄서들이 동작을 가르치는 과정에서 클리커를 사용하곤 한다.

⑧ 선곡

반려견에게 어울리는 음악을 선택하는 작업은 도그댄스의 동작을 완성하는데 매우 중요한 요소이다. 핸들러는 개의 걸음걸이가 빠른지 느린지, 크기가 큰지 작은지를 고려하여 신중하게 음악을 선택해서 매칭해야 한다. 예를 들어, 작고 빠른 테리어라면 빠르고 경쾌한 음악이 어울릴 것이고, 크고 느릿한 그레이트데인이나 세인트버나드라면 느린 템포의 깊이 있는 음악이 적합할 것이다. 이처럼 개에게 적절한 음악을 선택하는 것은 개가 움직일 때마다 춤을 추는 것처럼 보이는 효과가 있어 중요하다.

⑨ 신호 제거

도그댄스 핸들러는 훈련 시 사용하는 지시 신호를 최소화할 수 있는 방법을 모색하여 훈련 세션을 구성해야 한다. 루어링(Luring)은 새로운 동작을 가르치기에 쉬운 훈련방법이지만 매번 루어링으로 동작을 완성한다면 먹이 없이 훈련하기 어렵고, 핸들러로부터 멀리 떨어지는 안무 동작은 완성도가 떨어질 것이다. 만일 새로운 동작을 가르치기 위해 루어링을 사용할 경우, 3번 이상 사용하지 않는 것이 좋다. 어려워하는 동작에는 개의 이해를 돕기 위해 3번 정도 루어링으로 동작을 알려줄 수 있지만, 그 이후에는 개가 스스로 생각해서 동작을 완성할 수 있도록 신호를 줄여가는 것이 필요하다. 최종 동작은 핸들러의 최소한의 신호로 그 동작을 구현해낼 수 있도록 하는 것이 좋다.

⑩ 음성신호

수신호에만 의존하지 말고, 모든 동작에 음성신호를 입혀주는 것이 좋다. 수신호를 하기 전 음성신호를 먼저 제시하는 것을 반복하게 되면 나중에는 수신호가 생략되어도 음성신호만으로 동작을 완성할 수 있다. 개는 청력이 뛰어나므로 음성신호를 사용하면 생각보다 많은 동작을 구분하고 실행할 수 있다. 핸들러가 음성신호를 사용하여 개와 소통하는 것은 마치 개가 당신의 마음을 읽을 수 있는 것처럼 보이게 하는 좋은 방법이다.

3) WCFO의 도그댄스 용어 정리

약자	영문	한글
W	World Canine Freestyle Organization	WCFO(세계도그댄스조직)
HTM	Heelwork To Music	힐워크 투 뮤직(힐워크 동작으로 이루어진 도그댄스의 한 종류)
MF	Musical Freestyle	프리스타일(제한 없이 다양한 동작을 선보일 수 있는 도그댄스의 한 종류)
TM	Technical Merit	기술적 장점
AI	Artistic Impression	예술적 인상
S	Singles	단식(핸들러 1인과 출진견 2두)
B	Brace	혼식(핸들러 1인과 출진견 2두)
P	Pairs	복식(핸들러 2인과 출진견 2두)
T	Team	팀(3인 이상의 핸들러와 개로 구성된 팀)
J	Junior	주니어 팀(18세 이하의 핸들러와 6개월 이상의 출진견)
SS	Sassy Senior	시니어 팀 혹은 노령견 (69세 이상의 핸들러 혹은 9세 이상의 노령견)
HD	Handi-Dandi	장애인 팀 혹은 장애견
FD	Freestyle Dog	프리스타일 출진견
FDX	Freestyle Dog Excellent	프리스타일 우수견
FDM	Freestyle Dog Master	프리스타일 마스터견
Ch.FD	Champion Freestyle Dog	프리스타일 챔피언견
BB	Bronze Bar	동괴(브론즈바)
BM	Bronze Medal	동메달
SB	Silver Bar	은괴(실버바)
SM	Silver Medal	은메달
GB	Gold Bar	금괴(골드바)
GM	Gold Medal	금메달
DD	Dance Dog	도그댄스 출진견
DDX	Dance Dog Excellent	도그댄스 우수견
DDM	Dance Dog Master	도그댄스 마스터견
Ch.DD	Champion Dance Dog	도그댄스 챔피언견
PDP	Perfect Dance Partners	완벽한 파트너십

03 도그댄스 훈련 방법

1) 힐워크(Heelwork) 동작

HTM에서 이상적인 힐워크는 개와 핸들러 사이의 거리는 일정하며 15cm를 넘지 않아야 한다. 개와 핸들러 모두 서로의 움직임을 제한해서는 안 되며 개는 항상 핸들러의 속도와 방향에 적응해야 한다. 개와 핸들러 사이의 거리가 50cm 이상인 경우 프리스타일로 간주된다. 거리는 핸들러의 가장 가까운 부분에서 개의 가장 가까운 부분까지를 측정한다. 개가 핸들러보다 뒤처지거나 앞으로 나가는 것은 바람직하지 않으며 개는 네 발로 걸어야 한다.

① 왼쪽 힐워크(left heelwork) 동작

: 개의 오른쪽 어깨가 핸들러의 왼쪽 다리 옆에 평행하게 위치하며 보행한다.

② 오른쪽 힐워크(right heelwork) 동작

: 개의 왼쪽 어깨가 핸들러의 오른쪽 다리 옆에 평행하게 위치하며 보행한다.

③ **오른쪽 백워드 힐워크(left backwards heelwork) 동작**

: 핸들러는 전면 개는 후면을 바라보게 위치한다. 개의 오른쪽 어깨가 핸들러의 오른쪽 다리 옆에 평행하게 위치하며 서로 반대 방향을 유지한 채 보행한다.

④ **왼쪽 백워드 힐워크(right backwards heelwork) 동작**

: 핸들러는 전면 개는 후면을 바라보게 위치한다. 개의 왼쪽 어깨가 핸들러의 왼쪽 다리 옆에 평행하게 위치하며 서로 반대 방향을 유지한 채 보행한다.

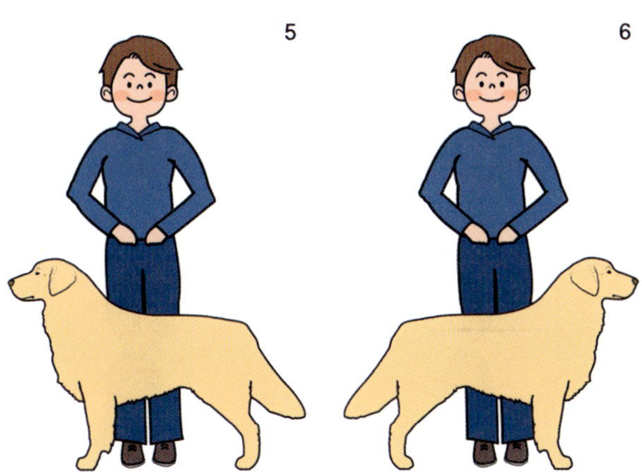

⑤ **프론트 왼쪽 힐워크(front left heelwork) 동작**

: 개는 핸들러 앞에 위치한다. 개의 왼쪽 어깨가 핸들러의 왼쪽 다리 앞에 위치하며 핸들러는 전면, 개는 측면(왼쪽)을 유지한 채 보행한다.

⑥ **프론트 오른쪽 힐워크(front right heelwork) 동작**

: 개는 핸들러 앞에 위치한다. 개의 오른쪽 어깨가 핸들러의 오른쪽 다리 앞에 위치하며 핸들러는 전면, 개는 측면(오른쪽)을 유지한 채 보행한다.

7

8

⑦ **비하인드 왼쪽 힐워크(behind left heelwork) 동작**

: 개는 핸들러 뒤에 위치한다. 개의 오른쪽 어깨가 핸들러의 왼쪽 다리 뒤에 위치하며 핸들러는 전면, 개는 핸들러 후면에 측면(왼쪽)을 유지한 채 보행한다.

⑧ **비하인드 오른쪽 힐워크(behind right heelwork) 동작**

: 개는 핸들러 뒤에 위치한다. 개의 왼쪽 어깨가 핸들러의 오른쪽 다리 뒤에 위치하며 핸들러는 전면, 개는 핸들러 후면에 측면(오른쪽)을 유지한 채 보행한다.

9

10

⑨ **다리 사이 프론트 힐워크(between the legs front heelwork) 동작**

: 개는 핸들러의 양다리 사이에 위치한다. 핸들러와 개는 모두 전면을 향해 같은 방향을 바라보고 있다. 개의 두 어깨는 핸들러 다리 안쪽에 위치한 채 보행한다.

⑩ **다리 사이 백워드 힐워크(between the legs backwards heelwork) 동작**

: 개는 핸들러의 양다리 사이에 위치한다. 핸들러와 전면, 개는 후면을 향해 서로 반대 방향을 바라보고 있다. 개의 두 어깨는 핸들러 다리 안쪽에 위치하며 반대 방향을 유지한 채 보행한다.

2) 습관화(Habituation)

도그댄스 동작에는 개가 익숙하지 않은 동작이나 위치 등이 포함될 수 있다. 개들은 익숙하지 않을 것을 대할 때 위화감을 느끼기도 하고, 적극성을 잃거나 회피할 수도 있다. 매우 간단한 동작도 경험하지 못하거나 익숙하지 않으면 겁을 먹거나 위축될 수 있다. 이러한 위화감을 극복하고 새로운 자극에 둔감화하는 작업을 탈감각(Desensitization)이라고 한다. 도그댄스에서 탈감각 훈련이 중요한 이유는 일반 복종훈련에서 힐워크 동작은 거의 왼쪽에서 이루어지지만, 도그댄스의 힐워크 동작은 핸들러의 왼쪽뿐 아니라 오른쪽, 앞쪽, 뒤쪽, 심지어 핸들러의 다리 사이에서도 다양한 동작을 표현해야 한다. 이러한 방향과 위치에 대한 어색함이나 거부감을 덜어내기 위해 도그댄스 기초 훈련 중 가장 중요한 작업이 바로 습관화(Habituation)이다.

습관화 과정은 새로운 트릭이나 포지셔닝을 가르치기 위해서 필요하며, 습관화 훈련을 통해 평소 익숙하지 않은 근육을 풀어주고, 사고능력을 향상시키는 효과도 있다. 습관화 훈련을 할 때는 딱딱하지 않고 기호성이 좋은 간식을 사용하며 이동의 기초를 가르친다. 이때 핸들러의 손목 회전으로 개를 오른쪽으로도 회전하게 만들고, 왼쪽으로도 회전하게 만들며 놀아준다.

습관화의 1단계 이동의 기초 출처: Andy Shimada Dog School

다양한 방향과 위치에 있는 것이 어색하지 않고 자연스럽게 느껴지도록 습관화를 시켰다면, 다음 단계는 다양한 위치에서 기본자세를 취하는 포지셔닝 작업을 시작하는 것이 좋다. 힐워크의 기본이 되는 포지셔닝 훈련은 다양한 각도와 위치에서 여러 동작을 수행할 수 있는 훈련이다. 포지셔닝 훈련 시 개는 무언가 열중하고 있을 때 몸을 만지는 것을 싫어하므로 미리 간식을 주면서 몸을 만져도 움직이지 않도록 습관화시키는 것이 중요하다. 또한 포지셔닝 위치를 바꾸며 연습할 때 개를 움직이게 하는 것보다 개는 고정된 상태에서 핸들러가 움직여가며 위치를 변경하는 방법도 좋다. 이때 핸들러의 움직임이 개를 자극하지 않도록 개의 호흡을 느끼면서 천천히 부드럽게 움직인다. 만일 개가 움직인다면 당황하지 말고, 천천히 다른 한 손으로 개의 몸을 보정해 가며 습관화시킨다.

습관화의 2단계 다양한 포지셔닝 출처: Andy Shimada Dog School

3) 노비스(Novice)의 응용 동작

오른쪽 힐워크

왼쪽 힐워크

인사 동작

오른발

왼발

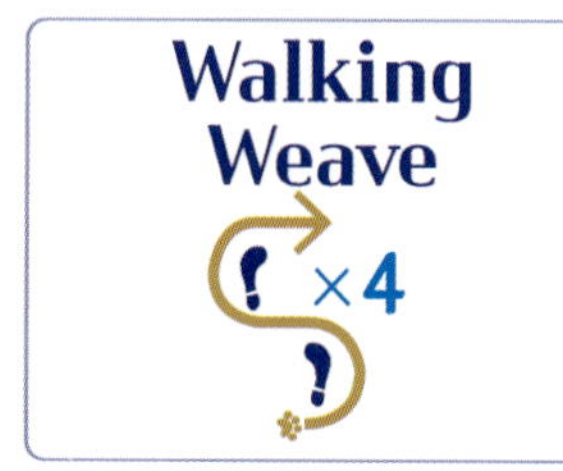

다리 사이 4회

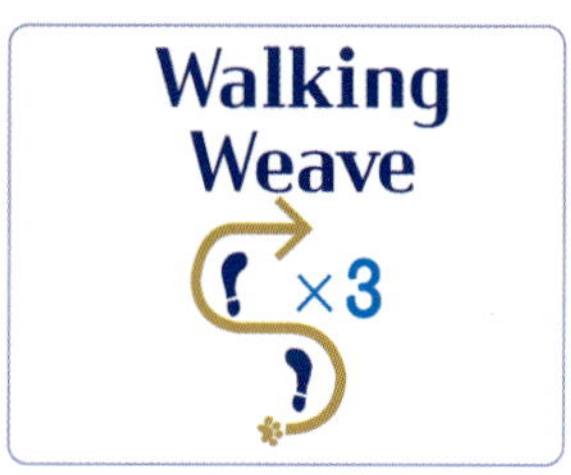

다리 사이 3회

8자 돌기 2회

오른쪽 교차 90도

왼쪽 교차 90도

오른쪽 교차 360도

왼쪽 교차 360도

오른쪽 어바웃 턴 180도

왼쪽 어바웃 턴 180도

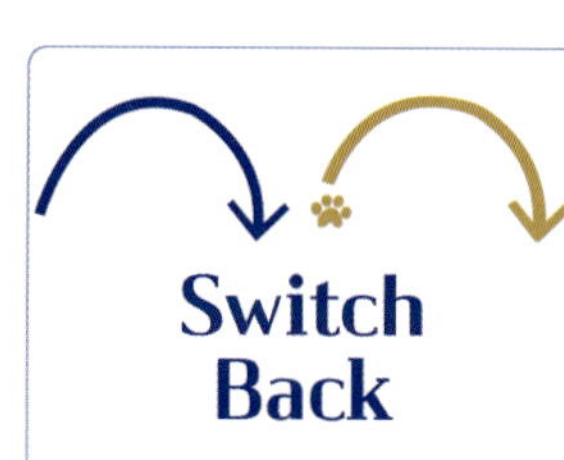

오른쪽 지그재그

왼쪽 지그재그

오른쪽 다리 사이 힐워크

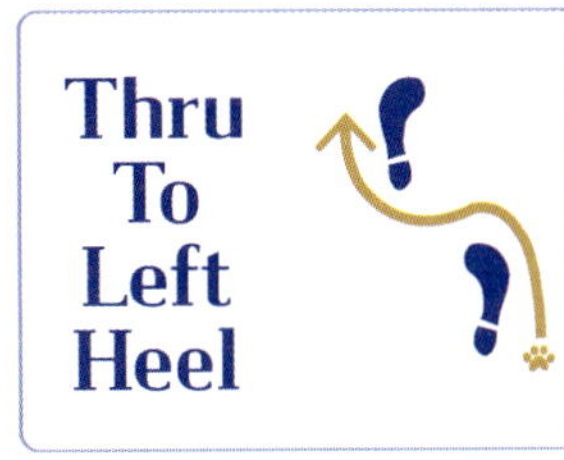

왼쪽 다리 사이 힐워크

반시계 방향 회전

시계 방향 회전

반시계방향 어라운드 턴

시계 방향 어라운드 턴

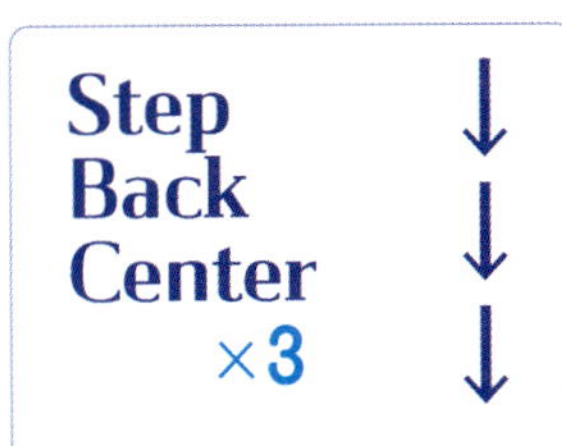

뒤로 걷기 3회

전방 교차

소품 이용 웨이브

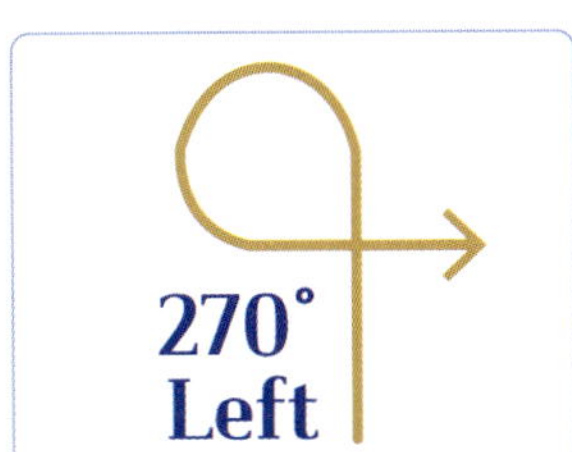

왼쪽 270도 회전

오른쪽 280도 회전

4) 어드밴스(Advanced)의 응용 동작

회전 후 뒤로 통과

반대 역방향 회전

후방 360도 회전

후방 180도 회전

뒤로 다리 사이 3회

핸들러 주위로 돌아가기 4회

5) 인터미디어트(Intermediate)의 응용 동작

핸들러 주의 돌기

중앙으로 뒤로 걷기 4회

오른쪽에서 뒤로 걷기 4회

왼쪽에서 뒤로 걷기 4회

전방 교차

3번 회전하며 뒤로 가기

핸들러 뒤에 따라 걷기 4회

왼쪽 옆으로 걷기 4회

오른쪽 옆으로 걷기 4회

180도 범위에서 피봇

360도 범위에서 피봇

180도 좌회전 피봇

180도 우회전 피봇

360도 좌회전 피봇

360도 우회전 피봇

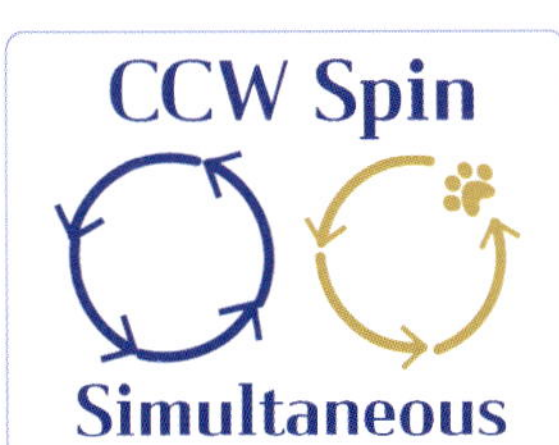

동시 반시계방향 회전

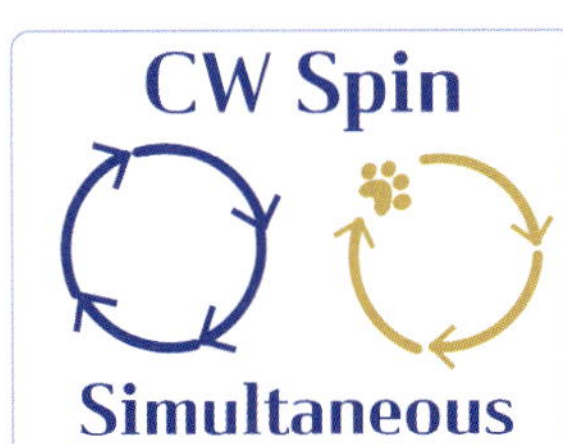

동시 시계방향 회전

핸들러 중심 회전 2회

04 도그댄스 경기방법 및 규정

1) 단체별 도그댄스 심사 기준

(1) WCFO(World Canine Freestyle Organization)

- 기술점수(Technical Merit Score)와 예술점수(Artistic Impression Score) 각 10점씩 20점 만점으로 구성되며, 각 항목별로 세부 하위요인으로 나누어 심사기준이 마련되어 있다.

WCFO
(World Canine Freestyle Organization)

A. 기술점수(Technical Merit) 10점 하위요인
- 난이도 Difficulty(3point)
- 구성요소 Content(3point)
- 완성도 Execution(2point)
- 흐름 Flow(2point)

B. 예술점수(Artistic Impression) 10점 하위요인
- 루틴구성 Concept(3point)
- 역동성 Dynamism(3point)
- 디자인 Design(2point)
- 리듬 Rhythm(2point)

핸들러와 개의 팀워크 출처: australiandoglover.com

(2) 유럽(KC의 크라프츠 국제대회 기준)

- 총 30점 만점으로 내용의 충실도(Content) 10점, 표현의 정확성(Accuracy) 10점, 예술적 해석(Interpretation) 10점으로 구성되어 있다.

도그댄스 훈련을 위한 노트

KC의 크러프츠 국제대회 기준

A. 내용의 충실도(Content) 하위요인

- 루틴은 선택한 종목(HTM)이나 프리스타일의 정의를 따르고, 동작의 과도한 반복 없이 다양해야 하며 음악과 주제에 적합해야 한다.
- 모든 움직임은 개의 구조와 형태에 적합해야 한다.
- 경기장을 잘 활용한 흥미로운 루틴으로 구성되어야 하며 내용은 자연스럽게 흘러야 한다.
- 움직임의 난이도를 고려하여 안무를 구성해야 한다.

B. 표현의 정확성(Accuracy) 하위요인

- 힐워크를 포함한 모든 안무 동작은 정확하고 원활하게 실행되어야 한다.
- 개는 자연스럽고 자발적이며 의욕적으로 응해야 한다.
- 개는 주어진 핸들러의 신호에 신속하고 적절하게 반응해야 한다.
- 핸들러의 신호는 과하지 않아야 하며 신호를 안무의 일부로 형성해야 한다.
- 개와 핸들러는 한 팀으로 움직이며 관객과 심사위원에서 전체적으로 조화를 이루는 모습을 선보여야 한다.

C. 예술적 해석(Interpretation) 하위요인

- 음악의 리듬, 박자, 타이밍에 대한 해석이 명확해야 하며 선곡된 음악은 그 팀에 적합해야 한다.
- 안무는 음악과 주제를 분명히 표현해야 하며, 선곡된 음악은 핸들러와 개의 동작으로 잘 표현되어야 한다.
- 핸들러가 표현력이 풍부할지라도 음악적 해석의 중점은 개의 움직임을 기본으로 한다.
- 핸들러의 복장과 소품은 작품의 주제와 컨셉 및 루틴의 구성에 적합해야 한다.

2) 국제 행사 참가 자격 및 규정

(1) WCFO 대회 기준

① 금지사항

- 헤드할터 사용 금지
- 연기와 관계없는 모든 도구는 사용 금지
- 링 내에 설치하는 도구와 소품은 핸들러 혼자 설치할 수 있는 정도로 준비
- 타겟으로 여겨지는 도구는 예술점수에서 감점
- 개에게 고통을 주고, 관객에게 불쾌감을 주는 도구나 행위 및 발성 금지

- 연기의 표현에 필요한 최소한의 목줄이 아닌 도구는 주최자의 판단에 금지하는 경우가 있음
- 준비한 장비는 연기 구성에 유효하다고 인정되는 것만 허용되고, 불필요하다고 간주되는 것은 예술점수에서 감점

② 종목별 주의사항

- 프리스타일은 연기하는 개에게 있어서, 눈에 보이는 육체적인 통증이나 부상의 원인이 되지 않는 한에서 어떠한 움직임도 자유롭게 허용된다.
- HTM은 연기 시작 후 10초 동안 개가 유지한 포지션을 그 팀의 힐워크 포지션으로 정의한다.
- HTM에서 웨이브 동작(다리 사이 통과)은 전환 동작으로만 허용한다. 최대 3회를 사용할 수 있다.
- HTM에서 개의 시작 위치와 마무리 위치는 달라야 한다.
- HTM에서 점프는 허용하지 않는다.

③ 클래스의 구분

- Beginner: A/B (A: 핸들러도 개도 첫 출전, B: 개만 첫 출전)
- Novice: Beginner에서 70% 이상의 득점을 3번 달성한 팀
- Intermediate: Novice에서 80% 이상 득점을 두 번 이상 달성한 팀
- Advanced: Intermediate에서 90% 이상 득점을 두 번 이상 달성한 팀
- Singles : 1(H) + 1(D) (H-핸들러, D-개)
- Brace: 1(H) + 2(D)
- Pairs: 2(H) + 2 (D)
- Team: 3명 이상의 핸들러와 개로 구성된 팀
- 그 외 프리스타일 추진에 유효하다고 인정되는 연기에 대해 '이노베이션 부문'을 설치할 수 있다.

④ 루틴 시간

- Juniors: 1분 30초 - 2분 15초

- Beginners: 1분 30초 - 2분 15초
- Novice: 1분 45초 - 2분 30초
- Intermediate: 2분 0초 – 2분 45초
- Advanced: 2분 15초 – 3분 15초
- Sassy Seniors: 1분 30초 - 2분 15초/ 1분 45초 - 2분 30초

⑤ 경기장 및 출진 자격

- 9m × 18m를 표준 사이즈로 하되, 8m × 13m 이상 확보할 수 있는 장소

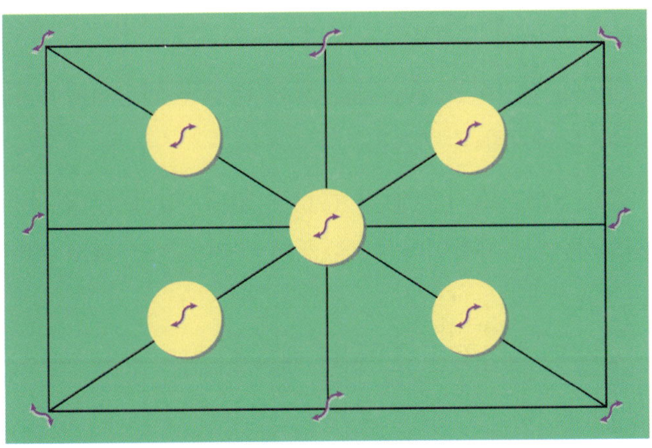

경기장의 활용 방법 출처: Andy Shimamda School

- 6개월령 이상의 모든 견종에게 출전 기회가 주어진다.
- 발정 중인 개는 원칙적으로 출전할 수 없지만, 경기 주최자의 판단으로 모든 경기가 끝난 후에 심사할 수 있다.

(2) FCI 국제대회 기준

① 대회 참가기준

- 이 대회에 참가하는 모든 개는 FCI 제휴 NCO 또는 FCI가 특정 양해 각서를 체결한 조직(AKC, CKC, KC)에 등록해야 한다.
- 출진견은 각 종목(HTM 또는 프리스타일)에 한 번씩만 참가할 수 있으며, 같은 대회에서 두 종목 모두에서 경쟁할 수 있다.
- FCI국제 대회에 참가하는 출진견은 생후 18개월 이상이어야 하고, 핸들러는 14세 이상이어야 참가할 수 있다.
- 공격성이 있는 개는 경기장에 입장할 수 없다. 경기 중 언제라도 개가 물거나, 물려고 시도하거나, 사람이나 다른 개를 공격하려고 해도 해당 출진견을 실격처리할 수 있다.
- 핸들러는 경기 중 강압적인 언행이나 태도로 개를 처벌할 경우, 실격될 수 있다.

② 핸들러의 의무

- 모든 핸들러는 규칙, 규정 및 심사위원의 지시를 따라야 한다.
- 핸들러는 심사위원, 도우미 및 기타 참가자에게 항상 예의 바르게 행동해야 한다.
- 핸들러는 최선의 행동을 하고, 적절한 옷차림을 갖추어야 한다.
- 핸들러가 규칙을 준수하지 않거나 부적절한 행동을 할 경우 실격될 수 있다.
- 개를 반짝이나 염색약으로 장식하는 것은 금지되어 있다.
- 준비한 모든 소품은 루틴 수행에 반드시 필요한 것이어야 하며, 소품이나 핸들러의 의상이 개를 가리지 않아야 한다.
- 핀치 칼라, 전기 칼라 및 기타 유사한 구속 장치는 대회가 시작될 때부터 끝날 때까지 사용을 금지한다.

③ 실격사항

- 다른 핸들러나 다른 견이 참여할 경우
- 부정행위
- 도핑 규칙을 따르지 않음
- 링에 음식이나 장난감 등 동기를 부여하는 다른 물건을 가져오는 경우
- 개가 통제 불능 상태로 링을 떠나는 경우
- 개가 링에서 소변을 보거나 배변하는 경우
- 모든 형태의 가혹한 처벌(언어적, 신체적 등)을 가할 경우
- 더블 핸들링(링 밖에서 누군가 도움)할 경우
- 개를 통제하기 위해 만지는 행위를 할 경우

④ 경기장

- 월드/섹션 챔피언십 대회는 항상 실내에서 개최되어야 한다.
- 국제대회는 주최국에서 허용하는 경우 야외에서 개최될 수 있다.
- 링의 크기는 최소 20m × 20m이어야 하며 사용할 링의 크기가 로프, 테이프 등과 같은 유형의 테두리로 명확하게 표시되어야 한다.

(3) 도그댄스 관련 단체

- WCFO (World Canine Freestyle Organization)
- CrufsHTM (HeelwalkTo Music)
- MDSA (Musical Dog Sports Association)
- CFF (Canine Freestyle Federation, Inc.)
- PAWS 2 Dance Canine Musical Freestyle Organization
- REF (Rally Freestyle Elements)

예상문제

1. Heelwork-to-Music(HTM)은 핸들러와 개가 점프, 두 발 걷기, 세 발 걷기 등 다양한 트릭과 쇼적인 요소를 많이 가미하여 공연하는 안무 프로그램이다.

① ○　　　　　　　　　② ×

2. 영국에서는 도그댄스 전체 종목을 (　　㉠　　)라 부르고, 많은 트릭 기반의 루틴과 음악, 의상 등 쇼적인 부분에 더 집중한 미국에서는 도그댄스 전체 종목을 (　　㉡　　)라 부른다.

㉠ ____________________

㉡ ____________________

3. 도그댄스의 단체 클래스 중 한 명의 사람(1H)과 두 마리(2D)의 개로 구성된 단체 종목은 무엇이라고 하는가?

4. 도그댄시에서 가장 중요하게 생각하는 세 가지 조화가 아닌 것은 무엇인지 고르시오.

① 핸들러와 개의 조화: 도그댄스 경기 출진견은 높은 수준의 복종훈련과 음악의 흐름에 맞추어 동작을 구사하는 표현력이 필요하기에 핸들러와의 호흡이 매우 중요하다.
② 무대와 핸들러의 조화: 도그댄스 경기 중 핸들러는 자신이 표현하고자 하는 동작이 더욱 돋보일 수 있도록 무대의 중앙에 위치하며 개를 사이드로 이동시키는 안무를 구성한다.
③ 음악과 동작의 조화: 음악의 리듬과 템포가 핸들러의 개의 동작과 적절하게 어우러지며 일치해야 한다.
④ 컨셉과 의상의 조화: 표현하고자 하는 컨셉과 그에 맞는 의상으로 작품의 예술성을 극대화할 수 있다.

정답 1. ② 2. ㉠ Heelwork-to-Music(HTM) / ㉡ Musical Freestyle(MF) 3. 브레이스(BRACE) 4. ②

생각하고 토의하기

- 도그스포츠 종목 종 도그댄스의 장점을 5가지 이상 소개하시오.

- Heelwork-to-Music(HTM)과 Musical Freestyle(MF)은 어떠한 차이점이 있는지 설명하시오.

- 도그댄스경기에 참가하기 위해서는 준비해야 할 사항을 설명하시오.

- WCFO(World Canine Freestyle Organization)의 평가기준을 소개하시오.

- KC의 크라프트국제대회의 평가기준을 소개하시오.

- 참가 인원과 참가 두수에 따른 다양한 도그댄스 종류를 구분하여 설명하시오.

PART

03

특수목적견 훈련

특수목적견은 탐지, 구조, 수색, 보호 등과 같은 다양한 현장에서 인간을 돕기 위해 특정 작업이나 의무를 수행하도록 특수 훈련받은 견을 지칭한다. 인간이 지시한 일을 수행한다는 의미에서 '일하는 개'라는 의미의 사역견(working dog)과 비슷하나 약간의 차이점도 있다. 사역견은 지시받은 일을 진행하기 위해 훈련을 받기도 하지만, 임무에 따라 별도의 훈련을 받지 않아도 타고난 본능과 능력으로 임무를 수행할 수 있다. 반면, 특수목적견은 특정 임무를 수행하기 위해 반드시 그 분야의 특수훈련을 받아야 한다. 사역견의 종류로는 목양견, 썰매견, 번견, 운반견, 경비견 등이 있고, 특수목적견으로는 경찰견, 군견, 탐지견, 구조견, 치료견, 안내견 등이 있다. 특수목적견은 주로 경찰청, 소방청, 국방부, 관세청 등 정부 부처와 민간 부서에서 활약하고 있으며 대부분 공익을 위해 활동하는 경우가 많아서 '공익견(公共服務犬, public service dog)'으로 불리기도 한다.

9강

탐지견(Detection Dog)

학습 목표

- 탐지견의 역할이 무엇이지 이해하고, 대상 목표물에 따른 다양한 탐지견의 종류를 구분하고 설명할 수 있다.
- 탐지견 훈련 시 단계별 학습을 기획하고, 단계에 맞추어 실행할 수 있다.
- 탐지견이 목표물을 발견했을 때 어떠한 반응으로 핸들러에게 통보를 하는지 다양한 반응기법의 장단점을 설명할 수 있다
- 탐지견 핸들러에게 필요한 자질은 무엇인지, 탐지견 훈련에서 핸들러가 주의할 사항은 무엇인지 설명할 수 있다.
- 탐지견 훈련에 특화된 견종은 무엇인지, 탐지견의 선발기준은 무엇인지 이해할 수 있다.

01 탐지견의 개요

1) 탐지견의 이해

탐지견은 매우 민감한 후각을 사용하여 특정 물질이나 물체를 찾을 수 있도록 특별히 훈련된 개이다. 마약이나 화약류 등의 특정 냄새를 인지시켜 은닉된 물건을 찾게 하는데 이용하는 개를 탐지견(Detector dog)이라 부른다. 개의 코는 약 2억 개의 민감한 후각세포를 지니고 있다. 이는 약 5백만 개의 후각세포를 지닌 인간보다 약 40배 더 발달한 것이다.

개는 다음과 같이 인간에게는 없는 특별한 냄새 탐지기관과 독특한 냄새 처리 시스템을 지니고 있다. 첫째, 개는 서골비 기관(Vomeronasal Organ)이 있다. 서골비 기관은 다른 종의 동물이 분비하는 화학물질을 감지해내고, 약한 냄새를 더 강한 냄새로 증폭시키는 기능을 한다. 예를 들어, 개는 사람의 땀에서 발산되는 부티르산(butyric acid) 냄새를 감지하여 여러 명이 던진 공들 중 제 주인이 던진 공을 찾을 수 있다. 이렇게 뛰어난 후각 능력은 블러드하운드와 같은 추적견들이 100마일까지 쫓아가서 수많은 군중 무리에서

도 특정 범인을 찾을 수 있게 하는 것이다.

둘째, 개는 냄새를 맡을 때 공기를 들이마시는 것과 내쉬는 것을 동시에 할 수 있어 공기가 정체되는 일 없이 끊임없이 순환한다. 들숨과 날숨의 공기가 다니는 통로가 다르기 때문에 냄새가 섞일 일도 없다. 예를 들어 강한 냄새가 나는 향수가 있는 여행 가방 안에서도 숨겨져 있는 헤로인을 찾아낸다던가 고추장 단지 안에 숨긴 코카인의 냄새를 감지할 수 있는 능력이다.

셋째, 개는 후각함요가 있다. 후각함요는 매우 얇은 뼈들이 미로처럼 얽혀져 있고, 그 안에 수백만 개의 후각수용체가 있다. 코안에 냄새 분자가 들어가면 후각수용체와 닿고, 수많은 후각 신경들이 냄새를 뇌로 전달한다. 개의 뇌는 사람보다 열 배나 작지만, 냄새를 처리하는 뇌의 영역은 개가 사람보다 세 배나 크다.

이러한 특수한 기능으로 인해 탐지견은 목표물을 찾는 시간을 단축하고, 각종 현장에서 목표물을 발견해내는 성공률이 높아 현재 많은 기관(공항, 철도, 발전소, 국경 횡단 및 항구 등)에서 사용되고 있다.

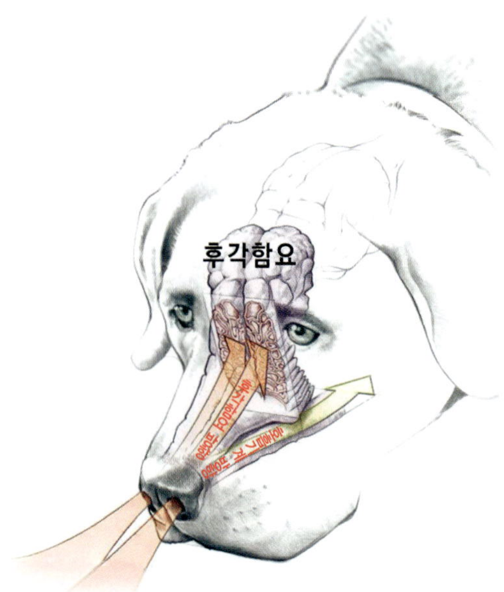

후각함요 출처: National Geographic

2) 탐지견의 유래

탐지견은 고대부터 운용되었다는 설이 있지만, 본격적으로 사용하기 시작한 것은 제1차 세계대전부터이다. 총기류가 전쟁에 사용되기 시작한 제1차 세계대전 동안 개는 다양한 용도로 사용되었다. 전쟁터에서 부상당한 병사를 찾거나 군사 작전에서 보초, 정찰, 전령과 수감자와 보급물자를 지키는 감시, 지뢰를 찾아내는 탐지 등 다양한 역할을 수행하였다. 전쟁이 끝난 후, 이 개들의 대다수는 법 집행을 위한 증거 탐지견이나 보안을 위한 경비견 등으로 용도가 변경되었다.

1899년 벨기에의 겐(Ghen) 지역에서는 '개를 활용한 법 집행 훈련 프로그램'을 개발하였고, 이는 법 집행에 필요한 탐지견을 체계적으로 훈련하게 하는 계기가 되었다. 그 후 1906년 겐 지역의 경찰은 약 50~60마리의 법 집행 탐지견을 운용하며 활발한 활동을 이어가고 있다. 1910년경, 미국은 탐지견 훈련을 위한 '법 집행 실험 프로그램', '법률 집행 활용' 등과 같은 선구적인 훈련 프로그램을 개발하였고, 현재까지 법 집행 기관에서 상당수의 탐지견이 사용되고 있다.

1920년 캐나다의 왕립 기마경찰은 당시 캐나다에서 불법이었던 알코올을 탐지하도록 개를 훈련하였다. 탐지견들은 유리병이나 캔과 같은 용기에서 알코올 냄새를 감지하도록 훈련받았다. 이것은 법 집행에서 탐지견 사용의 시작을 의미했다.

제2차 세계대전 동안에는 폭발물과 다른 밀수품들을 탐지하기 위해 탐지견을 광범위하게 사용되었다. 전쟁이 끝난 후에는 세관과 국경 보안대 및 다양한 국가 기관에서 탐지견을 주로 경비용으로 운용하였다.

최초의 특수 탐지견 훈련 프로그램은 1955년 미국 코네티컷주(Connecticut State)의 경찰에 의해 설립되었다. 이 특수 탐지견 훈련 프로그램은 개가 마약과 폭발물을 탐지하도록 훈련하였고, 전국의 다른 법 집행 기관에서 빠르게 채택되었다.

1970년에는 미국 농림부가 하와이의 생태계 보호를 위해 해충 탐지견을 대량으로 양성하면서 해충 탐지견을 본격적으로 운영하기 시작하였다. 현재는 호주, 뉴질랜드, 캐나다, 미국 등 환경보호에 관심이 많은 국가를 중심으로 운영되고 있다. 또한 이 시기에는 마약탐지견이 크게 활약하기 시작하였다. 특히 '마약과의 전쟁'을 선포한 미국에서 마약을 찾아내는 탐지견은 큰 인기를 얻었다.

우리나라에서는 군부대와 경찰에서 폭발물 탐지견을 비롯해 여러 수색견을 운영해왔으나 마약탐지견을 운영한 것은 관세청이 최초이다. 관세청에서는 88년 서울올림픽을 성공적으로 개최하기 위해 경찰과 더불어 1987년 폭발물 탐지견 6마리를 도입한 이래 전국의 주요 공·항만에 탐지견을 배치하여 세계 각국에서 도착하는 여행자와 휴대품, 선박 수입화물, 각국의 소포 및 우편에 은닉된 마약류를 탐지해 오고 있다. 2003년에는 수의과학 검역원에서 동물검역을 시작하였으며, 관세청에서는 2005년에 세계 최초로 인삼·녹용탐지견의 훈련에 성공하여 현장에 배치하였다. 오늘날 탐지견은 마약 탐지, 폭발물 탐지, 지뢰 탐지, 수색 및 구조, 해충 방제, 의료 진단 등 다양한 산업 분야에서 널리 활용되고 있다. 최근에는 과학기술, 첨단장비 및 훈련 방법의 발전으로 전문적이고 효과적인 탐지견을 양성하여 각 분야에 보급하고 있다.

3) 탐지견의 종류와 역할

(1) 마약탐지견(Drug Detection Dogs)

코카인, 헤로인, 마리화나와 같은 불법 약물을 탐지하도록 훈련된 탐지견이다. 마약탐지견 핸들러는 일반적으로 불법 물질의 존재를 탐지하기 위해 작은 마약의 흔적도 찾을 수 있는 정도로 탐지견을 훈련한다. 이렇게 훈련된 탐지견들은 주로 기차역, 공항, 국경, 항구, 기관 등에서 불법 물질을 운반하는 사람을 찾는다. 경찰관이 용의자를 직접 수색할 경우, 깊이 숨긴 마약을 놓칠 수 있지만, 탐지견들은 용의자가 어디에 숨겼는지에 상관없이 대부분 마약의 냄새를 감지할 수 있다.

마약탐지견 출처: 관세인재개발원

(2) 폭발물탐지견(Explosives Detection Dogs)

테러에 대한 사건 · 사고가 증가함에 따라 폭발물 탐지견의 수요가 높아지고 있다. 폭발물 탐지견은 유황, 니트로글리세린, 그리고 화약과 폭발 장치의 생산에 일반적으로 사용되는 다른 화합물과 같은 특정 물질의 냄새를 감지하도록 훈련을 받는다. 이러한 특수 훈련을 받은 탐지견들은 공항에서 테러를 탐지하거나 저지하기 위해 사용될 수도 있고, 폭탄 제조자로 의심되는 사람들의 집에서 이러한 물질의 존재를 식별하기 위해 사용될 수도 있다. 폭발물이라는 위험 물질을 찾아내는 과정에서 상당수의 폭탄들은 만지거나 진동이 울리기만 하여도 잠재적으로 폭발할 수 있기 때문에, 탐지견이 폭발물을 발견하였어도 그러한 물체에 닿지 않도록 훈련하는 것이 중요하다. 폭발물탐지견은 항공, 항만, 철도, 발전소, 정부 건물 등 높은 등급의 보안 구역을 수색하는 데 탐지견의 등장만으

폭발물탐지견 출처: 국토교통부

로도 범죄를 예방하는 효과가 있다.

(3) **지뢰탐지견**(Mine Detection Dogs, MDDs)

지뢰탐지견(MDD)은 폭발성 지뢰 또는 기타 숨겨진 폭발물을 탐지하도록 훈련된 개다. 지뢰탐지견의 기원은 19세기 유럽에서 사냥개를 사냥감의 위치를 찾기 위해 사용했던 것으로 거슬러 올라간다. 지뢰탐지견은 제1차 세계대전에도 사용되었지만, 지뢰와 폭발물이 주 무기로 등장한 제2차 세계대전에서 그 활약이 컸으며, 그 이후 수많은 분쟁에서도 지속적으로 사용되고 있다. 군사 및 법 집행 활동에 사용하는 것 외에도 지뢰탐지견은 분쟁 또는 기타 위험한 무기의 영향을 받는 지역에서 지뢰 및 기타 폭발물을 제거하여 사람과 지역 사회를 보호하는 데 도움을 주고 있다.

출처: 임페리얼 전쟁박물관

출처: 미 국방부

(4) **화재탐지견**(Arson dog/Accelerant detection dog)

화재탐지견은 방화가 의심되는 현장에 투입되어 뛰어난 후각 능력으로 유류감지기에 반응하지 않는 미세한 유류 성분 등 방화증거물을 찾는 개이다. 방화 조사의 주요 작업 중 하나는 화재의 원인을 파악하고 인화성 물질이 사용된 경우, 인화성 물질이 있는 위치를 파악하는 것이다. 사실 화재 현장에서는 누가 무엇으로 불을 냈는지 밝히기 어려운 화재가 많다. 실제 화재 현장에는 소방 약재와 물로 흐트러져 있어 화재가 발생한 원인인 '화인(火因)'을 찾아내기 어렵지만, 특수훈련을 받은 탐지견들은 여러 곳에서 유류 성분이 발견되더라도 유류 성분 농도가 가장 높은 지역을 파악할 수 있어 화인을 찾아내는 능력이 유류탐지기보다 뛰어나다. 미국은 1980년대부터 화재 조사에 탐지견을 이용하기 시작해서 현재는 미국 전역에 약 350개가 넘는 화재 탐지견 팀이 활약하고 있다. 한국의 경우 소방청 중앙119구조본부 인명구조견센터에서 방화 원인을 찾아내는 화재 탐지견을 양성 중이다. 화재탐지견 양성에는 다섯 달 정도 필요하며 처음 두 달은 소유욕, 탐지 의욕 등의 기본자질을 훈련하고, 나머지 세 달은 목표 냄새를 식별하는 응용훈련을 받는다. 훈련과정을 모두 마친 뒤에는 모의 화재현장에서 최종 평가를 거쳐 현장에 배치된다.

건물 내 유류성분 탐색 훈련 출처: 소방청

(5) 사체탐지견(Cadaver Detection Dog)

사체탐지견은 사망했거나 장기간 실종된 사람의 시신을 포함해 유골의 위치를 파악하고 냄새를 식별하도록 고도로 훈련된 개다. 사람의 시신은 부패하기 시작하면 살아있는 사람이나 다른 동물이 생성하는 것과는 다른 독특한 휘발성 유기화합물을 방출한다. 이러한 화합물은 매우 민감한 개의 후각 시스템에 의해 시체가 지표면에 있든, 땅속에 묻히든, 물속에 묻히든 감지될 수 있다. 사체탐지견은 인간의 뼈, 살점 및 기타 유기물을 포함한 인간 유해의 잔여 냄새를 추적함으로써 실제 시신의 유해뿐만 아니라 신체 일부가 이전에 보관되었던 위치도 찾을 수 있도록 훈련한다. 실제, 사체탐지견은 매장된 시신 찾기, 실종자 수색, 범죄 현장 수사 등 다양한 상황에서 활용된다. 또한 사람의 유골이 지하 깊숙이 묻혀 있거나 물속에 잠겨 있거나 건물이나 차량 안에 숨겨두어도 냄새를 감지할 수 있다. 이러한 사체탐지견의 활용 효과는 여러 면에서 중요할 수 있다. 주어진 지역에서 유골의 존재를 찾아 표시하는 것으로 법 집행 기관, 수색 및 구조 팀, 법의학 수사관이 실종자나 범죄 피해자의 유해를 찾는 데 사용되므로 범죄 수사뿐 아니라 수색 및 인양 노력에 도움이 될 수 있다.

사체탐지 훈련 모습 출처: PEACE RIVER SEARCH AND RESCUE, INC.

(6) 수상탐지견(Water Detection Dog)

수상탐지견은 생존자 찾기가 목표인 인명구조견과는 달리 사고 현장에서 수면으로 올라오는 사체의 시신, 모발, 혈액, 피부 등 신체 일부분을 찾는 탐지견이다. 실종자 수색에 있어서 가장 큰 어려움은 넓은 수색 범위이다. 특히 수중에서 사고가 났을 경우, 대개 목격자에 의존한 실종 지점이 너무 막연하거나 유속을 감안한 변수들 때문에 한정된 수의 잠수대원과 구조대원만으로 광범위한 지역을 수색해야 한다. 물론 수중음파탐지기와 같은 수색 장비들이 있지만, 하천이나 호수의 바닥 구조가 효과를 낼 수 없는 경우가 대부분이다. 바닥이 거의 진흙투성이라 시야 확보가 어렵고, 일일이 손으로 더듬어가며 작업을 하기 때문에 넓은 수색 범위는 곧 장기 수색으로 이어진다. 이때 수상탐지견은 구조대원들의 수색 범위를 최소화해주어 작업량을 크게 감소시켜 줄 뿐만 아니라 실종자를 신속하게 찾아줄 수 있다.

물속에 있는 익사체는 시신이나 모발, 피부에서 나는 냄새는 가스(gas) 형태로 수면 위로 상승하게 된다. 수상탐지견은 핸들러와 함께 보트를 타고 이동하며 수색하다가 수면 위로 상승한 사체의 가스 냄새를 인지하게 되면 짖거나 물에 뛰어드는 방식으로 핸들러에게 알린다. 미국의 경우 1980년대 중반부터 미국탐색구조협회(NASAR)에서 수중 익사자를 발견하기 위한 목적으로 시작되었으며 현재는 미국, 아일랜드, 영국, 독일, 네덜란드 등이 수난구조에 활용하고 있다. 2019년 5월 헝가리 부다페스트에서 유람선 침몰사고 현장에서 독일 구조팀의 수상탐지견이 실종자를 찾아 화제가 되었다. 한국의 경우 소방청 중앙119구조본부 인명구조견센터에서 실종자를 찾아내는 수상탐지견을 양성 중이다. 수상탐지견 양성에는 10개월 정도 소요되며 미국 사체탐지견 양성 교육을 수료한 전문 훈련사가 투입되어 기초 인지훈련과 수난현장 적응훈련을 통해 현장 투입을 목표로 하고 있다.

훈련 중인 수상탐지견 출처: 소방청

(7) 의료탐지견(Medical Detection Dog)

의료탐지견은 당뇨병, 발작 및 일부 유형의 암과 같은 사람의 질병이나 감염 등을 탐지하도록 훈련된 탐지견이다. 특정 질병을 앓고 있거나 특정 바이러스에 감염된 환자들의 땀이나 체취에서는 인간은 느낄 수 없는 미세한 분자들이 포함되어 있는데 의료탐지견들은 이를 감지하여 통보하는 역할을 한다. 의료탐지견은 탐지 범위에 따라 생체탐지견(Bio Detection Dog)과 의료경보지원견(Medical Alert Assistance Dog)으로 구분할 수 있다. 생체탐지견은 주로 사망률이 높은 암이나 신경계 질환이나 확진자를 빠르게 파악하고 격리해야 하는 전염병인 말라리아나 그 매개체가 되는 각종 박테리아 등을 탐지할 수 있다. 특히 암탐지견은 병원, 진료소, 연구소 등 다양한 환경에서 활동하고 있다. 암탐지견은 소변, 호흡 및 기타 체액에서 암의 존재를 식별할 수 있으며 특정 유형의 암에 대한 비침습적 선별 도구로 사용될 수 있다. 이외에도 2021년 일부 국가에서 코로나바이러스감염증 감염자를 탐지하는 의료탐지견을 공항 등에 배치해서 방역 활동에 사용하고 있다.

의료정보지원견은 기저질환을 앓고 있는 환자의 혈당 수치나 맥박 등의 이상상태를 감지해서 경고해주는 역할을 한다. 예를 들어 의료정보지원견은 당뇨병 환자의 혈당 수치 변화를 감지하고 혈당이 너무 높거나 낮을 때 경고하도록 훈련받는다. 또는 땅콩과 특정 식품에 알레르기 반응이 있는 사람을 위해 특정 냄새를 감지하고 취급자에게 통보

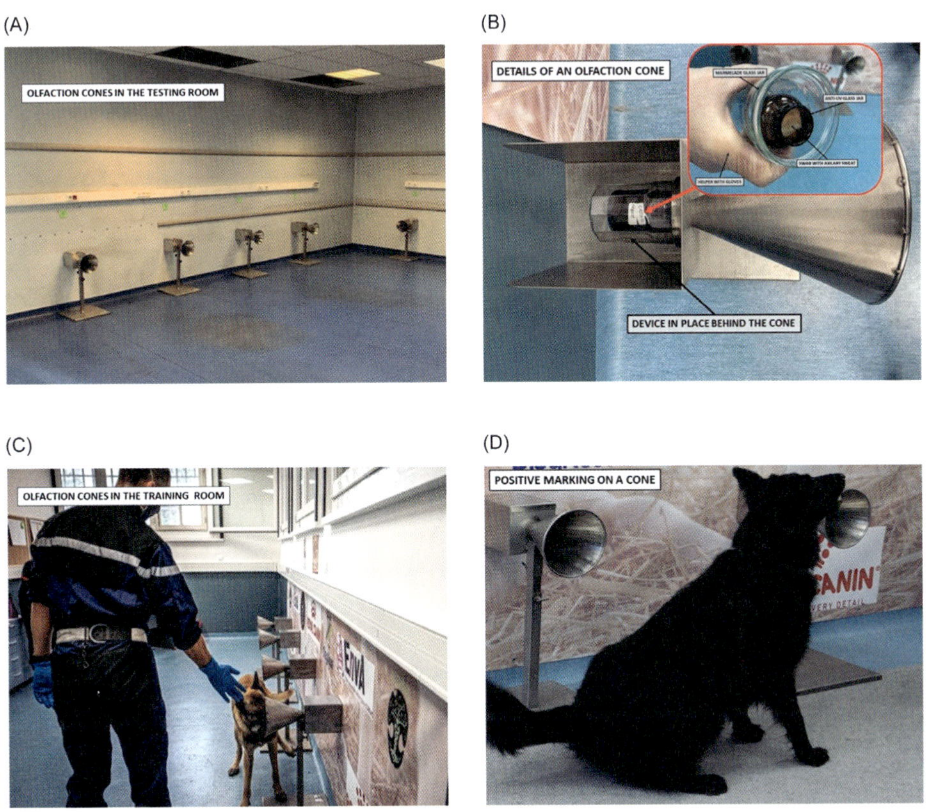

코로나바이러스 탐지훈련 과정 출처 DOI: 10.1371/journal.pone.0268382

할 수 있다. 위와 같이 의료탐지견의 활약은 환자 본인도 눈치채지 못한 몸의 이상 상태를 정확하게 알려주기 때문에 환자의 안전과 삶의 질을 높여줄 수 있다.

(8) 해충탐지견(Pest Detection Dogs)

해충탐지견(Pest detection dogs)은 주로 건물이나 문화재 혹은 인간의 건강에 위험을 초래할 수 있는 곤충이나 설치류의 존재를 감지하여 핸들러에게 통보해주도록 훈련된 개다. 해충탐지견의 역할은 제거하고자 하는 특정 해충과 배치된 환경에 따라 달라질 수 있다. 예를 들어, 농작물에 피해를 줄 수 있는 해충의 존재를 감지하기 위해 농촌 지역에서 사용되거나 가정의 청결을 위협하는 빈대나 기타 해충의 존재를 감지하기 위해 주거 환경에서 사용될 수도 있다.

- **빈대탐지견:** 빈대(Cimex lectularius)는 호텔, 기숙사 및 학교와 같이 방문자가 자주 드나드는 일부 시설에서 발생할 가능성이 높다. 빈대는 구석구석 잘 은둔하고, 주로 야간에 활동을 하기 때문에 좀처럼 발견하기 어렵다. 빈대에 물리면 매우 심한 가려움증을 동반하는데 이러한 가려움증으로 인해 불면증 및 기타 스트레스 징후를 초래할 수 있다. 1979년 미국의 한 해충 방제업체에서 빈대탐지견을 처음으로 소개하였다. 그 당시 미국에서는 DDT와 같은 광범위한 살충제의 사용으로 빈대가 거의 박멸되었으나 2000년대 초, 살충제에 저항할 수 있는 변종의 빈대가 발생하여 그동안 사용했던 살충제가 효과가 없자 빈대를 전문적으로 찾아내도록 훈련시킨 빈대탐지견이 등장했다. 빈대탐지견은 높은 정확성과 효율성을 보여 2006년경 빈대탐지견의 활약이 신문에 실리기도 하였다.
- **흰개미탐지견:** 흰개미는 집과 기타 구조물에 심각한 피해를 줄 수 있는 해충이다. 특히 흰개미는 목조건축 문화재를 포함하여 목재 구조물, 농작물 등을 섭식하여 막대한 경제적 피해를 발생시킨다. 문화재청 국립문화재연구원에서 진행한 국가 지정 목조건축 문화재의 피해 조사 결과, 흰개미에 의한 피해는 약 89%로 확인하였다. 특히 지구온난화로 인해 흰개미의 서식 범위, 활동 기간이 늘어남에 따라 최근 국내에 목조건축 문화재의 피해도 증가하고 있다. 일반적으로 탐지 작업 현장에는 흰개미 탐지견과 훈련사, 문화재청 국립문화재연구소 조사팀이 한 조가 되어 탐지 작업을 진행한다. 탐지견이 흰개미의 흔적이나 서식지를 찾아내면, 국립문화재연구소는 내시경 카메라와 탐지기 등 검측 장비를 이용하여 흰개미 서식 여부와 서식 상태

등을 확인하고, 문화재청은 조사 결과에 따라 긴급방제, 군체 제거시스템 설치, 토양처리, 방충·방부처리 등의 작업을 진행한다. 흰개미 탐지견의 운용은 흰개미의 서식처를 찾기 위해서 사람이 직접 문화재에 구멍을 뚫거나 두드려봐야 하는 번거로운 일을 대신해줄 뿐만 아니라, 건물 안쪽에서부터 나무를 갉아 먹는 흰개미의 식습관 때문에 눈으로 발견하기 힘든 서식처도 대신 찾아주어 매우 효과적이다.

- **모기탐지견**: 모기탐지견은 기생충에 감염된 모기의 냄새를 식별할 수 있는 훈련된 개로 후각을 사용하여 말라리아 기생충을 옮기는 학질모기(Anopheles) 종의 냄새를 감지하도록 훈련되었다. 모기 탐지견의 사용은 질병의 조기 발견 및 치료를 가능하게 하므로 말라리아 퇴치에 효과적인 도구가 될 수 있다.
- **설치류탐지견**: 설치류탐지견은 살아있는 설치류나 죽은 설치류의 냄새, 배설물, 소변 등의 냄새를 감지할 수 있도록 훈련된 개이다. 설치류 탐지견은 대형 창고, 공항 및 기타 산업 환경과 같이 전통적인 해충 방제 방법이 효과적이거나 실용적이지 않은 지역에서 특히 유용하다. 설치류탐지견의 훈련은 설치류의 특정 냄새를 감지하거나 살아있는 설치류와 죽은 설치류를 구별하는 것이 포함된다. 설치류를 발견하면 짖거나, 앉거나, 긁는 것과 같은 특정 신호를 사용하여 설치류의 존재를 통보한다. 설치류탐지견의 운용은 설치류 침입을 통제하고 재산 피해를 방지하는 효과적이고, 친환경적인 방법이라 효과적인 도구가 될 수 있다.

흰개미를 탐지하고 있는 탐지견 출처: 에스원

02 마약탐지견 양성훈련

마약탐지견을 양성하기 위해서는 일반적으로 다음과 같은 단계를 거쳐야 한다.

① **견종의 선택**: 견의 기질, 혈통, 훈련 가능성, 신체 능력에 따라 적합한 개 품종을 선택한다. 찾는 목표 물건에 따라 견종의 선택이 달라질 수 있다.

② **사회화 훈련**: 탐지견은 직업의 특성상 외부의 다양한 환경에서 임무를 수행하기 때문에 다양한 사람, 동물, 소리, 냄새, 환경 등 다양한 자극을 마주하게 된다. 이러한 자극에도 자신의 맡은 임무를 수행할 수 있도록 사회화 훈련이 선행되어야 한다.

③ **복종훈련**: 탐지훈련을 시작하기 전에 기본적인 복종훈련이 필요하다. 예를 들어 '앉아', '엎드려', '기다려', '와', '따라'와 같은 기본적인 복종훈련이 선행되어야 한다.

④ **대상 냄새 소개**: 통제된 환경에서 대상 냄새(예: 약물, 폭발물, 사람, 해충 등)를 맡게 하고, 바로 먹이와 장난감과 같은 강화물을 제공하여 그 대상 냄새를 맡는 것을 긍정적인 경험으로 조건화시켜야 한다.

⑤ **목표 냄새 검색**: 개는 차량, 수화물 또는 사람과 같은 다양한 환경과 상황에서 목표 냄새를 찾아내는 방법을 점진적으로 배운다.

⑥ **개선**: 목표 냄새를 검색하는 과정에서 어수선한 환경이나 외부의 자극에 대해 반응하지 않으며 목표 행동에 집중하는 법을 배우고, 냄새의 정확한 위치를 식별하여 핸들러에게 통보하는 것과 같은 동작을 오차가 나지 않도록 행동을 개선하며 훈련한다.

⑦ **실전 훈련 연습**: 혼잡한 지역이나 차량에서 폭발물을 찾아내거나 지나가는 사람의 몸이나 가방 속의 있는 약물을 찾아내는 것과 같은 상황을 연출하여 실제 현장과 같은 환경에서 실전처럼 다양한 변수를 발견하며 훈련을 진행한다.

⑧ **인증**: 탐지 능력이 능숙해지면 객관적으로 견의 탐지 능력과 핸들러의 조합을 확인하기 위해 공인된 조직이나 기관에서 실기평가를 통해 인증을 받는다.

탐지견 훈련은 전반적으로 올바른 목표물을 찾을 때 그에 대한 보상을 지급하고, 다른 물건에 반응하면 어떠한 보상도 지급되지 않는 정적강화와 부적처벌의 학습법을 반복하여 인지시킨다. 훈련의 세션은 일반적으로 견의 관심과 집중력을 유지하기 위해 짧게 구성하는 것이 좋으며 여러 번 반복하는 것이 효과적이다. 탐지견 양성훈련은 고도로 전문화된 작업이기 때문에 능숙하고 숙련된 핸들러에 의해 수행되어야 한다.

다음은 국내의 마약탐지견의 단계별 양성훈련 과정이다.

1) 자견훈련

자견훈련은 미국 세관이나 교통안전청에서 진행하는 퍼피워킹 프로그램(puppy walking program)과 비슷한 맥락의 훈련으로 기초적인 복종과 다양한 환경적응 등 강아지를 사회화시키는 것이 주목적이다. 자견훈련 기간 동안 핸들러는 사회화를 비롯하여 물품에 대한 소유욕을 개발하여 탐지에 대한 강한 동기를 부여하고, 운동을 통한 신체적 · 정신적인 발달을 유도하는 훈련을 진행하도록 한다. 보통 미국의 세관이나 교통안전청의 경우, 생후 2개월부터 시작하여 12개월령까지 진행하는 반면, 한국 관세청 탐지견 훈련센터에서는 생후 4개월이 되어야 자견훈련을 시작하는 편이다.

탐지견 핸들러를 위한 노트

자견훈련 시 주의사항

1. 자견훈련은 특수하고 특별한 것이나 새로운 무언가를 하는 것이 아니다. 자견훈련의 목표는 훈련의 기능적인 측면보다 심리적 안정감과 같은 정서적인 측면을 목적으로 한다.
2. 자견훈련을 별도로 진행하는 것보다 생활에서 자연스럽게 훈육으로 진행하는 것이 좋다.
3. 원활한 사회성을 형성하기 위해 다양한 양육 환경을 충분히 경험하게 해주어야 한다.
4. 추후 핸들러와의 원활한 작업을 위해 평소 친화작업을 충분히 해주어야 한다.

(1) 기초 훈련

- 5~6마리 정도의 자견을 놀이방에 함께 풀어준다. 자견끼리 자유롭게 뒹굴고 운동하면서 자연스럽게 타견에 대한 사회성을 형성한다.
- 탐지견과 핸들러 간에 신뢰감이 생길 수 있도록 산책이나 놀이, 칭찬과 스킨십을 해주며 친화 작업을 진행한다.
- 좋은 팀워크를 형성하기 위해 보행훈련과 기본적인 복종훈련을 실시하는 데 반드시 깊이 있는 복종수행 능력을 요구하는 것은 아니다. 탐지견의 경우 임무 수행에 필요

한 '앉아', '기다려', '따라' 정도만 가볍게 연습한다.

(2) 환경적응훈련

- 다양한 환경을 경험하지 못한 개는 공항과 같은 낯선 장소에 가면 쉽게 적응하지 못하고, 모든 사물이나 공간에 대한 두려움이 발생하기 때문에 환경적응 훈련이 필요하다.
- 환경적응 훈련의 목표는 강아지가 성장하여 본격적인 탐지훈련에 돌입했을 때 훈련센터나 공항 등 모든 훈련장소에서 겁내지 않고 평상시와 같은 행동으로 탐지훈련을 정상적으로 수행하는 것이다.
- 자견훈련 과정 중 컨베이어벨트, 각종 훈련시설물, 장애물, 창고, 본관 건물에 강아지를 데려가 겁내지 않고 자연스럽게 행동할 수 있도록 즐거운 경험을 시키며 적응시키는 것이 좋다.

(3) 소유욕 개발 훈련

- 강아지에게 공이나 더미(Dummy: 폭이 약 20cm로 접어 둥그렇게 말아 양쪽에 실로 묶은 수건 뭉치)로 터그놀이(터그나 더미와 같은 물품을 소유하기 위해 서로 잡아당기는 게임)를 해주며 차츰 더미를 멀리 던져 물어오게 하는 회수훈련을 시행한다.
- 핸들러와 강아지가 서로 잡아당겨 쟁탈전을 벌이다가 강아지가 최종 승자가 되게끔 연출하며 놀아주는 과정이 필요하다. 이러한 방법으로 강아지의 잠재된 사냥본능을 일깨워줌으로써 사냥감(물품)에 대한 소유욕을 향상시켜준다.
- 이러한 터그놀이(Tug-of-War Game)는 탐지견을 양성하는 본격적인 훈련에서도 연결되는 것으로 탐지견이 목표물인 마약류나 화약류 등을 찾게 하는 중대한 메커니즘이 되어 본격적인 탐지훈련에 적용이 된다.

2) 양성훈련

마약탐지견 훈련과정 중 양성훈련이란 자질테스트에서 합격한 개를 대상으로 마약탐지를 수행할 수 있도록 4개월 동안 훈련하는 것을 뜻한다. 약물을 인지하는 과정부터 감지한 약물을 찾아내고, 핸들러에게 통보하여 실전에서 활용할 수 있기까지의 중점적인 부분을 훈련한다.

(1) 기초탐지(대마인지)

견과 함께 더미를 던지고, 물리는 등의 회수놀이를 통해 자연스럽게 대마 냄새를 인지하고 후각을 이용하여 마약을 찾는 개념을 잡아주는 훈련과정이다.

① Retrieving

- 풀이 자란 초지에서 핸들러는 견을 앉게 하고, 헬퍼(보조자)는 대마 냄새가 밴 더미를 흔들며 견의 시선을 집중시킨다.
- 견의 시선이 더미로 집중되면 헬퍼는 풀숲으로 더미를 던진다.
- '찾아'라는 명령어와 함께 견을 풀어주며 견이 자유롭게 더미를 회수할 수 있게 한다.
- 견이 대마 냄새를 인지하고 더미에 대한 집착과 회수 욕구가 강렬해질 때까지 놀이 형식으로 반복한다.
- 만일 헬퍼가 던진 더미를 잘 찾지 못할 경우에는 핸들러가 더미 방향으로 몇 발자국 움직이며 유도해준다.

② Point to Point

- 풀이 자란 초지에서 풀을 모아 두 개의 덤불을 쌓아놓는다.
- 헬퍼는 두 개 중 한 개의 덤불 속에 대마 냄새가 밴 더미를 숨겨놓는다.
- 핸들러는 더미를 숨긴 덤불로부터 약 10미터 떨어진 곳에 견을 앉게 한다.
- 헬퍼가 더미를 덤불로 던지는 척하면 핸들러는 앉아 있는 견에게 '찾아' 명령을 내린다.
- 핸들러는 리드줄을 잡은 채 견이 덤불로 달려가 숨겨진 더미를 찾을 수 있도록 유도한다.
- 같은 방법으로 헬퍼가 반대쪽 덤불에도 더미를 숨기면, 핸들러는 은닉된 더미를 찾게 한다.
- 핸들러는 양쪽 덤불을 오가게 하며 훈련을 반복한다.
- 두 개의 덤불의 거리를 점점 벌려가며 난이도를 높인다.

③ Quartering

- 풀을 모은 덤불을 충분한 간격을 유지하며 지그재그로 배치한다.
- 헬퍼는 여러 개의 덤불 중 한 곳에 더미를 숨겨놓는다.
- 핸들러는 '앉아' 시킨 후 '찾아' 명령을 하며 리드줄을 잡고 덤불 사이를 차례차례 지그재그로 오가며 더미를 찾을 수 있게 유도한다.
- 지그재그로 이동 중, 견이 대마 냄새를 인지하고 은닉된 덤불로 향하면 핸들러는 줄을 느슨하게 하여 견이 직접 더미를 찾아내도록 유도한다.
- 더미를 찾으면 그에 대한 보상으로 더미로 즐겁게 터그놀이를 해주어 더미를 찾고 소유하고자 하는 욕구를 더욱 끌어올린다.

(2) 기초대물탐지

마약은 곧 보상물이라고 조건화를 시키는 과정으로, 여러 개의 인지 상자에서도 정확하게 목표물을 찾아 앉으면 보상이 오도록 훈련한다.

① 일자 탐지

- 인지상자(견의 머리가 살짝 들어갈 수 있는 크기의 구멍이 뚫려있는 나무 상자)를 여러 개 준비하여 일렬로 배치한다.
- 일렬로 배치된 인지상자 중 한 개에 대마와 더미를 함께 넣어둔다.
- 핸들러는 배치된 인지상자 중 첫 번째 상자 앞에 '앉아'를 시킨다.
- '찾아' 명령어와 함께 리드줄을 잡고 견이 하나하나 인지상자의 냄새를 맡으며 이동하도록 유도한다.
- 이동 중, 견이 대마와 더미가 든 상자를 발견하여 관심을 보이면 스스로 더미를 꺼내도록 유도한다.
- 견이 더미를 꺼내면 핸들러는 더미로 터그놀이를 하며 보상한다.
- 대마와 더미를 다른 상자로 바꿔가며 반복적으로 연습하여 익숙하게 찾아내도록 한다.
- 능숙해지면 더미는 상자에 넣지 않고 대마만 인지상자에 넣은 후 찾도록 유도한다.
- 견이 대마가 들어간 인지상자에 반응을 보이면 '앉아'를 시킨 후 찾은 인지 상자 위에 더미를 던져서(핸들러가 보상을 주는 것이 아니라 대마가 든 인지상자에서 더미가 튀어나오

듯) 보상을 한다.

- 인지상자의 수량을 늘리고, 은닉장소를 바꿔가며 반복연습으로 대마를 찾으면 반드시 '앉아'야 한다는 것을 각인시킨다.
- 나무로 만든 인지상자에 익숙해지면 종이박스로 변경하여 훈련한다.

② 벽면 탐지

- 마약 냄새가 바닥뿐만이 아닌 위쪽에서도 나온다는 것을 인지시키는 과정이자, 보상물은 핸들러가 아닌 마약이 은닉된 장소에서 나온다는 인식을 확립시키는 훈련이다.
- 벽면구조물 장치가 되어있는 방에서 구조물 왼쪽 시작 지점에서 견에게 '앉아'를 시키고, '찾아' 명령어와 함께 시계방향으로 탐지를 진행하며 견이 은닉된 마약을 찾을 수 있도록 유도한다.
- 냄새는 공기의 흐름에 따라 취기가 흘러나오기 때문에 견이 냄새를 벽면의 냄새를 맡을 때 코를 벽면에 너무 밀착하지 않고, 약간 떨어져 냄새를 맡도록 유도한다.
- 견이 마약을 찾으면 핸들러는 '앉아'를 시키고, 헬퍼는 벽 뒷면에서 더미나 보상물을 은닉도구에 투입한다.
- 핸들러는 칭찬과 함께 터그놀이를 하며 신나게 놀아준다.
- 벽면구조물의 은닉장소를 바꾸어가며 반복훈련으로 강화시킨다.

③ 장치장 탐지

- 장치장은 화물청사의 장치장과 흡사한 구조의 장소로 박스, 가방, 가구, 가전제품 등이 입체적인 구조로 배치되어 있다. 다양한 방향에서 나오는 취기를 추적하여 반응하는 개념을 습득한다.
- 처음부터 모든 구역을 다하기보다는 탐지견의 흥미 유지를 위해 구역을 정하여 점차 늘려가는 방식으로 훈련을 진행한다.
- 장치장 탐지는 사방으로 펼쳐진 다양한 물건들 속에서 마약을 탐지하는 어려운 과정이므로 초반의 마약 은닉장소는 견의 코 높이에서 시작하여 쉽게 찾을 수 있도록 유도한다.
- 마약 은닉장소를 견의 코 높이에서 시작하여 아래, 위, 건너편 등 조금씩 난이도를 높여가며 훈련을 진행한다.

(3) 기초 대인탐지

기초 대인탐지는 대물탐지와 달리 지나가는 사람이나 움직이는 컨베이어벨트 위에서 돌아가는 가방을 탐지하는 훈련이다. 이러한 훈련과정을 통해 움직이는 물품에 대한 탐지 개념을 습득해야 하고, 발판이 움직이는 컨베이어벨트 위에서 공포감을 느끼지 않도록 둔감화 훈련이 진행되어야 한다. 또한 대인탐지 과정에서 탐지를 하되 사람에게 올라타거나 옷에 침을 묻히는 행동을 제한하는 등 대인을 대하는 소양교육도 중요하다.

① 컨베이어벨트 탐지

- 컨베이어벨트를 멈춘 상태로 그 위에 올라가게 하고 보상해주는 것을 반복하며 벨트 위의 독특한 촉감 및 높이에 대한 거부감을 제거한다.
- 컨베이어벨트의 위의 움직임에 대한 거부감이 사라지면 느린 속도에서 충분한 시간을 두고 둔감화를 시킨다.
- 느린 속도에서의 적응훈련이 이루어졌다면 점차 속도를 높여가며 둔감화 교육을 진행한다.
- 적응과정이 끝나면 컨베이어벨트 위에 10개의 가방을 놓고 그중 한 개의 가방 안에 마약을 은닉한다.
- 컨베이어벨트 앞에서 '앉아'를 시킨 후 '찾아' 명령과 함께 견을 벨트 위로 올라가도록 유도하며 탐지를 진행한다.
- 핸들러는 견의 속도에 맞추고 가방을 누르며 가방 속 취기가 외부로 발산되어 견이 냄새를 맡을 수 있도록 한다.
- 견이 마약이 든 가방을 인지하고 그 앞에 앉으면 칭찬과 함께 더미를 보상하고 터그놀이로 즐겁게 마무리한다.
- 가방의 개수를 늘려가고, 마약의 양을 변경해가며 반복적으로 훈련을 진행하도록 한다.

② 마네킹 탐지

- 마네킹 탐지는 사람의 각 부위에 은닉한 물품을 찾아내는 연습을 할 수 있는 대인탐지의 기초적인 훈련이다.
- 마네킹 옆에 연습하였던 인지박스 가방을 두고, 그 안에 마약을 숨긴 후 찾아내는 과정을 반복하여 사람에 대한 거부감을 줄인다.
- 사람 옆의 가방이나 물건에 마약을 찾아내는 과정이 익숙해지면 이번에는 마약을 사람의 신체 부위나 옷 주머니, 구두, 핸드백 등에 숨겨서 대인탐지를 적응시킨다.

③ 옷걸이 훈련

- 대인탐지 과정 중 견은 냄새를 탐지하기 위해 사람을 올라타거나 옷감에 코를 바짝 대어 침을 묻힐 수 있다. 이러한 행동을 자제하도록 사람의 모습처럼 옷걸이에 옷을 걸어두고 연습한다.
- 견이 마네킹에게 했던 것처럼 옷걸이에 올라타게 되면 옷걸이는 지지해줄 수 없는 몸통이 없어 견은 허공에 발을 디디며 앞발을 짚게 된다.
- 이러한 시행착오를 통해 사람에게 올라타지 않도록 반복훈련을 하여 대인에게 다가가고, 탐지하는 방법을 학습한다.

(4) 인지훈련

- 냄새가 강한 대마로 대물탐지와 대인탐지까지 훈련하였다면 대마에서 헤시시, 코카인, 헤로인, 아편, 메스암페타민 등의 약물로 바꿔가며 모든 마약류를 탐지하도록 훈련한다.
- 대마에서 다른 약물로 변경하여 훈련할 시 초반 훈련과정이었던 인지 상자를 일자로 배열한 후에 새로 바뀐 약물 한 종류를 은닉하고 찾게 훈련한다.
- 인지상자, 벽면구조물, 장치장 탐지가 끝나면 마찬가지로 컨베이어벨트, 마네킹, 옷걸이 등 같은 순서대로 난이도를 높여가며 훈련한다.
- 한 종류의 새로운 약품의 훈련이 끝나면 다른 약품도 같은 순서와 방법으로 훈련하여 모든 마약 냄새를 탐지할 수 있도록 훈련한다.

(5) 차량탐지

- 헬퍼는 승객에게 소지품과 가방을 가지고 차량 밖으로 내리게 하고, 자동차 열쇠와 수화물 열쇠를 수거한 후 승객을 한 곳에 격리한다.
- 핸들러는 견에게 리드줄을 착용한 채로 차량 내부와 외부의 모든 냄새를 맡을 수 있도록 차량 전면부에서 시작하여 반시계방향으로 돌면서 탐지를 시작한다.
- 승용차는 차량의 내부 탐지를 시작할 때 일단 앞문을 열어 차 안에서 흘러나오는 냄새를 맡게 한 후, 견의 리드줄을 풀어 차량으로 진입하게 한 후 문을 닫아준다.
- 차량 속에서 탐지견은 차량 전면부에서 시작하여 뒷좌석으로 이동하며 차량 내부를 전체적으로 맡게 하고 내부 탐지가 끝나면 뒷좌석의 문을 열어 내리게 한 후 다시 리드줄을 채운다.
- 내부탐지에 이어 트렁크 탐지 시 견이 트렁크 안에 올라서 탐지를 할 수 있도록 트렁크에 있는 수화물을 밖으로 빼낸다.
- 트렁크 탐지 후에는 차량 조수석 측면에서 반시계방향으로 돌며 차량의 외부를 탐지한다.
- 차량의 외부 탐지가 끝나면 다시 출발점으로 돌아와서 엔진룸을 탐지하도록 한다. 엔진룸을 최후에 진행하는 이유는 충분히 엔진을 식힌 후 탐지를 진행하기 위해서이다. 특히 운행 중이던 차량은 반드시 엔진룸을 식히고 탐지를 진행하여 견에게 무리가 가지 않도록 해야 한다.
- 트렁크 탐지가 끝나면 한쪽에 격리되어있는 승객들에게 가서 승객의 소지품과 수화물을 검사한 후 탐지를 종료한다.

(6) 심화훈련

- 실전에 탐지견을 투입하기 전에 실전과 유사한 공간과 상황에서 실전처럼 탐지견을 연습시키는 마지막 훈련과정이다.
- 심화훈련 과정에는 기존에 탐지했던 모든 마약의 종류와 양, 마약의 은닉장소는 물론 냄새의 방향과 흐름에 영향을 줄 수 있는 모든 요인을 변경해가며 다양한 상황에서 탐지 임무를 수행할 수 있도록 훈련한다.

(7) 현장훈련

- 기초훈련부터 심화훈련까지 아무리 탐지훈련이 잘 되어있어도 실제 현장에 투입되면 그 낯선 환경에 적응하지 못해 정식 탐지견이 못 되는 경우도 발생한다.
- 심화훈련 공간이 아무리 실전과 유사한 환경으로 만들어져있어도 늘 연습하게 되면 어느새 그 환경과 공간이 익숙해지지만, 실전 현장은 정식 탐지견으로 활약하기 전까지는 익숙하지 않은 공간이기 때문에 실전에 투입하기 전에 현장훈련 과정을 통해 실전의 상황과 환경을 익숙하게 해주는 과정이 필요하다.
- 특송 물류 창고, 국제 우편집중국, 공항 입국장, 기계 소음, 협소한 작업 장소, 다수의 사람, 이동 가방이나 카트 등에 대한 실전 경험을 반드시 진행하는 것이 좋다.

3) 훈련 평가

- 현장 배치가 가능한 정식 탐지견을 선별하기 위한 최종 평가이다.
- 총점 60점 이상인 탐지견을 대상으로 예비견으로 지정 후, 현장 수요 발생 시 현장에 배치한다.
- 평가에 합격한 견은 현장배치 및 현장 투입 예비견으로 지정되고, 합격하지 못한 견은 재훈련 과정에 투입된다.
- 견의 대담성, 집중력, 탐지과정, 반응표현, 소유욕에 대해 평가한다.

평가사항

① 대담성: 변화된 환경에서 두려움 없이 활동하는 태도

② 집중력: 탐지대상물에 대해서만 집중하는 태도

③ 탐지과정: 후각을 이용한 자발적인 탐지과정 여부

④ 반응표현: 은닉한 마약류에 대한 정확한 반응표현 여부

⑤ 소유욕: 보상물에 대해 소유하고자 하는 욕구 여부

03 탐지견 운용

1) 핸들러

(1) 핸들러의 역할

탐지견 훈련사는 견의 예리한 후각을 사용하여 불법 약물과 마약, 폭발물 또는 기타 물질을 탐지하도록 견을 훈련하는 역할을 담당한다. 일반적으로 탐지견 훈련사의 역할에는 다음과 같은 다양한 임무를 포함한다.

- **견 관리**: 훈련사는 신체적, 정서적으로 견을 건강하게 돌볼 의무가 있다. 그들은 훈련견의 컨디션을 최상의 상태로 유지하기 위해 적절한 영양, 운동 및 의료 서비스를 제공해야 한다.
- **탐지훈련**: 훈련사는 긍정적인 강화 방법을 사용하여 대상 물질을 인식하고 식별하는 방법을 개에게 가르쳐야 한다. 그들은 개가 산만함을 무시하고, 명령을 따르고, 다양한 환경에서 효율적으로 일하도록 훈련해야 한다.
- **사회성 형성**: 실제 탐지 현장에서 외부 자극으로 인해 탐지 진행이 영향받지 않도록 훈련사는 다양한 장소, 소리, 환경, 사람 등을 긍정적으로 경험시켜주어 사회성을 형성할 수 있게 한다.
- **정보 활용**: 훈련자는 탐지훈련에 사용되는 최신 기술이나 장비 및 동향에 대한 정보를 습득하여 자신의 훈련 방법을 개선하고, 개가 최상의 컨디션에서 최고의 기량을 발휘할 수 있도록 관련 지식과 기술을 지속적으로 업데이트해야 한다.
- **교차 오염 방지**: 훈련자는 개가 훈련 및 탐지 중에 대상 물질에만 노출되도록 하여 개가 교차 오염되지 않도록 해야 한다. 개의 탐지 능력을 방해할 수 있는 다른 물체나 물질과 상호 작용해서는 안 된다.
- **휴식 제공**: 훈련자는 훈련 및 탐지 작업 중에 개에게 적절한 휴식과 휴식을 제공해야 한다. 개는 피로와 부상으로 이어질 수 있으므로 과로하거나 신체적 한계를 넘어서는 안 된다.
- **위생 및 청결 유지**: 훈련자는 교육 및 감지 작업 중에 위생 및 청결을 유지해야 한다. 조끼와 목줄을 포함한 개의 장비는 질병과 박테리아의 확산을 방지하기 위해 정기적으로 청소하고 소독해야 한다.

- **법적 및 윤리적 지침 준수**: 훈련자는 탐지견을 운영할 때 법적 및 윤리적 지침을 준수해야 하며 합법적인 목적으로만 사용해야 한다.
- **안전 관리**: 훈련자는 훈련 및 탐지 작업 중에 견을 완전히 통제해야 한다. 잠시 방심한 사이 견이 의도하지 않은 사고를 일으키거나 다른 사람에게 해를 입히지 않도록 항상 목줄을 매거나 훈련자의 지시에 견이 복종하도록 관리해야 한다.

(2) 핸들러의 필수 역량

- **일관성**: 모든 훈련과정과 일상생활에서 핸들러는 항상 일관적인 태도로 훈련견을 대하고, 어떠한 상황에서도 일관성을 유지하는 것이 좋다. 자신의 기분과 상황에 따라 견을 대하는 태도가 달라지면 견은 혼란을 느낀다.
- **안정성**: 훈련과정 중 핸들러가 성급하거나 쉽게 흥분하면 좋은 성과를 기대하기 어렵고, 견에게 심각한 행동학적인 문제점을 일으킬 수 있다.
- **적극성**: 우수한 탐지견의 육성은 핸들러에게 달려있다. 탐지견 양성훈련을 진행하는 과정에 능동적이고 자발적인 핸들러의 태도와 마음가짐은 견의 훈련성과를 좌우할 수 있다.
- **순발력**: 살아 움직이는 동물과 함께 탐지훈련을 하게 되면 무엇보다 핸들러의 순발력이 필요하다. 견의 움직임과 태도에 따른 적절한 보상, 현장에서 예상하지 않은 상황에서의 적절하고 빠른 대처 반응 등은 탐지견의 능력을 끌어올리는 데 중요한 요소이다.
- **친화력**: 핸들러와 탐지견의 팀워크는 매우 중요한 요소로 견은 핸들러의 지시에 순응하며 조화를 이루는 것이 가장 이상적이다. 견에게 무리를 가하는 행동이나 지나친 처벌을 사용하는 등 핸들러의 잘못된 습관이나 행동으로 인해 견이 잘못될 경우 회복이 어려울 수 있다. 핸들러는 항상 견과 원만한 교감을 형성하며, 온정적인 태도로 훈련을 이끄는 것이 좋다.
- **이해력**: 핸들러는 훈련과정에서 문제점이 발생하면 문제의 원인분석은 물론 이를 극복하기 위한 진단을 내릴 수 있어야 한다. 견의 성향과 장단점을 명확히 파악하고 그에 따른 훈련 계획을 준비하여 견의 탐지 능력을 지속적으로 향상시켜 주어야 한다.

2) 탐지견

(1) 탐지에 적합한 견종

탐지견의 선발기준은 후각 능력이 뛰어난 수렵견 중에서 성격은 명랑하고 열정적이며 사람과 친밀도가 높은 견종이 좋다.

- **래브라도 리트리버**: 래브라도 리트리버는 탐지견으로 가장 많이 사용되는 품종 중 하나이다. 후각이 뛰어나고 훈련성이 뛰어나며 사람과 친화력이 좋아 탐지 작업에 적합하다. 사람과 다른 동물에게 사나운 모습을 보이지 않아 탐지견 외에도 구조견이나 안내견으로도 많이 활동한다. 래브라도 리트리버의 털은 방수와 보온이 되는 이중모 구조를 가지고 있어 수영에도 최적화되어있다. 털은 짧지만 털 빠짐은 심한 편이라 자주 브러싱을 해주는 것이 좋다. 생후 2년까지는 엄청난 에너지와 치악력으로 물건을 물어뜯거나 파손하지만 2년이 지나면 원숙한 성견이 되어 사람에게 순하고 매우 착한 편이다.
- **비글**: 비글은 뛰어난 후각과 작지만 튼튼하고 다부진 체구를 가지고 있어 체력이 우수하며 훈련 소질이 좋아 탐지견으로 이상적이다. 작고, 귀여운 외모로 사람에게 위화감을 주지 않기 때문에 주로 마약이나 기타 밀수품을 탐지하기 위해 공항이나 세관에서 주로 사용된다. 비글은 전반적으로 건강한 편이지만 유전적으로 뼈의 밀도가 작아 골절에 취약하고, 처진 귀로 인해 귓병도 자주 발생하며 백내장, 녹내장 등의 안구질환도 주의해야 한다.
- **스프링거스파니엘**: 스프링거스파니엘은 훈련 소질이 좋고, 후각이 뛰어나 탐지 작업에 이상적이며 사람과 친밀도가 높아 폭발물, 마약 및 총기를 탐지하는 데 사용하고 있다. 스파니엘종 중에서는 체구가 큰 편이며, 털은 중간 길이이고 가슴 부위의 털이 풍성하다. 털이 빨리 자라는 편이라 주기적인 그루밍이 필요하다. 활발하고 운동량이 많고, 적극적이며 호기심이 강한 편이다. 귀가 아래로 내려가 있는 형태이기 때문에 귀에 염증이 생기기 쉬우며, 음식에 대한 욕구가 강한 편이므로 비만이 발생하지 않도록 관리하여야 한다.
- **블러드하운드**: 블러드하운드는 놀라운 후각을 가지고 있어 탐지 작업에 적합하며 일반적으로 수색 및 구조 작업, 추적 및 인간 유해 감지에 사용된다. 외국에서는 범죄자나 길 잃은 등산객, 미아를 찾는 수색견으로 활약하고 있고, 반려견으로도 인기

가 있다. 블러드하운드는 큰 귀가 축 늘어져 있어 외이염, 중이염 등의 귓병이 자주 발생할 수 있고, 늘어진 피부 때문에 안구가 노출되어 결막염과 같은 안구질환에도 취약하다. 살찌기 쉬운 체질에 식탐이 많은 견종이라 비만이 될 수 있으니 사료 급여량 조절은 물론 충분한 운동도 필요하다.

- **저먼 셰퍼드**: 저먼 셰퍼드는 일반적으로 강한 추진력과 충성심은 물론 뛰어난 지능을 갖추고 있어 방위나 경호 역할을 포함한 다양한 탐지 역할에 적합하다. 독일 중남부 지역에서 당시 목양견으로 활용되던 견종을 우수한 형질의 사역견으로 만들기 위해 개량된 견종이다. 저먼 셰퍼드는 제1차 세계대전을 통해 본격적으로 전장에서 저먼 셰퍼드가 활약하게 되며 널리 알려지게 되었다. 그러나 뛰어난 기량으로 독일뿐만 아니라 영국, 미국은 물론 소련(구), 터키까지 군견으로 활용했을 정도로 군견으로써 매우 인기가 높았다. 저먼 셰퍼드가 지능, 체력, 훈련성도 뛰어나서 군견뿐 아니라 목양견, 경찰견, 수색견, 구조견, 장애인안내견, 사역견, 경비견 등 다양한 분야에서 활약을 보인다. 자주 발생할 수 있는 질병으로는 고관절이형성증, 급성 위염전, 췌장기능부전, 만성 각막염 등이 있다.
- **마리노이즈**: 마리노이즈는 매우 활기차고 지능이 뛰어나며 좀처럼 쉽게 지치지 않은 체력을 보유하고 있다. 셰퍼드처럼 강한 추진력과 충성심, 예리한 후각을 가지고 있어 다양한 탐지 작업 및 경비, 경호에 적합하다. 마리노이즈는 19세기 벨기에 북서부 말린스에서 목양견으로 길러졌으며, 주로 양과 소를 몰고 지키는 데 활용이 되었다. 하지만 제1차 세계대전에서 활약하였고, 그 능력을 인정받아 이후 제2차 세계대전까지 통신, 운송, 운반, 구조, 탐지 등으로 큰 인기를 얻었다. 저먼 셰퍼드에 비해 가볍고, 빠르고, 민첩하여 현재 군견, 경찰견으로 마리노이즈의 비중이 확대되고 있다.

(2) 탐지견의 선발기준

탐지견의 선택 기준은 탐지할 대상의 종류와 요구 작업에 따라 달라질 수 있다. 일반적인 탐지견의 선발기준은 다음과 같다.

- **뛰어난 후각**: 강력한 후각을 가진 견은 목표물의 냄새를 감지하는데 더 효과적이다. 블러드하운드, 비글, 스프링거스파니엘, 저먼 셰퍼드 등 후각이 강한 견종이 탐지견으로 적합하다.

- **높은 에너지**: 탐지 작업은 육체적으로나 정신적으로 힘든 작업이기 때문에 에너지가 넘치고 추진력이 있는 개가 적합하다. 일반적으로 의욕이 매우 강하고, 보상에 대한 동기가 강한 개들이 탐지견으로 적합하다.
- **훈련 가능성**: 탐지의 훈련과정은 복잡하고 다양하기 때문에 훈련성이 좋고 이해력이 높은 견종을 선택하여 새로운 작업을 빠르게 배울 수 있게 하여야 한다. 핸들러의 명령에 반응하고 다양한 환경에서 작업할 수 있어야 한다.
- **사회성**: 탐지견은 공공장소에서 작업을 진행하므로 사람과 동물, 낯선 환경을 편하게 받아들여야 한다. 또한 다른 사람이나 동물에 의해 작업 중 주의가 산만해지지 않아야 한다.
- **건강**: 탐지견은 신체 상태가 양호해야 하며 작업 능력에 매우 큰 영향을 미치기 때문에 신체적으로 건강에 문제가 없어야 한다. 또한 강한 면역력과 인내심으로 다양한 환경 조건을 극복할 수 있어야 한다.
- **친화력**: 탐지견은 사람과 다른 동물 주변에서 일하기 때문에 공격적이지 않은 것이 중요하다. 낯선 사람에게 쉽게 화를 내거나 공격적이지 않아야 한다.
- **안정 기질**: 탐지견은 작업 중 스트레스를 받거나 예측할 수 없는 상황에 노출될 수 있으므로 침착하고 안정적인 기질이 좋다. 안정적인 기질을 지닌 견들은 어려운 상황에서도 집중하고 침착하게 임무를 수행할 수 있다.

3) 통보 기법

탐지훈련 과정 중 탐지견이 목표물을 찾으면 핸들러가 찾았다는 것을 쉽게 알 수 있도록 핸들러에게 전달하는 것을 '통보'라고 한다. 핸들러에게 전달하는 통보 기법은 목표대상물의 종류와 상황에 따라 다르고, 제공하는 강화물 역시 다르다. 일반적으로 사용하는 탐지견의 반응기법은 적극적인 반응기법(aggressive)과 수동적인 반응기법(passive)으로 분류된다.

(1) 적극적인 반응기법(aggressive)

목표물을 찾아 그곳을 긁어서 핸들러에게 알리는 훈련 방법이다. 적극적인 반응기법은 개의 본성을 이끌어낼 수 있어 접근성이 용이하며 탐지견이 매우 적극적이면서 활동적으로 탐지한다. 또한 적극적으로 표현하는 방법은 탐지견이 본능적으로 좋아하는 방식이기 때문에 훈련을 쉽게 진행할 수 있어 수동적 반응기법보다 훈련기간을 단축할 수 있다. 마약을 찾아내는 탐지견에게는 적극적인 반응기법을 적용하는 것이 효과적일 수 있으나 폭발물과 같이 접촉이나 미세한 진동으로도 위험해질 수 있는 물건을 찾을 때는 적합하지 않은 방법이다.

(2) 수동적인 반응기법(passive)

수동적인 반응기법은 적극적인 반응기법과는 다르게 대상목표물을 발견하더라도 직접적인 접촉을 하지 않고, 시선으로 통보하는 방식이다. 폭발물이나 지뢰 등 위험한 물건들은 적극적인 반응기법을 이용한다면 폭발하게 될지도 모르기 때문에 수동적인 반응기법을 사용하여 훈련한다. 수동적인 반응기법은 다시 핸들러 주시형과 타겟(목표물) 주시형으로 분류된다.

- **핸들러 주시형:** 탐지견이 목표물을 찾아내면 핸들러를 향해 앉는 반응기법
- **타겟(목표물) 주시형:** 탐지견이 목표물을 찾아내면 목표물을 향해 앉는 반응기법

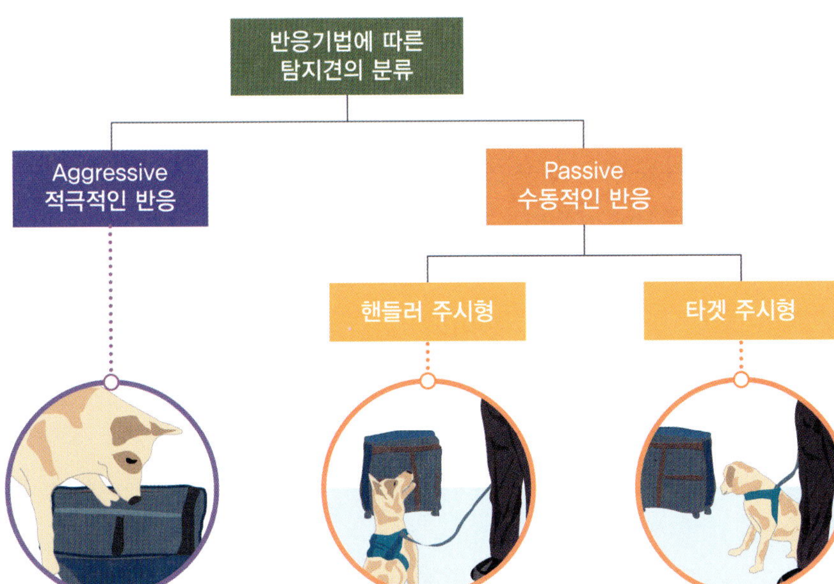

반응유형에 따른 분류

폭발물탐지견 훈련에는 수동적인 반응형태 중에서 목표물 주시형보다는 핸들러 주시형이 더욱 보편적이다. 만일 목표물 주시형으로 훈련할 경우, 연습 과정 중 탐지견이 목표물을 인지하여 반응할 때마다 핸들러가 더미나 공과 같은 보상물을 목표물에 던져서 보상해야 하는데 목표물이 폭발물일 경우, 위험하기 때문이다. 반면 공항이나 지하철역 등 공공장소에서 사람을 대상으로 검색하는 경우에는 목표물 주시형으로 훈련한다. 이러한 혼잡한 공간에서 핸들러 주시형으로 훈련하게 된다면 목표물(혐의자)을 놓치게 될 가능성이 높기 때문이다.

구분	적극적 반응기법 (Aggressive)	수동적 반응기법(Passive)	
		핸들러 주시형	타겟 주시형
훈련기법	목표의 근원을 긁음	핸들러를 향해 앉음	목표를 향해 앉음
접근성	용이	보통	어려움
훈련기간	12주	13주	14주
근무지	화물, 국제우편	입국장	입국장
탐지대상	여행자 외 모두	모두 가능	모두 가능
용도	마약탐지견	마약, 폭발물탐지견	마약탐지견

4) 보상으로 사용하는 강화물

탐지견은 마약, 폭발물 또는 밀수품과 같은 특정 물질을 탐지하도록 고도의 집중력을 요하는 훈련을 하기 때문에 핸들러는 탐지견이 냄새를 찾는 행동을 더욱더 강화하기 위해 보상물을 제공해야 한다. 보상물(reward)은 탐지견이 목표물을 찾아내면 그 행동에 대한 보상으로 주는 물품을 말한다. 탐지견이 열심히 냄새를 맡으며 목표물을 찾아다니는 원리는 바로 보상물을 획득하여 핸들러에게 칭찬받기 위해서이다. 따라서 탐지훈련에 제공하는 보상물은 일반적으로 개가 가장 좋아하는 것을 주는 것이 좋다. 보상물의 종류는 다양하나 통상적으로 음식, 더미, 공, 터그, 칭찬 등이 있다. 그러나 아무리 개가 좋아한다고 무분별하게 보상물을 줄 수는 없다. 보상을 줄 때는 탐지견이 어떤 행동으로 보상을 받았는지 이해해야 하므로 타이밍이 중요하다. 정확한 보상 타이밍을 아는 것은 탐지견이 정확히 목표물을 찾는 행동을 좋아하게 되고, 앞으로 반복할 가능성을 높이는 데 도움이 된다. 또한 탐지견이 훈련의 패턴이나 타이밍이 익숙해져 훈련을 지루해하지 않도록 때때로 보상을 제공하는 방법과 타이밍을 변경하는 것도 중요하다. 이것은 개의 동기와 집중력을 유지하는 데 도움이 될 수 있다.

마약탐지견 훈련에는 주로 수건을 말아서 양쪽을 실로 묶어 마치 뼈다귀처럼 만든 더미를 사용한다. 더미에 쓰이는 수건은 주로 흰색을 사용하는데 이는 염료가 첨가되지 않아서 색 있는 수건보다 영향을 덜 받기 때문이다. 또한 수건을 사용한 더미의 소재는 부드러워 터그놀이 시 탐지견의 치아와 잇몸에 상처가 생기지 않는다.

검역탐지견(Quarantine Dog)은 주로 불법 축산물 등 대부분 음식류를 탐지하기 때문에 먹는 음식으로 보상하는 것이 유리하다. 먹이로 보상을 주면 개는 그만큼 음식 냄새에 민감해지며 무엇보다도 강한 동기부여가 될 수 있기 때문이다. 하지만 검역탐지견 외의 다른 탐지견은 먹이 보상보다는 더미나 공으로 보상한다. 주로 먹이 보상을 주게 되면 탐지 임무를 수행하다가 음식 냄새를 맡게 되면 마약이나 폭발물보다는 음식 냄새에 현혹되어 임무 수행에 영향을 미칠 수 있기 때문이다.

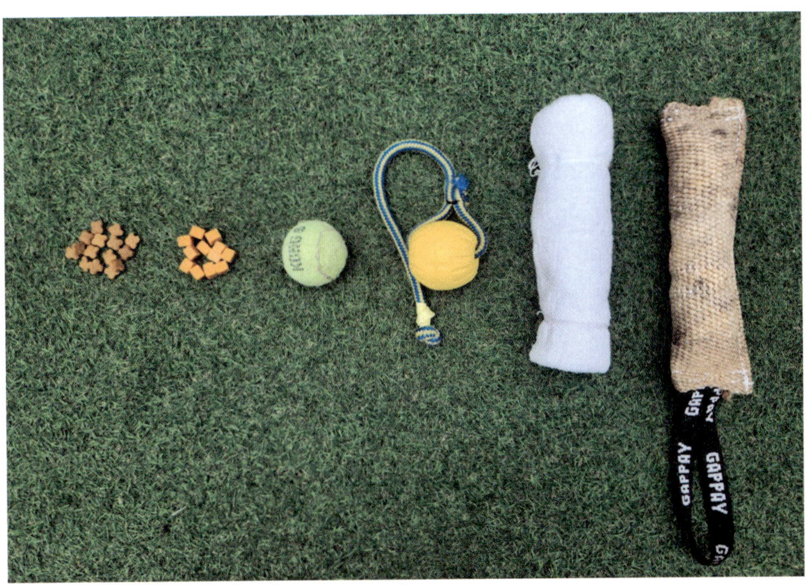

일반적인 보상물품

예상문제

1. 탐지견이 대상물을 찾기 위해 사용하는 기본 감각은 무엇입니까?

① 촉각 ② 청각
③ 후각 ④ 미각

2. 높은 에너지와 추진력이 탐지견의 중요한 특성인 이유는 무엇입니까?

① 새로운 장소에 대한 둔감화 작업에 도움이 된다.
② 당면한 작업에 집중할 수 있도록 도와준다.
③ 핸들러의 명령에 더 순종하게 만든다.
④ 다른 동물이나 사람과 친밀감을 갖는 데 도움이 된다.

3. 사회화란 무엇이며 탐지견에게 사회화가 중요한 이유는 무엇입니까?

① 개가 어떤 상황에서도 편안해질 수 있도록 다양한 사람과 환경에 개를 노출시키는 과정이다.
② 명령에 따라 특정 작업을 수행하도록 개를 가르치는 과정이다.
③ 새로운 품종을 만들기 위해 특정한 특성을 가진 개를 선택하고 번식시키는 과정이다.
④ 특정 냄새를 인식하고 반응하도록 개를 훈련시키는 과정이다.

4. 탐지견과 핸들러가 훈련 및 작업 중에 직면할 수 있는 몇 가지 잠재적인 문제는 무엇입니까?

① 위험한 물질이나 환경에 노출
② 장시간 노동으로 인한 육체적, 정신적 피로
③ 다른 사람이나 동물의 방해
④ 위의 모든 것

5. 목표물을 찾으면 그곳을 긁어서 핸들러에게 알리는 훈련 방법은 무엇입니까?

6. 탐지견이 목표물을 찾아내면 타겟을 향해 앉는 반응기법을 무엇이라고 하는가?

① 핸들러 주시형
② 목표물 주시형
③ 적극적 통보기법
④ 점진적 통보기법

정 답 1. ③ 2. ② 3. ① 4. ④ 5. 적극적인 반응기법 6. ②

생각하고 토론하기

- 탐지견의 종류와 역할에 대해 설명하시오.

- 탐지견에게 필요한 자질은 무엇인지 토론하시오.

- 해외 탐지견의 자견관리와 국내 자견관리의 차이점을 비교해보시오.

- 각 탐지견마다 적합한 통보기법은 무엇인지 토론하시오.

- 은퇴한 탐지견에 대한 처우에 대한 대책을 마련하시오.

- 각 역할별 탐지견에 적합한 견종을 선택하여 그 이유를 설명하시오.

- 탐지견으로 복제견을 사용할 시 발생할 수 있는 문제점에 대해 토론하시오.

10강

구조견(Rescue Dog)

학습목표

- 구조견으로 적합한 견종은 무엇이고, 선발기준은 무엇인지 설명할 수 있다.
- 구조 지역과 임무에 따라 다양한 구조견의 종류와 역할을 설명할 수 있다.
- 구조견 핸들러에게 필요한 자질은 무엇인지, 구조견 훈련에서 핸들러가 주의할 사항은 무엇인지 설명할 수 있다.

01 구조견의 개요

1) 구조견의 이해

구조견(Search & Rescue Dog)은 뛰어난 후각과 청각을 사용하여 각종 재난사고 현장에서 실종자의 위치를 신속·정확하게 탐색하며 인명을 구조하는 역할을 하는 고도로 훈련된 개(犬)다. 사람보다 최소 1만 배 이상 뛰어난 후각과 40배 이상 발달한 청각은 구조대원 30여 명(폭 500m)의 수색 능력보다 빠르고, 기상악화로 첨단구조장비조차 탐색하기 곤란한 상황에서도 충실히 구조임무를 수행할 수 있다. 이러한 구조견의 능력은 오래전부터 알려져 왔으며 선진국에서는 이미 구조견을 구조대의 일부로 구성하고 있다. 구조견은 구조 지역과 역할에 따라 산악구조견, 재난구조견, 수난구조견 등으로 분류할 수 있다.

수색 및 구조 작업에 적합한 품성이나 기질을 지녔다면 견종의 구분 없이 모든 견종(Mix견 포함)이 구조견의 역할을 할 수 있으나 그렇다고 모든 견이 정식 구조견이 될 수 있는 것은 아니다. 구조견은 후보견 선별 과정부터 양성·훈련과정, 공인인증평가 단계까지 많은 훈련시간과 시행착오를 거쳐 양성된다. 현재 국내에서 주로 운용되는 구조견의 종류로는 저먼 셰퍼드(German Shepherd), 래브라도 리트리버(Labrador Retriever), 마리노이즈(Belgian Malinois), 보더콜리(Border Collie), 잉글리쉬 스프링거 스파니엘(English Springer Spaniel) 등이다. 이는 우리나라 지형과 기후 등 환경적 요인을 고려할 때 운용하기 적합한 견종이기 때문이다.

구조견 핸들러를 위한 노트

인명구조견의 관리 운용

「119구조 · 구급에 관한 법률 시행규칙」

제2조(정의)

1. "구조견"이란 각종 재난 · 산악사고 등 위급상태로 인하여 실종된 구조대상자 수색을 목적으로 다음 각 호에서 정하는 견을 말한다.
   가. 재난구조견 : 붕괴현장 지면에서 매몰된 구조대상자의 냄새 인지를 통해 구조대상자의 위치를 찾는 견
   나. 산악구조견 : 산악현장에서 실종된 구조대상자의 냄새 인지를 통해 구조대상자의 위치를 찾는 견
   다. 수난탐지견 : 수난사고 현장에서 수면 위의 부유취를 통해 수중구조대상자의 위치를 찾는 견
   라. 사체탐지견 : 사망이 확실시 되는 구조대상자의 위치를 찾는 견
   마. 화재탐지견 : 발화원인(유류화재증거) 및 소실된 구조대상자의 위치를 찾는 견
2. "핸들러"란 소방관서에서 구조견을 전문적으로 출동 · 관리 운용하는 대원을 말한다.
3. "훈련사"란 구조견 전문 훈련 기술을 토대로 핸들러 및 구조견을 양성 · 교육하고 출동 상황 시 현장 보조 임무를 수행하는 사람을 말한다.
4. "인명구조견센터"란 양성훈련, 구조견 보급, 공인인증평가, 핸들러 교육 등 구조견 관련 업무를 총괄하는 중앙119구조본부 내 실무부서를 말한다.
5. "훈련견"이란 향후 구조견 양성을 목적으로 훈련 중인 견을 말한다.
6. "종모견"이란 견의 번식을 목적으로 보유중인 견을 말한다.
7. "시 · 도구조견센터"란 검증된 구조견을 도입 배치하여 관리 운용하는 소방관서의 실무부서를 말한다.

출처: 법제처

구조견은 임무의 특성상 도움이 필요한 재난 및 사고 현장(화재 지역, 붕괴 현장, 매몰 현장, 태풍 현장, 지진 지역, 폭발 현장 등)에서 구조 작업을 펼치기 때문에 업무가 매우 고되고 위험한 작업이다. 구조견의 활동기간은 양성과정을 포함해 약 8~10년 정도이며 그 시기가 지나면 현장에서 은퇴한다. 예전에는 일평생 인간을 위해 일을 하다 은퇴한 구조견이나 기타 사역견의 복지를 고려하지 않았지만, 최근에는 은퇴한 사역견을 일반가정으로 분양하여 반려견으로 행복한 여생을 보낼 수 있도록 다양한 방안을 마련하고 있다.

2) 구조견의 유래

'구조견' 하면 가장 먼저 떠오르는 견종은 산악구조견 세인트버나드(Saint Bernard)와 수난구조견 뉴펀들랜드(Newfoundland)일 것이다. 세인트버나드는 17세기 무렵, 스위스 알프스산맥에 위치한 성 베르나르도 수도원에서 기르던 구명(救命)견이었다. 성 베르나르도 수도원을 가기 위해서는 그랑생베르나르라는 고개를 넘어야 했는데 그 고개는 가파르고 눈이 많이 와서 유독 조난자가 많았다. 세인트버나드는 눈 덮인 산에서도 조난자를 잘 찾아내어 그곳에서 꾸준히 사람들을 구조하는 역할을 하였다고 한다. 보통 '4견 1조'의 팀으로 구조 작업을 진행하며 각각의 구조견마다 맡은 역할이 다르다. 구조자를 발견했을 때는 즉시 구조자를 핥으면서 정신을 차리게 하는 역할, 특유의 큰 덩치로 구조자 품에 안겨 체온을 유지해주는 역할, 구급상자나 구조용품을 지니고 있는 역할, 조난자의 위치를 구조대에게 알리러 가는 역할 등 맡은바 각자의 역할에 충실히 임하여 인명을 구조한다. 흔히 세인트버나드 사진을 보면 보통 목에 나무통을 매달고 있는데, 이는 통 안에 술을 넣어 조난자가 깨어나면 통 속의 독주를 마시며 추위를 덜게 하기 위해서이다.

구조견 중에서도 유명한 '베리(Barry)'라는 구조견은 약 10년 동안 40여 명의 인명을 구조하였던 명견이었다. 베리는 활동하는 내내 최고의 구조견이라 불렸으며 죽은 뒤에도 박제되어 스위스 박물관에 전시되어있을 만큼 유명하다.

Bern 자연사 박물관에 전시된 산악구조견 베리 출처: Swissinfo.ch/ Lisa Schäublin/NMB

수난구조견의 역사는 19세기 초로 거슬러 올라간다. 1815년, 나폴레옹이 엘바섬에서 탈출을 시도하다 바다에 빠져 하마터면 익사할 뻔했는데 그때 한 어부의 개가 바다로 뛰어들어 나폴레옹이 안전한 곳에 도착할 때까지 도와주어 생명을 구했다는 기록이 있다. 그 견종이 바로 뉴펀들랜드이다. 1828년에는 헤어리맨(Hairy man)이라고 불리는 뉴펀들랜드는 난파선에서 160명이 넘는 아일랜드 이민자를 구했다고 한다. 1881년 넬슨(Nelson)이라는 이름의 뉴펀들랜드는 홍수로 휩쓸려간 마차 운전자를 구하기 위해 급류 속에 뛰어들어 구조하였고, 그의 이름이 새겨진 목줄은 오늘날에도 호주국립박물관에 소장되어 있다.

오스트레일리안 뉴스(Illustrated Australian News)에 실린 당시 홍수 장면의 판화
출처: 빅토리아 주립 도서관

호주국립박물관에 전시된 넬슨의 목걸이 출처: 호주국립박물관

우리나라의 경우, 문헌에도 기록되어있는 오수견이 있다. 약 11세기경 신라시대, 개를 무척이나 좋아했던 '김개인'이라는 사람이 잔칫집에서 만취되어 개와 함께 집으로 돌아오던 중 풀숲에 잠이 들었다. 때마침 주변에 불이 났고, 그 불길이 자기 주인 곁으로 번져 오자 개가 근처의 냇가에 가서 몸에 물을 적셔 불길이 주인 곁으로 번지는 것을 막으며 지쳐 쓰러져 죽었다. 잠에서 깨어난 주인은 자기를 구하기 위해 목숨을 바친 개의 넋을 기리고자 양지바른 곳에 묻어준 뒤, 가지고 다니던 지팡이를 꽂았는데, 나중에 이 지팡이에서 싹이 자라 큰 나무로 자라서 이 나무를 '오수'라 부르고 마을의 지명도 오수면이라 부르게 되었다.

오수의 견 출처: 전라북도 국제교류센터

하지만 우리나라의 실질적인 인명구조견의 시작은 그리 길지 않다. 1986년 경찰청이 아시안게임과 서울올림픽을 대비하여 폭발물탐지견의 운용을 시작하였고, 1987년 관세청이 국제공항과 항만에 폭발물 테러 사고를 대비해 탐지견을 도입하였다. 그에 비해 구조견은 1995년 삼풍백화점 붕괴 사고 후 강원소방본부 원주소방서에서 처음으로 운용하기 시작하였다. 삼풍백화점 붕괴 사고가 발생하면서 특수 재난사고 대비 중앙119구조대가 창설되었고, 다양한 첨단구조장비와 현장 대응체계가 형성되었으며 이때 인명구조견 도입의 필요성도 제기되었다. 이를 계기로 민간기업에서 국내 인명구조견 사업의 표준기준 정립 등 활성화가 시작되었다. 중앙119구조본부에 따르면 최초 인명구조견을 운영하기 시작한 건 1998년 한 민간기업에서 사회공헌 차원으로 인명구조견 2두를 강원 소방본부 원주소방서에 기증한 것이 시초이다. 2004년에는 국제구조견협회(IRO: International Rescue Dog Organization) 심포지엄을 국내에서 개최하여 인명구조견을 활용한 구조문화의 진행 기반을 형성하였고, 2011년에는 소방청 중앙119구조본부에서 인명구조견 양성사업이 시작됨에 따라 본격적인 인명구조견 양성과 교육체계가 형성됐다. 소방청 중앙119구조본부에서는 다양한 형태의 특수재난사고를 대비하기 위해 수난구조견, 화재탐지견 등 다양한 분야에서 연구 또는 시범 양성하고 있고, 매년 세계인명구조견 경진대회에 참가해 인명구조견의 우수성을 알리고 있다.

튀르키예 지진(2023년 2월) 현장 출처: IRO

3) 구조견의 역할

(1) 산악구조견

산악구조견은 산악, 야지에서 실종자 발생 시 신속히 출동하여 뛰어난 후각으로 생존자를 찾아 핸들러에게 통보하도록 훈련받은 개다. 산악구조견은 산이나 빙하와 같은 고도가 높은 환경이나 바위가 많은 지형을 탐색하는 데 능숙해야 하며, 강풍이나 폭우·폭설과 같은 악천후 조건에서 일할 수 있도록 훈련받는다.

산악구조견 Cassie

출처: SARDA 사우스 웨일즈 – 잉글랜드 및 웨일즈 산악 구조대 © Richard Pennock

(2) 재난구조견

재난 구조견은 지진, 태풍, 허리케인, 폭발, 건물 붕괴 등 재난·재해에 따른 수색 및 구조 활동을 돕기 위해 훈련된 개를 뜻한다. 재난구조견은 주로 위험한 지형을 탐색하며 잔해나 무너진 구조물 아래에 묻힌 생존자를 찾도록 훈련한다.

네팔 지진현장(2015년 4월)에서 생존자를 찾는 핸들러 John Ball과 구조견 Darcy

출처: DFID – UK Department for International Development

(3) 수난구조견(수난탐지견)

강, 호수 또는 바다와 같은 물가에서 위급 상황 발생 시 곤경에 처한 생존자를 찾도록 훈련된 개다. 수난구조견들은 물 표면의 냄새를 추적할 수 있으며, 물에 빠진 생존자를 발견할 경우, 부상자를 구조하는 데 도움이 되는 튜브나 구조 도구 등을 생존자에게 전달하도록 훈련받는다.

수난구조견의 훈련 모습 출처: American Academy of Canine Water Rescue

(4) 소방구조견

소방구조견은 화재 발생 시 수색 및 구조 작업에서 소방관과 함께 일하도록 훈련된 개다. 소방구조견은 연기로 가득 찬 환경을 탐색하여 갇히거나 다친 희생자를 찾을 수 있다. 또한 사고현장에서 화재의 원인을 파악하는 데 도움이 될 수 있는 휘발유 또는 기타 화학물질과 같은 촉진제를 감지하도록 훈련받는다.

Batang Kali 현장에 출동한 소방구조견과 대원들 출처: KPKT Malaysia/Facebook

(5) 눈사태구조견

눈사태구조견은 눈사태 후 눈 밑이나 잔해 아래에 갇힌 생존자를 찾는 역할을 한다. 예리한 후각을 이용하여 몇 피트의 눈 아래 묻힌 생존자를 찾으면 그 위치를 발로 눈을 파헤치는 것으로 핸들러에게 통보하도록 훈련받는다. 생존자를 찾는 과정 중 눈 속에 있는 생존자가 자칫 저체온증이나 산소 부족으로 사망할 수 있으므로 무엇보다 신속하게 찾아낼 수 있도록 훈련하는 것이 중요하다.

눈사태 구조견 Jackson Hole Mountain Resort 출처: AKC

4) 인명구조견센터의 운영

소방청장은 체계적인 구조견 양성과 교육 · 훈련 및 보급을 위하여 구조견 훈련시설과 훈련사, 사육관리사, 수의사 등을 갖춘 인명구조견센터를 설치하여 운영할 수 있다. 이 경우 인명구조견센터는 중앙119구조본부에 두며 다음과 같은 임무를 수행한다.

- 구조견의 양성훈련, 관리, 점검 및 시도 보급
- 구조견의 양성기법에 관한 연구
- 구조견의 국제교육, 대회 참가 등 국제교류 협력에 관한 사항
- 구조견 핸들러 양성 및 교육 · 훈련 · 출동 · 경진대회에 관한 사항
- 구조견 인증평가 및 핸들러 인증 관리 사항
- 구조견 · 핸들러 운용 장비개발 및 유지관리
- 국내 · 외 특수견 관련 기관(단체) 간의 교류에 관한 사항

02 구조견 양성훈련

인명구조견의 초석이 되는 훈련견의 후보군 선발은 개체의 성품이나 체력, 훈련소질 등 기본적인 자질을 바탕으로 엄격한 선별 평가를 거쳐 소수정예만 엄선한다. 도입평가는 일회성 시험이 아닌 훈련견이 성장해 구조견이 될 때까지 앞으로 개발해야 할 모든 능력 · 훈련내용과 연관이 있기에 매우 중요하다. 인명구조견이 되기 위해선 선천적인 성품과 건강이 강조된다. 온화한 성품과 더불어 자신감과 호기심이 많고 신체적인 결함이 없어야 하기 때문이다. 이러한 평가과정을 통과한 훈련견들은 비로소 본격적인 인명구조견으로서의 자질과 역량을 갖추기 위해 약 2년 정도의 양성과정에 입문하게 된다. 양성단계는 사회화, 친화, 환경 적응 등과 같은 기초단계부터 산악 · 붕괴 수색, 헬기 출동, 산악 레펠 훈련 등의 완성단계까지 힘든 훈련과정을 거쳐야 하는 가장 중요한 훈련단계로 실제 현장에서 나타날 수 있는 다양한 상황이나 문제점을 극복하여 구조작업을 할 수 있게 훈련한다. 인명구조라는 숭고한 임무를 수행하기 위해선 구조견 역시 안전이 최우선시되어야 하며 다양한 응용 훈련과 많은 현장경험이 축적되어야 한다. 특히 구조견이 임무 수행 중 어떠한 상황에서도 구조자에게 공격성을 드러내서는 안 되기 때문에,

구조자의 다양한 행동양식과 자극적인 상황에 대한 둔감화 훈련은 구조견과 핸들러에게는 반드시 거쳐야 하는 필수 과정이자 가장 어렵고 힘든 과정이다.

실제로 훈련견이 인명구조견이 되기까지는 정형화된 훈련 매뉴얼과 일정표에 따라 매일 반복적으로 훈련하게 된다. 재난사고는 언제 어떻게 일어날지 모르기 때문에 혹한기나 혹서기와 같은 악천후 날씨에도 똑같이 훈련을 진행한다. 이러한 환경, 날씨, 상황 등 다양한 한계를 극복한 훈련견만이 각종 재난사고 현장에서 활동할 수 있는 구조견으로서의 역량과 능력을 발휘할 수 있기 때문이다.

이처럼 긴 여정의 양성훈련 단계 과정을 마치면 마지막 단계인 공인인증평가가 이어진다. 인명구조견의 공인인증평가는 산악 · 재난분야 1급과 2급 평가로 구분된다. 공정성을 갖추기 위해 내 · 외부 유관기관 또는 민간단체의 전문 평가위원을 위촉해 평가가 진행된다. 합격 기준은 산악 · 재난수색능력과 종합전술(복종 · 장애물)을 종합적으로 평가해 분야별 70% 이상 점수를 취득해야만 공식적인 인명구조견이 된다.

1) 훈련견 도입평가 기준

훈련견의 도입평가란 구조견 양성을 위한 기본성품 및 건강상태 검진 등을 통한 우수 훈련견 확보를 위한 평가이다. 도입대상견의 적정 연령은 12~24개월 이하의 번식에 의한 견이다. 평가방법은 항목별 평가 기준에 따른 정량평가 및 수의검진 평가 결과를 종합하여 합격여부를 결정한다. 적합성 평가에서 100점 만점에 총 70점 이상을 취득하고, 수의검진 평가에서 적합판정을 받으면 합격한다. 훈련견 도입 시 적합성 평가의 항목은 다음과 같다.

(1) 소유욕

- **소유욕 및 집중력 평가:** 넝쿨지 및 풀숲 5m 거리에 기호품 투척하여 기호품에 대한 소유욕 및 집중력을 평가한다.
- **체력 및 지구력 평가:** 평지 20m 정도 거리에 5회 투척 후 추격 및 회수 능력을 보며 체력과 지구력을 평가한다.

(2) 사회성

- **대견 반응 평가**: 낯선 견 2두와 접촉 및 이동 시 반응을 관찰하며 낯선 견에 대한 친화 반응 및 행동을 평가한다.
- **대인 반응 평가**: 군중 4인과 접촉 및 이동 시 반응을 관찰하며 낯선 사람에 대한 반응 및 훈련견의 성품을 평가한다.

(3) 활동성

- **자연환경 적응평가**: 산악, 넝쿨지, 불균형한 지형 이동 시 자연환경에 대한 훈련견의 반응 및 태도를 관찰하며 적응력을 평가한다.
- **불안전한 지형 적응평가**: 재난 지형, 계단, 붕괴 건물 이동 시 불안전한 지형에 대한 훈련견의 반응 및 태도를 관찰하며 적응력을 평가한다.

(4) 적응력

- **외부자극 적응 능력** : 동반 총성 1회, 견줄 놓고 이격 후 총성 1회를 실시하며 훈련견의 적응상태 및 감정회복력을 평가한다.

(5) 수색 능력

- **수색 의욕**: 훈련견의 수색 의욕 및 목적 인식, 희구성을 평가한다.
- **통보 성향**: 목표 대상 발견 시 통보 성향 및 이탈 여부 등 훈련견의 행동과 반응을 평가한다.

(6) 장애물 능력

- **기초인지능력**: 수평사다리를 통과하게 하여 훈련견의 인지능력을 평가한다.
- **응용인지능력**: 복합터널을 통과하게 하여 훈련견의 인지능력을 평가한다.

2) 핸들러 및 구조견 교육·훈련과정

소방청 훈령 제189호, 「인명구조견 관리운용 규정」에 명시된 인명구조견센터의 '핸들러 및 구조견 교육 · 훈련 과정'은 다음과 같다.

(1) 입문교육

인명구조견의 입문교육이란 구조견 운용업무를 처음 부여받거나 향후 핸들러 임무를 희망하는 구조대원을 대상으로 실시하는 6주간의 교육으로 구성되어 있다. 입문기초반은 2주 과정으로 예비 구조견 핸들러 확보를 위한 이론 및 실기 교육이다. 전문반은 4주 과정으로 기초반 수료 핸들러 대상으로 구조견과 일대일 매칭을 통한 심화 교육과정이다.

- **이론교육**: 견행동학, 후각이론, 기초해부학, 견응급처치, 복종훈련, 장애물 훈련, 사육관리, 헬기레펠 등 구조견 관련 전문 이론교육을 실시한다.
- **친화훈련**: 점진적인 친화훈련을 통해 핸들러는 물론 타인과의 접촉을 긍정적으로 인지시킨 후 요구조자 역할을 병행하며 실습한다.
- **기초수색훈련**: 수색에 필요한 기본적인 복종훈련과 장애물 훈련 및 환경적응훈련을 진행한다.
- **실전수색**: 산악 및 재난 붕괴지를 응용하여 실전수색에 도입하고, 팀별 합동수색도 진행한다.
- **독도법**[1]: GPS를 활용한 독도법의 이론 및 실습을 진행한다.
- **응용수색**: 낮시간 훈련 외에도 야간수색을 도입하여 실전을 대비한 응용력을 배양한다.
- **인증평가**: IRO 규정에 대해 학습하고, 규정의 도식대로 실습하여 핸들러 인증평가를 받는다.

(2) 정기교육

구조견과 핸들러의 훈련 수준을 일정 수준으로 유지와 향상을 위하여 실시하는 훈련으로 연간 60시간 이상, 반기별 1회 실시한다.

---

1) 독도법(讀圖法)이란 지도에 나타난 자연의 상태와 인문 현상을 정확하게 판독하여 지도가 표시하고 있는 내용을 해독하는 법이다.

- **건강파악**: 인명구조견의 각 개체의 건강 상태를 파악하고, 방역 정보를 업데이트한다.
- **수준점검**: 교과별 구조견의 훈련 수준을 점검하여 문제점을 파악한다.
- **대처방안**: 현장 출동 시 발생할 수 있는 문제점을 파악하고 대처방안을 회의한다.
- **실전수색**: 산악지역과 재난 붕괴지 등 모의 실전 수색훈련을 진행하고, 팀 단위로 수색훈련을 하여 실전에 대비한다.
- **적응훈련**: 암실, 소음, 지하 등 다양한 환경과 상황에 적응시키는 훈련과 단계별 교정훈련을 병행한다.

(3) 교체교육

교체교육이란 구조견이나 핸들러가 교체되는 경우 실시하는 3주간의 교육 과정으로 새로운 구조견과 매칭 시 친화 훈련 방법을 익히고, 개체별 특이사항 및 단계별 친화 훈련 방법과 교정훈련 방법을 학습한다.

- **친화반** : 교체 후 바로 진행되는 2주간의 친화 교육 과정
- **보수반** : 친화반 교육 이수 1개월 경과 뒤 1주간의 보수교육 과정

(4) 특별교육

특별교육이란 구조견의 기본적인 사역능력(수색, 복종, 장애물훈련 등) 저하에 따른 교육 및 제12조 제3항에 따라 시 · 도의 구조견센터에서 요청한 특별교육 과정으로 교정 훈련사항에 대한 전반적인 이론 및 실습으로 운영한다. 교육 내용으로는 교정 훈련, 항공기 적응훈련, 현지적응 파견교육, 산악레펠 등의 훈련으로 구성되어 있다.

- **교정훈련**: 구조견의 현 수준을 체크하고, 문제점을 파악한 후 전문적으로 교정작업을 진행한다. 또한 현장 투입 시 원활한 임무 수행을 위해 향후 훈련 방법을 제시한다.
- **항공기 적응훈련**: 헬기나 모형 헬기에 탑승하여 소리, 고도, 움직임 등의 외부 자극에 대한 둔감화 교육을 진행하며 연 2회 이상 적응훈련을 한다.
- **현지 적응훈련**: 실전 투입을 대비하기 위한 과정으로 현지 상황과 환경에 대한 적응을 위해 연 2회 6일 이내 현지에 파견하여 적응훈련과 합숙훈련을 진행한다.
- **레펠 적응훈련**: 산악사고에 대비하여 암벽에서 레펠을 타고 내려오는 하강훈련과 헬기에서 레펠로 착륙하는 하강훈련을 연습한다.
- **수준 점검**: 각종 현장대응 및 구조능력 향상을 위한 구조장비 사용의 활용 능력 검

토 및 분야별 경진을 통한 구조견의 현 수준상태를 점검하여 객관적 평가를 받는다.

- **구조견 등급평가:** 연 1회 국제심사관 초빙에 따른 공인 등급 Test를 통해 세계인명구조견 경진대회 출전권을 취득할 수 있다.
- **구조견 활동:** 연 1회 이상 국내 · 외적 인명구조견 활동을 통해 국민 이미지 제고에 힘쓴다.

암벽 레펠 하강훈련과 헬기 레펠 하강훈련 출처: 소방청

3) 구조견의 레펠 훈련 방법

(1) 훈련 전 주의사항

구조견에게 레펠 훈련을 진행하기 위해서는 몇 가지 준비사항이 있다. 첫째, 개를 안전하게 밧줄 아래로 내릴 수 있는 적절한 장비를 준비해야 한다. 이를 위해서는 특별히 설계된 레펠용 하네스가 필요하다. 레펠용 하네스를 착용하지 않은 채 견을 안거나, 배낭을 사용하여 매달거나, 캐리어를 착용한 상태에서 하강하는 것은 매우 위험하므로 시도해서는 안 되고 반드시 레펠 하네스를 먼저 준비하는 것이 좋다. 둘째, 견이 밧줄 위에서 두려워하지 않도록 위치나 촉감, 흔들림 등에 대한 둔감화 교육이 선행되어야 한다. 둔감화 교육이 선행되지 않은 상태에서 바로 현장에 돌입하면 두려움에 자칫 하강 동작 자체를 회피할 수 있다. 구조견이 밧줄 위에서 보내는 시간을 즐길 수 있도록 선행교육을 충분히 진행하는 것이 좋다. 셋째, 하강을 수행할 때 올바른 절차를 알고 있어야 한다. 장비의 사용, 절차, 위급 시 대처 방법 등을 반드시 숙지하는 것이 좋다.

(2) 레펠 하네스

레펠용 하네스는 반려견의 가슴을 감싸도록 설계되었으며, 가슴 아래와 뒷다리 주변에 있는 스트랩을 사용하여 고정한다. 레펠 훈련 전, 핸들러나 구조견 모두에게 하네스는 매우 중요하다. 하네스를 착용했을 때 잘 맞고, 편안해야 훈련에 돌입할 수 있다. 하네스 착용 시 다음과 같은 사항을 고려해야 한다.

- **착용감**: 하네스는 체중 분포 측면에서 구조견을 고르게 지지하도록 설계되어 있어야 한다. 착용함이 좋으면 견이 더 편안해지고, 하강 시 몸부림칠 가능성이 줄어든다.
- **안전**: 하네스는 반려견을 공중에 매달기 위해 특별히 제작되었기 때문에, 구조견이 몸부림치며 나가거나 떨어지는 것을 방지한다.
- **호환성**: 핸들러의 하네스에 구조견의 하네스를 적절하게 부착할 수 있는지 잘 살펴보고 확인해야 한다.

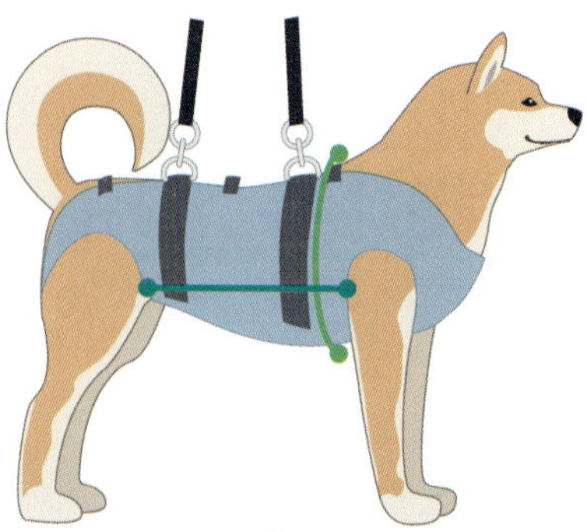

	SMALL	MEDIUM	LARGE
LEG SPACING	10.5 in (26.67cm)	13 in (33.02cm)	16 in (40.64cm)
CIRCUMFERENCE	31 in (78.74cm)	35 in (88.9cm)	40 in (101.6cm)

레펠 하네스 출처: rocknrescue.com

(3) 훈련하기

레펠 훈련에서 가장 중요한 것은 신뢰이다. 구조견이 레펠 훈련을 하려면 핸들러는 우선 견에게 '아무 일도 일어나지 않도록 할 것'이라는 믿음을 주어야 한다. 따라서 견에게 레펠을 가르치는 핸들러는 평소 견이 좋아하거나 견과 익숙한 사람이 좋다. 핸들러와 구조견 사이에 신뢰가 쌓이면 보다 쉽게 하네스에 익숙해질 수 있다.

- **하네스 착용:** 하네스 착용이 용이하고 편안해할수록 하강 시 견이 움직이거나 꿈틀거릴 가능성이 줄어든다. 견에게 하네스 착용을 쉽게 적응하게 하려면 하강 훈련하지 않을 때도 견에게 하네스를 착용하게 하는 것이 좋다. 산책을 가거나 어슬렁거릴 때 등 수시로 착용하게 하면 몸을 감싸는 하네스의 느낌에 익숙해질 수 있다.
- **실내 연습:** 공중에 매달려 있는 느낌에 익숙해지도록 먼저 탑로프 빌레이(Belay[2])를 설치한다. 견에게 하네스를 묶은 다음 로프를 사용하여 땅에서 몇 피트 정도 살짝 들어 올린다. 일단 낮은 높이라도 공중에 뜨면, 핸들러는 즉시 매달려 있는 견을 편안하게 만드는 데 집중한다. 부드러운 목소리로 말하고, 쓰다듬어주고, 좋아하는 장난감을 주는 등 즐거운 보상과 연결시켜 조건화 과정을 반복해서 진행한다.
- **실외 실습:** 실내에서 매달려 있거나 혼자 하강하는 연습이 어느 정도 완성되면 실외의 통제된 환경에서 하강하는 연습을 하는 것이 좋다. 코스가 짧거나 난이도가 낮은 실외의 현장에서 점차 복잡한 환경으로 일반화하는 것이 좋다.

(4) 안전 참고 사항

하강훈련을 수행하는 동안 불편함의 징후가 있는지 견의 보디랭귀지를 관찰하는 것은 절대적으로 중요하다. 불안한 상황이 닥치면 견이 하네스나 레펠 로프를 물 수 있는데 이럴 경우, 빌레이의 안전이 심각하게 손상될 수 있다. 다음은 견이 불안감을 느끼는지 알아보기 위해 검토해야 할 징후이다.

- **하품:** 인간은 하품을 지루함의 신호로 보지만, 견은 불안을 전달하는 방법으로 하품을 하기도 한다.
- **핥기/씹기:** 견이 코와 입 주변을 핥는 다거나, 무엇인가를 씹는다면 이는 불편한 신호이다.
- **다리 사이로 꼬리 넣기:** 이것은 두려움과 불편함을 나타내는 신호이다.

견이 위의 행동 중 하나라도 보이면 핸들러는 최선을 다해 견을 달래고 용기를 북돋아 준다. 개의 꼬리와 귀가 중립상태를 유지하고, 침착하게 앉아 있다면 편안하다는 신호로 볼 수 있다.

---

2) 빌레이(Belay): 원래는 항해 용어로서 밧줄을 S자 모양으로 감거나 감은 밧줄을 못 같은 데에 고정시키는 것을 의미한다. 등산에서는 위험한 암벽이나 빙벽, 또는 눈 쌓인 계곡을 등반할 때 등반자의 추락을 방지하기 위하여 자일을 바위 모서리나 나무, 또는 하켄에 건 카라비너에 통과시키거나 고정하여 다른 등반자를 확보하는 것을 뜻한다. (출처: 두산백과)

(5) 하강 연습

견이 하네스 착용에 익숙해하고, 고공에 매달려 있는 것이 익숙해졌다면 이제 실제로 하강을 실행할 때이다. 로프에 브레이크를 잡은 상태에서 다른 손을 사용하여 천천히 하강한다. 하강을 수행하는 내내 견의 상태를 확인해야 한다. 둘 다 안전하게 지상에 도착하면 하네스에서 견을 풀어준다.

03 구조견 인증평가

1) 산악구조견 인증평가

산악구조견 인증평가는 산악분야 등급에 따른 4개의 항목과 12개의 세부평가에서 총점 70점 이상 취득 시 인명구조견으로 인증한다. 산악구조견 2급의 평가 시기는 훈련 도입 후 18개월, 1급의 평가 시기는 훈련 도입 후 24개월이다.

(1) 산악 2급 인명구조견 평가

- **수색범위**: 20000㎡(100m × 200m) 크기의 계곡 및 수풀을 포함한 야지 및 산악지대 등
- **시간, 구조대상자 수**: 총 20분 이내 구조대상자 1명 구조(앉거나, 엎드려 있는 대상자)
- **평가방법**: 수색지역 설정 및 이동 동선 제한 후 개체 방향통제 등을 이용한 정량평가
- **종합전술**: 각 평가 항목에 따른 명령어 인식 및 장애물 통과능력 등 이행능력 평가

(2) 산악 1급 인명구조견 평가

- **수색범위**: 40000㎡(200m × 200m) 크기의 계곡 및 수풀을 포함한 야지 및 산악지대 등
- **시간, 구조대상자 수**: 총 40분 이내 구조대상자 2명 모두 구조(지상 2m 이상 대상자 포함)
- **평가방법**: 수색계획, 전략구성을 통한 방향통제 및 자율수색 병행방식을 이용한 정량평가
- **종합전술**: 각 평가 항목에 따른 명령어 인식 및 장애물 통과능력 등 이행능력 평가

구분	항목	평가 기준 및 내용	배점	항목 별 평가 점수					점수 합계
				매우 우수	우수	보통	미흡	불량	
수색 (60점)	수색 능력	① 수색의욕 (집중력, 수색독립성, 이격거리 및 활동성)	5점	□ 5	□ 4	□ 3	□ 2	□ 1	
		② 후각사용 능력(인체취 응용력)	5점	□ 5	□ 4	□ 3	□ 2	□ 1	
		③ 환경 극복능력, 수색범위 수행능력 (장애물, 수색환경 적응성, 체력상태)	5점	□ 5	□ 4	□ 3	□ 2	□ 1	
		④ 통제 등 임무이행 능력 (명령어 인식, 회수력, 연결수색)	5점	□ 5	□ 4	□ 3	□ 2	□ 1	
	발견 자세	⑤ 구조대상자 발견 시 행동 (적정거리, 접촉횟수, 이탈횟수)	20점	□ 20	□ 16	□ 12	□ 8	□ 4	
		⑥ 통보능력(성향, 연속 짖기 20초)	20점	□ 20	□ 16	□ 12	□ 8	□ 4	
종합 전술 (40점)	복종 명령어 인식 / 사회성	① 제자리, 이동 간(앉아, 엎드려, 서)	5점	□ 5	□ 4	□ 3	□ 2	□ 1	
		② 이격 시(앉아, 엎드려, 서, 와)	5점	□ 5	□ 4	□ 3	□ 2	□ 1	
		③ 방향전환(3개 방향 : 앞, 좌, 우)	5점	□ 5	□ 4	□ 3	□ 2	□ 1	
		④ 사회성(소음, 군중, 대견, 승차)	5점	□ 5	□ 4	□ 3	□ 2	□ 1	
		⑤ 장시간 대기(5분)	5점	□ 5	□ 4	□ 3	□ 2	□ 1	
	장애물 통과 능력	⑥ 등반형 장애물 통과능력 (A형 판벽, 구름다리)	5점	□ 5	□ 4	□ 3	□ 2	□ 1	
		⑦ 고정형 장애물 통과능력 (사다리, 허들, 터널)	5점	□ 5	□ 4	□ 3	□ 2	□ 1	
		⑧ 유동형 장애물 통과능력 (시소, 흔들다리, 그네)	5점	□ 5	□ 4	□ 3	□ 2	□ 1	
심사의견			100점	평가 결과	합격 / 불합격				

2) 재난구조견 인증평가

재난구조견 인증평가는 재난분야 등급에 따른 4개 항목 12개 세부평가에서 총점 70점 이상 취득 시 인명구조견으로 인증한다. 재난구조견 2급의 평가 시기는 훈련 도입 후 18개월, 1급의 평가 시기는 훈련 도입 후 24개월이다.

(1) 재난 2급 인명구조견 평가

- **수색범위:** 900㎡(30m×30m) 크기의 복합붕괴지(지상 콘크리트, 철근) 등 재난 지형
- **시간 및 구조대상자 수:** 총 20분 이내 1명의 구조대상자 구조(80% 지하 은닉상태)
- **평가방법:** 수색지역 설정 및 일부 지역 핸들러 동선 제한 후 개체 방향통제 등을 이용한 정량평가
- **종합전술:** 각 평가 항목에 따른 명령어 인식 및 장애물 통과능력 등 이행능력 평가

(2) 재난 1급 인명구조견 평가

- **수색범위:** 1,500㎡(30m×50m) 크기의 복합 붕괴지(지하, 지상, 콘크리트) 등 재난 지형
- **시간 및 구조대상자 수:** 총 40분 이내 2명의 구조대상자(1m 이상 은닉자 1명 포함)를 모두 구조(90~100% 은닉상태)
- **평가방법:** 수색지역 설정 및 일부 지역 핸들러 동선 제한 후 개체 방향통제 등을 이용한 정량평가
- **종합전술:** 각 평가 항목에 따른 명령어 인식 및 장애물 통과능력 등 이행능력 평가

구분	항목	평가 기준 및 내용	배점	항목 별 평가 점수					점수 합계
				매우 우수	우수	보통	미흡	불량	
수색 (60점)	수색 능력	① 수색의욕 (집중력, 수색독립성, 이격거리, 활동성)	5점	□5	□4	□3	□2	□1	
		② 후각사용 능력(인체취 응용력)	5점	□5	□4	□3	□2	□1	
		③ 환경극복능력, 수색범위 수행능력 (장애물, 수색환경 적응성, 체력상태)	5점	□5	□4	□3	□2	□1	
		④ 통제 등 임무이행 능력 (명령어 인식, 회수력, 연결수색)	5점	□5	□4	□3	□2	□1	
	발견 자세	⑤ 구조대상자 발견 시 행동 (적정거리, 접촉횟수, 이탈횟수)	20점	□20	□16	□12	□8	□4	
		⑥ 통보능력(성향, 연속 짖기 20초)	20점	□20	□16	□12	□8	□4	
종합 전술 (40점)	복종 명령어 인식 / 사회성	① 제자리, 이동 간(앉아, 엎드려, 서)	5점	□5	□4	□3	□2	□1	
		② 이격 시(앉아, 엎드려, 서, 와)	5점	□5	□4	□3	□2	□1	
		③ 방향전환(3개 방향 : 앞, 좌, 우)	5점	□5	□4	□3	□2	□1	
		④ 사회성(소음, 군중, 대견, 승차)	5점	□5	□4	□3	□2	□1	
		⑤ 장시간 대기(5분)	5점	□5	□4	□3	□2	□1	

구분	항목	평가 기준 및 내용	배점	항목 별 평가 점수					점수 합계
				매우 우수	우수	보통	미흡	불량	
	장애물 통과 능력	⑥ 등반형 장애물 통과능력 (A형 판벽, 구름다리)	5점	□5	□4	□3	□2	□1	
		⑦ 고정형 장애물 통과능력 (사다리, 허들, 터널)	5점	□5	□4	□3	□2	□1	
		⑧ 유동형 장애물 통과능력 (시소, 흔들다리, 그네)	5점	□5	□4	□3	□2	□1	
심사의견			100점	평가 결과	*합격 / 불합격*				

3) 수난탐지견(구조견) 인증평가

수난탐지견 인증평가는 수난탐지 검증분야 총 3개 항목, 7개 세부평가 항목 중에서 70점 이상 점수 획득 시 수난탐지견으로 인증한다. 항목별 평가 기준에서 각 항목별 70% 이상 획득하여야 통과한다. 평가자는 시험 전 심사위원에게 탐지견의 통보 방식을 알려야 한다.

(1) 기본 탐지능력 평가: 탐지능력 및 반응자세

- **BOX 탐지**: 5개의 BOX 중(BOX 간 거리 2~5m) 목적물(시료) 은닉된 BOX 1개 탐지(시간: 5분)
- **수변탐지**: 수변 1m 이내 X 거리 50m 이내 은폐된 목적물(시료) 1개 탐지(시간: 20분)
- **통보반응**: 목적 물품으로부터 50cm 내에서 통보

(2) 수중 탐지능력 평가: 수중 목적물에 대한 통보 및 탐지능력

- **장소/면적**: 담수지 / 6000m²~ 7000m²
- **평가시간**: 45분(시간초과 시 중단)
- **평가구성**: 평가 1~10시간 전 수중 1m 위치에 시료 은닉
  (시료: 사람 체취가 묻어 부패한 옷가지 등)
- **평가방법**: 핸들러와 탐지견 보트 탑승 후 핸들러의 유도에 따라 보트 운행하며 탐지
- **통보반응**: 보트탑승 2회 통보
  (최초 통보된 곳을 다른 방향에서 접근하여 재통보하는지 확인)

(3) 수영 및 복종 평가: 운용중 안전을 위한 훈련능력

- **수영**: 수상에 10m 이상 투척한 기호물품 회수
- **앉아, 엎드려**: 기본자세 후 핸들러 명령에 의해 실행
- **대기**: 견을 엎드려 시킨 후 핸들러가 10m 이격 후 3분 대기

구분	평가 항목 및 내용	배점	항목별 평가 점수					평가 점수
			매우 우수	우수	보통	미흡	불량	
통보 방식	: □ 짖기 □ 주시 □ 파헤침 □ 기타							
기본 탐지능력 (30점)	① BOX 탐지	10점	□10	□8	□6	□4	□2	
	② 수변 탐지	20점	□20	□16	□12	□8	□4	
수중 탐지능력 (50점)	① 통보(같은 곳에서 2회 통보확인)	30점	□30	□24	□18	□12	□6	
	② 탐지 행동 (의욕, 집중력, 일관성)	20점	□20	□16	□12	□8	□4	
수영 및 복종능력 (20점)	① 수영능력	10 점	□10	□8	□6	□4	□2	
	② 기본자세 (앉아, 엎드려)	5 점	□5	□4	□3	□2	□1	
	③ 대기	5 점	□5	□4	□3	□2	□1	
심사의견		100점	평가 결과	합격 / 불합격				

4) 사체탐지견 인증평가

사체탐지견 인증평가는 사체탐지 검증분야 총 3개 항목, 7개 세부평가 항목 중에서 70점 이상 점수 획득 시 사체탐지견으로 인증한다. 항목별 평가 기준에서 각 항목별 70% 이상 획득하여야 통과한다. 평가자는 시험 전 심사위원에게 탐지견의 통보 방식을 알려야 한다.

(1) 기본 탐지능력 평가: 탐지능력 및 반응자세

- **BOX 탐지**: 5개의 BOX 중(BOX 간 거리 2~5m) 목적물(시료) 은닉된 BOX 1개 탐지(시간: 5분)
- **건물탐지**: 100㎡ 이내 개방된 건물 내 은폐된 목적물(시료) 1개 탐지(시간: 20분)
- **통보반응**: 목적물로부터 50cm 내에서 통보

(2) 산악/붕괴 탐지능력 평가: 야지 및 붕괴건물에 은닉된 사체 통보 및 탐지능력

- **장소/면적**: 야지(5000㎡) / 붕괴건물(400㎡)
- **평가시간**: 40분(야지 20분, 붕괴건물 20분)
- **평가구성**: 평가 1~10시간 전 야지 및 붕괴건물에 보이지 않는 상태로 시료 은닉 (시료: 사람 체취가 묻어 부패한 옷가지 등)
- **평가방법**: 핸들러가 탐지견의 리드줄을 풀고 조정하며 수색 구역을 탐지
- **통보반응**: 은닉된 시료를 발견 후 짖기

(3) 통제능력 평가: 운용 중 안전을 위한 복종능력

- **회수**: 10m 이상 투척한 기호물품 회수
- **앉아, 엎드려**: 기본자세 후 핸들러 명령에 의해 실행
- **대기**: 견을 엎드려 시킨 후 핸들러가 10m 이격 후 3분 대기

구분	평가 항목 및 내용	배점	항목 별 평가 점수					평가 점수
			매우 우수	우수	보통	미흡	불량	
통보 방식	: □ 짖기 □ 주시 □ 파헤침 □ 기타							
기본 탐지능력 (30점)	① BOX 탐지	10점	□10	□8	□6	□4	□2	
	② 건물탐지	20점	□20	□16	□12	□8	□4	
산악/ 붕괴지 탐지능력 (50점)	① 통보(같은 곳에서 2회 통보확인)	30점	□30	□24	□18	□12	□6	
	② 탐지행동 (의욕, 집중력, 일관성)	20점	□20	□16	□12	□8	□4	
통제능력 (20점)	① 회수능력	10 점	□10	□8	□6	□4	□2	
	② 기본자세 (앉아, 엎드려)	5 점	□5	□4	□3	□2	□1	
	③ 대기	5 점	□5	□4	□3	□2	□1	
심사의견		100점	평가 결과	합격 / 불합격				

5) 화재탐지견 인증평가

화재탐지견 인증평가는 화재탐지 검증분야 총 3개 항목, 10개 세부평가 항목 중에서 70점 이상 점수 획득 시 화재탐지견으로 인증한다. 항목별 평가 기준은 다음과 같다.

(1) 기본 목적취 인지능력 평가: 각 항목별 목적냄새 인지능력 및 반응 자세 검증

- **목표타겟:** 총 4가지(탄화물 또는 소화탄화물 5개 중 1개의 목적물 탐지)
- **반응자세:** 주시기법(목적물과의 거리 30cm 이내 주시)
- **평가시간 및 장소:** 총 8분(각 항목별 2분, 시간 초과시 중단)/50㎡의 크기의 실내훈련장

(2) 화재현장 탐지능력 평가: 화재(유사현장) 훈련장에서 각 항목별 목적물 탐지 검증

- **목표 타겟:** 총 3가지(탄화물 또는 소화탄화물 5개 중 1개의 목적물 탐지)
- **반응 자세:** 주시기법(목적물과의 거리 30cm 이내 주시)
- **평가시간:** 총 45분(각 항목별 15분, 시간 초과 시 중단)
- **평가장소:** 100㎡의 화재훈련장(유사현장)

(3) 운용능력 평가: 종합적 실행 능력 검증

- 인지능력 및 탐지능력 평가과정 중 종합적으로 실행 운용능력 검증

구분	평가 항목 및 내용	배점	항목별 평가 점수					평가 점수
			매우 우수	우수	보통	미흡	불량	
통보 방식	: □ 짖기 □ 주시 □ 파헤침 □ 기타							
기본 목적냄새 인지능력 (40점)	① 탄화물 중 휘발유 탐지 (탄화물 5개 중 휘발유 0.02μℓ 첨가한 타겟 1개 탐지)	5점	□ 5	□ 4	□ 3	□ 2	□ 1	
	② 휘발유 연소 후 목적물 탐지 (탄화물 5개 중 목적 탄화물 타겟 1개 탐지)	5점	□ 5	□ 4	□ 3	□ 2	□ 1	
	③ 휘발유 연소 후 소화(물/소화기) 목적물 탐지 (소화 탄화물 5개 중 목적 탄화물 타겟 1개 탐지)	5점	□ 5	□ 4	□ 3	□ 2	□ 1	
	④ 탄화물 중 인체 단백질 소화 목적물 탐지 (탄화물 5개 중 머리카락 소화 탄화물 타겟 1개 탐지)	5점	□ 5	□ 4	□ 3	□ 2	□ 1	
화재현장 탐지능력 (30점)	① 탄화물 중 휘발유 첨가 연소 목적물 탐지 (탄화물 5개 중 연소 탄화물 타겟 1개 탐지)	20점	□ 20	□ 16	□ 12	□8	□ 4	
			□0회	□0회	□0회	□3회 이상		
	② 휘발유 연소 후 소화(물/소화기) 목적물 탐지 (소화 탄화물 5개 중 목적 탄화물 타켓 1개 탐지)	20점	□ 20	□ 16	□ 12	□ 8	□ 4	
			□0회	□0회	□0회	□3회 이상		
	③ 인체단백질(머리카락 등) 소화 목적물 탐지 (탄화물 5개 중 머리카락 소화 탄화물 타겟 1개 탐지)	10점	□ 10	□ 8	□ 6	□ 4	□ 2	
			□0회	□0회	□0회	□3회 이상		
	감점사항: 목적물 접촉(접촉 1회당 - 2점, 5회 이상 실격)							
운용능력 (30점)	① 환경적응능력 (건물, 소음, 돌발, 대인적응 등)	10점	□ 10	□ 8	□ 6	□ 4	□ 2	
	② 탐지과정 이행능력 (집중력, 의욕, 시간, 탐지반응)	10점	□ 10	□ 8	□ 6	□ 4	□ 2	
	③ 복종능력 (앉아, 엎드려, 회수, 3분 대기)	10점	□ 10	□ 8	□ 6	□ 4	□ 2	
심사의견		100점	평가 결과	합격 / 불합격				

■ **인명구조견 관리운용 규정** [별지 제2호 서식]

제　　호

공인 구조견 인증서

(재난, 산악, 수난, 사체, 화재)

소방청 훈령 제○○호『인명구조견 관리운용 규정』제12조에 따라
(○○분야 ○급)구조견으로 인증합니다.

견명(영문)		생년월일		(견 사진)
견종/성별		관리번호	(Microchip)	
공인등급		체중	kg	
모색		체고	cm	
양성교관		체장	cm	

년　　월　　일

소　방　청　장　직 인

210mm × 297mm [백상지 150g/m^2]

공인 구조견 인증서 출처: 법제처

6) 핸들러 인증평가 기준

핸들러 인증평가는 총 7개 항목, 18개 세부평가 항목 중에서 70점 이상 점수 획득 시 합격한다. 항목별 평가는 견 관련 기초지식을 평가하는 이론시험과 수색 및 종합전술을 평가하는 실기시험으로 구분한다.

(1) 수색분야

- **범위:** 산악수색 20000㎡(100m×200m) 크기의 산악지대
  재난수색 900㎡(30m×30m) 크기의 복합붕괴지
- **시간 및 구조대상자 수:** 총 30분 이내 1명의 구조대상자 구조(산악/재난 동일)
- **산악 평가방법:** 수색계획 및 전략구성을 통한 자율수색 형태의 핸들러 및 견 운용 지도능력 평가
- **재난 평가방법:** 수색지역 설정 및 일부 지역 핸들러 동선 제한 후 핸들러 및 견 운용 지도능력 평가

(2) 종합전술분야

- 평가기준에 따른 명령어 인식 및 장애물 통과능력 등 핸들러 및 견 운용 지도능력 평가

7) 훈련사 인증평가 기준

훈련사 인증평가는 총 7개 항목, 18개 세부평가 항목 중에서 80점 이상의 점수 획득 시 합격한다(핸들러 인증평가에서는 70점 이상의 점수 획득 시 합격한다). 항목별 평가는 견 관련 기초지식을 평가하는 이론시험과 수색 및 종합전술을 평가하는 실기시험으로 구분한다.

(1) 수색분야

- **범위:** 산악수색 20000㎡(100m×200m) 크기의 산악지대
  재난수색 900㎡(30m×30m) 크기의 복합붕괴지
- **시간 및 구조대상자 수:** 총 30분 이내 2명의 구조대상자 구조(산악/재난 동일)
  (핸들러 인증평가에서는 총 30분 이내 1명의 구조대상자를 구조해야 한다.)

- **산악 평가방법:** 수색계획 및 전략구성을 통한 자율수색 형태의 핸들러 및 견 운용 지도능력 평가
- **재난 평가방법:** 수색지역 설정 및 일부 지역 핸들러 동선 제한 후 핸들러 및 견 운용 지도능력 평가

(2) 종합전술분야

- 평가기준에 따른 명령어 인식 및 장애물 통과능력 등 핸들러 및 견 운용 지도능력 평가

구분	항목	평가 항목 및 내용	배점	항목별 평가 점수					평가 점수
				매우 우수	우수	보통	미흡	불량	
이론 (10점)	일반 상식	① 견관련 기초지식 및 이해 (사육관리, 후각이론, 행동학, 응급처치 등)	10점	□10	□8	□6	□4	□2	
수색 분야 (50점)	수색전	① 안전장비 착용여부 (배낭, 응급약품, 무전기, 헬멧, 장갑 등)	5점	□5	□4	□3	□2	□1	
		② 수색상황 정보수집 및 판단능력 (시간, 장소, 신원, 사유, 목격자, 위험요소)	5점	□5	□4	□3	□2	□1	
		③ 수색계획수립 및 행동요령 (계획 설명, 이동 동선, 견 출발시점)	5점	□5	□4	□3	□2	□1	
	수색중	① 구조견 통제 및 임무이행 운용능력 (명령어, 휴식, 지역커버, 연결수색, 시간)	5점	□5	□4	□3	□2	□1	
		② 방향지시 통제력 지속적 수색 (명령어 숙련도, 회수능력, 통제능력 등)	5점	□5	□4	□3	□2	□1	
		③ 구조대상자 발견 시 운용자세 (견 통제, 신상확인, 구급조치, 상황보고)	5점	□5	□4	□3	□2	□1	
		④ 구조견 환경 극복력 및 활동성 (장애물, 적응력, 이격거리, 체력, 연결수색)	5점	□5	□4	□3	□2	□1	
		⑤ 구조견 수색과정 임무이행 능력 (명령어 이해도, 회수력, 냄새, 통제력 등)	5점	□5	□4	□3	□2	□1	
		⑥ 구조견 구조대상자 발견 시 행동 (통보능력, 적정거리, 접촉횟수, 이탈횟수)	5점	□5	□4	□3	□2	□1	
	수색 종료	⑦ 종료 브리핑 및 인수인계 및 점검 (발견 장소, 미 수색지역, 반응 장소, 점검)	5점	□5	□4	□3	□2	□1	

구분	항목	평가 항목 및 내용	배점	항목별 평가 점수					평가 점수
				매우 우수	우수	보통	미흡	불량	
종합 전술 (30점)	복종 명령어 인식	① 정지, 이동, 이격 시(앉아, 엎드려, 서, 와)	5점	□ 5	□ 4	□ 3	□ 2	□ 1	
		② 방향전환(3개 방향 : 앞, 좌, 우)	5점	□ 5	□ 4	□ 3	□ 2	□ 1	
		③ 장시간 대기(5분), 차량 승하차 능력	5점	□ 5	□ 4	□ 3	□ 2	□ 1	
	장애물 통과 능력	④ 등반형 장애물 통과(A판벽, 구름다리)	5점	□ 5	□ 4	□ 3	□ 2	□ 1	
		⑤ 고정형 장애물 통과 (사다리, 허들, 터널)	5점	□ 5	□ 4	□ 3	□ 2	□ 1	
		⑥ 유동형 장애물 통과 (시소, 흔들다리, 그네)	5점	□10	□8	□6	□4	□2	
		① 종합전술 핸들링 능력 (명령어 숙련도, 장애물 통과 지도력 등)	10점	□10	□8	□6	□4	□2	
심사의견			100점	평가 결과	합격 / 불합격				

04 구조견 운용

1) 구조견 사육관리 사항

(1) 견 급식

- 사료는 전용사료를 지정 공급
- 1일 1식(석식) 제공을 기본으로 함, 단 필요시 2식 제공
- 1일 5회 이상 수시로 신선한 식수 교체 제공

(2) 견 관리

- 목욕은 하절기 월 1회(필요시 추가), 동절기 분기 1~2회 실시
- 매일 견 상태의 이상 유무 확인을 위한 부위 별 개체점검
- 그루밍 등 피모관리는 매일 수시 실시

(3) 견 점검

- 일일 구조견의 눈, 코, 귀, 입, 항문, 피부, 피모, 발, 생식기 등
- 일일 활동성, 식욕, 배변 등의 상태
- 일일 호흡부진, 무기력, 구토, 설사, 개체 활동성 확인

(4) 견 진료

- **연 1회 예방접종 실시**
  - 광견병
  - DHPPL 5종(홍역, 전염성 간염, 파보장염, 전염성 감기, 렙토스피라)
  - 코로나바이러스
  - 켄넬코프
  - 신종플루
- **연 1회 정기검진 실시**
  - 심장사상충
  - 관절 및 흉부 X-레이
  - 혈액검사(항체가 검사 포함)
  - 초음파 검사(복부, 심장)
  - 기초검사 등
- **연 3회 종합구충제 투여**
- **연 12회**
  - 심장사상충 구충제 투여
  - 외부 진드기 살충제

(5) 견사 관리

- 담당훈련사(핸들러), 보조자(교육 이수자) 이외 사육관리 금지
- 수시 변/뇨 제거 및 일일 2회 이상 견사 물 청소관리(오염시 수시)
- 월 2회 이상 견사 및 방사장 전체소독

■ 인명구조견 관리운용 규정 [별지 제7호 서식]

구조견[훈련견] 사육[훈련] 관리 일지

결재	담당자	담당	부서장

1. 시간대별 점검 일자 : . . (요일) 날씨 :

구분	09:00	11:00	13:00	15:00	17:00	19:00	21:00	23:00	06:00
개체 점검									
배변 청소									

2. 개체별 사육관리상태 및 훈련

구분		개체별 관리(사육/건강/훈련) 사항								
		(견명)	(견명)	(견명)	(견명)	(견명)	(견명)	(견명)	(견명)	(견명)
눈/귀/입(치아)										
발(패드)/꼬리										
피부/피모 상태										
배변상태/활동성										
급식량/횟수		700g/1회								
급식 시간										
훈련 시간 (분)	산악수색									
	재난수색									
	장애물									
	복종									
	기타 훈련									
일일 훈련시간(분)										

3. 시설 장비 점검

구분	점검 내용	이상 유/무	조치 사항
사무동 · 견사동	전기, 냉 · 난방 작동, 수도, 배수, 기타 시설 상태 등		
훈련장 · 장애물	재난수색, 종합전술 훈련장, 장애물 관리 상태 등		
차량 · 훈련장비	예) 탐색차량, 견 수송버스, 트레일러, 제설기, 잔디 관리기		

4. 전달 · 조치 사항

		환견명	처치(투약, 소독)		
			아침	점심	저녁
▶ ▶ ▶					
24시 동물병원	*전화번호, 주소*				

구조견 사육일지 출처: 법제처

(6) 기타사항

- 사적 이용금지 및 담당 핸들러 외에 운용금지
- 구타 등 강압적 행위 및 일반 견과 교미 금지
- 적정한 훈련, 운동 및 급식을 통한 건강관리
- 견 및 관련 시설물 등에 대한 청결유지 및 위생관리
- 견 부상, 질병 대비 안전사고 방지대책 및 진료체계 구축
  (24시간 내 · 외과 응급수술 가능 동물병원 지정운영)
- 응급사고에 대비 견 상해보험 가입 및 즉각적인 수습체계 구축

2) 구조견 출동 및 훈련 장비

(1) 출동장비 보유기준

- **핸들러 장비**: 헬멧, 출동복, 출동화, 안전벨트, 보호안경, 무전기, 나침반, 다목적 칼, 호각, 비상식량, 지도, 구급약품, 구조배낭, 폴대 등
- **구조견 장비**: 견줄, 체인, 공, 견조끼(인식표), 안전벨트, 사료, 식기(식수), 신발, 응급약품, 그루밍 용품, 이동식 견집, 형광벨트, 알림벨(종), 위치추적기 등

(2) 훈련장비 및 사육용품 보유기준

- **훈련관 장비**: 견 훈련복(상하), 훈련조끼, 보호안경, 등산화, 훈련장갑, 안전벨트, 헬멧, 배낭, 폴대, 다목적 칼, 무전기, 모자, 랜턴, 우의(고어텍스 바람막이) 등
- **훈련장비**: 사다리, 터널, 흔들다리, 시소, 테이블 3, 창틀, A자 판벽, 구름다리, 통보박스, 블라인드, 고무공, 턱, 덤벨, 견줄, 체인, 런지라인, 클릭커, 안전벨트 등
- **사육용품**: 식기, 빗, 소독약품, 견타월, 고무밀대, 견드라이기, 체중계 등

3) 사고 유형별 수색절차 및 현장 활동절차

단계별	조 치 내 용
① 이동단계	– 출동장비 점검, 차량 견방 잠금상태 확인, 수색 전 · 후 항시 견줄 착용 – 차량 이동 및 주차 시 실내온도 유의, 이동속도 유의
② 준비단계	– 현장상황 파악, 수색구역 분장 및 수색 계획 수립 – 현장활동 안전장비 착용 및 휴대(랜턴, 무전기, 지도, 헬멧, 보호경 등) – 타인 및 타 동물과의 불필요한 접촉 금지
③ 활동단계	– 매 30분마다 수색위치 통보 및 제반 안전사고 발생에 유의 – 핸들러 통제권 내 구조견 운용, 장시간 수색 시 의욕 배양 – 구조견 휴식시간 준수 등 견 상태 수시 체크
④ 철수단계	– 수색내용 인수인계, 휴대장비 점검, 구조견 상태점검 및 그루밍 – 구조견차 정리정돈, 출동결과보고서 작성

(1) 산악(야지)사고 현장 수색절차

A. 현장도착 후 상황설명 청취 및 정보수집(실종자 : 목격자, cctv, 인상착의, 시간대 등)

B. 수색 전 수색지형 파악→ 출동 구조견 수에 맞는 수색계획 및 지역 설정

C. 안전장비 착용 담당 지역 수색(1차 2차 추가 정보 확인 및 수색지형 확대 등)

D. 발견 시 현장지휘관 통보 및 인수인계(수색 관련 언론 정보 등 개별 응대 금지)

(2) 붕괴(지진 등) 현장 수색절차

A. 현장도착 후 상황설명 청취→ 붕괴규모 및 현장파악→ 정보수집(매몰자 인원, 여진 등)

B. 수색 결정 및 수색계획 수립(견 단독수색, 핸들러 동반수색, 2차 붕괴여부 확인 등)

C. 안전장비 착용 및 수색 실시(1:1크로스수색 원칙)

D. 발견 시 현장지휘관 통보 및 인수인계(수색 관련 언론 정보 등 개별 응대 금지)

(3) 화재현장 수색절차

A. 현장도착 후 상황설명 청취→ 화재원인 및 현장 확인(소화시간, 열기, 유독물질 등)

B. 수색여부 결정→ 정보수집(발화원인, 소사자 정보 등)→ 수색계획 수립

C. 안전장비 착용(랜턴, 헬멧, 무전기, 마스크 등)→ 구조견 동반수색(1:1크로스수색 원칙)

D. 수색 종료 시 지휘관 통보 및 인수인계(수색 관련 언론 정보 등 개별 응대 금지)

(4) 수난현장 수색절차

A. 현장도착 후 상황설명 청취→ 수난지역 현장파악(기상 및 날씨, 유속 등 운용 여건 등)

B. 수색여부 결정→ 정보수집(실종자 : 목격자, CCTV, 인상착의, 시간대 등)

C. 수색계획 수립 및 수색장비(보트 등) 등 개인 안전장비(구명조끼 등) 착용

D. 구조견 동반수색→ 수색 종료 시 인수인계(수색 관련 언론 정보 등 개별 응대 금지)

예상문제

1. 다음 중 인명구조견으로 활동하기에 적합하지 않은 견종은 무엇입니까?

① 저먼 셰퍼드
② 래브라도 리트리버
③ 잉글리시 스프링거 스파니엘
④ 아메리칸 스태퍼드셔 테리어

2. 인명구조견이 수행하는 가장 일반적인 작업은 무엇입니까?

① 폭발물 탐지
② 불법약물 검출
③ 실종자 찾기
④ 도주자(범인) 검거

3. 눈사태구조견이 눈 속에 묻힌 생존자를 발견시 가장 적합한 통보방법은 무엇입니까?

① 발로 눈을 판다.
② 목표지점을 주시한다.
③ 핸들러를 주시한다.
④ 목표지점에 엎드린다.

4. 다음의 견종 중 수상구조에 주로 사용되는 견종은 무엇입니까?

① 뉴펀들랜드
② 세인트버나드
③ 복서
④ 시베리안 허스키

5. 다음 중 전 세계 인명구조견의 상위조직으로 고도의 자격을 갖춘 국제수색구조견협회는 무엇입니까?

① AKC
② FCI
③ IRO
④ WUSV

1. ④ 2. ③ 3. ① 4. ① 5. ③ **정 답**

생각하고 토의하기

- 산악구조견 훈련에서 어려운 점은 무엇일지 토론하시오

- 재난구조견은 다른 수난구조견과 어떻게 다른지 구별하시오.

- 산악구조견은 어떤 전문 훈련을 받는지 설명하시오.

- 인명구조견의 수행 능력에 영향을 미칠 수 있는 요인에 대해 설명하시오.

- 각각의 구조견은 생존자를 발견시 핸들러에게 통보하는 방식을 설명하시오.

- 핸들러나 훈련사로서 수색 및 구조 작업에 구조견을 투입시킬 때 윤리적 고려사항에 대해 토론하시오.

- 재난구조견 조련사가 갖추어야 할 중요한 자질은 무엇인지 토론하시오.

- 재난 위기 상황에서 구조견을 사용할 경우 장단점에 대해 토론하시오.

11강 보조(안내)견(Assistance Dog)

학습목표

- 보조견으로 적합한 견종은 무엇이고, 선발기준은 무엇인지 설명할 수 있다.
- 각 역할에 따른 보조견 훈련의 종류와 훈련 방법을 이해하고 실행할 수 있다.
- 보조견 핸들러에게 필요한 자질은 무엇인지, 보조견 훈련에서 핸들러가 주의할 사항은 무엇인지 설명할 수 있다.

01 보조견의 개요

1) 보조견의 이해

보조견은 장애인의 활동을 도와주기 위해 장애인 보조견 전문훈련기관에서 훈련받은 견을 뜻한다. '보조견' 하면 일반적으로 시각장애인 안내견을 떠올리지만, 장애의 종류에 따라 청각장애인을 돕는 청각장애인 보조견, 지체장애인을 돕는 지체장애인 보조견, 정신 또는 신체적 장애가 있는 사람을 돕는 치료도우미견 등이 있다. 보건복지부에서 발행한 장애인복지 사업안내에 따르면 장애인 보조견의 종류를 다음과 같이 구분한다.

구 분	내 용
시각장애인 안내견	시각장애인의 안전한 보행을 돕기 위해 공인기관에서 훈련된 개
청각장애인 보조견	청각장애인을 위해 일상생활의 전화, 초인종 등 소리를 시각적 행동으로 전달하도록 공인기관에서 훈련된 개
지체장애인 보조견	지체장애인에게 물건전달, 문 개폐, 스위치 조작 등 지체장애인의 행동을 도와주도록 공인기관에서 훈련된 개
치료도우미견	정신적 혹은 신체적 장애가 있는 사람들과 같이 어울림으로써 기분개선, 여가선용, 치료 등을 위해 훈련된 개

국가와 지방자치단체는 장애인의 복지 향상을 위하여 장애인을 보조할 장애인 보조견(補助犬)의 훈련·보급을 지원하는 방안을 강구하여야 하며, 보건복지부장관은 장애인 보조견에 대하여 장애인 보조견 표지를 발급할 수 있다(「장애인복지법」 제40조 제1항 및 제2항). 또한 장애인 보조견 표지의 발급 대상은 장애인 보조견 전문 훈련기관에서 훈련 중이거나 훈련을 이수한 장애인 보조견을 대상으로 한다(「장애인복지법 시행규칙」 제29조).

장애인 보조견 전문훈련기관		
경기도 도우미견 나눔센터	경기도 화성시 마도면 마도공단로1길 181-15	031-8008-6721
한국 장애인도우미견 협회	경기도 평택시 미래길 54	031-691-7782
삼성화재 안내견학교	경기도 용인시 처인구 포곡읍 에버랜드로 199	031-320-8928

장애인 보조견 표지 발급의 목적은 보조견의 다양한 보조 서비스를 통하여 독립적으로 일상생활을 하게 하고, 장애인의 사회활동 참여를 증진하기 위해서이다. 장애인 보조견 표지의 발급 절차 및 장애인 보조견 표지의 기준은 다음과 같다.

민원인 → 전문 훈련기관 → 보건복지부 → 전문 훈련기관 → 민원인

장애인 보조견 표지 발급 절차

■ 장애인복지법 시행규칙 [별표 2]

<u>장애인 보조견 표지</u>(제30조 제3항 관련)

	장애인 보조견	
	발급번호	-
	훈련기관	
	보건복지부장관 [인]	

비고

1. 규격: 가로 110밀리미터(마크 45밀리미터)×세로 45밀리미터
2. 색상 : 가. 마크바탕·글씨·선: 청색
   나. 마크: 흰색
3. 발급번호: "발급연도" - "일련번호"로 표기한다.
4. 부착 위치: 보조견 손잡이 중 알아보기 쉬운 부위에 부착한다.

보조견은 모두 '장애인복지법'에 의해 보호받으며, 공공장소에도 출입할 수 있다. 장애인 보조견 표지를 붙인 보조견은 대중교통수단을 이용할 수 있고, 공공장소, 숙박시설 및 식품접객업소 등 여러 사람이 다니거나 모이는 장소에 모두 출입이 가능하다. 만일 정당한 사유 없이 이를 거부하면 300만 원 이하의 과태료가 부과된다(규제 「장애인복지법」 제90조 제3항 제3호).

장애인 보조견은 장애인이 타인의 도움을 받지 않고, 보다 독립적으로 생활할 수 있도록 보조해주는 역할을 한다. 이를 통해 장애인이 사회의 당당한 일원으로 살아갈 수 있도록 하고, 자칫 소외되고 외로울 수 있는 장애인들에게 친구이자 인생의 동반자 역할은 물론 비장애인과의 사이를 연결해주는 매개 역할을 한다.

보조견 핸들러를 위한 노트

알아두기

보조견을 지칭하는 용어로 현재 도우미견, 안내견, 서비스견 등 다양한 명칭이 혼용되어 사용하고 있다. 최근 장애인 보조견 관련 국제협력체인 Assistance Dogs International에서는 "보조견(Assistance Dogs)"을 표준으로 삼고자 용어 정립을 위해 힘쓰고 있다. 이에 대한 국제적 합의는 아직 이루어지지 않았으나, 본 교재에는 '장애인복지법'에 명시된 용어인 "장애인 보조견"으로 표기하도록 하겠다.

2) 보조견의 유래

장애인 보조견이 언제부터 활동했는지에 대한 정확한 기록은 없다. 다만 고대의 동굴 벽화 등을 통해 보조견에 대한 기록을 유추해볼 수 있다. 서기 79년 이탈리아 고대도시 폼페이의 벽화에는 시각장애인으로 보이는 남성이 개와 함께 시장을 걷는 모습이 그려져 있다. 1780년경 프랑스 캥즈-뱅 국립안과병원(Quinze-Vingts National Ophthalmology Hospital)은 시각 장애 환자를 위해 개를 훈련했던 시도가 있었고, 1856년 영국의 시인 엘리자베스 바렛 브라우닝(Elizabeth Barrett Browning)이 집필한 서사시 'Aurora Leigh'에 '앞을 보지 못하는 남자가 개를 따라 걷다(The blind man walks wherever the dog pulls)'라는 문구가 등장하였으며, 그 후 다양한 미술 작품에서 시각장애인으로 보이는 사람이 개와 함께 걷는 모습이 묘사되기도 하였다.

(1) 시각장애인 안내견의 역사

도로시와 그녀가 훈련시킨 안내견들

출처: The Associated Press.

현재와 같은 개념의 장애인 보조견이 양성되고 활동하기 시작한 계기는 제1차 세계대전이다. 독일은 전쟁에서 '겨자가스'라는 화학무기를 사용하였는데, 그로 인해 시력을 상실한 군인들이 생기게 되자 정부는 시력을 잃은 군인의 이동과 편의 및 사회복귀를 위한 교육을 위해 시작하였다. 당시 독일의 의사, 게르하르트 스탈링(Gerhard Stalling)은 시각장애가 있는 환자와 자신의 반려견을 두고 잠시 자리를 비운 사이, 자신의 개가 그 환자를 안내하고 보호하려는 모습을 보고, 아이디어를 얻어 1916년 올덴부르크(Oldenburg)에 세계 최초의 시각장애인 안내견학교를 설립하였다고 한다. 스탈링 박사는 시각장애인을 도울 수 있는 개의 잠재력을 믿고, 미국인 훈련사 도로시 유스티스(Dorothy Eustis)와 함께 협력하여 안내견 훈련을 시작하였다. 이 안내견 학교에서는 연간 600여 마리의 안내견을 양성하였으며, 안내견 중 일부는 영국, 프랑스, 스페인, 이탈리아, 미국, 캐나다 등의 시각장애인들에게 보내지기도 했다.

독일 안내견 학교의 성공 기사를 본 미국의 시각장애인 모리스 프랭크(Morris Frank)는 독일로 가서 장애물 주위를 안전하게 안내하는 안내견의 능력에 깊은 인상을 받아 1929년 미국 최초의 안내견 학교인 'The Seeing Eye'를 설립하였다.

영국에서는 최초로 네 마리의 저먼 셰퍼드 플래시(Flash), 주디(Judy), 메타(Meta), 폴리(Folly)가 제1차 세계대전에서 시력을 잃은 상이용사의 안내견으로 활동하였고, 1931년 월러시(Wallasey)의 클리프 훈련센터에서 체계적인 보조견 훈련이 시작되었다. 1934년에는 영국시각장애인 보조견협회(The Guide Dogs for the Blind Association)가 설립되었고, 6개의 안내견 학교에서 연간 천여 마리의 안내견을 양성하였다.

일본에서는 1970년에 최초의 안내견 학교가 설립되었다. 초창기에는 보조견으로 저먼 셰퍼드만을 선택했으나 현재 일본에서는 저먼 셰퍼드보다 래브라도리트리버와 골든리트리버가 더욱 널리 활용되고 있다.

우리나라의 안내견 활동의 시작은 장애인에 대한 사회적 인식과 연관이 깊다. 우리나라는 정식 안내견 학교가 생기기도 전에 여러 차례 미국이나 일본을 통해 몇 마리의 보조견 분양이 있었다. 하지만 그 당시 안내견의 사육관리는 몹시 열악하였고, 안내견에 대한 사회적 인식이 매우 부족하여서 안내견의 활동이 매우 제한적이었다. 1990년대 초부터 보조견에 관한 외국의 선진사례를 조사하고 번식견을 확보하는 등의 계기를 시작으로 1992년 이삭도우미개학교가 설립되었다. 그 후 1993년 삼성화재 안내견학교가 전문훈련기관으로 설립되면서 안내견의 훈련과 보급이 본격적으로 시작되었다.

오늘날 시각장애인을 돕기 위해 안내견 학교는 전 세계에서 찾을 수 있으며, 매년 수천 마리의 안내견을 양성하고 있다. 안내견의 활동은 누군가의 도움 없이는 문밖으로 나올 수 없었던 수많은 시각장애인의 삶을 변화시켰고, 그들에게 자신감을 갖게 해주었다.

(2) 청각장애인 보조견의 역사

보니 버진 박사 출처: National News

청각장애인을 위한 최초의 안내견 훈련기관은 1975년 보니 버진(Bonnie Bergin) 박사에 의해 설립되었다. 버진 박사는 이동 장애가 있는 자신의 경험을 바탕으로 난청을 포함한 다양한 청각 장애가 있는 사람들을 돕기 위해 보조견을 위한 훈련 프로그램을 개발하였다. 또한 그녀는 청각장애인을 위한 최초의 보조견 훈련기관이자 비영리 단체인 CCI(Canine Companions for Independence) 조직을 설립했다.

CCI 초기에 버진 박사와 그녀의 연구팀은 알람 소리, 사이렌 소리, 심지어 아기 우는 소리 등 다양한 소리에 반응하도록 개를 훈련하였다. 현재 CCI는 청각장애인 보조견은 물론 기타 장애인을 위한 보조견 훈련 프로그램을 개발하며 점차 그 영역을 확장하였다. CCI는 참전용사, 아동, 노인을 포함한 모든 유형의 장애인을 위해 보조견을 제공하는 세계에서 가장 크고 존경받는 훈련기관이다.

현재 미국, 영국, 한국 등 10여 개국 80여 단체가 회원으로 활동하고 있으며 전 세계적으로 약 2,500여 마리의 보조견들이 활동하고 있다. 우리나라는 1997년부터 이삭도우미견학교에서 청각장애인 보조견을 훈련하기 시작하였으며 1999년 청각도우미견 1호

'다롱이'가 분양되었다. 이후 삼성 도우미견 센터에서 2001년부터 훈련하기 시작하여 현재 국내에 약 50여 마리의 청각장애인 보조견이 활동 중이다.

(3) 지체장애인 보조견의 역사

지체장애인 보조견의 역사는 20세기 초로 거슬러 올라간다. 당시 대부분의 보조견은 시각장애인을 위한 보조견 위주였다가 1960년대가 되어서야 비로소 청각장애인을 위한 비영리기관인 CCI에서 점차 지체장애인 보조견을 위한 훈련프로그램을 개발하기 시작하였다. 청각장애인 보조견 훈련을 진행했던 보니 버진(Bonnie Bergin) 박사는 지체장애인을 위해 보조견에게 '문 열어주기', '물건 가져다주기', '균형 잡아주기', '휠체어 밀기' 등의 다양한 작업을 수행할 수 있도록 훈련하였다. CCI의 활약을 기점으로 Assistance Dogs International(ADI)을 포함하여 점차 지체장애인 보조견을 위한 많은 조직이 생기기 시작했다. 특히 ADI는 1987년에 설립된 비영리 단체로 개인을 위해 보조견을 훈련하고 배치하는 역할을 하고 있다.

최초의 공식적인 지체장애인 보조견은 저먼 셰퍼드 '턴더(Thunder)'로 기록되어 있다. 턴더의 주인인 '랜(Ran)과 '베티(Betty)'는 모두 지체장애인이었다. 랜은 한쪽 팔만 가지고 태어났고, 베티는 양팔이 없이 태어났다. 랜과 베티는 반려견 턴더와 생활하던 중 턴더가 특별한 훈련을 받지 않았는데도 본능적으로 주인이 요구하는 것을 알아차리고 도와주려 하는 것을 발견하였다. 이에 그들은 턴더에게 다양한 동작을 연습해보았으며, 그 결과 턴더는 그들을 위해 쓰레기를 버리고, 접시를 싱크대에 가져다 놓으며, 전화를 가져다주는 등의 능력을 발휘하였다. 턴더의 놀라운 재능은 곧 유명해져서 백악관에 초청되기도 하였고, 미국과 캐나다 전역을 여행하며 턴더의 멋진 기량을 뽐내게 되었다. 하지만 안타깝게도 턴더는 1981년에 그 명을 다하였다. '기적의 개'라는 칭호를 얻은 턴더는 훈련받은 개가 얼마나 무한한 가능성이 있는지, 사람에게 얼마나 큰 도움을 주는지를 세상에 알리는 데 큰 공헌을 하였다.

(4) 치료도우미견의 역사

고대 로마제국 시대에는 전쟁에서 부상당한 병사들의 재활치료 기법으로 승마가 이용되었다고 한다. 19세기에는 프랑스에서 마비를 동반한 신경장애 환자에게 승마로 치료하였고, 1942년 미국의 파울링 공군 요양병원에서는 공식적인 보조치료 수단으로 동물을 활용하였다. 다양한 동물 중 개를 치료도우미로 활용하기 시작한 시기는 제1차 세계대전부터이다. 전쟁으로 인하여 정신질환을 앓게 된 군인들이 개와의 놀이와 관계를 통하여 치료 효과를 보여 이를 계기로 학문적인 연구를 시작하게 되었다.

1964년 미국의 소아정신과 의사인 보리스 레빈슨(Boris Levinson) 박사는 'Pet Therapy'라는 용어를 소개하며 동물매개치료의 분야를 본격적으로 알리기 시작하였다. 레빈슨 박사는 진료 대기 중인 아동들이 기다리는 동안 개와 어울리고 놀아주면서 저절로 증상이 회복되는 놀라운 사실을 목격하게 되었다. 그러한 사실을 바탕으로 레빈슨 박사는 개를 활용한 동물매개치료를 연구하며 동물이 아동에게 미치는 영향과 치료적 효과성을 입증하는 데 공헌하였다.

1981년 호주에서는 노인복지시설의 노인들을 대상으로 치료도우미견 연구를 진행하였다. 실험 결과 60% 이상의 노인들이 동물매개활동 후, 예전보다 행복감을 느끼고, 성격이 활발해졌으며 웃음이 많이 늘어났다고 보고하였다.

수감자들이 고양이와 함께 하는 시간 출처: boredpanda.com

1999년, 프랑스와 마틴(Francois Martin) 박사의 자폐증 아이들을 상대로 한 연구에서도 역시 치료도우미견 덕분에 웃음이 많아졌고, 대화가 늘어났다는 결과가 보고되었다. 그 외에도 교도소의 수감자들을 상대로 연구한 치료도우미 동물의 효과, 가출 청소년 상대로 연구한 치료도우미 동물의 효과 등 수많은 연구에서 치료도우미견의 효과를 검증하는 연구가 활발히 진행되고 있고, 점차 다양한 대상자를 위한 도우미견으로 확장되고 있다.

3) 보조견의 종류와 역할

(1) 시각장애인과 안내견

① 시각장애인의 이해

■ **시각장애의 정의**

시각장애에 대한 정의는 시대나 사회에 따라 다르나, 크게 의학적 정의와 법적 정의로 분류할 수 있다. 의학적 정의는 일반적으로 시력과 시야에 의해 결정된다. 시력(visual acuity)은 사람이 볼 수 있는 명료도를 의미하며, 시야(visual field)는 눈으로 정면의 한 점을 주시하고 있을 때 그 눈에 보이는 외계의 범위를 의미한다. 시력(중심시력)은 시시력표(test chart)로 측정한다. 시시력표는 시력을 측정할 수 있도록 여러 단계로 배열된 시표를 의미하는데, 시표에는 란돌트환 시표(Landolt's ring), 스넬렌 시표(Snellen letter), 아라비아숫자 시표, 자기 나라 문자를 사용한 시표, 소아용 도형시표 등 여러 가지가 있다. 예를 들어 세계적으로 많이 쓰이는 스넬렌 시표로 시력을 측정할 경우, 가장 큰 글자를 200으로 정하고 가장 작은 글자를 20으로 볼 때, 20피트 거리에서 200에 해당하는 글자를 읽을 수 있으면 0.1이고 가장 작은 20에 해당하는 글자를 읽을 수 있으면 그 시력은 1.0이다.

법적 정의의 시각장애는 시력장애와 시야결손 장애로 구분하여 판정한다. 시력은 안경, 콘택트렌즈를 포함한 모든 종류의 시력 교정법을 이용하여 측정된 교정시력을 기준으로 한다. 시력은 만국식 시력표 등 공인된 시력표에 의해 측정된 것을 사용할 수 있다.

■ **시각 장애등급 기준**

장애 정도	장애상태
중증 장애 (장애 정도가 심한 장애인)	1급: 좋은 눈의 시력이 0.02 이하인 사람 2급: 좋은 눈의 시력이 0.04 이하인 사람 3급 1호: 좋은 눈의 시력이 0.06 이하인 사람 3급 2호: 두 눈의 시야가 각각 모든 방향에서 5도 이하로 남은 사람
경증 장애 (장애 정도가 심하지 않은 장애인)	4급 1호: 좋은 눈의 시력이 0.1 이하인 사람 4급 2호: 두 눈의 시야가 각각 모든 방향에서 10도 이하로 남은 사람 5급 1호: 좋은 눈의 시력이 0.2 이하인 사람 5급 2호: 두 눈의 시야 각도의 합계가 정상시야의 50% 이상 감소한 사람 6급: 나쁜 눈의 시력이 0.02 이하인 사람

② 시각장애인 안내견의 이해

시각장애인 안내견은 과거 맹도견(盲導犬) 또는 맹인안내견이라 불렸다. 시각장애인의 눈을 대신해 보행 중에 장애물이나 위험한 상황을 피해 갈 수 있도록 미리 알려주며, 주인을 가고자 하는 목적지까지 안전하게 안내한다. 래브라도 리트리버와 골든리트리버가 주로 사용된다.

- 주로 옥외에서 시각장애인의 보행을 도와주는 역할을 한다.
- 실내에서는 시각장애인을 보조하는 역할을 한다.
- '좌로', '우로', '똑바로', '천천히' 등과 같은 시각장애인의 지시에 따라 움직여야 한다.
- 시설물, 도구와 같은 장애물을 피한다.
- 구부러진 모퉁이 길이나 도로 등 높이 차이가 있는 곳에서 멈춘다.
- 계단이나 문을 찾는다.
- 전철역에서 떨어지지 못하게 몸으로 막거나 달리는 차량에 가까이 가지 못하게 하는 등 위험을 알리고 피하게 한다.

(2) 청각장애인과 보조견

① 청각장애인의 이해

■ 청각장애의 정의

청각장애인(聽覺障礙人)은 청각에 장애가 있는 사람을 뜻하며 일각에서는 '농아(聾啞)'라는 표현을 사용하기도 한다. '聾(귀머거리 롱)'은 듣지 못하는 사람, '啞(벙어리 아)'는 말하지 못하는 사람을 의미한다. 듣지 못하는 사람은 말하지도 못하는 경우가 많으므로 농아인(聾啞人)이라고 묶어서 말하는 셈이다. 말하는 데 문제가 없고 청각에만 문제가 있으면 농인(聾人)이라 부르기도 하나 실제로는 엄격하게 구분하여 쓰지는 않고 보통 농아인을 줄여서 농인이라고 하나 법령에는 청각장애인으로 표기한다. 청력에 이상이 없지만 평형기능에 장애가 있는 경우에도 청각장애인으로 등록된다.

■ 청각 장애등급 기준

장애 정도	장애상태
중증 장애 (장애 정도가 심한 장애인)	2급: 두 귀의 청력손실이 각각 90데시벨(dB) 이상인 사람 3급: 두 귀의 청력손실이 각각 80데시벨(dB) 이상인 사람
경증 장애 (장애 정도가 심하지 않은 장애인)	4급 1호: 두 귀의 청력손실이 각각 70데시벨(dB) 이상인 사람 4급 2호: 두 귀에 들리는 보통 말소리의 최대의 명료도가 50% 이하인 사람 5급: 두 귀의 청력손실이 각각 60데시벨(dB) 이상인 사람 6급: 한 귀의 청력손실이 80데시벨(dB) 이상, 다른 귀의 청력손실이 40데시벨(dB) 이상인 사람

② 청각장애인 안내견의 이해

청각장애인 보조견은 과거 청도견(聽導犬) 또는 보청견(補聽犬)이라 불렀다. 청각장애인과 함께 생활하면서 주인이 필요로 하는 경보, 초인종, 전화, 자명종, 아기울음 소리, 압력밥솥 소리, 물 주전자 끓는 소리, 화재경보 등의 소리를 듣고 주인에게 알려주며 소리의 근원지까지 안내하는 역할을 한다. 많이 쓰이는 견종으로는 래브라도 리트리버가 있고, 그 외에도 주로 코커스패니얼, 미니어처 푸들과 같은 중소형 크기의 견종도 실내에서 함께 생활하기 적합하여 많이 쓰인다.

- 청각장애인에게 생활에 필요한 정보를 구분해서 알려준다.
- 초인종, 자명종, 타이머, 팩스, 주전자 끓는 소리 등 정해진 소리가 들리면 주인에게 알린다.
- 누군가가 부를 때나 아기가 울고 있을 때와 같이 누군가 주인을 찾고 있다는 것을 알려준다.
- 경보음, 뒤에서 다가오는 차 소리, 소란스러운 상황 등 위험하다고 생각되는 소리나 정보를 알려준다.

(3) 지체장애인과 보조견

① 지체장애인의 이해

■ **지체장애의 정의**

지체장애는 신경계, 근골격계에 발생한 다양한 원인으로 인해 몸의 기능이 영구적으로 제한된 질환을 의미한다. 지체장애는 크게 절단 장애, 관절 장애, 지체기능 장애로 구분한다. 절단 장애는 손가락, 발가락, 팔, 다리 등에 절단으로 인한 영구적 기능 이상이 발생한 경우를 의미한다. 관절 장애는 다양한 근골격계 질환으로 인해 관절의 가동 범위가 감소한 것을 의미한다. 지체기능 장애는 척수 손상 등 신경 질환으로 인해 사지의 근위약이 발생하여 기능이 제한된 것을 의미한다. 그 외에 변형 장애는 양쪽 다리의 길이가 다르던지, 척추가 휘었던지 등 척추측만증이나 연골무형성증 등이 있다.

■ **지체 장애등급 기준 – 상지절단장애**

장애 정도	장애상태
중증 장애 (장애 정도가 심한 장애인)	1급 1호: 두 팔을 손목관절 이상 부위에서 잃은 사람 2급 1호: 두 손의 엄지손가락을 지관절 이상 부위에서 잃고 다른 모든 손가락을 근위지관절 이상 부위에서 잃은 사람 2급 2호: 한 팔을 팔꿈치관절 이상 부위에서 잃은 사람 3급 1호: 두 손의 엄지손가락을 지관절 이상 부위에서 잃고 둘째손가락을 근위지관절 이상 부위에서 잃은 사람 3급 2호: 한 손의 엄지손가락을 지관절 이상 부위에서 잃고 다른 모든 손가락을 근위지관절 이상 부위에서 잃은 사람
경증 장애 (장애 정도가 심하지 않은 장애인)	4급 1호: 두 손의 엄지손가락을 지관절 이상 부위에서 잃은 사람 4급 2호: 한 손의 엄지손가락을 지관절 이상 부위에서 잃고 둘째손가락을 근위지관절 이상 부위에서 잃은 사람 4급 3호: 한 손의 엄지손가락을 지관절 이상 부위에서 잃고 2개의 손가락을 근위지관절 이상 부위에서 잃은 사람 5급 1호: 한 손의 엄지손가락을 지관절 이상 부위에서 잃고 1개의 손가락을 근위지관절 이상 부위에서 잃은 사람 5급 2호: 한 손의 엄지손가락을 중수수지관절 이상 부위에서 잃은 사람 5급 3호: 한 손의 둘째손가락을 포함하여 세 손가락을 근위지관절 이상 부위에서 잃은 사람 6급 1호: 한 손의 엄지손가락을 지관절 이상 부위에서 잃은 사람 6급 2호: 한 손의 둘째손가락을 포함하여 2개의 손가락을 근위지관절 이상 부위에서 잃은 사람 6급 3호: 한 손의 셋째, 넷째 그리고 다섯째 손가락 모두를 근위지관절 이상 부위에서 잃은 사람

■ 지체 장애등급 기준 – 하지절단장애

장애 정도	장애상태
중증 장애 (장애 정도가 심한 장애인)	1급 2호: 두 다리를 무릎관절 이상 부위에서 잃은 사람 2급 3호: 두 다리를 발목관절 이상 부위에서 잃은 사람 3급 3호: 두 다리를 쇼파관절 이상 부위에서 잃은 사람 3급 4호: 한 다리를 무릎관절 이상 부위에서 잃은 사람
경증 장애 (장애 정도가 심하지 않은 장애인)	4급 5호: 한 다리를 발목관절 이상 부위에서 잃은 사람 5급 4호: 두 발의 엄지발가락을 지관절 이상 부위에서 잃고 다른 모든 발가락을 근위지관절(제1관절) 이상 부위에서 잃은 사람 5급 5호: 한 다리를 쇼파관절 이상 부위에서 잃은 사람 6급 4호: 한 다리를 리스프랑관절(Lisfranc joint) 이상 부위에서 잃은 사람

■ 지체 장애등급 기준 – 관절장애

장애 정도	장애상태
중증 장애 (장애 정도가 심한 장애인)	가) 두 팔의 어깨관절, 팔꿈치관절, 손목관절 중 2개 관절기능에 상당한 장애가 있는 사람 나) 두 팔의 어깨관절, 팔꿈치관절, 손목관절 모두의 기능에 장애가 있는 사람 다) 두 손의 엄지손가락과 둘째손가락의 관절기능에 현저한 장애가 있는 사람 라) 한 손의 모든 손가락의 관절기능에 현저한 장애가 있는 사람 마) 한 팔의 어깨관절, 팔꿈치관절, 손목관절 중 2개 관절기능에 현저한 장애가 있는 사람 바) 한 팔의 어깨관절, 팔꿈치관절, 손목관절 모두의 기능에 상당한 장애가 있는 사람 사) 두 다리의 엉덩관절, 무릎관절, 발목관절 중 2개 관절기능에 현저한 장애가 있는 사람 아) 두 다리의 엉덩관절, 무릎관절, 발목관절 모두의 기능에 상당한 장애가 있는 사람 자) 한 다리의 엉덩관절, 무릎관절, 발목관절 모두의 기능에 현저한 장애가 있는 사람
경증 장애 (장애 정도가 심하지 않은 장애인)	가) 한 손의 둘째손가락을 포함하여 3개 손가락의 관절기능에 상당한 장애가 있는 사람 나) 한 손의 엄지손가락의 관절기능에 상당한 장애가 있는 사람 다) 한 손의 둘째손가락을 포함하여 2개 손가락의 관절기능에 현저한 장애가 있는 사람 라) 한 손의 셋째손가락, 넷째손가락, 다섯째손가락 모두의 관절기능에 현저한 장애가 있는 사람 마) 한 팔의 어깨관절, 팔꿈치관절, 손목관절 모두의 기능에 장애가 있는 사람 바) 한 팔의 어깨관절, 팔꿈치관절 또는 손목관절 중 하나의 기능에 상당한 장애가 있는 사람 사) 두 발의 모든 발가락의 관절기능에 현저한 장애가 있는 사람 아) 한 다리의 엉덩관절, 무릎관절, 발목관절 모두의 기능에 장애가 있는 사람 자) 한 다리의 엉덩관절 또는 무릎관절의 기능에 상당한 장애가 있는 사람 차) 한 다리 발목관절의 기능에 현저한 장애가 있는 사람

■ 지체 장애등급 기준 – 지체기능장애

장애 정도	장애상태
중증 장애 (장애 정도가 심한 장애인)	가) 두 팔의 기능에 상당한 장애가 있는 사람 나) 두 손의 엄지손가락 및 둘째손가락의 기능을 잃은 사람 다) 한 손의 모든 손가락의 기능을 잃은 사람 라) 한 팔의 기능에 현저한 장애가 있는 사람 마) 한 다리의 기능을 잃은 사람 바) 두 다리의 기능에 현저한 장애가 있는 사람 사) 목뼈 또는 등·허리뼈의 기능을 잃은 사람
경증 장애 (장애 정도가 심하지 않은 장애인)	가) 한 팔의 기능에 상당한 장애가 있는 사람 나) 한 손의 둘째손가락을 포함하여 세 손가락의 기능에 상당한 장애가 있는 사람 다) 한 손의 엄지손가락의 기능에 상당한 장애가 있는 사람 라) 한 손의 둘째손가락을 포함하여 두 손가락의 기능을 잃은 사람 마) 한 손의 셋째손가락, 넷째손가락 및 다섯째손가락 모두의 기능을 잃은 사람 바) 두 발의 모든 발가락의 기능을 잃은 사람 사) 한 다리의 기능에 상당한 장애가 있는 사람 아) 목뼈 또는 등·허리뼈의 기능이 저하된 사람

② 지체장애인 안내견의 이해

지체장애인 보조견은 다리나 팔에 장애가 있거나 휠체어를 사용하는 등 신체적 어려움이 있는 장애인을 돕기 위해 훈련된 개이다. 이 보조견들은 일반적으로 떨어뜨린 물건을 들어 올리고, 문을 열고, 전등 스위치를 켜고 끄고, 주인이 일어서거나 균형을 잡도록 돕는 것과 같은 작업을 수행하도록 훈련한다. 주로 골든리트리버, 래브라도 리트리버, 스탠다드푸들, 저먼 셰퍼드 등이 사용된다.

- 거동이 불편한 지체장애인의 일상생활 동작을 보조하는 역할을 한다.
- 출입문을 열고, 닫는다.
- 떨어진 물건, 지팡이, 전화, 약, 리모컨 등 필요한 물건을 가져온다.
- 문을 여닫고 전등 스위치를 조작한다.
- 침대에서 상체를 일으킬 때 지탱하는 것을 도와준다.
- 보행시 균형을 맞추는 것을 도와준다.
- 상의나 갈아입거나 양말을 신는 것을 도와준다.
- 휠체어의 이동을 도와준다.
- 차도와 보도의 경계에서, 혹은 언덕길에서 밀거나 끌어서 도와준다.
- 긴급 시 구조를 요청하거나 긴급 호출 버튼을 누른다.

(4) 치료도우미견

① 치료대상의 이해

동물매개치료에는 대상자가 따로 정해져 있는 것이 아닌 도움을 필요로 하는 사람이라면 누구나 동물매개치료를 받을 수 있다. 학교폭력이나 따돌림을 당하는 학생, 대인관계에 문제가 있는 직장인, 배우자나 가족을 잃은 사람, 독거노인, 투병 중인 환자나 장애인, ADHD 환자, 우울증을 비롯한 정신장애가 있는 사람 등 정서적 · 신체적으로 어려움이 있는 사람이라면 누구나 대상이 될 수 있다.

■ 지체 장애등급 기준 – 정신장애

장애 정도	장애상태
중증 장애 (장애 정도가 심한 장애인)	가) 조현병 또는 뇌의 신경학적 손상으로 인한 기질성 정신장애로 망상, 환청, 사고장애 및 기괴한 행동 등의 양성증상이 있으나, 인격변화나 퇴행은 심하지 않은 경우로서 기능 및 능력 장애로 일상생활이나 사회생활에 간헐적으로 도움이 필요한 사람 나) 양극성 정동장애(情動障碍, 여러 현실 상황에서 부적절한 정서 반응을 보이는 장애)에 따른 기분 · 의욕 · 행동 및 사고의 장애증상이 현저하지는 않으나, 증상기가 지속되거나 자주 반복되는 경우로서 기능 및 능력 장애로 일상생활이나 사회생활에 간헐적으로 도움이 필요한 사람 다) 재발성 우울장애로 기분 · 의욕 · 행동 등에 대한 우울 증상기가 지속되거나 자주 반복되는 경우로서 기능 및 능력 장애로 일상생활이나 사회생활에 간헐적으로 도움이 필요한 사람 라) 조현정동장애(調絃情動障碍)로 가목부터 다목까지에 준하는 증상이 있는 사람
경증 장애 (장애 정도가 심하지 않은 장애인)	가) 조현병 또는 뇌의 신경학적 손상으로 인한 기질성 정신장애로 망상, 환청, 사고장애 및 기괴한 행동 등의 양성증상이 있으나, 인격변화나 퇴행은 심하지 않은 경우로서 기능 및 능력 장애로 일상생활이나 사회생활에 경미한 도움이 필요한 사람 나) 양극성 정동장애(情動障碍, 여러 현실 상황에서 부적절한 정서 반응을 보이는 장애)에 따른 기분 · 의욕 · 행동 및 사고의 장애증상이 심하지는 않으나, 증상기가 지속되거나 자주 반복되는 경우로서 기능 및 능력 장애로 일상생활이나 사회생활에 경미한 도움이 필요한 사람 다) 재발성 우울장애로 기분 · 의욕 · 행동 등에 대한 우울 증상기가 지속되거나 자주 반복되는 경우로서 기능 및 능력 장애로 일상생활이나 사회생활에 경미한 도움이 필요한 사람 라) 조현정동장애(調絃情動障碍)로 1)부터 3)까지에 준하는 증상이 있는 사람 마) 지속적인 치료에도 호전되지 않는 강박장애, 투렛장애(Tourette's disorder) 또는 기면증으로 기분 · 의욕 · 행동 및 사고의 장애증상이 심한 경우로서 일상생활이나 사회생활에 수시로 도움이 필요한 사람

■ 지체 장애등급 기준 – 자폐성 장애

장애 정도	장애상태
중증 장애 (장애 정도가 심한 장애인)	제10차 국제질병사인분류(International Classification of Diseases, 10th Version)의 진단 기준에 따른 전반성 발달장애(자폐증)로 정상발달의 단계가 나타나지 않고, 기능 및 능력 장애로 일상생활이나 사회생활에 간헐적인 도움이 필요한 사람

② 치료도우미견의 이해

치료도우미견이란 도움이 필요한 사람이나 정상적인 일상생활에 어려움이 있는 사람에게 편안함과 안정감과 같은 정서적 지원을 제공하도록 훈련된 개이다. 치료도우미견은 주로 병원, 요양원, 학교, 재해 지역 등 다양한 환경에서 정서적 및 심리적 문제에 대처하는 데 도움을 주고 있다. 사람을 향한 치료견의 무조건적 사랑은 대상자의 자존감을 높여주고, 심신 회복의 동기를 부여하여 높은 치료 효과를 나타낸다. 치료견은 스트레스가 많은 상황에서 차분하게 침착함을 유지하는 기질과 성향이 중요하며 어린이, 노인, 장애가 있는 사람을 포함하여 다양한 연령, 외모 및 문화가 다른 사람들과 상호 작용하도록 훈련받는다.

- 신체적 접촉을 통해 스트레스와 불안을 감소한다.
- 옥시토신이나 도파민과 같은 기분 좋은 호르몬을 방출하게 한다.
- 고통, 불편함, 통증이 있는 환자에게 진통제와 같은 통증 완화 작용을 한다.
- 좋아하는 사람은 판단하거나 평가하지 않으며, 무조건적인 사랑을 제공한다.
- 상호작용에 어려움이 있는 사람들에게 타인과 의사소통하도록 도움을 준다.
- 기본적인 돌봄 활동을 통해 신체적으로 건강하게 만든다.
- 자신감과 자존감을 높이고 긍정적인 자세를 유지하도록 도움을 준다.

02 보조견 양성훈련

1) 보조견 양성 과정

(1) 시각장애인 안내견

① 후보견 선발

시각장애인 안내견으로 적합한 품성은 무엇보다 침착하고, 공격적이지 않아야 한다. 또한 앞이 보이지 않는 장애인의 눈이 되어 영리하고, 훈련습득력이 우수한 개가 좋다. 안내견의 적합한 크기는 시각장애인이 팔을 뻗어 손잡이를 잡았을 때 편안함을 느낄 수 있는 체고를 가진 개가 적합하며, 위험에 처했을 때 밀어내거나 끌어당기는 등 위험으로부터 주인을 구할 수 있는 체력이 좋은 개가 적합하다. 이러한 조건에 부합하는 견종으로는 래브라도 리트리버, 골든리트리버, 저먼 셰퍼드 등이 많이 활용되고 있다.

② 퍼피워킹(12개월 소요)

안내견 학교에서 태어난 생후 7~8주 강아지(Puppy) 중 자질이 우수한 강아지를 선별하

> 안내견 핸들러를 위한 노트
>
> **알아두기**
>
> **1. 일반적인 퍼피워커의 자격요건**
> - 강아지를 주로 돌볼 성인이 가족 중에 있어야 한다.
> - 실내사육을 원칙으로 한다.
> - 미취학 자녀가 없어야 한다.
> - 안내견학교에 방문 가능한 지역에 거주해야 한다.
> - 다른 반려견이 없어야 한다.
>
> **2. 퍼피워킹의 장점**
> - 반려견을 올바르게 키우는 방법을 배울 수 있는 좋은 기회이다.
> - 퍼피워킹은 자원봉사 활동으로 인증된다.
> - 퍼피워킹 기간 동안 강아지에게 필요한 모든 물품과 진료비를 받는다.
> - 월 1회 가정 방문교육과 학교 집합 교육 시간이 있다.

여 일반가정(안내견을 이해하고 올바르게 양육할 수 있는 가정)에 보내어 약 1년간 위탁 · 양육하는 자원봉사 프로그램을 퍼피워킹(Puppy Walking)이라고 하고, 퍼피워킹에 참여하는 자원봉사자들을 일컬어 '퍼피워커(Puppy Walker)'라고 한다. 퍼피워커의 역할은 한 마리의 강아지가 어엿한 안내견으로 거듭나기 전까지 사람과 더불어 살아가는 에티켓 및 다양한 사회 환경에 대한 적응을 경험하게 해준다. 이러한 사회화 교육은 가정에서 시작되어 주거 밀집지역으로 서서히 진행되다가 점차 레스토랑, 쇼핑센터, 대중교통, 엘리베이터 등 다른 장소로 확장된다.

③ 안내견 훈련(6~8개월 소요)

퍼피워킹을 마친 후보견은 본격적으로 안내견 훈련을 받는다. 기간은 약 6~8개월로 양성기관에 따라 조금씩 차이가 난다. 훈련 내용은 '장애물 인식하고 피하기', '계단 오르기', '교통신호 지키기', '대중교통 이용하기', '교차로 통과하기', '문 열어주기', '문고리 찾아주기', '비록 주인의 명령이 있어도 위험이 있을 때는 명령에 따르지 않기' 등과 같이 대단히 복잡하고 다양한 고도의 훈련을 받는다. 안내견 훈련의 기본적인 과정을 모두 이수한 개는 핸들러가 자신의 눈을 가린 상태로 실제로 걸어보며 세심하게 최종 평가를 한다.

④ 시각장애인 파트너 매칭

주인이 될 시각장애인에게 가장 적합한 안내견을 선정하는 것을 매칭(Matching)이라고 한다. 안내견과 매칭 시 주인의 성격, 직업, 걸음걸이 속도 및 보폭, 건강상태 및 생활환경과 주위환경 등을 고려하여 선정해야 한다. 매칭은 시각장애인의 삶에 큰 영향을 미칠 수 있는 매우 중요한 과정으로 적합한 매칭은 향후 안내견이 맡은 역할을 성공적으로 해낼 수 있게 한다.

⑤ 파트너 교육(4주 소요)

가장 적합하다고 판단되는 안내견이 선정되면 예비 사용자가 안내견과 함께 총 4주간의 합동훈련을 받게 된다. 2주 동안은 시각장애인이 안내견학교에 입소하여 안내견과 함께 생활하고 훈련하며, 서로를 적응하는 기간을 갖는다. 이 기간 동안 주인은 안내견 관리를 위한 기본적인 사육관리 교육을 받게 된다. 나머지 2주 동안은 안내견학교에서 퇴소 후, 시각장애인의 주거지와 주요 보행지역을 중심으로 현지 적응 교육이 이루어진다.

⑥ 사후관리

안내견이 분양된 이후에도 담당 핸들러가 정기적으로 가정을 방문하여 안내견의 건강 및 훈련 정도를 세밀히 점검한다. 매년 2회에 걸쳐 정기적으로 사후관리를 시행한다.

안내견 핸들러를 위한 노트

안내견에 대한 에티켓

1. 보행 중인 안내견을 쓰다듬는 등의 접촉은 피해주세요.

안내견은 주로 래브라도 리트리버 종으로 순하고 사람을 잘 따르기 때문에 안내견의 주인이 아닌 다른 사람이 만지게 될 경우 안내견을 동반한 시각장애인의 안전한 보행에 지장을 주어 예기치 못한 위험을 초래할 수도 있다.

2. 안내견에게 먹을 것을 주지 마세요.

안내견이 보행 중에 먹을 것을 탐하면 시각장애인을 제대로 안내하지 못하는 경우가 발생할 수 있다. 따라서 안내견은 주인이 주는 사료만을 먹어야 한다. 귀엽다고 해서 안내견에게 과자와 같은 음식을 주는 건 안내견이나 시각장애인 모두에게 해가 될 수 있는 행동이다.

3. 안내견을 부르지 말아 주세요.

안내견이 너무 기특한 나머지 관심을 끌어 보기 위해 '메리~', '쫑~', '쯧쯧' 등의 소리로 안내견을 부르는 것은 안내견의 집중력을 떨어뜨릴 수 있다. 이는 시각장애인의 안전한 보행을 방해할 수 있다.

4. 버스정류장에서 안내견을 동반한 시각장애인을 만나면 어떻게 해야 할까요?

버스를 기다리고 있거나 횡단보도에서 기다리고 있을 때는 정류장에 정차하는 버스번호를 알려주시거나 신호등이 바뀌는 것을 알려주는 것이 좋다. 시각장애인과 안내견은 버스번호나 신호등이 바뀌는 것을 주변 사람이 도움이나 주변 상황을 판단해서 알 수 있다. 개는 색맹이므로 신호등의 색깔을 구분하지 못한다.

출처: 삼성화재 안내견 학교

(2) 청각장애인 보조견

① 후보견 선발

청각장애인 보조견으로 적합한 품성은 차분하고 참을성이 있어야 하며, 시시각각 주인에게 소리를 전달해야 하기에 민첩하고 건강한 체격이 좋다. 사람에게 우호적이고 명랑한 성격으로 냄새보다는 소리에 민감하며, 낯선 소리에 관심을 나타낼 정도로 호기심이 강하고, 반응하도록 훈련하는 소리를 구별할 수 있을 만큼 영리한 개라면 어떠한 견종도 가능하다.

우리나라의 거주공간과 환경을 고려한다면 대형견보다 소형견이 더욱 적합할 수도 있다. 우리나라에서 흔히 많이 키우는 견종인 몰티즈, 푸들, 슈나우저, 요크셔테리어, 코카스파니엘 등이 많이 활용되고 있다.

② 퍼피워킹(12개월 소요)

보조견 학교에서 태어난 생후 50~60일 강아지(Puppy) 중 자질이 우수한 강아지를 선별하여 일반가정에 보내어 퍼피워킹(Puppy Walking)을 수행한다. 이 기간 동안 일반인 가정에서 다양한 사람과 동물, 장소와 소리 등을 경험하게 하는 사회화 교육은 물론 공동생활에 필요한 배변교육, 산책교육 등의 예절교육과 '앉기', '엎드리기', '기다리기'와 같은 복종훈련을 배우게 된다.

③ 보조견 훈련(6~8개월 소요)

퍼피워킹을 마친 후보견은 본격적으로 보조견 훈련을 받는다. 기간은 약 6개월로 양성기관에 따라 조금씩 차이가 난다. 청각장애인 보조견의 훈련은 일반적인 가정집 환경과 유사한 환경에서 한다. 사람과 함께 살면서 자주 듣게 되는 자동차 경적, 알람 소리, 노크 소리, 호출 신호, 핸드폰 벨소리, 세탁기 신호, 아기 울음소리, 화재경보 등과 같이 일상의 다양한 소리를 감지하고 구별하는 복잡한 훈련을 받는다. 다양한 소리에 대한 인지 작업이 어느 정도 수행되면 위험을 인지하여 통보해주는 훈련을 병행한다. 일반적으로 보조견이 소리를 인지하면 발로 주인을 건드려서 주인에게 알려주고 주인을 소리가 나는 곳으로 안내하는 방법으로 훈련한다. 최종 평가에 합격한 보조견만 청각장애인에게 분양된다.

특정 소리 인지 → 주인에게 통보 → 소리 근원지로 안내

④ 청각장애인 파트너 매칭

주인이 될 청각장애인의 성격, 직업, 주변인, 청력 수준, 건강상태 및 주거환경 등을 고려하여 보조견과 매칭한다.

⑤ 파트너 교육(1주 소요)

가장 적합하다고 판단되는 보조견이 선정되면 예비 사용자가 보조견과 함께 약 1주간 합동훈련을 받게 된다. 이 기간 동안 주인이 될 청각장애인은 보조견 학교에서 견 관리 및 활용하기 등의 교육을 받게 되며, 다양한 소리에 대한 통보 방법을 연습한다. 안내견 학교에서 연습이 이루어진 후 점차 번잡한 거리, 공공장소, 핸들러의 집과 같은 다양한 환경에서 훈련이 진행된다. 이러한 환경을 바꾸는 연습은 보조견의 기술을 일반화시키는 데 도움이 된다.

⑥ 사후관리

안내견이 분양된 이후에도 담당 핸들러가 정기적으로 가정을 방문하여 청각보조견과 장애인을 도와주며 한 달 후 최종평가를 통해 청각장애인보조견을 증명하는 목걸이와 증서 등을 준다.

(3) 지체장애인 보조견

① 후보견 선발

청각장애인 보조견으로 활동하려면 우선 신체적으로 요구되는 작업을 수행할 수 있어야 한다. 또한 침착하고 순정적인 기질은 물론 인내심, 사람에 대한 우호적 태도, 현명한 상황 대처 능력 등을 갖추면 좋다. 만일 주인이 활동적인 성향의 지체장애인이면 일반적으로 골든리트리버나 래브라도 리트리버가 적합하며 '보행보조'에 필요한 활동을 돕는 역할을 한다. 반면 주인이 활동적이지 않은 재가지체장애인[3]이라면 일반적으로 코커스

---

3) 재가지체장애인(在家肢體障礙人): 일상생활이나 사회생활을 하기 어려워 집에 머물며 살아가는 장애인

패니얼이나 비글 등의 중 · 소형견도 가능하며 주로 집안에서 심부름해 주는 '일상보조'에 필요한 역할을 한다.

② 퍼피워킹(12개월 소요)

지체장애인 보조견을 위한 퍼피워킹은 청각장애인 보조견 과정과 흡사하다. 생후 50~60일 강아지(Puppy) 중 자질이 우수한 강아지를 선별하여 일반가정에 보내어 퍼피워킹(Puppy Walking)을 수행하며 일반인 가정에서 사회화 교육, 배변교육, 산책교육, 간단한 복종훈련 등을 익히게 된다.

③ 보조견 훈련(7~12개월 소요)

퍼피워킹을 마친 후보견은 본격적으로 보조견 훈련을 받는다. 7~12개월 동안 '휠체어 끌어주기', '물건 집어주기', '물건 가져오기', '버팀목 되어주기', '전기 스위치 조작하기', '문 서랍 열기' 등의 보조견 훈련과 주인의 지시를 따르는 복종훈련, 다양한 실내공간에서 잘 지낼 수 있는 실내 적응훈련 등을 교육받는다.

④ 지체장애인 파트너 매칭

주인이 될 청각장애인의 성격, 직업, 주변인, 청력 수준, 건강상태 및 주거환경 등을 고려하여 보조견과 매칭한다.

⑤ 파트너 교육(4주~6주 소요)

가장 적합하다고 판단되는 보조견이 선정되면 예비 사용자가 보조견과 함께 합동훈련을 받게 된다. 예비 사용자가 보조견 학교에서 숙식하게 되면 4주간의 교육을 진행하고, 출퇴근하게 되면 5~6주간의 교육을 진행한다. 이 기간 동안 지체장애인은 보조견을 다루고 훈련하는 방법과 보조견의 사양관리에 대해 배우게 된다. 파트너 교육은 교육기관마다 시기와 기간이 다를 수 있다.

⑥ 사후관리

안내견이 분양된 이후에도 담당 핸들러가 정기적으로 연락하며 보조견의 상태를 점검한다.

2) 보조견 훈련 방법

(1) 시각장애인 안내견

① 하네스 훈련

시각장애인 안내견에게 하네스(끌채)의 착용은 임무의 시작을 알리는 신호이다. 주인은 하네스를 통해 '멈추기', '앞으로 가기', '좌측이나 우측으로 방향 틀기', '오르막과 내리막 보행하기' 등 안내견의 움직임을 파악하게 된다. 하네스와는 별도로 안내견의 목에는 리드줄을 착용한다. 리드줄은 주인이 안내견에게 신호를 주거나 안내견을 조정할 때 사용되고, 하네스는 개의 움직임을 전달받는 데 사용된다. 하지만 어떠한 안내견도 묵직한 하네스를 착용하는 것이 처음부터 익숙하지는 않다. 그렇기에 하네스 착용 훈련은 단시간에 빨리 완성하는 것보다 천천히 자연스럽게 조형의 원리로 가르치는 것이 좋다. 처음부터 하네스를 착용하게 하는 것보다 우선 하네스에 관심을 보이면 보상을 주어 하네스에 대한 긍정적인 인상을 주며 거부감을 없애는 과정이 필요하다. 이 과정이 완성되면 하네스를 몸에 착용하는 시간을 조금씩 늘리고, 나중에는 하네스를 몸에 착용한 채 일상생활을 하게 하기도 하여 하네스 착용이 어색하거나 불편하지 않고, 완전히 익숙해지도록 작업한다.

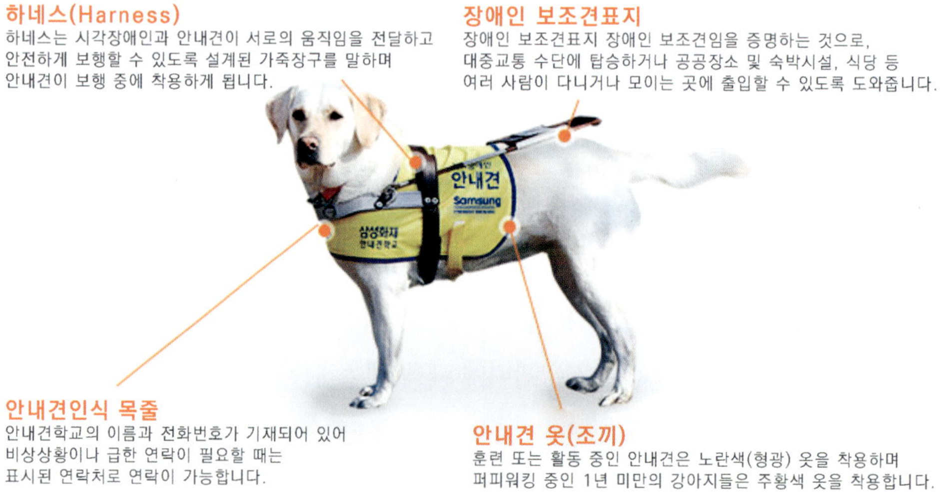

출처: 삼성화재안내견학교

② 장애물 훈련

안내견은 실내외, 도로, 건물, 대중교통 등 다양한 환경에서 주인을 안전하게 안내할 수 있어야 하며 장애인에게 위협이 될 수 있는 장애물을 피해 가고, 피할 수 없는 장애물은 멈추어 서서 알려주어 장애인이 확인할 수 있도록 해야 한다. 장애물을 피하는 훈련은 개가 가지고 있는 선천적인 자기방어본능과 새로운 환경에 대한 경계심을 이용하여 훈련한다.

장애물은 움직이는 장애물과 움직이지 않는 장애물이 있다.

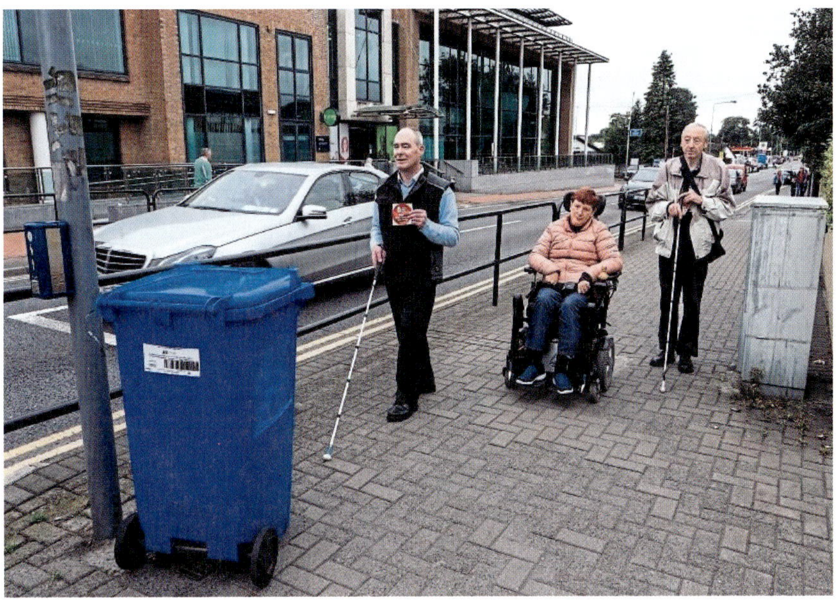

거리의 다양한 장애물 출처: Kildare Live and Leinster Leader Newspaper

움직이는 장애물	움직이지 않는 장애물
자동차, 자전거, 오토바이, 사람, 카트, 휠체어, 킥보드 등	(바닥 장애물) 맨홀, 하수도 그리드 철망, 계단, 도랑 덮개, 우수관 등
	(지상 장애물) 나뭇가지, 간판, 현수막, 표지판, 교통제어시설, 펜스 등

개에게 장애물을 인식시키는 방법은 체험을 통한 방법과 학습을 통한 방법이 있다.

체험훈련	학습훈련
아이가 난로에 가까이 갔다가 손을 덴 후 난로 근처에서 놀지 않는다.	아이의 엄마가 난로는 매우 뜨거운 것이라 닿으면 화상을 입일 수 있고 통증이 크다고 알려주며 난로 근처에 가지 않았을 때 칭찬을 해준다.
장애물을 피하지 않고 가다가 장애물에 부딪혀 통증을 느낀 후 장애물을 마주하게 되면 스스로 피해서 간다.	개가 가까이 가면 장애물 경고 신호와 함께 좋아하지 않은 자극을 제시한다. 개가 장애물 근처에서 주춤하거나 피해 간다면 보상을 주며 장애물을 인지시킨다.

③ 교통수단 이용 훈련

교통수단은 장애인의 이동 및 사회활동 참여를 위해 반드시 필요한 훈련이다. 초반에는 실제 대중교통으로 연습하기보다는 안내견 학교의 차량을 이용하여 훈련하는 것이 안전하다.

우선 자동차나 교통수단을 '탄다'라는 경험을 만들어주어야 한다. 둘째, 자동차에 오르면 안내견은 장애인 발밑에 가만히 엎드려 있게 하는 훈련을 진행한다. 셋째, 그 상태에서 낯선 사람이 차 안으로 '들어오거나 나가기', '함께 머무르기' 등을 연습한다. 넷째, 앞의 과정이 능숙하게 완성되면 택시, 버스, 지하철 등 점차 다양한 교통수단으로 확장하여 일반화시킨다.

(2) 청각장애인 보조견

청각장애인 보조견은 하루에도 셀 수 없이 많은 다양한 소리를 배경 소음으로 듣는다. 수천수만 개의 소리 중에서 어떤 소리가 중요한지 배워야 한다. 그러기에 고도의 집중력이 필요한 훈련이다.

① 사전 준비 작업

소리 인식 훈련과 완전히 별도로 예행 훈련을 도입하면 청각 훈련의 최종 단계에서 매우 수월해진다. 우선 개가 핸들러를 살짝 밀거나 발로 긁는 법을 배운다. 클리커 트레이닝의 타겟팅(targeting)[4] 방식을 사용하면 훨씬 수월하다. 타겟팅 방식으로 개가 코나 발로 목표물을 터치하는 방식을 훈련한 후, 목표지점을 핸들러의 몸의 다른 부위로 옮겨간다.

---

4) 타겟팅(targeting): 클리커 트레이닝의 기술 중 하나로 반려견의 신체 일부가 정해진 타겟 지점인 목표물에 닿게 하거나 목표물을 따라 이동하게 하는 기술이다.

다음으로 핸들러와 숨바꼭질 놀이를 하여 개가 핸들러를 찾아내면 타겟팅 방식으로 핸들러의 몸을 터치하게 한 후 칭찬과 보상을 반복한다. 청각견이 앞으로 배우게 될 소리는 모두 다르지만, 최종 통보 방식은 동일하게 유지할 수 있다.

② 소리 인식 훈련

보조견은 특정 소리를 인식하고 주인에게 통보하도록 훈련을 받는다. 일상생활에서 자주 접하게 되는 소리로는 초인종 소리, 전화벨 소리, 자명종 소리, 아기 울음소리, 전자레인지 소리 등이 있다. 초인종 소리를 훈련하고자 할 때는 핸들러와 보조자가 필요하다. 우선 초인종이 설치된 장소에서 개가 좋아하는 사람이 보조자가 되어 출입문 밖에서 대기한다. 초인종 소리가 나면 보조자는 문을 열고 개의 이름을 부르며 개가 좋아하는 먹이 보상 등을 주도록 한다. 이 과정을 반복하면 초인종 소리와 자기가 좋아하는 사람과 먹이 보상이라 연상하며 소리가 날 때마다 현관으로 달려가게 될 것이다. 다음에는 초인종 소리가 나면 밖에 있는 보조자는 그대로 기다리고 있고, 안에 있는 핸들러가 개를 불러오게 한다. 개가 핸들러에게 오면 핸들러의 무릎 쪽으로 올라오게 한 후, 일어나서 현관으로 가서 문을 열어주고, 보조자가 개에게 보상을 주게 한다. 점차 초인종 소리가 나면 소리의 근원지와 주인 사이를 오가며 소리의 근원지로 주인을 안내하도록 한다.

③ 소리 통보 훈련

소리 통보 훈련이란 특정 소리가 나면, 주인에게 신호를 주어 소리가 나고 있음을 주인에게 알려주는 훈련이다. 주인에게 통보하는 방법은 개마다 다를 수 있다. 소리가 날 때마다 펄쩍펄쩍 뛰는 개도 있고, 주인의 다리나 몸을 터치하는 개가 있고, 소리의 근원지와 주인 사이를 왔다 갔다 하는 개도 있다. 통보는 한 가지 방식으로 훈련하는 것보다 훈련하고 있는 개의 습성을 고려하여 적합한 통보 방식을 적용하는 것이 좋다. 훈련 초기 단계에서는 소리와 위치를 함께 인지하도록 하는 것이 개가 이해하기 쉽다. 익숙해지면 소리가 나는 위치를 변경하여 특정한 장소와 소리를 연상하지 않고, 소리로 장소를 찾아가도록 훈련한다. 장소와 소리를 연상하여 특정 장소로 안내하는 것이 아닌 소리가 나는 근원지로 주인을 안내하는 것이 좋다. 예를 들어 초인종 소리는 반드시 현관문에서 난다는 생각을 버리게끔 이동용 초인종을 화장실이나 주방, 안방 등 환경을 바꾸어가며 설치하여 소리가 나는 쪽으로 주인을 안내하는 훈련을 진행하도록 한다.

④ 응용 훈련

전화벨 소리 훈련이나 자명종 소리 훈련 역시 비슷한 방법을 사용한다. 훈련 초반에는 매우 가까운 거리에서 시작하여 점차 거리를 늘려가는 것이 효율적이다. 가까운 거리에서 전화벨이 울리면 개가 전화기 쪽으로 이동하게 된다. 이때 손가락으로 전화기를 두드리며 개가 앞발을 전화기나 전화기 테이블에 올리도록 유도한다. 만일 개가 이해하지 못하거나 집중력을 잃으면 줄로 신호를 주거나 먹이로 유인하여 전화기 테이블 위에 발을 올리도록 만들고, 발이 닿으면 그 순간 칭찬과 보상으로 그 행동을 각인시킨다. 다음 단계는 개가 소리를 확인한 후 핸들러에게 와서 소리의 근원지로 데려가는 훈련을 진행한다.

⑤ 일반화 훈련

훈련의 최종 단계에서 반드시 수행되어야 하는 훈련은 바로 일반화 훈련이다. 보조견은 소리를 일반화하는 방법을 배워야 한다. 같은 도구의 소리라도 소리는 환경에 따라 다르게 들릴 수 있다. 예를 들어 야외에서 울리는 전화는 작고 밀폐된 공간에서 울리는 전화 소리와 크게 다르다. 또한 전화기마다 벨소리도 다르다. 호텔의 알람 소리는 집의 알람시계 소리와 다르고, 사무실 전화는 휴대폰 벨소리와는 전혀 다르다. 콘크리트에 떨어뜨린 열쇠의 소리와 모래나 잔디에 떨어뜨린 열쇠의 소리는 전혀 다르게 들린다. 그렇기에 핸들러는 환경과 도구, 상황을 바꾸어가며 소리를 구분하게 하는 일반화 작업이 필요하다.

(3) 지체장애인 보조견

① 회수 훈련(물건 가져오기)

장난감을 개 가까이에 던지고 개가 장난감을 집어 들면 보상을 주고 칭찬을 해주는 것부터 시작한다. 개가 장난감을 집어야 한다는 것을 이해할 때까지 이 과정을 반복한다. 다음은 장난감을 멀리 던져 개가 쫓아가도록 한다. 이때 '가져와'라고 말하며 개가 장난감을 쫓도록 격려한다. 이 과정을 반복한 후 개가 장난감을 집어 들면 칭찬한 다음 '이리와'라는 지시하며 적극적으로 개를 불러들여 개가 핸들러에게 오게 한다. 이 과정을 반복하며 개가 던진 장난감을 가져올 때마다 칭찬과 보상으로 강화한다. 개가 장난감을 가져오면 다른 장난감이나 먹이를 주어 입에 물고 있는 장난감을 자연스럽게 떨어트리게 만든다. 이때 '놓아'라고 말하며 개가 장난감을 떨어트리도록 반복한다. 이 과정이 익숙해지면 개가 장난감을 떨어트리는 순간 핸들러가 재빨리 턱밑에 손을 가져다 놓으며 개가 떨어트린 장난감이 핸들러 손 위로 떨어지게 한다.

② 문 열기 훈련

오래된 셔츠나 두꺼운 실타래를 묶어 만든 장난감을 준비한 후, 장난감을 흔들어 개가 물도록 움직이며 자극한다. 개가 장난감을 무는 순간 서로 '물고, 당기기 게임'을 하며 터그놀이를 가르친다. 터그놀이 시 개가 충분히 잡아당기는 악력이 느껴진다면, 가지고 놀던 천 장난감을 문손잡이에 길게 매달아 놓는다. 매달린 천 장난감을 보여주고 흔들어 주며 개가 천을 잡아 물어 당기게 한다. 이때 '열어'라고 말하며 개가 문에 달린 장난감 천을 잡아당기면 칭찬과 보상을 제공한다. 개가 천을 잡아당겨 문 여는 요령을 터득했다면 현관문, 대문, 냉장고 문 등 집안의 다른 문을 사용하여 점차 일반화를 시키고, 점점 구두로만 명령하여 문을 열게 한다.

03 보조견 운용

1) 보조견 사육관리 사항

(1) 보조견 전문 훈련기관의 입지조건

- 전문훈련기관은 보조견의 훈련 및 보조견을 사용할 장애인에 대한 교육이 효율적으로 실시될 수 있도록 일반 주민의 이해와 주변 환경이 양호한 장소에 설치하여야 한다.

(2) 실내시설

- 견사는 실내시설인 견방 및 사료 창고와, 야외시설인 거실 및 방사장(잔디방사장 포함) 등으로 구성한다. 실내견사는 보조견이 잠을 자는 곳으로 바닥난방이나 소독, 청소, 배수 및 환기 등이 용이하도록 하여 보조견의 건강과 청결을 유지할 수 있는 구조를 갖추어야 한다. 또한 견사 안에 4두 이상의 보조견을 동시에 수용하지 않아야 한다. 병의 감염을 방지하기 위하여 격리된 견사를 별도로 갖

출 수 있다.

- 사료 창고는 통풍이 잘되고 서늘하게 유지되어야 하며 사료의 위생적 보관에 필요한 냉장설비를 갖춘다.
- 거실은 보조견이 주로 주간에 생활하는 곳으로서 소독, 청소, 배수가 용이한 바닥이어야 한다.

(3) 야외시설

- 방사장은 보조견의 훈련 및 공동생활을 위한 공간으로써 충분한 면적이 확보되어야 하며 소독, 청소, 배수가 용이한 바닥이어야 한다.
- 잔디방사장은 보조견의 자유로운 운동을 위한 녹지공간으로써 충분한 면적이 확보되어야 하며, 안전과 훈련의 효과를 높이기 위해 주위에 울타리를 설치할 수 있다.

(4) 보조견 사용자 교육숙소

- 보조견 사용자 교육숙소는 보조견 사용자가 훈련된 보조견을 분양받기 위하여 보조견 사용자와 보조견 간의 적응교육을 받는 곳으로서 최소 2인 이상이 동시에 교육을 받을 수 있도록 하고 강의장, 야외교육장 및 숙소 등으로 구성되어야 한다.
- 강의장은 보조견을 동반하여 교육을 받을 수 있도록 한다. 야외교육장은 보조견 관리요령, 보행법 등을 교육하는 장소로써 사용자 숙소와 구분하여 인접 지역에 설치하여야 한다. 숙소는 냉난방 설비를 갖추어야 하고, 면적은 1인당 3.3제곱미터 이상으로 하며 보조견과 함께 지낼 수 있도록 한다.

(5) 기타 시설

- 사무실은 보조견 사용자와 함께 생활하는 보조견 및 훈련 중인 보조견에 대한 방역 등을 용이하게 하기 위하여 견사와 숙소 중간에 위치하도록 설치할 수 있으며, 사무를 위한 사무집기와 기타 필요한 설비를 갖추어야 한다.
- 보조견의 위생, 건강검진 및 치료 등을 위하여 진료실을 설치할 수 있다.
- 보조견의 적정한 관리를 위하여 조리시설, 목욕시설 및 세탁시설을 설치할 수 있다.

예상문제

1. 다음 중 보조견의 종류가 아닌 것은?

① 시각장애인 안내견
② 치료도우미견
③ 청각장애인 보조견
④ 지체장애인 보조견
⑤ 조난장애인 구조견

2. 청각장애인 보조견에게 소리 통보방법 훈련시, 가장 부적합한 통보방법은 무엇인가?

① 핸들러의 무릎 위로 올라간다.
② 핸들러의 몸을 발로 긁는다.
③ 핸들러와 소리의 근원지 사이를 왔다갔다 한다.
④ 빙글빙글 돌거나 점프한다.
⑤ 핸들러를 향해 짖으며 통보한다.

3. 다음 중 시각장애인 안내견이 수행할 수 있는 작업이 아닌 것은 무엇인가?

① 장애물 주변 탐색
② 문 위치 탐색
③ 소리의 근원지로 안내
④ 위험에 대한 경고
⑤ 계단에서 정지

4. 다음 중 잘 훈련된 보조견의 특징이 아닌 것은 무엇입니까?

① 다른 개들에게 친화적이며 적극적인 태도
② 대중 앞에서 침착함
③ 안정적으로 명령 따르기
④ 음식 유혹 거부

5. (   )에 들어갈 말을 쓰시오.

보조견 학교에서 태어난 생후 50~60일 강아지 중 자질이 우수한 강아지를 선별하여 일반가정에 보내어 (   )을 수행한다. 이 기간 동안 일반인 가정에서 다양한 사람과 동물, 장소와 소리 등을 경험하게 하는 사회화 교육은 물론 공동생활에 필요한 배변교육, 산책교육 등의 예절교육과 '앉기', '엎드리기', '기다리기'와 같은 복종훈련을 배우게 된다.

정 답 1. ⑤ 2. ⑤ 3. ③ 4. ① 5. 퍼피워킹

생각하고 토론하기

- 시각장애가 있는 사람에게 안내견이 있으면 어떤 이점이 있는지 토론하시오.

- 청각장애인을 위한 보조견은 어떤 방법으로 주인에게 알리는지 방법과 과정을 설명하시오.

- 지체장애인 보조견은 어떤 유형의 작업을 수행하는지 나열하시오.

- 심리 · 정서적 문제가 있는 사람들에게 치료도우미견은 어떠한 작용을 하는지 토론하시오.

- 각 영역의 청각장애인 보조견의 양성 절차에 대해 설명하시오.

- 보조견에게 가장 적합한 성격 특성 유형은 무엇이 있는지 설명하시오.

- 올바른 퍼피워커가 되려면 어떠한 자세를 가지고 무엇을 준비해야 하는지 설명하시오.

12강

연기견(Acting Dog)

학습목표

- 연기견의 역할에 대하여 이해하고 설명할 수 있다.
- 연기견에게 적합한 성품을 알고, 역할에 맞는 훈련을 할 수 있다.
- 영상물 속 개의 연기 행동을 분석하고 설명할 수 있다.
- 연기견을 위한 복지 시스템을 이해하고 설명할 수 있다.

01 연기견의 개요

1) 연기견의 이해

연기견은 영화, 드라마, 연극, 텔레비전 쇼, 광고 및 기타 형태의 미디어에 출연할 목적으로 특정 작업이나 행동을 수행하도록 훈련된 개이다. 연기견은 극중에서 원하는 효과를 내기 위해 신호에 따라 행동을 수행할 수 있도록 높은 수준의 훈련을 받는다. 개는 여러 동물 중에서도 높은 지능과 충성심, 뛰어난 학습효과로 각종 미디어에서 높이 평가되는 이상적인 동물이다. 특히 현대의 연기견은 주로 영상물에서 많이 활동하는데, 이러한 영상물은 관객을 상대로 상품적 · 사회적 · 예술적 · 오락적 가치를 대중에게 전달하는 기능을 한다. 영상물에 고대로부터 인간과 함께 삶을 공유해 왔던 동물들이 등장하는 것은 놀라운 일이 아니다. 특히 광고계에서 '3B'는 가장 선호하는 3대 소재로 동물(Beast), 미인(Beauty), 어린이(Baby)를 뜻한다. 이 중 동물 모델은 인물 중심과 가장 차별화되는 소재이면서 최근 반려동물 양육인구가 증가추세와 함께 광고계에서도 높은 호감 순위를 차지하고 있다. 다양한 동물 모델 중에서도 개는 다양한 역할을 소화할 수 있다. 개는 친근하고 귀여운 이미지도 있지만, 날카로운 이빨이나 맹렬한 짖음을 드러내며 공격적인 느낌으로도 연출이 가능하다. 개는 이렇게 상반적인 느낌을 표현할 수 있기 때문에 자연스럽고 사실적인 효과를 연출하는 데 매우 효과적이다. 이러한 이유로 오늘날 개를 소재로 한 영화나 드라마, 광고 등의 촬영이 점차 증가하고 있으며 과거 단순히 배경적 요소를 뛰어넘어 현재는 조연에서 주연까지 정해진 배역을 맡아 연기를 수행하는 연기자의 몫을 톡톡히 해내고 있다.

연기견 훈련을 위한 노트

개의 긍정적 이미지와 부정적 이미지

- **긍정적 이미지:** 친근함, 장난스러움, 귀여움, 따뜻함, 부드러움, 충성심, 민첩함, 대담함, 용기, 사랑, 영리함, 공감력, 순수함 등
- **부정적 이미지:** 공격적, 두려움, 공포, 소음, 지저분함, 냄새, 끈적거림, 파괴적, 돌발적, 영악함, 미개함 등

최근 늘어나는 연기견의 수요에 비해 국내에서 연기견을 전문적으로 훈련하는 훈련사는 그리 많지 않다. 이는 연기견 한 마리를 양성하는 데 상당한 시간이 걸리지만, 매체에는 특정 한 마리에게만 고정적으로 배역을 주는 것이 아니라 다양한 외모와 캐릭터의 연기견이 필요하기 때문이다. 훈련사는 어떤 작품에서 어떤 연기견이 동원될지 모르니 촬영의 기회를 얻기 위해서는 최대한 여러 마리의 다양한 캐릭터의 연기견을 양성해야 한다. 하지만 촬영 현장에서 발생하는 다양한 상황적 변수와 비고정적인 수입형태 등 전반적으로 사업의 구조화가 이루어지지 않았기 때문에 전문적인 연기견 양성기관이 많지 않은 것으로 사료된다. 최근 영상물 제작 업계에서는 연기견 촬영 시 발생할 수 있는 여러 가지 난관을 극복하기 위해서 또는 더욱 창의적인 동작을 연출하기 위해서 컴퓨터그래픽(CGI)을 이용하여 동물을 대체하려는 시도가 지속적으로 나타나고 있다. 하지만 CGI의 놀라운 기술 발전에도 불구하고 실제 개가 영상물에 등장함으로써 얻을 수 있는 장점이 많이 당분간 연기견의 출연은 지속될 전망이다.

연기견 훈련을 위한 노트

CGI(computer generated imagery)와 연기견의 경쟁

CGI는 컴퓨터가 생산한 이미지(computer generated imagery)의 약자로 컴퓨터 그래픽과 특수 효과 소프트웨어를 사용하여 영화, TV쇼 등 미디어의 이미지와 시각 효과를 만드는 것을 말한다. CGI로 만들어낸 개와 비교하여 실제 연기견의 효과와 경쟁력을 알아보자.

- **진정성:** 컴퓨터 기술의 발전으로 실제 개의 움직임, 표정 등의 정밀하고 사실적인 묘사가 가능해졌지만, 실제 개는 CGI 개가 단순히 복제할 수 없는 감정과 뉘앙스 등의 진정성을 제공한다. 로봇공학에서 이야기하는 불쾌한 골짜기 현상(uncanny valley: 실제와 닮은 로봇이나 CGI에서 느껴지는 불편한 심리)도 인간이 CGI 개에 진정성을 느끼지 못하는 근거이론으로 뒷받침된다.

- **상호작용:** 실제 개는 촬영 장면에서 배우와 상호작용할 수 있다. 카메라에 포착된 실제 개와 인간 사이의 교감과 역동성은 관객과 캐릭터 사이에 더 깊은 감정적 연결을 만들어낸다. 또한 화면에 등장하는 개가 실제 존재하는 개라는 이야기는 시청자에게 CGI 개가 달성할 수 없는 현실적 공감과 감정을 불러일으킬 수 있다.

- **시간 및 비용:** CGI 개를 만드는 것은 아직까지 시간과 비용이 많이 드는 작업이다. 특히 예산이 제한되어 있거나 일정이 빠듯한 프로덕션의 경우 더욱 그렇다. 훈련된 실제 개를 사용하면 광범위한 작업 없이 개의 성능을 실시간으로 촬영할 수 있으므로 시간과 비용을 절약할 수 있다.

2) 연기견의 역사

개는 오랫동안 서커스, 영화, TV 쇼, 광고 및 무대 연극에서 사용되어왔다. 1895년 프랑스의 뤼미에르(Auguste et Louis Lumière) 형제가 '시네마토그라프(Cinematographe)'라는 장치를 최초로 발명하고 유료로 영상을 제작 · 상영하면서 촬영 및 영화의 시대가 막을 올렸고, 1905년 영국 영화감독 세실 헵워스(Cecil Hepworth)에 의해 주연을 맡아 촬영을 위해 연기를 하는 연기견이 처음 등장하게 된다. 헵워스는 자기 자신과 아내, 딸, 반려견을 캐스팅하여 'Rescued by Rover'라는 제목의 약 7분 길이의 영화를 제작했는데 이는 내러티브(narrative) 영화 제작의 초기 사례 중 하나로 간주되고 있다. 이 영화는 '로버'라는 반려견이 아기를 납치한 늙은 여성을 추적하는 내용으로, 콜리(Collie) 종인 헵워스의 반려견 블레어(Blair)라는 개가 그 주인공 역할을 맡았다. 사실 블레어는 1903년 헵워스가 감독한 이상한 나라의 앨리스(Alice in Wonderland)에도 잠깐 출연했었다. 영화 'Rescued by Rover'는 엄청난 성공을 이루었고 원본 필름이 너무 빨리 닳아 영화를 두 번이나 다시 촬영하는 일이 발생하기도 한다. 이 영향으로 로버(Rover)는 당시 영국과 미국에서 가장 인기 있는 개 이름이 되었다.

이후 1920년대에는 알려진 '린틴틴(Rin Tin Tin)'이라는 이름의 저먼 셰퍼드가 데뷔하여 영화계의 국제적 슈퍼스타 자리매김하였다. 린틴틴은 제1차 세계대전 당시 미군 상병 리 던컨(Lee Duncan)에 의해 구조되었다. 던컨은 전쟁이 끝난 후 린틴틴을 입양하여 도그쇼 및 다양한 트릭을 훈련하였는데, 린틴틴의 무한한 가능성을 본 지인의 권유로 연기견에 도전하였다. 린틴틴을 영화에 출연시키기 위한 던컨의 노력으로 1923년 린틴틴은 드디어 영화에 출연하게 되었다. 린틴틴의 첫 번째 영화인 'The Man from Hell's River'는 상영 즉시 큰 인기와 함께 흥행에도 성공을 거두게 된다. 이후 1931년까지 린틴틴은 약 25편가량의 영화를 찍었고, 1929년에는 오스카 시상식에서 가장 많은 표를 받는 등 위대한 기록을 남겼다. 린틴틴의 이러한 활약은 미국에서 저먼 셰퍼드가 여전히 사랑받는 인기 견종으로 자리 잡은 이유 중 하나이다. 당시 영화배우가 주당 100달러의 급여를 받을 때 린틴틴은 주당 최대 6,000달러의 급여를 받았으며 다양한 광고까지 포함하면 그 수익은 더 높을 것으로 추측된다. 1932년 린틴틴은 던컨의 집에서 죽음을 맞이했지만, 린틴틴의 자견들은 라디오쇼나 영화 등의 다양한 작품에 참여하는 등 활발한 활동을 이어갔다. 특히 린틴틴의 3세들은 제2차 세계대전에서 군견이나 안내견으로 활약하며 활발한 활동이 이어갔다. 현재 린틴틴의 유산은 전쟁지역과 자연재해에서 동물을 구출하고 동물의 복지를 위해 다방면으로 활동하는 American Humane(미국 동물 보호단체)의 Red Star Rescue Team에 사용되고 있다.

Rescued by Rover(좌) The Man from Hell's River(우) 출처: IMDb

우리나라의 최초의 연기견은 광고 활동부터 시작되었다. 개가 처음으로 등장한 광고는 1991년 롯데삼강(현 롯데푸드)의 월드콘 광고였다. 당시 롯데삼강은 퍼그를 등장시켜 우수한 광고효과를 보았고, 이를 계기로 동물의 등장은 국내 광고계에 혁신적인 바람을 일으켰다고 말할 수 있다. 1992년에는 컴퓨터 유통 판매업체인 세진컴퓨터랜드에서 진돗개를 광고모델로 내세워 '한번 주인이면 평생 주인'이라는 문장을 인용해 무상 수리, 평생 AS 등을 이야기하며 큰 인기와 성장을 이룬다. 1993년 나우정밀에서 만든 바텔 전화기에서는 '프린스'라는 콜리가 등장해 인기를 얻었고, 프린스는 이후 방송 프로그램에 고정 출연하는 등 연예견으로도 활약했다. 또한 프린스는 훈련대회와 도그쇼에서도 우수한 성적을 거두었다. 이후에도 1999년 라이코스의 블랙 래브라도 리트리버, 2001년 피자헛의 잭러셀테리어, 도미노피자의 비글 등 개를 주연으로 한 광고가 지속적으로 증가하였다. 이처럼 개가 광고에 출연하면 소비자의 감성과 호기심을 자극하여 브랜드의 인지도가 올라가고, 제품 구매력에 직·간접적인 영향을 미치기도 한다. 뿐만 아니라 광고에 등장한 인기 연기들은 해당 견종의 인기를 급상승시키는 유행 현상을 불러오기도 한다.

월드콘 광고의 퍼그 / 세진컴퓨터 광고의 진돗개 / 바텔 광고의 콜리

출처: (1) https://youtu.be/H2iyq-a5Nf0, 채널명 EMNcompany 제목 롯데제과 월드콘 - 심형래(1988년)
(2) https://youtu.be/nmdB-DFn5iE, 채널명 toeic975 제목 세진컴퓨터랜드-진돗개 편
(3) https://youtu.be/02LIF9j18e0, 채널명 광고광고광고보아라대성아 제목 1993 나우 바텔 토탈무선전화기

이후 2006년 영화 '마음이'를 비롯하여 여러 TV 드라마에서도 다수의 연기견이 출연하여, 현재 연기견의 방송 출연은 더 이상 생소한 일이 아니게 되었다.

연기견 훈련을 위한 노트

연기견 운용 관점에서 영화, 드라마, 광고 촬영의 차이점

연기견이 주로 활약하는 대표적인 영상물의 종류는 영화, 드라마, 광고 등이 있다. 각 영상물 종류의 특징에 따른 연기견 운용의 특징을 알아보자.

① 촬영 길이

- **영화:** 영화는 드라마와 광고에 비해 장기적인 촬영 기간이 필요로 하다. 예산이 적고 분량이 적은 독립영화는 몇 주에서 몇 달의 기간이 소요되지만 규모가 큰 영화의 경우 1년 이상 촬영이 지속되는 것은 드문 일이 아니다. 이러한 이유로 연기견을 훈련하는 핸들러는 장기적인 운용 계획을 수립해야 한다. 촬영 기간이 긴 만큼 연기견과 출연진과의 교감할 수 있는 시간적 여유가 있다는 것은 장점이 될 수 있다. 다만 성장기의 강아지가 출연할 경우 촬영 도중 성장으로 인해 외형에 급격한 변화가 나타날 수 있다는 점을 염두에 두어야 한다.

- **드라마:** 드라마는 일반적으로 개가 주연이기보다는 조연이 많기 때문에 단일 에피소드의 촬영이 주로 이루어진다. 드라마의 종류와 개의 역할에 따라 몇 회만 출연할 수도 있지만 장편 드라마의 경우에는 수개월의 기간 촬영이 진행되기 때문에 개의 컨디션을 유지할 수 있어야 한다. 영화에 비해서 출연진과 교감할 수 있는 시간은 짧지만, 영상물 내에서는 출연진과 교감하는 역할을 수행하는 일이 많으므로 해당 역할에 적합한 연기견을 섭외하는 것은 중요하다.

- **광고:** 광고 촬영은 비교적 짧으며, 대부분 당일 촬영으로 끝나지만 간혹 며칠이 소요되기도 한다. 이러한 특징은 연기견이 촬영 환경과 출연진들에 익숙해질 수 있는 시간이 부족함을 의미한다. 특히 광고 촬영은 연기자와 세트장의 계약이 시간 단위로 이루어지는 경우가 많으므로 연기견의 역할수행 불능은 막대한 손상으로 이어지는 결과를 초래할 수 있음에 주의해야 한다.

② 촬영 환경

- **영화:** 영화의 촬영은 대개 일정한 세트장을 벗어나 다양한 장소나 실제 현장과 같은 느낌을 주는 대규모의 세트를 제작하여 사용한다. 이렇게 장소의 변화나 폭넓은 현장에서 촬영하려면 연기견의 연기 범위도 넓어짐을 의미한다. 따라서 영화 촬영을 위한 연기견은 뛰어난 환경의 적응력과 원격 훈련의 숙달이 충분해야 한다.

- **드라마:** 드라마는 시리즈 형태가 주를 이루기 때문에 일정한 배경과 반복되는 세트 현장에서 촬영이 이루어지는 편이다. 영화보다 작은 연기 범위이지만 작은 환경에 비해 출연진과 스태프의 밀도가 높을 수 있으므로 사람에 대한 거부감이 있는 연기견은 세트장 촬영에서 어려움을 겪을 수 있다.

- **광고:** 광고 촬영은 영화와 드라마에 비해 매우 밀집되고 통제된 환경에서 촬영이 이루어진다. 특히 광고 제품을 강조하기 위해 강한 조명과 시각적 장식물이 배치된다. 이러한 장치는 소음을 발생시키거나 순간적인 움직임을 동반하기도 한다. 따라서 광고 촬영을 위한 연기견을 운용하기 위해서는 사전에 작가와 콘셉트 및 필요한 장면에 대하여 긴밀한 상의를 통해 적합한 연기견을 훈련하고 배치하도록 노력해야 한다.

3) 연기견의 역할

무엇보다 개는 다양한 트릭(연출) 훈련이 가능하다. 이는 작가의 창의성을 제약 없이 사실적으로 발휘하는 데 매우 큰 역할을 한다. 예를 들어 불이 난 집에 동물이 등장하여 주인을 구출하고 양동이로 불을 끄는 이야기를 촬영하기 위해서는 주인을 깨우고, 물이 담긴 양동이를 물고 움직이는 등의 고도로 숙달된 동물이 필요하다. 이런 역할을 가장 쉽고 빠르게 수행하고 사실적으로 표현할 수 있는 동물은 바로 개이다. 극중에서 활약하는 연기견의 역할은 다음과 같다.

- **감초 역할**: 개는 대부분의 영상물에서 등장인물의 반려견으로 등장하며 극 전반에 걸쳐 감초 역할을 한다. 일반적으로 반려견 역할은 등장인물의 충실한 지지자로서 캐릭터의 생각과 감정에 대한 공감력을 더하며 편안함과 따뜻함을 제공해주는 역할을 한다.
- **모델 효과**: 반려동물 용품이 종류가 많아지면서 관련 제품에 대한 광고 또한 증가하고 있다. 광고에서 동물이 직접 제품을 착용하거나 사용하는 역할은 소비자에게 직접적인 구매 욕구를 불러일으킬 수 있다.
- **액션 및 모험**: 잘 훈련된 개는 기본적인 액션 동작부터 아슬아슬한 스턴트(stunt)까지 연기가 가능하다. 개의 이러한 역동적 움직임은 극의 흥분과 스릴을 더하여 영웅적인 효과를 나타낸다.
- **감정이입 효과**: 개는 사랑과 상실감과 같은 강력한 감정을 만들어내는 촉매제 역할을 한다. 예를 들어 개의 죽음이나 질병의 연출은 영상물에서 비통하고 참담한 감정을 불러일으키는 데 효과적이다.
- **희극 효과**: 개의 귀엽고 엉뚱한 이미지는 코믹한 역할에 사용될 수 있으며 이는 영상물에서 재미와 즐거움을 더한다. 개의 코믹한 역할은 관객에게 단순한 즐거움을 주기도 하지만 연출에 따라 사회를 풍자하는 데 사용하기도 한다.
- **암시 역할**: 개의 다양한 이미지는 특정 주제를 다양한 맥락에서 다양한 의미로 표현하기에 적합하다. 개를 이용한 은유적 연출은 관객들에게 더 많은 공감과 강한 메시지를 전달할 수 있다. 예를 들어 추리물에서 사라진 물건이나 사람을 찾는 등 극의 흐름에서 중요한 단서를 제공하는 역할을 할 수 있다.
- **치유 효과**: 마지막으로 개는 화면에 등장하는 것만으로도 관객에게 오락적(entertainment) 요소를 제공해준다. 개가 공놀이를 하거나 단순히 쉬는 장면 등은 특별

한 내용을 전달하는 것이 아니지만 보는 이로 하여금 잠시 긴장을 풀며 휴식을 취할 수 있는 긍정적인 요소로 작용할 수 있다.

연기견 훈련을 위한 노트

개를 활용한 나라별 영화의 경향

개를 주제로 영화를 가장 많이 제작하는 나라는 미국, 프랑스, 일본 등이 대표적이다. 각 나라별 영화에서 개를 사용하는 목적은 다음과 같이 조금씩 다른 성향을 보인다.

- **미국:** 영리한 개가 주인을 도와서 악한 역할을 물리치는 식의 영웅주의적 특징의 스토리가 많다.
  예) The Mask(1994), 101 Dalmatians(1961).
- **유럽:** 개와 함께 주인이 애틋하고 철학적이면서도 서사적인 스토리를 전개하여, 대개 예술적이고 미학적이다.
  예) A Man and His Dog(2008), After Thomas(2006).
- **아시아:** 주인과 동반자적 관계로 정서적이고 감동적인 사실적 스토리가 주를 이룬다.
  예) 마음이(2006), 하치 이야기(2010).

영화 포스터 사진 출처: IMDb

02 연기견 양성훈련

1) 연기견의 자질과 훈련

(1) 연기견의 자질

훌륭한 연기견이 되기 위해서는 타고난 선천적 엔터테인먼트(entertainment) 기질과 전문적인 훈련이 더해져야 가능하다. 예를 들어 아무리 훈련이 잘된 개라도 탁월한 외모와 개성이 없다면 제대로 역할을 소화해낼 수 없다. 연기견 역할의 요구사항은 해당 영상 장면의 취지와 방향에 따라 매우 광범위하므로 연기견에게 필요한 역량 또한 매우 다양하다. 일반적으로 높은 지능, 도전하려는 용기, 우수한 사회성, 사람을 향한 높은 선호도, 활발한 에너지, 매력 있는 외모, 건강한 신체 등은 연기견 양성에 필요한 핵심 요소이다. 촬영 현장은 다수의 촬영 스태프, 뜨거운 조명과 거대한 촬영 장비 등 개에게 두려움을 유발하는 낯선 환경이기 때문에 평소 훈련을 잘하는 개라도 촬영장에서는 긴장하고 패닉(panic)에 빠지기 쉽다. 그래서 내향적이고 소심한 성격의 개는 환경적응과 두려움 극복에 많은 시간이 필요할 수 있으니 연기견으로는 조금 더 대담하고 사회성 좋은 개를 선택하는 것이 유리할 수 있다.

(2) 연기견의 훈련

타고난 끼와 개성 있는 외모, 탁월한 재능이 있는 개를 선택했다면 주어진 역할을 멋지게 소화할 수 있는 훈련이 필요하다. 연기견 양성을 위한 훈련은 기본 복종 훈련을 포

연기견 훈련을 위한 노트

선호되는 연기견의 성품

- **높은 지능:** 촬영에 요구되는 역할은 고난이도의 훈련이 요구되는 경우가 많기 때문에 높은 지능을 가진 개가 선호된다.
- **도전하려는 용기:** 촬영 장면은 일상에서 접할 수 없는 다양한 환경, 소리, 장애물 등을 극복해야 하기 때문에 대범한 용기를 가진 개가 선호된다.
- **우수한 사회성:** 촬영장은 낯선 장소 · 사람 · 물건이 있고, 촬영 장면에는 다양한 자극을 연출하므로 사회성이 부족한 개의 경우 촬영에 어려움과 스트레스를 겪을 수 있다.
- **사람을 향한 높은 선호도:** 촬영은 훈련사가 아닌 배우와 함께 진행되고, 많은 스태프가 현장에 있기 때문에 사람을 좋아하는 개가 선호된다.
- **활발한 에너지:** 촬영은 일정한 시간이 정해져 있지 않은 경우가 대부분이기 때문에 나이가 많거나 활동 에너지가 낮은 개의 경우 어려움을 겪을 수 있다.
- **매력 있는 외모:** 연기견은 단순하게 잘생기고 예쁜 것보다 그 개만의 특정 매력이 있는 외모가 선호된다.
- **건강한 신체:** 동물복지를 위해서 개는 건강해야 한다. 위의 모든 조건을 충족함에도 불구하고 건강하지 않다면 연기견으로 적합하지 않다.

함하여 원격 조종(remote control)이나 표적 훈련(target training) 등의 고급 훈련, 두 발로 걷기나 물구나무를 서는 등의 트릭(개인기) 훈련이 주로 이용된다. 특히 연기견 훈련의 가장 어려운 점은 훈련사가 카메라 앵글에 들어오지 않으면서 개에게 동작을 지시하는 것이다. 그리고 개의 시선은 훈련사가 아닌 등장인물에게 집중해야 한다. 즉, 원거리에서 동작을 지시하되, 연기견은 훈련사를 의식하지 않는 노련함이 필요하다. 뿐만 아니라 함께 호흡을 맞추어야 하는 배우들과의 친화력 역시 중요하다. 아무리 연기를 잘해도 상대 배우를 기피하거나 공격하려 한다면 연기견과 상대 배우 모두 촬영에 집중할 수 없기 때문이다. 예를 들어 1983년 루이스 티그(Lewis Teague's) 감독의 영화 쿠조(Cujo) 촬영장에서는 촬영 중 흥분한 연기견이 배우의 얼굴을 물어 여덟 바늘이나 꿰매는 사고가 있었다. 이는 완벽한 복종훈련이 안 되어있거나 사전에 상대 배우와 충분히 교감하고 친화하는 작업이 부족했기 때문에 발생한 사고로 볼 수 있다. 이 사례와 같이 실제 촬영장에서 발생하는 변수 중 가장 많이 차지하는 것이 연기견의 지시 불이행과 돌발행동이다. 만약 촬영이 결정되고 배우와 연기견이 함께 교감하고 훈련을 할 수 있는 시간적 여유가 있다면, 훈련사는 배우와 연기견의 호흡을 맞춰주는 것이 가장 이상적인 훈련이 되겠다. 마지막으로 훈련사는 연기견의 복지를 최우선으로 고려하여 훈련을 진행해야 한다. 대개 촬영감독이나 작가를 비롯한 촬영 스태프들은 개의 행동이나 훈련에 대하여 잘 알지 못하기 때문에 개의 능력을 벗어나거나 안전하지 않은 행위 등 과도한 요구를 할 수 있다. 숙련된 훈련사는 시행이 가능한 영역과 불가능한 영역을 명확히 구분해주어 원만한 촬영이 될 수 있도록 조율할 수 있어야 한다. 또한 연기견의 체력이나 컨디션을 수시로 체크하며 무리 없이 진행하도록 해야 한다. 다음은 연기견의 필수 훈련목록과 흔히 사용되는 트릭이다.

① **명령어 인지**: 개에게 특정 행동을 요구하기 위해 일정한 명령 신호를 개에게 인지시키는 것은 훈련의 시작이다. 일반적으로 명령 신호는 음성(목소리)과 몸짓(동작) 두 가지 신호를 사용한다. 이때 음성과 몸짓은 항상 일정하게 훈련해야 개에게 혼란을 주지 않을 수 있으며, 카메라 앞에서 상대 배우가 직접 연기견에게 시행할 수 있도록 대중적 언어나 자연스러운 동작으로 만드는 것이 좋다.

② **원격 조종**: 영상물 안에서 연기견들이 활약하는 동작은 카메라 밖에서 개를 원격으로 조종하는 훈련사가 있기에 가능하다. 우선 처음 동작을 가르칠 때는 개와 가까운 거리에서 명령을 반복·숙달시키고, 동작이 익숙해지면 점차 점진적으로 거리

를 늘려나가야 한다. 이때 테이블이나 방석, 켄넬 등 지정된 자리가 있다면 수월하게 훈련을 진행할 수 있다. 또한 촬영장에서 훈련사의 목소리는 들리지 않으면서 원거리에서도 동작을 지시할 수 있도록 음성신호보다는 몸짓신호로 동작을 완성하는 것을 권장한다.

③ **표적 훈련**: 표적 훈련은 클리커 트레이닝에서 '타겟팅(targeting)'이라 하며, 다양한 트릭을 가르칠 때 매우 효과적인 훈련 방법이다. 표적이 달린 막대기인 '타겟스틱(target stick)'을 사용하면 원활하게 동작을 가르칠 수 있고, 원하는 위치로 개의 시선을 잡는 것이 용이하다. 타겟스틱은 파리채, 안테나, 우산, 지팡이 등 긴 도구로 대체하여 사용할 수 있다.

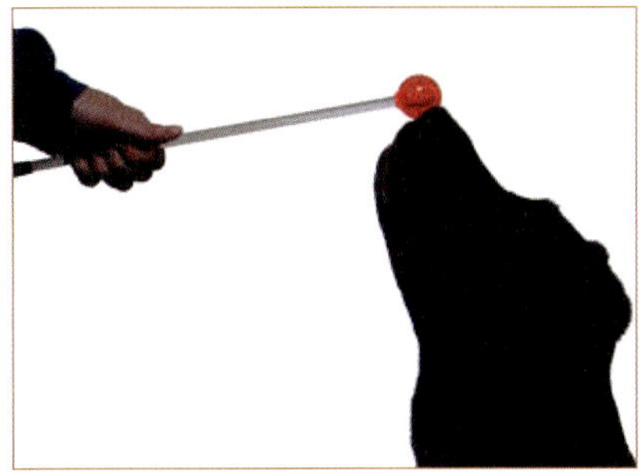

타겟 훈련 출처: Karen Pryor

④ **회수 훈련**: 극중에서 연기견이 자주 선보이는 연기 장면은 바로 물건을 가져오는 것이다. 물건을 물어오는 회수 훈련은 견종과 성향과 물건의 종류 및 크기에 따라 훈련의 강도가 크게 차이 난다. 대부분 개는 바닥에 떨어진 물건이나 움직이는 물체에 흥미를 보이기 때문에 터그 놀이를 통해 물고 던지고 가져오는 동작 등을 익힐 수 있다.

⑤ **소지(所持) 훈련**: 소지 훈련이란 물건을 들어 올려 입에 물고 있는 동작을 뜻한다. 물건을 입에 물고 있는 것은 가져오는 행동보다 더욱 어려운 난이도에 속한다. 우선 물건을 입에 물고 가져오는 회수훈련을 완성한 후에 개가 가져온 물건을 바로 놓지 않도록 '기다려' 훈련과 연합하여 훈련하는 것이 좋다.

⑥ **카트(cart) 훈련**: 드라마나 CF 영상에서는 연기견이 쇼핑카트나 유모차를 미는 장면이 많이 등장한다. 처음 카트나 물건을 미는 훈련을 진행할 때는 물건이 밀리지 않도록 고정된 상태에서 훈련을 진행해야 하며, 아주 조심스럽게 점진적으로 움직이는 동작으로 연결한다.

⑦ **개폐(開閉) 훈련**: 개가 문을 여는 방법은 크게 두 가지로 연출한다. 하나는 앞발을 이용해 문을 여는 방법과 다른 하나는 입으로 문을 여는 방법이 있다. 앞발을 이용해 미는 방법은 우선 '손', '악수' 등의 훈련을 완성한 후 개의 발이 닿는 위치를 훈련사의 손이 아닌 문으로 변환하는 것이다. 입으로 물어서 문을 여는 방법은 앞

서 물건을 무는 훈련과 물건을 미는 훈련이 잘 되어있다면 어렵지 않게 가르칠 수 있다. 평소 밀고 당기며 놀았던 터그를 방문에 길게 매달아 놓아놓고, 매달린 터그로 놀아주다가 자연스럽게 터그를 당기게 하여 문을 열게 하는 것이다.

2) 실제 영상물 속 연기견의 연기분석

(1) T-Pet CF(SK telecom, 2015)

• **디제잉 장면**

출처: SKT – T pet 광고 장면

타겟팅 방식을 활용하여 표적을 손으로 터치하는 훈련을 시키거나, 악수(손 줘) 훈련을 응용하여 개의 앞발을 원하는 표적에 올리도록 훈련한다. 이 과정이 완성되면 턴테이블과 같이 움직이는 표적 위로 일반화한다. 움직이는 물체에 발이 닿는 것을 기피하는 개는 턴테이블을 고정해놓고, 훈련사가 카메라 밖에서 손을 움직이도록 지시하여(예: 긁어) 마치 개가 턴테이블을 돌리는 듯한 모습으로 연출할 수 있다.

• **스케이트보드 탑승 장면**

스케이트보드의 탑승은 개가 의도하지 않은 움직임이 발생하기 때문에 개에게 불안함을 전달한다. 따라서 스케이트보드를 비롯한 바퀴가 달린 물건에 개가 올라가는 훈련은 항상 고정된 상태로 진행해야 한다. 고정된 보드 위에 편안하게 올라가서 앉거나 엎드리는 자세까지 만든 뒤, 아주 미세하게 움직임을 느끼게 해주어 개의 불안을 없애주도록 한다. 점차 개가 움직임을 만드는 방향으로의 훈련을 진행할 수 있다.

출처: SKT – T pet 광고 장면

• **잠자는 장면**

출처: SKT – T pet 광고 장면

개가 누워있는 장면은 영상물에서 흔히 사용되는 장면 중 하나다. 이는 '빵' 훈련이나 '누워' 훈련의 연장선이다. 빵 훈련의 핵심은 개의 얼굴 옆면이 바닥에 닿아있어야 하는 것이다. 이때 먹이를 주는 위치를 조절하여 얼굴이 바닥 위로 올라오지 않도록 하는 것이 중요하다. 옆으로 눕는 것은 비교적 어렵지 않게 완성될 수 있으나 개에게 눈을 감도록 이해시키는 것은 매우 어렵다. 대개 실제 촬영에서는 자는 모습의 촬영 순서를 최대한 뒤로 미루고, 촬영 시 현장의 분위기를 아주 편안하고 조용하게 만들어 개가 실제로 쉬며 눈을 감을 수 있도록 환경과 분위기를 조성해주곤 하고, 눈을 감은 장면만 따로 편집하기도 한다.

• **머리를 흔드는 장면**

개가 머리를 흔드는 장면은 표적 훈련으로 연출할 수 있다. 훈련사는 카메라 밖에서 개와 연습한 표적을 개의 시선 가까이에 두고 상 · 하 · 좌 · 우로 움직이며 개가 표적을 따라 움직이게 만들면 마치 음악을 들으며 머리를 흔드는 듯한 모습이 연출된다.

출처: SKT – T pet 광고 장면

연기견 훈련을 위한 노트

광고 촬영 후기

CF 촬영을 비롯한 영상물 촬영 현장은 장소 및 장비 대여와 여러 비용 문제 등의 이유로 오전부터 새벽 늦게까지 촬영이 이어지기도 한다. T-Pet CF 촬영에는 약 십여 두의 연기견과 그에 준하는 훈련사가 동원되었다. 이른 새벽부터 늦은 밤까지 약 이틀 이상의 촬영이 진행되었다. 당시 여름이었기에 연기견이 더위에 노출되지 않도록 아이스팩, 얼음물, 얼음 물수건, 선풍기, 에어컨, 구급약품 등 준비사항이 유독 많았다. 어떠한 상황에서도 개에게 무리가 가지 않도록 모든 훈련사와 스태프가 촬영에 임했기 때문에 영상에 등장하는 개들의 표정과 연기는 활기찼으며 모두의 노력으로 기대 이상의 결과를 얻을 수 있었다.

(2) 벤지(Benji, 2018)

1974년 미국에서 조 캠프(Joe Camp)에 의해 제작된 영화 벤지는 큰 인기를 얻어 여러 편의 속편이 만들어졌을 뿐 아니라 2018년 조(Joe)의 아들인 브랜든 캠프(Brandon Camp)가 리부트하여 넷플릭스에서 개봉했다. 길을 잃은 떠돌이 개가 강도들에게 납치된 두 아이를 구하는 스토리의 주인공인 믹스견 벤지는 물건을 밀고 뛰어넘는 등의 영리하고 도전적인 영웅적 역할을 수행했을 뿐만 아니라, 가족의 품에 안기고 애처로운 눈빛을 보이는 등의 사랑과 애틋함을 전달하는 역할도 충실히 수행했다.

영화 '벤지'는 전체적인 스토리를 영화의 시작부터 끝까지 연기견이 전개시키는 역할을 하기 때문에 연기견의 연기와 연출을 분석하는 관점으로 영화를 시청한다면 영화 속 연기견들의 다양하고 놀라운 기법들을 발견할 수 있을 것이다.

출처: IMDb

- 액션 연기 장면

물건을 밀어 이동시키는 장면

장애물 극복 장면

외줄 타는 장면

출처: 영화 '벤지(Benji)'의 장면

개는 영화에서 영웅적 요소로 사용되기도 한다. 벤지는 거대한 쓰레기통을 밀고, 오토바이와 높은 장애물을 뛰어 올라가기도 하며, 좁은 폭의 외줄을 건너는 등의 과감한 액션을 보여주었다. 이와 같은 장면의 촬영은 실제로 새롭고 낯선 장애물을 다양하게 사용하기 때문에, 물건을 밀고 점프를 뛰는 등의 충분한 개인기 훈련은 필수조건이며, 평소 도전을 통해 성취감을 느낄 수 있는 경험을 충분히 시켜주어야 촬영 현장에서 개의 자신감 있는 표정이 더욱 실감 나게 드러날 수 있다.

• 입을 이용한 연기 장면

물건을 무는 장면

이불 덮어주는 장면

조명을 끄는 장면

출처: 영화 '벤지(Benji)'의 장면

개의 입은 사람의 손과 같이 무언가를 움켜쥘 수 있다는 특징을 가지고 있기 때문에 다양한 장면에서 폭넓게 사용된다. 특히 영화 속 벤지는 음식물이 담긴 종이를 물고 이동하거나, 이불을 당겨 배우를 덮어주고, 조명 스위치를 당겨 불을 끄고, 열쇠를 물어 열쇠 구멍에 맞추고 문을 여는 등의 디테일하고 섬세함이 돋보이는 장면들을 소화했다. 이는 단순히 무는 행동이 아니라, 물건을 문 상태에서 다음 행위로 이어진 행동한다는 점에서 난이도가 높은 장면에 속한다.

• 시선을 이용한 연기 장면

응시하는 장면

전차 탑승 장면

물건을 물고 응시하는 장면

출처: 영화 '벤지(Benji)'의 장면

이러한 장면에서는 개의 시선으로 인해 어색함이 발생하기 쉽다. 보통 훈련사는 카메라 뒤쪽에서 보이지 않게 원격으로 개를 조종하는데, 평소 개가 훈련사의 명령에 몇 분 이상 시선을 고정할 수 있도록 훈련을 해야 한다. 위 사진처럼 제자리에서 응시하는 장면은 연기견에게 충분한 기다려 훈련이 되어있다면 어려움 없이 소화할 수 있을 것이다.

• 스킨십 연기 장면

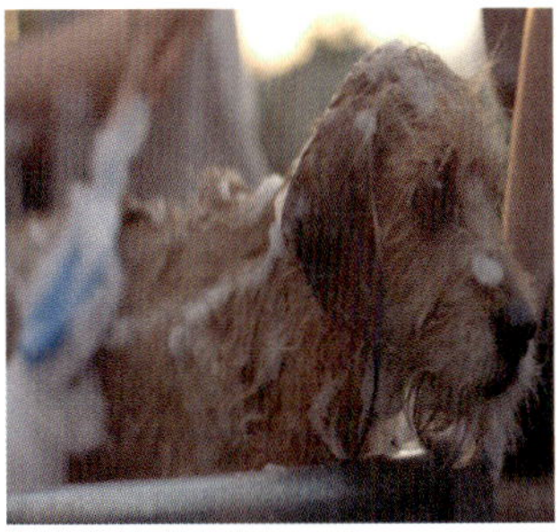
목욕 장면

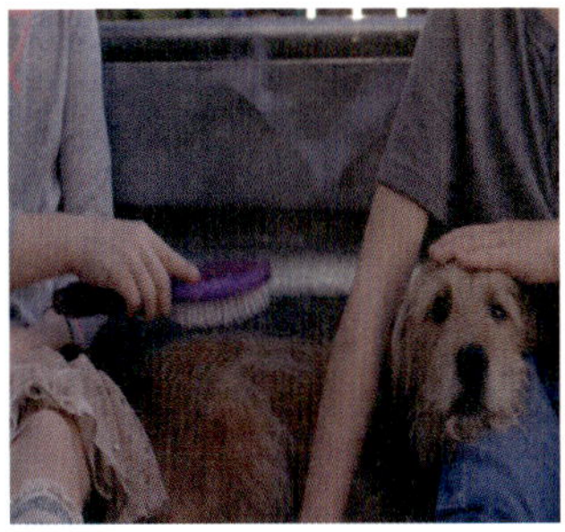
빗질 장면

포옹 장면

출처: 영화 '벤지(Benji)'의 장면

개는 많은 장면에서 배우들의 손길을 받아들여야 한다. 실제로 목욕을 하거나, 빗질을 하고, 발톱을 정리하고, 안아 올리는 장면은 매우 흔한 장면에 속한다. 만약 연기견이 핸들링 훈련이 되어있지 않다면, 해당 장면에서 부상으로 이어지는 사고가 발생하기 쉬우므로 특히 훈련사는 개의 예민함을 관찰하고, 장면 촬영 전에 배우들과의 충분한 교감을 갖도록 도와야 한다.

• 걷거나 뛰는 연기 장면

질주 장면

땅 냄새 맡는 장면

뒷걸음질 장면

출처: 영화 '벤지(Benji)'의 장면

개가 어딘가로 이동하거나 땅의 냄새를 맡으며 추적하는 모습의 연출은 개가 등장하는 거의 모든 영상물에서 등장한다. 개가 이동하는 장면은 대개 훈련사가 카메라 밖에서 부르는 방식으로 진행이 되는데 이는 이리와 훈련의 숙달과 관련이 있다. 능숙한 훈련사는 부르는 목소리의 톤이나 보상의 정도를 조절해 개를 뛰게 하거나 걷게 만들 수 있으며, 때에 따라서 기어오는 동작도 연출도 가능하다. 땅 냄새를 맡으며 움직이는 장면은 바닥에 개가 좋아하는 간식을 통해 연출이 가능하고, 마지막 사진처럼 개가 뒷걸음질 치는 훈련은 '뒤로 가'의 숙달로 연출이 가능하다.

• 공격적인 연기 장면

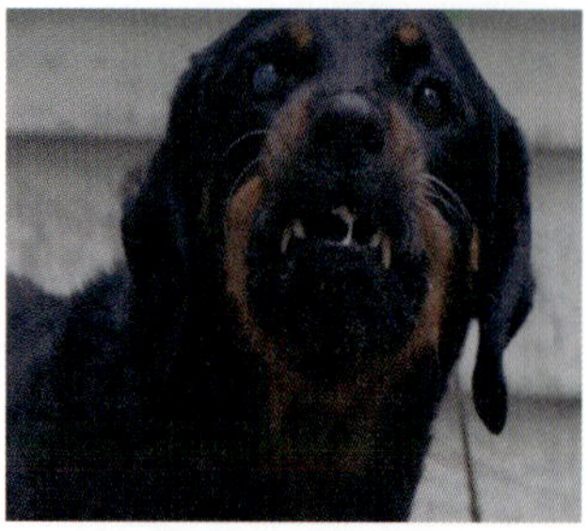
이빨 드러내는 장면

짖는 장면

물에 빠지는 장면

출처: 영화 '벤지(Benji)'의 장면

개가 이빨을 드러내거나 공격적으로 짖는 장면은 '짖어' 훈련으로 가능하다. 공격적인 모습을 드러내는 행동은 연기 중 개가 실제로 흥분하여 행동으로 이어지지 않도록 철저한 복종훈련이 되어있어야 한다. 또한 물에 빠지거나 개와 싸우는 등의 위험한 장면을 연출할 때는 가급적이면 실견이 아닌 더미를 사용하는 것도 좋다.

• 눕는 연기 장면

발로 누르는 장면

쓰러져있는 장면

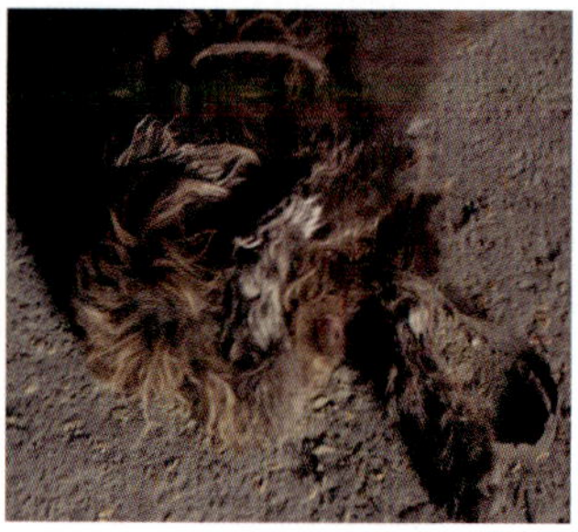
눈을 가리는 장면

영화 '벤지(Benji)'의 장면

개가 눕는 장면 또한 빠지지 않고 등장하는 장면 중 하나다. 영화 벤지에서는 개가 누워있는 장면을 응용하여 다른 개가 누워있는 개의 목에 발을 올리고, 개가 누워서 눈을 가리는 등의 행동을 추가하였다. 2마리 이상의 개가 함께 연기하는 것은 어려운 일이며, 훈련사는 촬영장에 오기 전 반드시 해당 역할의 개들 사이에 긍정적 관계를 형성하여야 한다. 특히 촬영장의 긴장된 분위기는 개들의 돌발행동 확률을 높이므로 훈련사는 연기견들의 컨디션을 항상 주의 깊게 관찰해야 한다.

03 연기견의 복지

동물복지란 축산, 운송, 오락 등 다양한 산업에서 동물 학대에 대응하여 19세기부터 여러 국가에서 등장한 개념으로 인간이 동물에게 미치는 고통이나 스트레스 등의 괴로움을 최소화하며, 동물의 정서적 행복을 실현하는 것이다. 미국의 경우 1800년대 후반부터 미 전역에서 동물의 복지를 위한 여러 동물복지협회가 만들어지기 시작했고, 1877년 9월 각 협회의 단체들이 모여, 가축의 인도적 대우와 어린이의 학대 방지를 이념으로 'American Humane(이하 AH)'이 설립되었다. 이 이념을 기반으로 AH는 현재 전 세계의 다양한 동물의 복지를 위해 힘쓰는 단체로 자리 잡았다.

AH는 촬영을 위해 사용되는 동물의 복지를 위해서도 힘쓰고 있다. 1925년 처음으로 영화를 위한 동물 훈련의 잔혹 행위를 조사하기 위해 위원회를 구성했고, 1941년에는 영화 제작자 협회(Association of Motion Picture Producers)에 모든 영화 세트에 대한 공개 액세스 권한을 받았으며, 1966년에는 영화 세트장에 대한 관할권을 부여받아 영화 제작을 감독할 수 있게 되었다. 그 후 AH는 영상물에서 사용하는 동물의 복지를 위한 지침을 만들고 지침을 통과한 영상물에 'No Animals Were Harmed'® 엔딩 크레딧을 제공하여 인증 제도를 확립하게 되었다. 이 인증 크레딧은 1972년 영화 'The Doberman Gang'에 최초로 발행되었다.

국내에서는 2020년 11월 동물권행동 카라(Korea Animal Rights Advocates)에서 서울특별시의 후원을 받아 '동물 출연 미디어 가이드라인'을 최초로 제작했으며, 2022년 KBS 드라마 '태종 이방원' 촬영 현장에서 말이 넘어지는 장면을 촬영하는 과정에서 발생한 동물 학대 논란과 말의 죽음에 대한 대책으로 농림축산식품부는 "영화, 드라마, 광고 등 영상·미디어에 출연하는 동물에 대한 보호·복지 제고 대책을 마련하겠다."라며 촬영 현장에서 출연 동물을 보호하기 위한 가이드라인을 만들겠다고 밝혔다. 다음은 AH에서 제시한 영상물 촬영을 위한 지침을 일부 발췌한 것이다.

연기견 훈련을 위한 노트

AH의 동물복지를 위한 촬영 지침 일부 발췌

1-9) 동물은 필요한 역할을 수행하기 위해 사전에 훈련되고 준비되어야 한다.

1-15) 촬영장의 모든 동물에게는 카메라 안팎에서 다음이 제공되어야 한다.
a. 촬영 장소와 세트장에 충분한 물.
b. 태양, 추위, 비, 열, 눈 및 기타 요소로부터 적절한 보호.
c. 불편함을 나타내는 신체적 및 행동적 변화에 대한 관찰.

1-27.1) 동물이 안전하지 않거나 불편하게 만드는 방식으로 두어서는 안 되며, 동물을 적절하게 돌본 경험이 없는 사람의 보살핌에 맡겨서는 안 된다.

1-28.1) 모든 동물 싸움(예: 개, 황소, 닭), 사냥 및 낚시 장면, 동물의 죽음을 묘사하는 장면은 시뮬레이션해야 한다.

1-33) 동물은 부상 또는 질병이 있는지 매일 확인해야 한다.

1-34) 신체적으로 절름발이 또는 부상을 입는 것처럼 보이는 기계적(통증이 없는) 제한 또는 결함이 있는 동물은 수의사가 동물을 검사하여, 의도한 방식으로 동물을 사용하는 것이 통증이나 스트레스를 유발하지 않는다고 판단하고, 동물이 건강하다는 것을 증명하는 서신을 American Humane에 제공한 경우에만 사용할 수 있다.

1-36) 출연진, 스태프 및 동물을 보호하기 위해 American Humane Certified Animal Safety Representative(AH의 인증된 동물 안전 담당자)가 결정하거나 동의한 대로 적절하게 훈련된 동물 조련사를 충분히 배치해야 한다.

1-37) 목걸이, 목줄, 입마개, 채찍 및 기타 장치와 같은 훈련 및 신호 장비는 American Humane Certified Animal Safety Representatives의 감독하에 안전하고 인도적으로 사용해야 한다. 동물을 훈련시키거나 신호를 보내기 위해 못, 압정, 나사 또는 기타 날카로운 도구를 사용하는 것은 금지된다.

8-2) 강아지의 출산 장면이나 생후 8주 미만의 강아지를 사용하는 장면을 촬영할 때는 United States Department of Agriculture(USDA, 미국 농무부)와 American Humane의 사전 서면 승인이 필요하다. USDA에 따라 8주 미만의 강아지는 이동할 수 없다.

8-2.1-a) 개와 함께 촬영할 때 다른 동물이 있어서는 안 된다.
8-2.1-f) 개의 취급, 쓰다듬기 및 만지는 것은 필요한 개인으로만 제한해야 한다.

8-5) 저체중, 과체중 또는 필요한 역할을 수행하기에 적절한 신체적 또는 행동적 조건이 아닌 개는

사용해서는 안 된다.

8–6) 동물의 발 패드를 보호하기 위해 다음과 같은 사항에 주의를 기울여야 한다.

a. 발 패드는 아스팔트, 모래, 콘크리트 등 뜨거운 표면과 직접 접촉하지 않아야 한다.

b. 발 패드는 얼음이나 눈과 같은 극도로 차가운 표면과 직접 접촉하지 않아야 한다.

8–9.1) 프로덕션은 항상 세트에 있는 동물과 사람의 안전에 대한 궁극적인 책임이 있다. 인간과 동물의 안전을 보장하기 위해 필요한 예방조치는 다음과 같다.

b. 통제: 개는 안전한 우리, 울타리 구역 또는 켄넬에 갇혀 있을 때를 제외하고 항상 목줄을 착용해야 한다. 개는 어떤 경우에도 방치해서는 안 된다. 개가 사람이나 동물을 향해 돌진, 위협 또는 무는 경우 즉시 퇴장되어야 한다.

c. 예방접종 증명서: 모든 개는 면허를 소지해야 하며 주인은 면허 증명서를 제출해야 한다. 소유자는 개의 예방접종 증명서를 제공해야 한다. 해당 개는 세트장에 오기 최소 2주 전에 예방접종을 받아야 한다.

d. 발정기 개: 개가 발정기에 있는 경우 세트에 있으면 안 된다.

American Humane과 동물복지인증 엔딩 크레딧

예상문제

1. 다음 중 연기견의 역할에 대한 설명으로 올바르지 않은 것은 무엇인가?

① 개는 영상물에 등장하는 것만으로도 긍정적인 효과를 얻을 수 있다.
② 개는 영상물 속에서 역동적 움직임을 통해 영웅적 역할을 수행할 수 있다.
③ 영상물 속 개의 죽음은 사랑이나 상실감과 같은 감정을 만들어낼 수 있다.
④ 발전하는 CGI의 기술은 향후 연기견의 역할을 모두 대체할 수 있을 것이다.

2. 다음 중 연기견으로 적합하지 않은 개의 성품은 무엇인가?

① 우수한 사회성
② 도전하려는 용기
③ 민감하고 예민함
④ 높은 지능

3. 연기견의 촬영 시 훈련사가 카메라 밖에서 개를 조종하는 훈련을 무엇이라 하는가?

① Target Training
② Remote Control Training
③ Bring It Training
④ Exposure training

4. 표적이 달린 막대기를 사용하여 악수, 구르기, 머리 흔들기 등의 트릭 동작을 보다 쉽게 훈련할 수 있는 기법을 무엇이라 하는가?

① Target Training
② Remote Control Training
③ Bring It Training
④ Exposure training

5. AH(American Humane)의 연기견 복지 시스템의 설명 중 옳지 않은 것은 무엇인가?

① 동물의 안전을 고려하여 카메라 밖에서도 충분한 물과 보호 시설이 갖추어야 한다.
② 싸움 장면 촬영을 위해서는 훈련사와 수의사의 동행하에 안전하게 싸움을 시킨다.
③ 개를 쓰다듬고 만지는 것은 필요한 개인으로만 제한한다.
④ 개는 안전한 우리, 울타리 구역 또는 켄넬에 갇혀 있을 때를 제외하고 항상 목줄을 착용해야 한다.

1. ④ 2. ③ 3. ② 4. ① 5. ② **정 답**

생각하고 토의하기

- 다양한 동물 중 연기동물로서 개의 장단점을 토론하시오.

- 연기견과 CG로 만든 개의 장단점을 비교하시오.

- 연기견이 출연하는 영화, 드라마, 광고, 화보 촬영의 특징과 차이점에 대해 설명하시오.

- 동물이 출현한 영화나 드라마 중에서 인상 깊었던 장면이나 훈련을 소개하시오.

- 연기견 훈련에서 가장 중요하다고 생각하는 훈련은 무엇인지 토론하시오.

- 촬영 현장에서 동물 학대나 연기동물의 동물의 복지가 심각하게 침해당했던 사례를 조사하시오.

- 연기견을 포함한 연기동물의 복지가 중요한 이유에 대해 토론하시오.

PART

04

훈련대회 도식

13강 BH와 IGP의 개요

학습목표

- BH와 IGP의 정의 및 발생 배경과 유래를 이해하고, 설명할 수 있다.
- 동반견 훈련인 BH와 사역견 훈련인 IGP의 차이점을 구별할 수 있다.
- BH의 복종 파트와 교통 순치성 파트의 순서 및 도식, 심사방법을 이해할 수 있다.
- IGP의 추적, 복종, 방위 파트의 순서 및 도식, 심사방법을 이해할 수 있다.

01 동반견(BH) 훈련의 개요

1) 동반견(BH) 훈련의 이해

BH-VT(일반적으로 "BH"라고 칭함)는 독일어의 'Begleithundprüfung'의 줄임말로 '교통안전 반려견 검사'라는 뜻이다. BH는 견의 기질, 복종능력, 사람과 교통에 대한 반응을 평가하기 때문에 '동반견(Companion Dog)'이라고도 한다.

또한 BH는 IGP와 같은 사역견 시험의 참가 자격을 갖추기 위해 반드시 통과해야 하는 평가이기도 하다. 원래 BH는 슈츠훈트(오늘날 IGP) 테스트를 치르기 전에 개의 복종 능력과 순치성을 평가하기 위해 독일에서 개발되었다. BH 평가 항목에는 각측보행, 앉아, 엎드려, 와, 타인(낯선 사람) 및 타견(낯선 동물)과의 상호작용과 같은 항목이 포함되어 있다. 그래서 BH 타이틀을 획득했다는 것은 개가 일정 수준의 복종훈련은 물론, 일상 상황에서 타인이나 타견에게 예의 바르게 행동한다는 것을 의미한다. BH 시험은 모든 견종 그리고 모든 크기의 견들이 참가할 수 있지만, 생후 15개월 미만의 견은 안전을 비롯한 다양한 이유로 참가할 수 없다.

2) 동반견(BH) 시험방법

(1) 기질 평가

BH 시험을 시작하기 전에 출진견들은 기질 평가를 거쳐야 한다. 심사위원은 출진견의 색인번호나 마이크로칩 검사를 통해 개체 확인을 하는 동시에 견의 기질적인 측면도 관찰하고 평가한다. 출진견은 심사위원의 손길을 편안하게 느끼고, 침착함을 유지해야 한다. 기질 평가에 합격하지 못한 견들은 기타 복종평가 및 순치성 평가에도 모두 참여할 수 없다. 또한 초기 기질 평가에 통과했어도 전 과정 동안 계속해서 기질을 평가하기 때문에 심사위원은 기질적인 측면에서 결함이 있는 수험견은 언제든지 실격 처리할 수 있다.

기질 평가가 끝나면 본격적으로 테스트를 진행한다. BH는 A파트와 B파트로 분류한다. A파트는 복종능력을 평가하는 시험이고, B파트는 사람이나 교통에 대한 순치성을 평가하는 시험이다.

(2) A파트(복종훈련 평가)

복종훈련은 5개의 항목으로 구성되어 있다.

- 줄 매고 따라(15점)
- 줄 없이 따라(15점)
- 이동 중 앉아(10점)
- 소환과 결부된 엎드려(10점)
- 산만한 상황 대기(10점)

평가에 통과하려면 총 60점 만점 중 70% 이상인 42점 이상을 획득해야 한다. 만일 70%를 획득하지 못한 수험견은 B파트(교통순치성 평가)에 참가하지 못한다.

(3) B파트(교통순치성 평가)

A파트를 통과한 수험견들은 B파트인 교통순치성 평가를 시작한다. B파트는 복종 훈련 경기장이 아닌 공공시설 주변이나 교통이 번화한 지역에서 벌어질 수 있는 다양한 상황으로 평가한다. 심사위원은 수험견이 타인이나 타견 및 교통수단 등의 다양한 자극

과 마주할 때 어떻게 반응하고 행동하는지를 관찰하고 평가한다.

- 군중에 대한 반응
- 자전거에 대한 반응
- 차에 대한 반응
- 조깅, 인라인 등에 대한 반응
- 타견에 대한 반응
- 줄 매진 상태로 다양한 자극에 대한 반응

B파트의 평가는 점수로 채점하지 않고, 심사위원의 전반적인 평가로 합격과 불합격으로 최종 평가를 내린다.

3) 동반견 시험(BH) 진행 시 주의사항

- 시험의 모든 항목은 기본자세로 시작해서 기본자세로 종료한다.
- 기본자세를 수정하거나 정립하는 것은 각 항목별 시험 전에 한 번만 허용된다.
- 기본자세에서 두 발을 벌리고 있는 자세는 허용되지 않는다.
- 핸들러의 신체적 도움은 허용되지 않으며, 발생 시 감점 처리된다.
- 일체의 보상물은 휴대할 수 없다.
- 견의 칭찬은 각 시험과목의 실행이 종료된 후에 허용된다.
- 칭찬과 새로운 시작 사이에는 분명한 시간 간격이 약 3초 정도 엄수되어야 한다.
- 경기가 진행되는 동안 견은 항상 각측보행으로 리드되어야 한다.

02 국제사역견시험규정(IGP) 훈련의 개요

1) 국제사역견시험규정(IGP)의 이해

IGP는 독일어 'Internationale Gebrauchshunde Prüfungsordnung'의 약자로 번역하면 '국제사역견시험규정(International Utility Dogs Regulation)'라는 뜻이다. 2012년 이전에는 IGP를 '슈츠훈트(Schutzhund)'라고 불렀다. 슈츠훈트는, 방위견이라는 뜻으로 약칭은 SchH이

다. 슈츠훈트의 난이도는 1단계(SchH1)부터 3단계(SchH3)까지 있다. 2012년 이후 슈츠훈트는 'IPO'로 명칭이 변경되었다. IPO는 독일어로 'Internationale Prüfungsordnung Ordnung'의 줄임말로 번역하면 '국제시험규정'이라는 뜻이다. IPO의 난이도 역시 1단계(IPO1)부터 3단계(IPO3)까지 있다.

2019년에 'IPO'는 다시 'IGP'로 명칭이 변경되었다. IGP는 독일어로 'Internationale Gebrauchshunde Prüfungsordnung'의 줄임말로 이를 번역하면 '국제사역견시험규정'이라는 뜻이다. 이전 IPO가 '국제시험규정'이라는 광범위한 영역을 평가했다면 IGP는 '국제사역견시험규정'으로 칭하며 사역견에 대한 평가로 초점을 두고 있다.

IGP-1을 참가하기 위해서는 먼저 BH-VT를 통과해야 한다. 경기 중 과도한 두려움, 산만한 행동 또는 공격성을 보이는 개는 BH-VT를 통과하지 못하므로 IGP-1의 경기에 출진할 수 없다.

IGP는 추적, 복종, 방위의 3가지 유형으로 구성되어 있고, IGP 타이틀을 획득하기 위해서는 3가지 종목 모두를 통과해야 한다. IGP-3에 출진하려면 반드시 1단계(IGP-1)와 2단계(IGP-2)를 순차적으로 획득해야만 경기대회 참여가 가능하며 한 경기에서는 하나의 타이틀만 획득할 수 있다.

2) IGP의 역사

• 슈츠훈트(Schutzhund)

IGP의 초창기 명칭은 슈츠훈트(Schutzhund)이다. Schutzhund는 '방위견(protection dog)'을 의미하는 독일어이다. 이 당시 독일 경찰을 'Schutzmann'라 칭했고, 독일 경찰의 방위견을 'Schutzhund'로 불렀다.

본래 슈츠훈트는 1900년경 독일에서 저먼 셰퍼드(German Shepherds)의 품종 적합성을 평가하기 위해서 개발되었다. 목양견으로 사용했던 저먼 셰퍼드를 경찰견이나 군견 등의 사역견으로 개량하면서 능력이 떨어지는 개체를 유전자 풀에서 걸러내기 위한 장치로 슈츠훈트 테스트를 활용하였다. 슈츠훈트 테스트는 저먼 셰퍼드가 우수한 작업 능력 및 특성을 갖추었는지를 평가하였고, 테스트를 통과한 셰퍼드만 번식이 허용되어 저먼 셰퍼드로 등록하였다.

저먼 셰퍼드 창시자이자 SV(Schäferhunde)의 초대 회장인 막스 폰 스테파니츠(Max Emil

Friedrich von Stephanitz, 1864년 12월 30일~1936년 4월 22일)는 저먼 셰퍼드의 품종을 개발하여 1899년에 공식적으로 소개하였다. 그는 저먼 셰퍼드가 자칫 부주의한 번식으로 인한 신체적 결함이나 행동학적 문제 등으로 이어질 것을 우려하여 강력하게 슈츠훈트의 필요성을 강조하였고, 슈츠훈트를 통해 번식에 가장 적합한 표본을 선택하여 성공적으로 우수한 개체의 품종을 보존하였다. 그 후 슈츠훈트는 복서(Boxer), 도베르만(Dobermann), 자이언트 슈나우저(Riesenschnauzer) 및 롯트와일러(Rottweiler)를 포함한 다섯 가지 독일 보호 품종견으로 확장되었다. 오늘날에는 모든 견종이 경기에 참여할 수 있지만 대부분 저먼 셰퍼드와 벨지안 마리노이즈가 장악하고 있다.

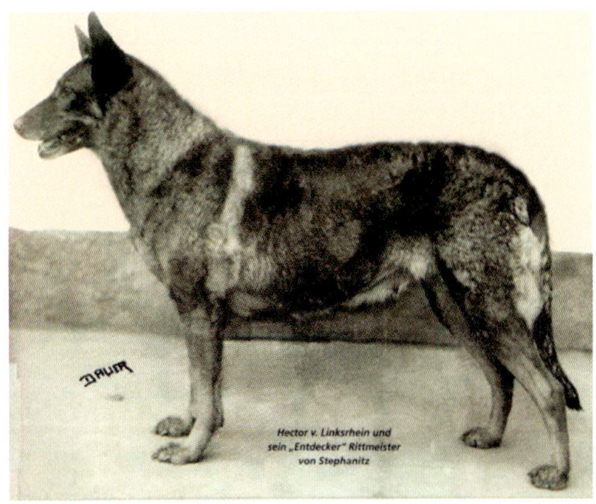

(좌) SV(Schäferhunde)의 초대 회장 막스 폰 스테파니츠(Max Emil Friedrich von Stephanitz)
(우) 최초의 저먼 셰퍼드이자 현대 저먼 셰퍼드의 유전적 기초가 된 Horand von Grafrath 출처: alchetron.com

• IPO

2012년 독일은 슈츠훈트에서 IPO로 명칭을 변경하였다. 슈츠훈트가 IPO로 명칭이 바뀌면서 저먼 셰퍼드 외의 다양한 견종의 참여를 독려하였고, 견의 작업 능력을 보다 구체적으로 체계화하였다.

견의 작업 능력을 평가하는 IPO는 견의 안정성, 지구력, 후각 능력, 작업에 대한 열정, 용기 등을 평가한다. IPO의 난이도는 3단계로 IPO-1에서 IPO-3까지 타이틀로 이어지는 경기이다. IPO-1에 참가하는 출진견은 생후 18개월 이상이어야 하며, 사전에 BH-VT 테스트를 통과해야 경기에 출진할 수 있다. IPO-2에 참가하는 출진견은 생후 19개월 이상이어야 하며, 사전에 IPO-1 테스트를 통과해야 경기에 출진할 수 있다. IPO-3에 참가하는 출진견은 생후 20개월 이상이어야 하며, 사전에 IPO-2 테스트를 통과해야 경기에 출진할 수 있다. 각 단계는 추적, 복종, 방위의 세 종목으로 구성된다.

- IGP

2019년 Fédération Cynologique Internationale(FCI)와 여러 국가 조직은 IPO 평가의 목적을 더욱 잘 반영하기 위해 IGP로 명칭을 바꾸고, 새로운 규정을 적용하기 시작하였다. 새로운 명칭 IGP의 I(Internationale)는 '국제'라는 뜻으로 훈련 분야의 국제적 특성과 글로벌 참여를, G(Gebrauchshunde)는 영어로 'Utility Dogs'로 번역되며 실용적인 작업 능력과 유용성을, P(Prüfungsordnung)는 '시험 규정'이라는 뜻으로 경기를 운용하는 표준화된 규칙과 지침을 강조하는 것이다.

1990년 초: Schutzhund 방위견
2012년: IPO(Internationale Prüfungsordnung Ordnung) 국제시험규정
2019년: IGP(Internationale Gebrauchshunde Prüfungsordnung) 국제사역견 시험규정

3) IGP의 종목

(1) A파트: 추적(Tracking)

아티클 3종류 출처: redlinek9.com

추적은 견의 뛰어난 후각 능력과 신체적 지구력 및 정서적 건강을 테스트하는 것으로 고도의 육체적 심리적 안정상태를 유지해야 한다. 추적 파트는 우선 트랙레이어(track layer)[1]가 들판을 걸어가면서 족적(발자국)을 구성하며 그 구간에 아티클을 떨어트린다. 일정 시간(IGP 1, 2, 3에 따라 대기 시간이 달라짐)이 지나면 핸들러는 수험견에게 약 10m 길이의 추적줄을 채운 후, 견이 후각을 사용하여 족적을 추적하도록 한다. 수험견이 족적의 흔적을 따라가다 트랙레이어가 떨어트린 아티클을 발견하면 핸들러에게 찾았다고 표시한다. 아티클

1) 트랙레이어(track layer): IGP 경기 중 추적 파트에서 땅이나 들판을 발로 밟고 지나가며 족적(발자국)을 남기는 사람

은 유류물(遺留物)이라는 뜻으로 잊어버리거나 남겨놓은 물건을 뜻한다. IGP 추적 파트에서 사용하는 아티클은 세 가지 종류로 가죽, 카펫, 나무의 재질로 만들어진 것을 사용한다.

통보방식은 일반적으로 양 앞발 사이에 아티클을 두고 엎드리는 것으로 핸들러에게 아티클의 위치를 알린다. 이 단계에서 심사위원은 견이 얼마나 개는 주의 깊게 족적을 따라가며 추적하는지, 숨겨진 아티클 발견 시 얼마나 정확하게 통보하는지를 평가한다. IGP-1, 2, 3에 따라 족적의 수(트랙의 길이), 굴절의 난이도, 족적 구성자(트랙레이어) 등이 달라진다.

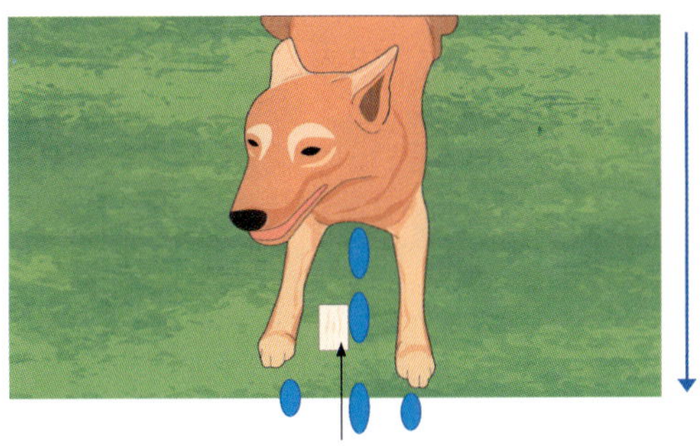

올바른 통보방식

(2) B파트: 복종(Obedience)

복종훈련은 견의 복종능력을 평가하는 종목으로 줄 없이 진행된다. 축구장과 같이 넓은 필드에서 핸들러와 견으로 구성된 두 팀이 입장하여 한 팀은 경기장 측면에서 장시간 대기하고, 나머지 한 팀은 경기를 진행한다. 복종파트는 각측보행, '앉아', '엎드려', '서', '와' 동작, 덤벨 회수, 허들과 판벽 통과, 전진, 장시간 대기 등의 종목으로 구성되어 있다. 모든 동작은 정확성과 적극성, 속도 등에 따라 점수가 매겨진다. 심사위원은 견이 표현하는 동작의 정확도, 신속함, 적극적인 태도 등을 평가한다.

각측보행 출처: canemodog.com

(3) C파트: 방위(Protection)

방위는 포식동물의 공격적 본능을 극대화한 것으로 견의 고도의 흥분상태를 이용하여 견이 자신과 핸들러를 보호하기 위한 용기를 평가하는 것이다. 헬퍼는 방어소매를 한쪽 팔에 끼우고, 개를 자극하고 위협하는 등의 동작을 취하면 견은 핸들러의 지시에 따라 헬퍼를 억류하고, 헬퍼의 도주를 저지하며, 헬퍼의 공격에 대항하는 모습을 보여야 한다. 흥분이 높은 상태에서도 견은 핸들러에게 복종해야 하며 적극적으로 헬퍼에게 대항하는 열정적인 모습도 보여주어야 한다.

IGP 중 방위훈련 모습 출처: landheimk9.com

4) IGP의 평가 규정

(1) 추적(Tracking) A파트

과목	IGP-1	IGP-2	IGP-3
족적 보행(Minimum Length)	300보	400보	600보
족적 대상(Track Layer)	핸들러	타인	타인
아티클(Articles)	3개	3개	3개
구간(Legs)	3구간	3구간	5구간
굴절(Corners)	2굴절	2굴절	4굴절
시작 시간(Ageing Time)	20분 후	30분 후	60분 후
작업 시간(Working Time Maximum)	15분 내	15분 내	20분 내
평 가	**총 100점**	**총 100점**	**총 100점**

(2) 복종(Obedience) B파트

과 목		IGP-1	IGP-2	IGP-3
1	줄 없이 따라(Heeling)	15	15	15
2	이동 중 앉아(Sit on move)	10	10	5
3	이동 중 엎드려(Down and Recall)	10	10	10(속보 중)
4	이동 중 서	–	5	10(속보 중)
5	평지 덤벨	15(650g)	10(1kg)	10(2kg)
6	허들 덤벨운반	15(650g)	15(650g)	15(650g)
7	A판벽 덤벨운반	15(A판벽 통과)	15(650g 운반)	15(650g 운반)
8	멀리 보내기	10	10	10
9	대기	10	10	10
평 가		**100**	**100**	**100**

(3) 방위(Protection) C파트

과 목		IGP-1	IGP-2	IGP-3
1	블라인드 수색(Blind Search)	5	5	10
2	헬퍼 억류(Hold and Bark)	15	15	15
3	도주 저지(Escape)	20	15	10
4	경계단계에서 방어(Re-Attack)	30	20	15
5	배면 호송(Back Transport 30steps)	–	5	5
6	호송 중 공격(Attack to dog)	–	–	15
7	공격 방어(Long Attack)	30	20	15
8	경계단계에서 방어 (Re-Attack)	–	20	15
평 가		**100점**	**100점**	**100점**

5) IGP의 도구 및 장비

(1) 추적(Tracking) A파트

■ **아티클 규격**

길이(Length) 10cm

너비(Width) 2~3cm

높이(Height) 0.5~1cm

(2) 복종(Obedience) B파트

■ **덤벨 규격**

과 목	IGP-1	IGP-2	IGP-3
평지 덤벨	650g	1kg	2kg
허들 덤벨	650g	650g	650g
A판벽 덤벨	–	650g	650g

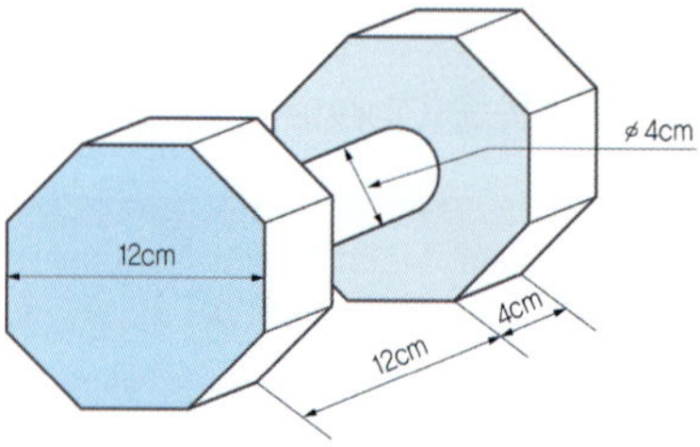

■ **허들 규격**

너비(Width) 150cm

높이(Height) 100cm

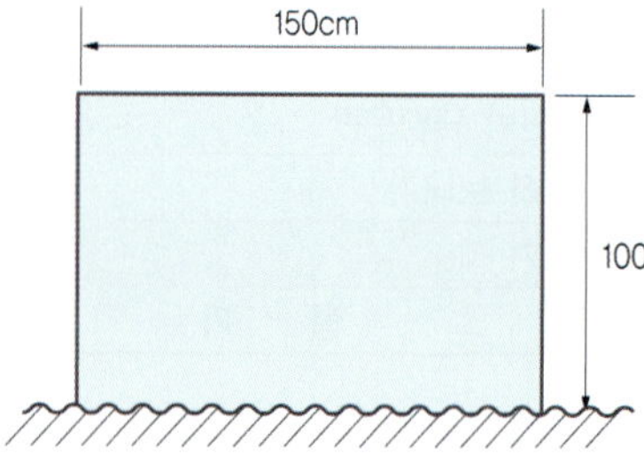

■ **A판벽 규격**

너비(Width) 150cm

높이(Height) 180cm

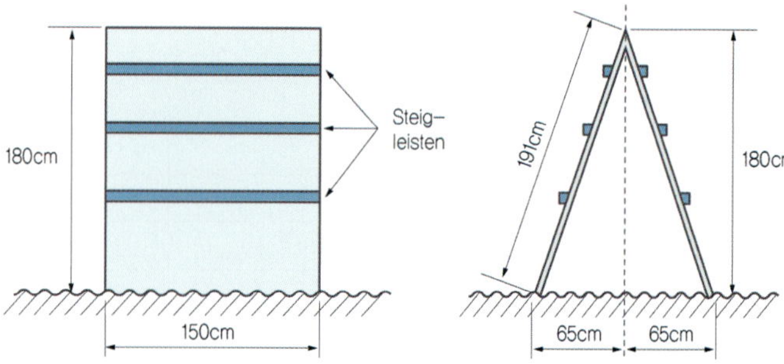

(3) 방위(Protection) C파트

■ 블라인드 규격

무게(Weight) 16lbs(7kg)

높이(Height) 200cm(7ft)

출처: fordogtrainers.co.uk

■ 블라인드 배치

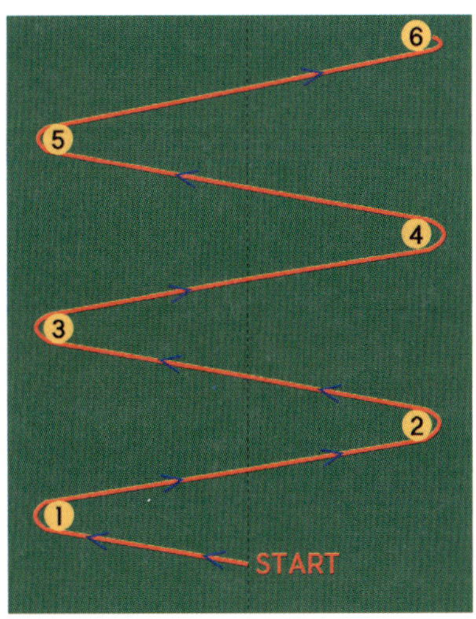

예상문제

1. BH에 대한 설명으로 옳을 것을 모두 고르시오.

① BH는 복종훈련을 뜻하고, BH-VT 교통순치성을 뜻한다.
② 독일어 'Begleithundprüfung'의 줄임말이다.
③ BH는 견의 기질, 복종능력, 사람과 교통에 대한 반응을 평가하기 때문에 '동반견(Companion Dog)'이라고도 한다.
④ BH는 IGP를 통과한 훈련견만이 평가에 응시할 수 있다.

2. BH 평가항목에 포함되지 않는 내용을 고르시오.

① 줄 매고 따라 ② 줄 없이 따라
③ 군중 통과 ④ 덤벨 회수

3. 현대의 IGP테스트 참가규정에 대한 설명 중 옳지 않은 것을 고르시오.

① IGP-1은 생후 18개월 이상의 견들이 경기에 출진할 수 있다.
② IGP-2은 생후 19개월 이상의 견들이 경기에 출진할 수 있다.
③ IGP-3은 생후 20개월 이상의 견들이 경기에 출진할 수 있다.
④ IGP-3은 최소 IGP-1을 통과한 견들이 경기에 출진할 수 있다.

4. 현대의 BH테스트 참가규정에 대한 설명 중 옳지 않은 것을 모두 고르시오.

① 모든 견종의 견들이 참가할 수 있다.
② 전 연령의 견들이 참가할 수 있다.
③ 장애가 있는 핸들러도 참가할 수 있다.
④ SD, CD를 순차적으로 통과한 견들이 참가할 수 있다.

5. IGP에 대한 설명으로 옳지 않은 것을 고르시오.

① IGP의 초창기 명칭은 슈츠훈트(Schutzhund)이다.
② 슈츠훈트는 본래 1900년경 독일에서 저먼셰퍼드(German Shepherds)의 품종 적합성을 평가하기 위해서 개발되었다.
③ IGP의 G(Gebrauchshunde)는 영어로 "Utility Dogs"로 번역되며 실용적인 작업 능력과 유용성을 강조하는 것이다.
④ 2019년 Fédération Cynologique Internationale(FCI)를 비롯한 여러 국가 조직이 슈츠훈트(Schutzhund)의 명칭을 IPO로 변경하였다.

1. ②, ③ 2. ④ 3. ④ 4. ②, ④ 5. ④ **정답**

14강

동반견 훈련(BH)

학습 목표

- 동반견 훈련(BH)에 대해 이해하고, 발생 배경에 대해 설명할 수 있다.
- 동반견 훈련(BH)의 필요성과 의의에 대해 설명할 수 있다.
- 동반견 훈련의(BH)의 배점 및 시험방법과 심사방법에 대해 이해할 수 있다.

동반견 훈련(BH)의 목적은 견이 받아들일 수 있는 자극에 대한 반응을 살펴보며 견의 기질 수준에 대한 평가와 기본적인 복종 수준에 대한 평가를 하는 것이다. 그렇기에 동반견훈련의 테스트는 평가 점수보다는 '합격'했는지 아닌지에 대한 통과 여부가 중요하다.

동반견 훈련 테스트는 A파트 복종훈련을 통과해야 B파트인 교통순치성 테스트에 참가할 수 있다. A파트 복종훈련의 만점 기준은 60점이며, 60점 만점 중 70%인 42점 이상인 견들만 합격으로 간주하고, B파트에 응시가 가능하다.

총점	월등한	아주 좋음	좋음	만족할만함	부족함
60점	58~60	54~57	48~53	42~47	0~41

개의 기질을 평가하는 순치성은 시험 시작 시 심사위원에 의해 평가되며 시험 내내 지속적으로 평가되기 때문에 심사위원이 보기에 불만족스러운 행동을 보이는 개는 실격처리 될 수 있다. 즉 경기 중 개가 행동학적 결함을 보이면 개가 성격테스트를 통과했음에도 불구하고 심사위원은 시험에서 탈락시킬 수 있다는 뜻이다. 이러한 개들은 시험문서에 "Temperament Test/Behavior Evaluation not passed"라고 작성되며 해당 시험의 참가를 중지한다.

모든 시험과 대회가 그렇듯 동반견 훈련 테스트 역시 스포츠 정신의 원칙에 입각해서 실행되어야 하며 또한 참가자들의 자세도 이에 상응해야 한다. 동반견훈련 시험규정의 조항들은 모든 참가자들에게 준수되어야 하며, 동일한 조건하에서 참가자들의 수행능력이 검증되어야 한다.

01 BH – 복종(Obedience) A파트

No.	과 목	내 용	배 점
1	줄 매고 따라	Heeling on leash	15
2	줄 없이 따라	Free heeling	15
3	이동 중 앉아	Sit out of motion	10
4	소환과 결부된 엎드려	Down with recall	10
5	산만한 상황 대기	Long down under distraction	10
합 계			60

출처: (사)한국애견협회

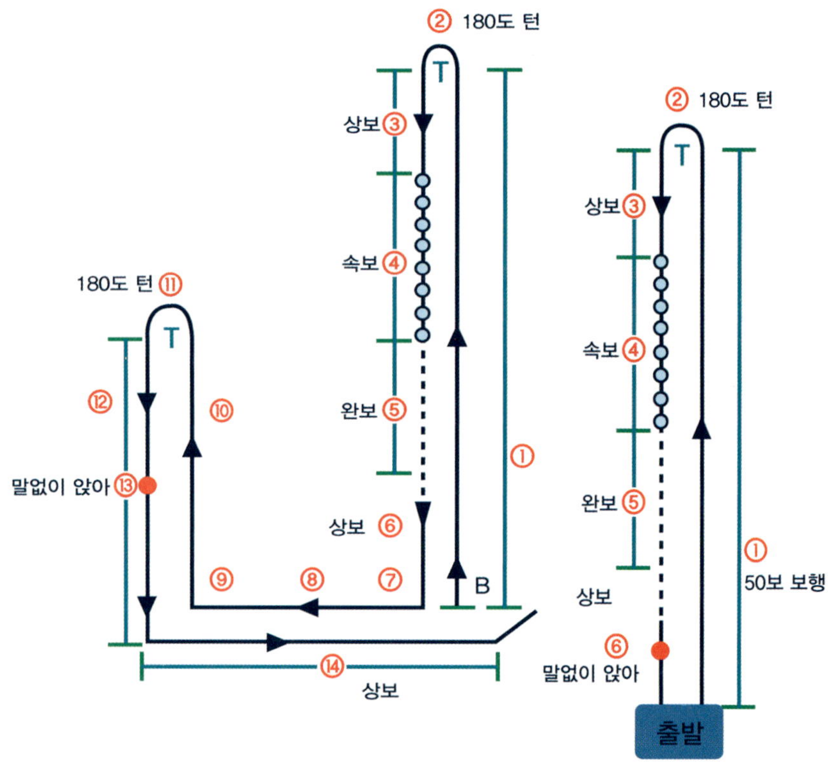

1) 줄 매고 따라

■ **실행 방법**

① 핸들러는 심사위원 지시에 견과 함께 직선거리로 멈추지 않고 상보의 속도로 50보 이동한다.

② 50보 지점에서 180도 회전한다.

③ 상보로 약 10~15보 보행한다.

④ 명령어와 함께 상보에서 속보로 약 10~15보 실행한다.

⑤ 명령어와 함께 속보에서 완보로 약 10~15보 실행한다.
(이 경우 상보에서 속보, 속보에서 완보로의 전환은 중간단계 없이 즉각적으로 이루어져야 하며 상이한 보행방식은 속도에서 분명하게 구분되어야 한다.)

⑥ 명령어와 함께 완보에서 상보로 보행한다.

⑦ 상보로 보행 중 우측으로 90도 전환한다.

⑧ 상보로 약 15보 보행한다.

⑨ 다시 한번 우측으로 90도 전환한다.

⑩ 약 15보 정도 상보로 보행한다.

⑪ 두 번째 180도 회전을 한다.

⑫ 180도 회전 후 상보로 보행한다.

⑬ 상보로 보행 중 핸들러가 멈춤을 실행하면 견은 말없이 앉아를 실행한다.
(이 경우 견은 항상 핸들러 왼편 무릎 부위에 견갑골을 밀착해서 이동해야 하고, 견은 앞서가거나 뒤에 쳐지거나 측면으로 이탈해서는 안 된다.)

⑭ '말없이 앉아'를 실행한 후 보행하다가 왼쪽으로 90도 코너를 보행한다.

⑮ 핸들러는 견과 함께 움직이고 있는 최소 4명의 사람으로 구성된 군중을 8자로 통과하는데 이때 핸들러로부터 멀리 있는 사람부터 시작하여 회전해야 하며 각각 좌로 한 번 돌고, 우로 한번 돌아 나온 후 군중 중 한 사람의 옆에서 핸들러가 멈추면 견도 신속하게 앉아야 한다.

⑯ 심사위원의 사인에 따라 핸들러는 견과 함께 군중을 이탈하며 기본자세로 마무리한다. **(견의 칭찬은 군중 이탈 후 기본자세를 취한 후 허용된다.)**

■ **평가 기준**

- 앞서감, 측면이탈, 뒤처짐, 턴 시 산만함, 핸들러의 도움 발생, 군중에서 견의 반응, 명령 없이 앉아 자세에서 문제 발생 시 -0.5에서 −1점 감점 처리된다.
- 명령어 1회 추가 시 −1점 감점 처리된다.
- 명령어 3회 실행 시 −3점 감점 처리된다.
- 명령어 3회 이상 거부 시 0점 처리된다.

■ **응시 포인트**

- 심사위원의 사인에 기본자세로 마무리할 때 견이 짖거나, 견이 헬퍼의 유혹에 넘어가면 감점 처리된다.

2) 줄 없이 따라

■ **실행 방법**

① 핸들러는 정해진 위치에서 리드줄을 제거한 후 심사위원 지시에 견과 함께 직선거리로 멈추지 않고 상보의 속도로 50보 이동한다.

② 50보 지점에서 180도 회전한다.

③ 상보로 약 10~15보 보행한다.

④ 상보 후 핸들러는 음성신호로 명령하여 상보에서 속보로 약 10~15보 실행한다.

⑤ 속보 후 바로 음성신호로 명령하여 속보에서 완보로 약 10~15보 실행한다.
(이 경우 상보에서 속보, 속보에서 완보로의 전환은 중간단계 없이 즉각적으로 이루어져야 하며 상이한 보행방식은 속도에서 분명하게 구분되어야 한다.)

⑥ 완보 후 바로 음성신호로 명령하며 상보로 보행한다.

⑦ 상보로 보행 중 핸들러가 멈춤을 실행하면 견은 '말없이 앉아'를 실행한다.
(이 경우 견은 항상 핸들러 왼편 무릎 부위에 견갑골을 밀착해서 이동해야 하고, 견은 앞서가거나 뒤에 쳐지거나 측면으로 이탈해서는 안 된다.)

⑧ '말없이 앉아' 후 상보로 보행하면서 출발지점으로 돌아가서 기본자세로 마무리한다.

3) 보행 중 앉아

■ **실행 방법**

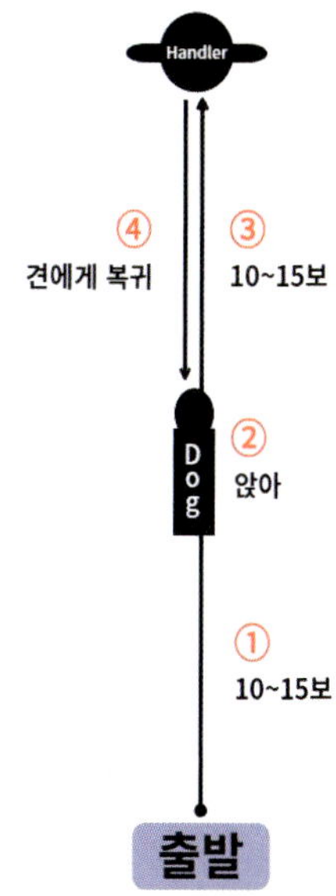

① 핸들러는 정해진 위치에서 리드줄을 제거한 후 심사위원 지시에 견과 함께 기본자세에서 직선거리로 약 10~15보 보행한다.

② 상보로 보행 중 견에게 '앉아'를 지시한다.

③ 견은 앉아 있는 상태에서 핸들러는 약 10~15보 직선으로 보행하여 견과 정면으로 마주한다.

④ 심사위원의 사인에 핸들러는 앉아 있는 견에게 다시 돌아가 기본자세로 마무리한다.

■ **응시 포인트**

- 앉아 과목은 두 가지 방식이 허용되는데 첫 번째 방법은 핸들러가 보행하다가 기본자세를 취한 후 '앉아'라고 지시한 후 견을 이탈하는 방법과 핸들러와 견이 보행하면서 이동 중 '앉아'라고 지시하는 동시에 견에게 이탈하는 방법이 있다.

4) 소환과 결부된 엎드려(엎드려+와)

■ **실행 방법**

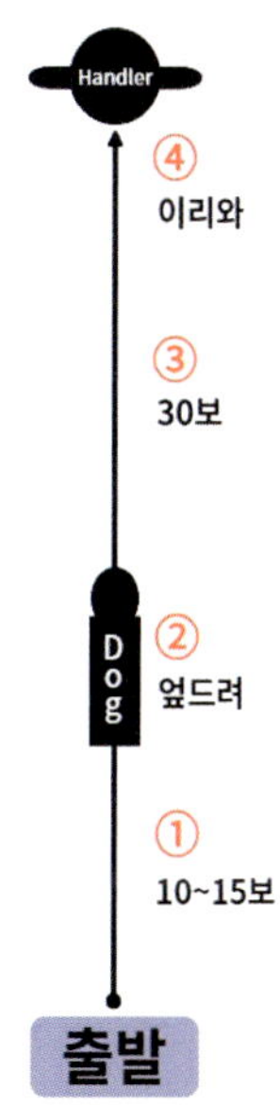

① 핸들러는 정해진 위치에서 리드줄을 제거한 후 심사위원 지시에 견과 함께 기본자세에서 직선거리로 약 10~15보 보행한다.

② 상보로 보행 중 견에게 '엎드려'를 지시한다.

③ 견은 엎드려 있는 상태에서 핸들러는 약 30보 직선으로 보행하여 견과 정면으로 마주한다.

④ 심사위원의 사인에 핸들러는 엎드려 있는 견에게 '이리와'를 지시하고 개는 신속하게 정확하게 핸들러 정면에 앉는다.

⑤ 기본자세로 마무리한다.

■ **응시 포인트**

- 앉아 과목은 2가지 방식이 허용되는데 첫 번째 방법은 핸들러가 보행하다가 기본자세를 취한 후 '엎드려'라고 지시한 후, 견을 이탈하는 방법이다. 두 번째 방법은 핸들러와 견이 보행하면서 이동 중 '엎드려'라고 지시하는 동시에 견에게 이탈하는 방법이 있다.

5) 산만한 상황에서 대기

■ **실행 방법**

① 핸들러는 심사위원이 지시한 장소로 이동하여 심사위원의 사인에 '엎드려'를 지시한다.

② 기본자세에서 엎드린 견의 몸에는 리드줄이나 다른 물체가 남겨있으면 안 된다.

③ 견을 엎드리게 한 후 핸들러는 견을 뒤돌아보지 않으면서 시험장소 이내에서 최소 30보 정도 견으로부터 이탈한다.

④ 핸들러는 견을 뒤로 한 채 정립하여 대기한다.

⑤ 다른 견이 시험과목 1번 종목에서 4번 종목을 이행할 때까지 견은 어떠한 자극에도 영향받지 않고 조용히 엎드려 있어야 한다.

■ **응시 포인트**

- 핸들러의 불안정한 자세나 견의 불안정한 엎드려 자세는 감점 처리된다.
- 은폐된 도움이 발생되면 감점 처리된다.
- 핸들러가 견이 대기하고 있는 장소로 가는 중 만일 견이 대기하다 일어서거나 앉으면 그에 상응하는 점수가 감점 처리된다.

02 BH – 순치성(Traffic/Safety) B파트

No.	과 목	내 용	배 점
1	군중에 대한 반응	Interaction with people in a group	B / N
2	자전거에 대한 반응	Interaction with a bicyclist	B / N
3	차에 대한 반응	Interaction with automobiles	B / N
4	조깅, 인라인 등에 대한 반응	Interaction with jogger and inline skater	B / N
5	타견에 대한 반응	Interaction with toward to other dog	B / N
6	줄 맨 상태로 다양한 자극에 대한 반응	Behavior of the dog left alone on leash for a short time in traffic; Behavior toward to other animals	B / N
(URTEIL) 판 결		**(Bestanden) 합격 / (NichtBestanden) 불합격**	

출처: (사)한국애견협회

일반적으로 B파트는 훈련대회장 안에서 진행하지 않고, 인가가 밀집된 지역이나 교통량이 많은 근린시설과 같은 장소에서 실행된다. 심사위원은 대회 진행 전, 어느 장소에서 어떤 교통수단을 활용하여 어떻게 자극을 연출할지 고민하여 장소를 확정한다. 물론 테스트 진행으로 인해 대중교통의 흐름에 영향을 주어서는 안 된다. 동반견훈련의 B파트 테스트는 다양한 자극에 대한 반응을 파악해야 하기 때문에 상당한 시간이 요구될 수 있다. 위 도표에 열거된 여섯 가지 테스트 항목은 제안사항이며 테스트 당일 지역적 특성과 상황에 따라 심사위원에 의해 적합하게 변경될 수 있다. 또한 심사위원은 견의 수행능력 판정에 있어서 불확실한 경우 테스트를 반복시키거나 변경하여 실행시킬 수 있다.

1) 군중에 대한 반응

■ 실행 방법

- 심사위원의 사인에 따라 핸들러는 리드줄을 맨 견과 함께 도로상의 지정된 구역으로 이동한다.
- 심사위원은 적당한 거리를 두고 핸들러와 견의 뒤를 따른다.

- 견은 핸들러의 왼편에서 느슨하게 늘어진 리드줄 상태로 보행해야 한다.
- 견은 보행자들의 왕래하는 모습과 차량통행에 대해 무심한 태도를 가져야 한다.
- 보행 도중 핸들러와 견은 지나가는 행인과 교차하여 보행한다.

  (이때 견은 중립적이고 무관심한 반응을 보여야 한다.)
- 핸들러와 견은 6명 정도로 이루어진 군중을 통과한다.

  (이때 구성원 중 한 명이 핸들러에게 말을 걸고 서로 악수를 한다.)
- 견은 핸들러의 지시에 따라 앉아 있거나 혹은 엎드려 있어야 하며, 핸들러가 장시간 대화를 나누는 동안 조용히 있어야 한다.

2) 자전거에 대한 반응

■ 실행 방법

- 심사위원의 사인에 따라 핸들러는 리드줄을 맨 견과 함께 도로를 보행한다.

  (이때 심사위원의 사인에 따라 뒤쪽에서 자전거 타는 사람이 등장하는데 자전거 타는 사람은 경고벨을 울리면서 핸들러와 견을 추월해서 나간다.)
- 자전거는 핸들러와 견으로부터 상당한 거리를 둔 상태에서 방향을 바꾸어 반대로 핸들러와 견의 방향으로 되돌아오며 교차한다. (이때 다시 한번 경고 벨을 울린다.)
- 자전거와 교차할 때 견은 핸들러와 자전거 사이에 위치하고 있어야 한다.
- 견은 자전거를 타는 사람에 대해 무심하게 행동해야 한다.

3) 자동차에 대한 반응

■ 실행 방법

- 심사위원의 사인에 따라 핸들러는 리드줄을 맨 견과 함께 차량이 많은 도로를 보행한다. (이때 차량들 중의 하나가 시동을 건다.)
- 다른 차량에서는 소리가 크게 나도록 문을 세게 닫는다.
- 핸들러와 견이 보행 중에 차량들 중 하나가 창문을 내리고 핸들러에게 말을 건다.

  (이때 견은 핸들러의 지시에 따라 앉거나 혹은 엎드려 있어야 한다.)
- 견은 자동차에 대해 그리고 모든 교통소음에 대해 조용히 그리고 무심한 반응을 보

여야 한다.

4) 조깅, 인라인 등에 대한 반응

■ **실행 방법**

- 심사위원의 사인에 따라 핸들러는 리드줄을 맨 견과 함께 보행한다.
  (이때 2인 이상으로 구성된 조깅하는 사람들이 뛰는 속도로 핸들러와 견을 뒤에서 추월해 나간다.)
- 한 팀의 조깅하는 사람들이 멀어지면 반대쪽인 전면방향에서 조깅하는 또 다른 팀이 속도를 늦추지 않고, 핸들러와 견을 교차하여 지나쳐간다.
  (이때 견은 핸들러와 밀착되는 각측보행을 하지 않아도 되지만 추월하거나 교차하는 사람들을 방해하거나 반응을 보여서는 안 된다.)
- 조깅하는 팀들이 지나쳐갈 때 핸들러가 견을 '앉아'나 '엎드려' 자세를 취하게 하는 것은 허용된다.
- 조깅하는 팀들 대신 인라인 스케이터 타는 사람이 대신할 수도 있다.

5) 타견에 대한 반응

■ **실행 방법**

- 심사위원의 사인에 따라 핸들러는 리드줄을 맨 견과 함께 보행한다.
- 다른 사람과 함께 걷는 다른 견이 핸들러와 견을 지나쳐간다.
- 정면이나 반대 방향에서도 타인과 타견이 핸들러와 견을 교차하여 지나간다.
  (이때 견은 중립적 자세를 취해야 한다.)
- 타인과 타견이 지나칠 때 핸들러는 '따라'라고 음성신호를 반복하는 것을 허용한다.
- 또는 타인과 타견이 지나칠 때 핸들러가 견을 '앉아'나 '엎드려' 자세를 취하게 하는 것도 허용된다.

6) 홀로 남겨진 견의 행동 반응

■ **실행 방법**

- 심사위원의 사인에 따라 핸들러는 리드줄을 맨 견과 함께 보행한다.
- 심사위원이 지시하면 지정된 장소에 멈추고 리드줄을 준비된 장치에 고정시킨다.
- 핸들러는 견의 시야에서 보이지 않도록 건물 뒤와 같은 곳으로 사라진다.
- 홀로 남겨진 견은 핸들러가 시야에 보이지 않더라도 울거나 불안해하지 않고, 조용히 있어야 한다. (이때 견은 서 있거나 앉아 있거나 엎드려 있을 수 있다.)
- 핸들러가 없는 상태에서 약 5보 정도 떨어진 간격으로 타인과 타견이 지나쳐간다. (이때 견은 지나가는 타인이나 타견에 대해 공격적인 행동을 취해서는 안 된다.)
- 심사위원의 사인에 핸들러는 견에게 돌아간다.

예상문제

1. BH 복종파트에서 2번째 순서의 종목은 무엇을 평가하는 것인지 고르시오.

① 상보로 보행하다 '앉아'를 시키고, 핸들러는 만 15보 멀어진다.
② 줄 없이 보행 및 속도변환, 180도 턴, 말없이 앉아 등의 동작을 평가한다.
③ 속보로 보행하다 '서'를 시키고, 핸들러만 30보 멀어진다.
④ 개에게 '앉아' 지시를 내리고, 약 30보 보행 후 180도 턴 하여 돌아오며 개의 측면에 위치한 후 기본자세에서 다시 리드줄을 건다.

2. BH 복종파트에서 '줄 매고 따라'에 대한 설명 중 옳지 않을 것을 고르시오

① 목줄이나 반도는 특별한 규정이 없고, 핸들러의 선택에 달려있다.
② 시험에 응시하는 견의 목줄은 조임 상태로 있어서는 안 된다.
③ 두 번째 핸들러가 "산만한 상황에서 대기" 자세를 취할 때까지 첫 번째 핸들러도 기본자세를 취해서 그대로 유지하고 있어야 한다.
④ 기본자세로 정립 후부터 2마리의 견에 대한 평가가 시작된다.

3. BH B파트 테스트 중 '다른 견들과의 만남'에 대한 설명 중 올바른 것을 고르시오.

① 다른 견이 지나쳐 갈 때 견은 방어적 시그널을 보내야 한다.
② 다른 견이 마주 올 때 견은 측면에서 방어적 자세를 취해야 한다.
③ 다른 견이 지나쳐 갈 때 핸들러는 '따라' 음성신호를 사용할 수 없다.
④ 다른 견이 주인과 함께 지나쳐 갈 때 견은 중립적 자세를 취해야 한다.

4. BH B파트 테스트 중 중 '홀로 남겨진 견의 행동'에 대한 설명 중 옳지 않은 것을 고르시오.

① 심사위원의 사인에 따라 리드줄을 울타리나 링에 고정시킨다.
② 견이 서거나, 앉아 있거나 혹은 엎드려 있는 자세는 감점 요인이다.
③ 홀로 남겨진 견은 행동지도사가 없는 동안 조용히 있어야 한다.
④ 홀로 남겨진 견은 공격적 행동(지속적 짖음, 줄의 팽팽함)을 취해서는 안 된다.

5. BH 테스트에서 평가하는 점수에 대한 설명 중 올바른 것을 모두 고르시오.

① 파트-A에서 총점의 70%를 받지 못한 견은 파트-B로 갈 수 없다.
② 파트-B에서 PASS 되면 BH에 최종 합격한 것으로 간주한다.
③ 견의 칭찬은 모든 시험과목의 실행이 종료된 후에만 허용된다.
④ 회전, 멈춤, 보행방식변경 등과 같은 기타 모든 것은 심사위원의 사인에 따라 행해져야 한다.

정답 1. ② 2. ① 3. ④ 4. ② 5. ①, ②

15강

IGP-1 훈련

01 IGP-1 추적(Tracking) A파트

작 업	조 건	내 용
족적 보행	300보	총 300보의 족적을 낸다.
족적 대상	본인(핸들러)	핸들러가 직접 족적을 남기며, 심사위원의 사인에 따라 핸들러가 아티클을 배치한다.
아티클	3개	가죽, 나무, 카펫으로 구성된 아티클 3개를 사용한다.
트랙	3구간	트랙은 3개의 구간으로 구성한다.
굴절	2굴절	굴절은 총 2개의 90도 코너를 포함한다.
시작 시간	20분 후	핸들러가 족적을 남기고 나서 약 20분 후, 견이 추적 작업을 시작한다.
작업 시간	15분 내	견이 추적 작업을 시작하면 15분 내, 추적 작업을 완성해야 한다.
평가	총 100점	트랙의 추적 작업 - 79점 아티클 발견 및 통보 - 21점 (3개 X 7점)

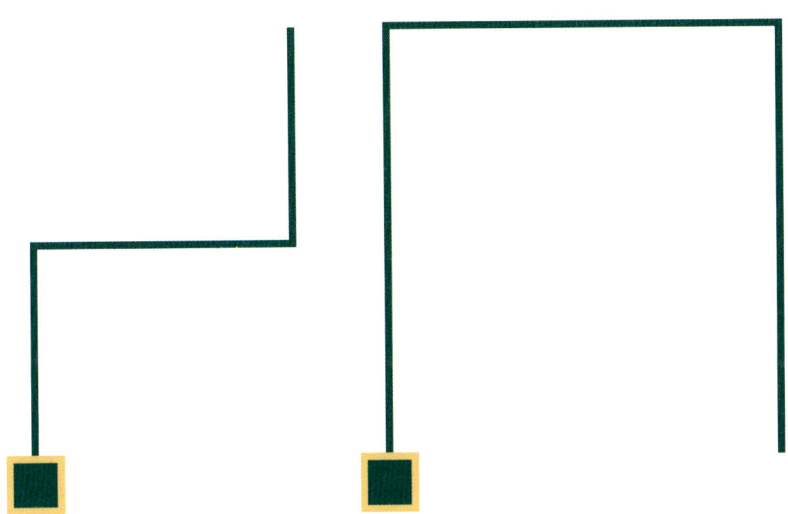

1) 족적구성

■ 실행 방법

① 핸들러는 족적을 구성하기 전에 심사위원에게 추적에 쓰일 유류품(아티클)을 보여주어야 한다.

② 핸들러는 시작 지점에서 심사위원이 지시한 방향을 향해 보통 걸음으로 걸으며 족적을 낸다(핸들러가 족적을 구성하는 동안 참가견은 주위에 없어야 한다).

③ 첫 번째 아티클은 첫 번째 구간에 놓아야 하고, 두 번째 아티클은 두 번째 구간에 놓아야 한다(코너 전후로 20보 이내에는 아티클을 배치해서는 안 된다).

④ 세 번째 아티클은 세 번째 트랙의 구간 끝에 놓은 후 핸들러는 앞으로 몇 10걸음 더 나아간다.

⑤ 심사위원을 포함한 누구도 핸들러가 족적을 남긴 취선 지역 안으로 들어올 수 없다.

2) 추적수행

■ 실행 방법

① 핸들러는 10m 길이의 추적리드줄을 견에게 채운 후 시작지점 근처에 대기한다.

② 견과 함께 기본자세를 취한 후 심사위원에게 보고한다(이때 아티클 통보 방법도 심사위원에게 보고해야 한다).

③ 보고가 끝나면 시작 지점 앞에서 위치하며 심사위원의 사인에 찾으라는 명령과 함께 견을 트랙으로 내보낸다.

④ 견은 코를 땅에 대고, 안정된 속도를 유지하면서 족적을 추적해 나간다.

⑤ 핸들러는 10m 줄의 끝부분이 나올 때 비로소 추적하고 있는 견을 따라나선다.

⑥ 견은 추적 중 아티클을 발견하면 심사위원에게 아티클의 위치를 통보해야 한다(아티클 통보 방법은 아티클을 줍거나 아티클 앞에서 멈춰 서거나 앉거나 엎드린 동작으로 표현할 수 있다).

⑦ 견이 아티클을 발견하면 핸들러는 추적줄을 놓은 후, 견이 통보한 지점으로 이동하여 아티클을 들어 올려 심사위원에게 보인다.

02 IGP-1 복종(Obedience) B파트

No	과 목		내 용	배 점
1	Heeling	각측보행	줄 없이 따라	15
2	Sit out of motion	앉아	이동 중 앉아	10
3	Down with Recall	엎드려	소환과 결부된 이동 중 엎드려	10
4	Retrieve on the Flat	평지 덤벨	평지 덤벨(650g) 운반	15
5	Retrieve over the Hurdle	허들 덤벨	허들(1m) 덤벨(650g) 운반	15
6	Climbing over the A Flame	A 판벽	A 판벽 통과	15
7	Send Away	전진	전진 중 엎드려	10
8	Long Down	대기	장시간 대기	10
합 계				100

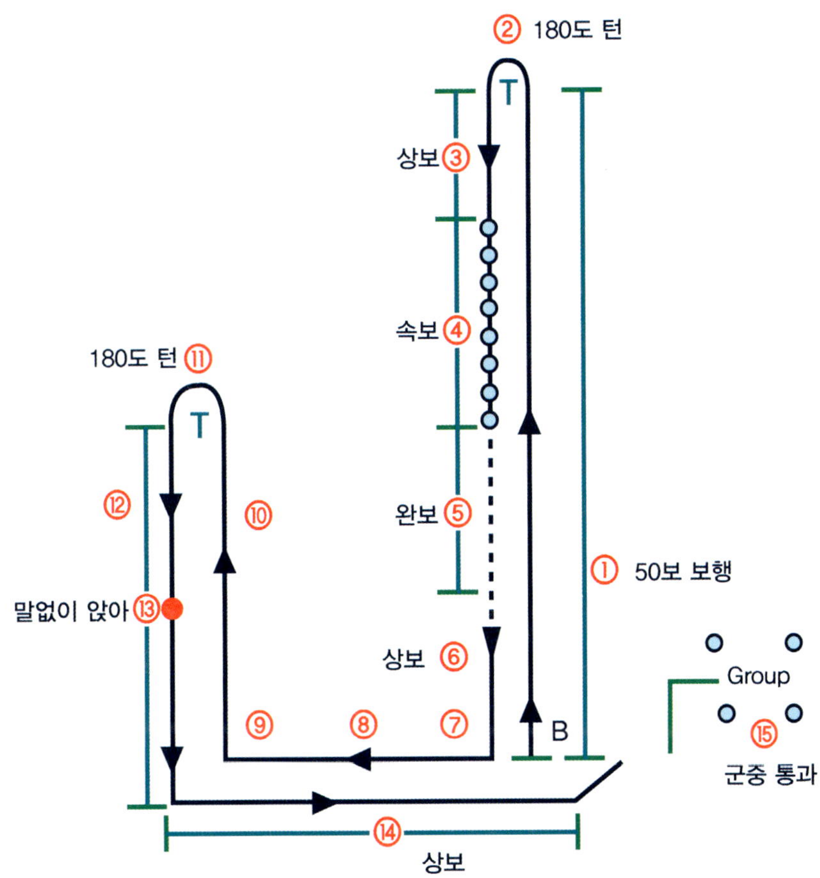

1) Heeling(각측보행: 15점)

- **지시어:** “Fuss”독/ “Heel”영/ “따라”한
- **실행 방법**

① 시작 지점에서 심사위원의 사인에 리드줄을 제거하고 기본자세를 취한다.

② 훈련자는 심사위원 지시에 견과 함께 직선거리로 멈추지 않고 상보의 속도로 50보 이동한다. **(약 15보 보행지점에서 2발의 총성 소리 자극이 주어진다.)**

③ 50보 지점에서 180도 회전하며 상보로 약 10~15보 보행하며 내려온다.

④ 명령어와 함께 상보에서 속보로 약 10~15보 보행한다.

⑤ 명령어와 함께 속보에서 완보로 약 10~15보 보행한다.

⑥ 명령어와 함께 완보에서 상보로 약 15보 보행한다. **(상보, 속보, 완보, 상보 등의 속도 변환은 즉각적으로 이루어져야 하며 각기 다른 보행의 속도는 분명하게 구분되어야 한다.)**

⑦ 우측으로 90도 전환한다.

⑧ 약 15보 상보로 보행한다.

⑨ 다시 한번 우측으로 90도 전환한다.

⑩ 약 15보 상보로 보행하며 이동한다.

⑪ 두 번째 180도 회전 후 상보로 내려온다.

⑫ 약 7보 정도 이동하다 핸들러가 멈추면 견은 훈련자의 명령 없이도 신속하게 그 자리에 앉는다.

⑬ 심사위원의 사인을 받고, 다시 약 7보 보행하다가 좌측으로 90도 전환한다.

⑭ 상보로 약 15보 보행하며 군중 쪽으로 이동한다.

⑮ 최소 4인으로 구성된 군중을 8자로 통과하는데 이때 훈련자로부터 멀리 있는 사람부터 시작하여 회전하며 각각 좌로 한 번, 우로 한번 돌다가 군중 중 한 사람 근처에서 핸들러가 멈추면 견은 훈련자의 명령 없이도 신속하게 앉는다.

⑯ 심사위원의 사인에 따라 훈련자는 견과 함께 군중으로부터 벗어나 시작 지점으로 와서 기본자세로 마무리한다.

2) Sit out of Motion(이동 중 앉아: 10점)

- **지시어:** "Fuss"독/ "Heel"영/ "따라"한
  "Sitz"독/ "Sit"영/ "앉아"한
- **실행 방법**
  ① 시작 지점에서 기본자세를 취한다.
  ② 심사위원의 사인에 상보로 약 15보 보행한다.
  ③ 견과 함께 이동 중 '앉아'를 지시한다.
  ④ 견은 앉아 있는 상태에서 핸들러는 견으로부터 약 15보 직선으로 멀어진 지점에서 견과 정면으로 마주한다.
  ⑤ 심사위원의 사인에 훈련자는 앉아 있는 견에게 다시 돌아가 기본자세로 마무리한다.

3) Down with Recall(소환과 결부된 엎드려: 10점)

- **지시어:** "Fuss"독/ "Heel"영/ "따라"한
  "Platz"독/ "Down"영/ "엎드려"한
  "Hier"독/ "Come"영/ "와"한
  "Fuss"독/ "Heel"영/ "따라"한
- **실행 방법**
  ① 시작 지점에서 기본자세를 취한다.
  ② 심사위원의 사인에 상보로 약 15보 보행한다.
  ③ 견과 함께 이동 중 '엎드려'를 지시한다.
  ④ 견은 앉아 있는 상태에서 핸들러는 견으로부터 약 30보 직선으로 멀어진 지점에서 견과 정면으로 마주한다.
  ⑤ 심사위원의 사인에 핸들러는 앉아 있는 견에게 '이리와'를 지시한다. 견은 신속하고 정확하게 핸들러 앞에 앉은 후 3초 뒤에 기본자세로 마무리한다.
  ⑥ 심사위원의 사인에 덤벨이 있는 위치로 이동한다.

4) Retrieve on the Flat(평지 덤벨: 15점)

■ **지시어:** “Bring”독/ “Fetch”영/ “가져와”한
“Aus”독/ “Out”영/ “놔”한
“Fuss”독/ “Heel”영/ “따라”한

■ **실행 방법**

① 핸들러는 오른손에 650g 덤벨을 들고, 견과 함께 기본자세를 취한다.

② 심사위원의 사인에 덤벨을 약 10m 정도의 거리로 멀리 던진다. **(만일, 덤벨을 던지기 위해 다리를 움직인다면 그 자세에서 3초간 정지하여야 한다.)**

③ 덤벨이 굴러가다 멈추면 견에게 회수 명령을 내리며 보낸다.

④ 핸들러의 명령에 견은 덤벨을 물고 와서 핸들러 앞에 덤벨을 문 채로 3초간 정지한다.

⑤ ‘놔’라는 명령과 함께 핸들러는 견의 입에서 덤벨을 회수하여 오른손에 든다.

⑥ 핸들러의 명령에 견은 기본자세를 취하고 3초간 유지하며 마무리한다.

⑦ 심사위원의 사인에 허들의 위치로 이동한다.

5) Retrieve over the Hurdle(허들 덤벨: 15점)

■ **지시어:** “Hopp”독/ “Jump”영/ “뛰어”한
“Bring”독/ “Fetch”영/ “가져와”한
“Aus”독/ “Out”영/ “놔”한
“Fuss”독/ “Heel”영/ “따라”한

■ **실행 방법**

① 허들로부터 약 4m 이상 떨어진 지점에서 견과 함께 기본자세를 취한다.

② 심사위원의 사인에 1m 높이의 허들 위로 덤벨을 던져 약 4m 이상의 거리에 떨어트린다.

③ 덤벨이 굴러가다 멈추면 견에게 ‘뛰어’ 명령과 회수 명령을 내리며 보낸다.

④ 핸들러의 명령에 견은 허들을 뛰어넘어 덤벨을 물고 와서 핸들러 앞에 앉아 3초간 정지한다.

⑤ ‘놔’라는 명령과 함께 핸들러는 견의 입에서 덤벨을 회수하여 오른손에 든다.

⑥ 핸들러의 명령에 견은 기본자세를 취하고 3초간 유지하며 마무리한다.

⑦ 심사위원의 사인에 A 판벽의 위치로 이동한다.

6) Climbing over the A Flame(A 판벽: 15점)

■ **지시어:** "Hopp"독/ "Jump"영/ "뛰어"한
"Hier"독/ "Come"영/ "와"한
"Fuss"독/ "Heel"영/ "따라"한

■ **실행 방법**

① A 판벽 앞에서 견과 함께 기본자세를 취한다.

② 심사위원의 사인에 핸들러는 견에게 '앉아'를 시킨 후 핸들러는 A 판벽의 반대편으로 이동하여 견과 마주 보는 방향으로 자세를 취한다.

③ 심사위원의 사인에 견에게 '뛰어'를 지시한 후 개가 A 판벽을 통과하여 핸들러 앞에 앉아 3초간 정지한다.

④ 심사위원의 사인에 견과 핸들러는 시작 지점으로 이동한다.

7) Send Away(전진: 10점)

■ **지시어:** "Fuss"독/ "Heel"영/ "따라"한
"Voraus"독/ "Go Out"영/ "전진"한
"Platz"독/ "Down"영/ "엎드려"한
"Sitz"독/ "Sit"영/ "앉아"한

■ **실행 방법**

① 심사위원의 사인에 핸들러는 견과 함께 약 10~15보 보행 후, 견에게 앞으로 전진을 지시한다(**이때 핸들러는 한 손으로 전진 방향을 가리킬 수 있다**).

② 견은 핸들러의 지시에 따라 약 30m 직진으로 전진한다.

③ 심사위원의 사인에 핸들러는 직진하는 견에게 '엎드려'를 지시하고, 견은 즉시 엎드리는 자세를 취한다.

④ 심사위원의 사인에 핸들러는 엎드리고 있는 견에게 다가가 그 옆에 서고, 견은 핸들러가 올 때까지 엎드린 자세를 유지해야 한다.

⑤ 심사위원의 사인에 견을 앉힌다.

8) Long Down(장시간 대기: 10점)

- **지시어:** "Fuss"독/ "Heel"영/ "따라"한
  "Platz"독/ "Down"영/ "엎드려"한
  "Sitz"독/ "Sit"영/ "앉아"한
- **실행 방법**

① 핸들러는 대기 장소로 이동한 후 심사위원의 사인에 견에게 '엎드려'를 지시한다.

② 견이 엎드리면 3초간 그 자세를 유지하다가 심사위원의 사인에 따라 핸들러만 약 30보 앞으로 이동한다.

③ 핸들러는 다른 참가자의 경기가 진행되는 동안 블라인드 안에서 정립한 채 대기한다.

④ 심사위원에 지시에 핸들러는 엎드려서 대기하고 있는 견에게 다가가 그 옆에 선다.

⑤ 심사위원의 사인에 견에게 '앉아'를 시킨 후 시작 지점으로 이동하며 마무리한다.

03 IGP-1 방위(Protection) C파트

No	과 목		내 용	배 점
1	Blind Search	블라인드 수색	Search for the helper 블라인드 안에서 헬퍼 수색	5
2	Hold and Bark	헬퍼 억류	10 pts for hold 5 pts for bark 헬퍼 억류	15
3	Escape	도주 저지	Prevention of attempted escape 헬퍼 도주 저지	20
4	Re-Attack	경계 방어	Defence against an attack from the guarding phase 감시 중 반격에 대한 대항	30
5	Long Attack	공격 방어	Attack on the dog out of motion 공격에 대한 대항	30
합 계				100

1) Blind Search(블라인드 수색: 5점)

- **지시어:** "Revier"독/ "Search"영/ "찾아"한 혹은 "Voran"독/ "Go On"영/ "앞으로"한
- **실행 방법**

① 시작 지점에서 핸들러는 기본자세를 취한다.

② 핸들러는 준비가 되면 리드줄을 풀고, 팔을 들어 심사위원에게 알린 후 헬퍼가 있는 6번 블라인드를 향해 선다.

③ 심사위원의 사인에 따라 핸들러가 지시를 내리면 견은 재빨리 헬퍼가 있는 6번 블라인드로 달려간다.

④ 심사위원의 지시가 있을 때까지 핸들러는 6번 블라인드에 들어간 견에게 접근할 수 없고, 어떠한 명령도 내리지 않은 채 서 있어야 한다.

2) Hold and Bark(헬퍼억류: 15점)

- **지시어:** "Hier Fuss"독/ "Come Heel"영/ "와 따라"한
- **실행 방법**

① 견은 경계심을 갖고 헬퍼와 마주 보며 계속해서 20초 이상 짖어야 한다. (이때 견은 헬퍼에게 점프하거나 헬퍼를 터치해서는 안 된다.)

② 약 20초간 짖을 때 심사위원이 지시하면 핸들러는 6번 블라인드 쪽으로 온다.

③ 핸들러는 6번 블라인드로부터 약 5보 정도 떨어진 곳에 위치한 후 심사위원의 지시를 기다린다.

④ 심사위원의 사인에 핸들러가 견을 부르면 견은 즉시 짖음을 멈추고 핸들러의 좌측으로 가서 기본자세를 취한다.

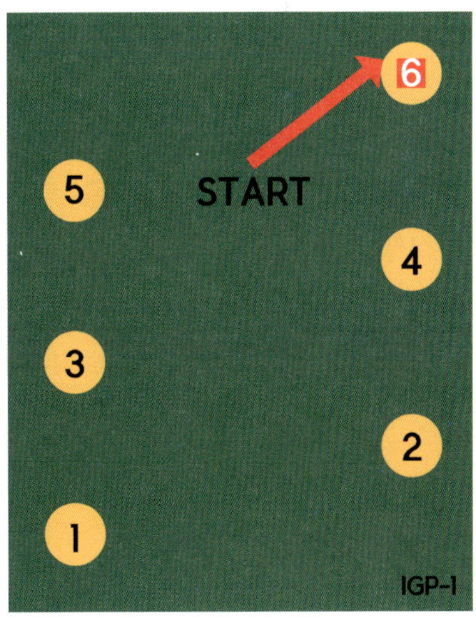

3) Escape(도주 저지: 20점)

■ **지시어:** "Fuss"독/ "Heel"영/ "따라"한
"Platz"독/ "Down"영/ "엎드려"한
"Aus"독/ "Out"영/ "놔"한

■ **실행 방법**

① 심사위원의 사인에 핸들러는 헬퍼를 블라인드에서 나오게 하고, 헬퍼는 상보로 도주 위치로 이동한다.

① 심사위원의 사인에 핸들러와 견은 지정된 위치로 이동한 후, 견을 엎드리게 한다.

② 핸들러는 견과 헬퍼를 남긴 채 뒤로 물러난다.

③ 심사위원이 지시하면 헬퍼는 도주하고, 핸들러는 견에게 헬퍼가 도주하는 것을 저지하도록 지시한다.

④ 핸들러의 명령에 견은 즉시 헬퍼를 쫓아 방어소매를 물고 헬퍼의 도주를 저지한다.

⑤ 심사위원의 사인에 헬퍼가 도주를 멈추면, 핸들러는 견에게 놓으라고 명령하고, 견은 핸들러의 명령에 물고 있던 방어소매를 즉시 놓아야 한다.

4) Re-Attack(경계 방어: 30점)

■ **지시어:** "Aus"독/ "Out"영/ "놔"한
"Sitz"독/ "Sit"영/ "앉아"한
"Fuss"독/ "Heel"영/ "따라"한

■ **실행 방법**

① 약 5초 동안 호위 후, 심사위원의 사인에 헬퍼가 출진견을 공격하려고 하면 견은 주저하지 말고(핸들러의 명령 없이), 스스로를 방어한다.

② 견이 헬퍼의 방어소매를 물자마자, 헬퍼는 2회에 걸쳐 스틱으로 견의 어깨 부위를 내리치며 위협한다(이때 견은 스틱의 위협에도 방어소매를 놓아서는 안 된다).

③ 심사위원의 사인에 헬퍼가 멈추면 핸들러는 즉시 견에게 놓으라고 명령하고, 견은 핸들러의 명령에 물고 있던 방어소매를 즉시 놓아야 한다.

④ 견은 방어소매를 놓은 후 반드시 헬퍼 주위에서 헬퍼를 주의 깊게 감시해야 한다.

⑤ 심사위원의 사인에 핸들러는 견에게 다가가 앉게 한 후 바로 헬퍼로부터 약 30m 떨어진 위치로 이동한다.

5) Long Attack(공격 방어: 30점)

■ **지시어:** "Voran"독/ "Go On"영/ "앞으로"한
"Aus"독/ "Out"영/ "놔"한
"Fuss"독/ "Heel"영/ "따라"한

■ **실행 방법**

① 헬퍼와 약 30m 떨어진 경기장의 중앙에서 헬퍼를 마주 보며 개에게 앉도록 지시한다(이때 목줄을 잡고 있을 수는 있지만 자극이나 신호를 주는 것은 허용하지 않는다).

② 심사위의 지시에 헬퍼가 블라인드 밖으로 나와 중앙선을 향하여 걸어간다.

③ 헬퍼는 위협적인 행동과 소리로 견을 향하여 정면으로 달려들다가 심사위원의 사인에 핸들러는 '앞으로'라는 명령과 함께 개를 풀어준다.

④ 견은 망설임 없이 맹렬하게 헬퍼의 방어소매를 물며 헬퍼의 공격을 저지한다(이때 핸들러는 자신의 위치에서 움직이면 안 된다).

⑤ 심사위원에 지시에 헬퍼가 공격을 멈추면 역시 핸들러의 명령과 함께 견도 물고 있던 방어소매를 놓아야 한다.

⑥ 심사위원의 사인에 핸들러는 견을 앉도록 지시한 후, 측면호송을 위해 견과 함께 헬퍼 옆으로 이동하여 호송하는 출발 위치에 선다.

⑦ 핸들러는 헬퍼의 우측 편에 서고 견은 핸들러와 헬퍼의 중간에 있는 상태에서 핸들러는 헬퍼의 스틱을 받고, 일행은 심사위원을 향해 약 20보 이동한다(이때 견은 호송 중 헬퍼에게 점프하거나 물어서는 안 된다).

⑧ 일행은 심사위원 앞에 멈춘 후 핸들러는 스틱을 심사위원에게 건네며 보고한다.

⑨ 핸들러는 견에게 리드줄을 채우며 심사위원의 평가를 기다린다.

예상문제

1. IGP-1 C파트에서 헬퍼는 몇 번 블라인드에 숨어야 하는가?

① 6번 블라인드
② 4번 블라인드
③ 2번 블라인드
④ 1번 블라인드

2. 운동장에서 범인을 찾는 항목을 무엇이라고 하는가?

① Blind Search
② Hold and Bark
③ Back Transport
④ Attack to Dog

3. IGP-1에서 평지덤벨 시 덤벨의 무게는 얼마인가?

① 500g ② 650g
③ 1kg ④ 2kg

4. IGP-1에서 허들의 높이는 얼마인가?

① 500cm ② 650cm
③ 1m ④ 2m

5. IGP-1에서 Re-Attack에 과정에 대한 설명 중 옳지 않은 것을 고르시오.

① 헬퍼가 출진견을 공격하려 하면 견은 핸들러의 명령 없이도 견이 스스로를 방어해야 한다.
② 견이 헬퍼의 방어소매를 물자마자, 헬퍼는 스틱으로 2번 견의 어깨 부위를 내리치며 위협한다.
③ 견은 핸들러가 놓으라고 명령하면 어떤 상황에서도 즉시 물고 있던 방어소매를 놓아야 한다.
④ 헬퍼가 스틱으로 어깨 부위를 내리치며 위협하면 견은 핸들러에게 돌아가 다음 명령을 기다린다.

1. ① 2. ① 3. ② 4. ③ 5. ④ **정 답**

16강

IGP-2 훈련

01 IGP-2 추적(Tracking) A파트

작 업	조 건	내 용
족적 보행	400보	총 400보의 족적을 남긴다.
족적 대상	타인	타인(트랙레이어)이 족적을 남기며, 타인이 아티클을 배치한다.
아티클	3개	가죽, 나무, 카펫으로 구성된 아티클 3개를 사용한다.
트랙	3구간	트랙은 3개의 구간으로 구성한다.
굴절	2굴절	굴절은 총 2개의 90도 코너를 포함한다.
시작 시간	30분 후	타인이 족적을 남기고 나서 약 30분 후, 견이 추적 작업을 시작한다.
작업 시간	15분 내	견이 추적 작업을 시작하면 15분 내, 추적 작업을 완성해야 한다.
평가	총 100점	트랙의 추적 작업 - 79점 아티클 발견 및 통보 - 21점 (3개 X 7점)

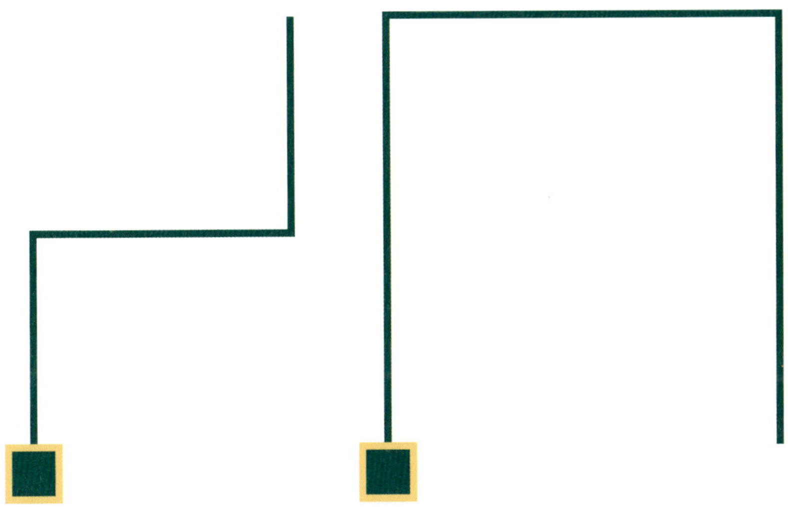

1) 족적 구성

■ 실행 방법

① 타인(트랙레이어)은 족적을 구성하기 전에 심사위원에게 추적에 쓰일 유류품(아티클)을 보여주어야 한다(이때 아티클은 최소 30분 이상 트랙레이어가 소지하고 있어서 트랙레이어의 취기가 있어야 한다).

② 트랙레이어는 시작 지점에서 보통 걸음으로 걸으며 족적을 낸다(트랙레이어가 족적을 구성하는 동안 핸들러와 참가견은 주위에 없어야 한다).

③ 첫 번째 아티클은 최소 100보 이상 걸은 후 첫 번째 구간에 놓아야 한다.

④ 두 번째 아티클은 두 번째 구간에 놓여야 한다(코너 전후로 20보 이내에는 아티클을 배치해서는 안 된다).

⑤ 세 번째 아티클은 세 번째 구간 끝에 놓은 후 핸들러는 앞으로 몇 10걸음 더 나아간다.

⑥ 심사위원을 포함한 누구도 트랙레이어가 족적을 남긴 취선 지역 안으로 들어올 수 없다.

2) 추적수행

■ 실행 방법

① 핸들러는 10m 길이의 추적리드줄을 견에게 채운 후 시작 지점 근처에 대기한다.

② 기본자세를 취한 후 심사위원에게 보고한다(이때 아티클 통보 방법도 심사위원에게 보고해야 한다).

③ 보고가 끝나면 시작 지점 앞에서 위치하며 심사위원의 사인에 찾으라는 명령과 함께 견을 트랙으로 내보낸다.

④ 견은 코를 땅에 대고, 안정된 속도를 유지하면서 족적을 추적해 나간다.

⑤ 핸들러는 10m 줄의 끝부분이 나올 때 비로소 추적하고 있는 견을 따라나선다.

⑥ 견은 추적 중 아티클을 발견하면 심사위원에게 아티클의 위치를 통보해야 한다(아티클 통보 방법은 아티클을 줍거나 아티클 앞에서 멈춰 서거나 앉거나 엎드린 동작으로 표현할 수 있다).

⑦ 견이 아티클을 발견하면 핸들러는 추적줄을 놓은 후 견이 통보한 지점으로 이동하여 아티클을 들어 올려 심사위원에게 보인다.

02 IGP-2 복종(Obedience) B파트

No	과 목		내 용	배 점
1	Heeling	각측보행	줄 없이 따라	15
2	Sit out of Motion	앉아	이동 중 앉아	10
3	Down with Recall	엎드려	소환과 결부된 이동 중 엎드려	10
4	Stand from a walk	서	이동 중 서	5
5	Retrieve on the Flat	평지 덤벨	평지 덤벨(1kg) 운반	10
6	Retrieve over the Hurdle	허들 덤벨	허들(1m) 덤벨(650g) 운반	15
7	Climbing over the A Flame	A 판벽 덤벨	A 판벽 덤벨(650g) 운반	15
8	Send Away	전진	전진 중 엎드려	10
9	Long Down	대기	장시간 대기	10
합 계				100

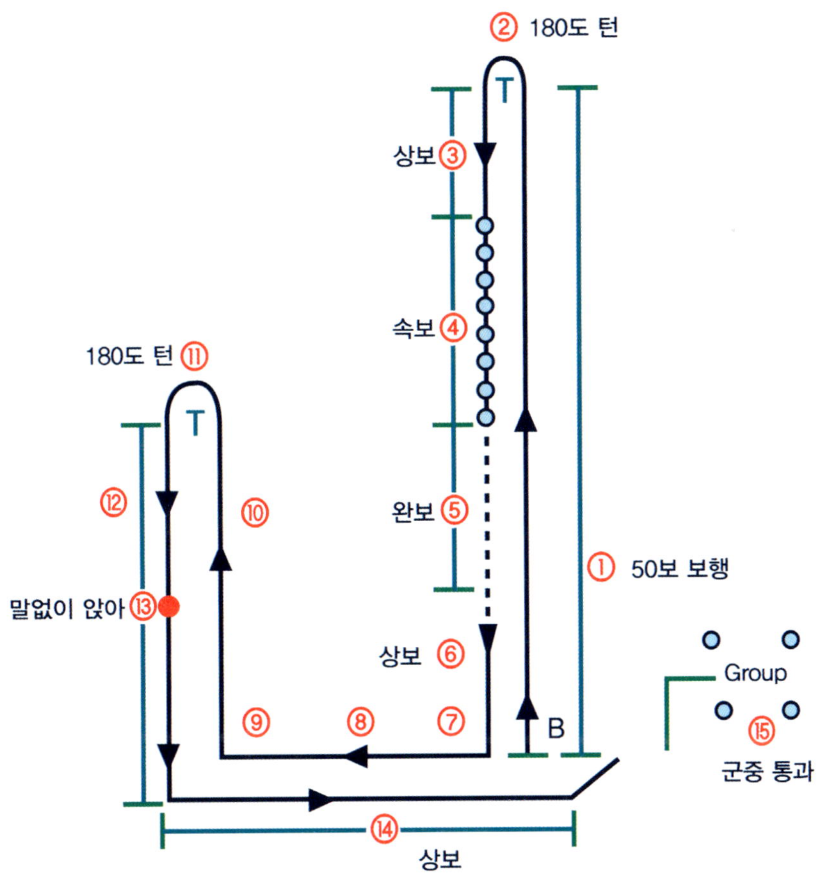

1) Heeling(각측보행: 15점)

- **지시어:** "Fuss"독/ "Heel"영/ "따라"한
- **실행 방법**

① 시작 지점에서 리드줄을 제거하고 기본자세를 취한다.

② 심사위원 지시에 훈련자는 견과 함께 직선거리로 멈추지 않고 상보의 속도로 50보 이동한다. **(약 15보 보행지점에서 2발의 총성 소리 자극이 주어진다.)**

③ 50보 지점에서 180도 회전하며 상보로 약 10~15보 보행하며 내려온다.

④ 명령어와 함께 상보에서 속보로 약 10~15보 보행한다.

⑤ 명령어와 함께 속보에서 완보로 약 10~15보 보행한다.

⑥ 명령어와 함께 완보에서 상보로 약 15보 보행한다. **(상보, 속보, 완보, 상보 등의 속도 변한은 즉각적으로 이루어져야 하며 각기 다른 보행의 속도는 분명하게 구분되어야 한다.)**

⑦ 우측으로 90도 전환한다.

⑧ 약 15보 상보로 보행한다.

⑨ 다시 한번 우측으로 90도 전환한다.

⑩ 약 15보 상보로 보행하며 이동한다.

⑪ 두 번째 180도 회전 후 상보로 내려온다.

⑫ 약 7보 정도 이동하다 핸들러가 멈추면 견은 훈련자의 명령 없이도 신속하게 그 자리에 앉는다.

⑬ 심사위원의 사인을 받고, 다시 약 7보 보행하다가 좌측으로 90도 전환한다.

⑭ 상보로 약 15보 보행하며 군중 쪽으로 이동한다.

⑮ 최소 4인으로 구성된 군중을 8자로 통과하는데 이때 훈련자로부터 멀리 있는 사람부터 시작하여 회전하며 각각 좌로 한 번, 우로 한번 돌다가 군중 중 한 사람 근처에서 핸들러가 멈추면 견은 훈련자의 명령 없이도 신속하게 앉는다.

⑯ 심사위원의 사인에 따라 훈련자는 견과 함께 군중으로부터 벗어나 시작 지점으로 와서 기본자세로 마무리한다.

2) Sit out of Motion(이동 중 앉아: 10점)

■ **지시어:** "Fuss"독/ "Heel"영/ "따라"한
"Sitz"독/ "Sit"영/ "앉아"한

■ **실행 방법**

① 시작 지점에서 기본자세를 취한다.

② 심사위원의 사인에 상보로 약 10~15보 보행한다.

③ 견과 함께 이동 중 '앉아'를 지시한다.

④ 견은 앉아 있는 상태에서 핸들러는 견으로부터 약 15보 직선으로 멀어진 지점에서 견과 정면으로 마주한다.

⑤ 심사위원의 사인에 훈련자는 앉아 있는 견에게 다시 돌아가 기본자세로 마무리한다.

3) Down with Recall(소환과 결부된 엎드려: 10점)

■ **지시어:** "Fuss"독/ "Heel"영/ "따라"한
"Platz"독/ "Down"영/ "엎드려"한
"Hier"독/ "Come"영/ "와"한
"Fuss"독/ "Heel"영/ "따라"한

■ **실행 방법**

① 시작 지점에서 기본자세를 취한다.

② 심사위원의 사인에 상보로 약 10~15보 보행한다.

③ 견과 함께 이동 중 '엎드려'를 지시한다.

④ 견이 엎드려 있는 상태에서 핸들러는 견으로부터 약 30보 직선으로 멀어지며, 멀어진 지점에서 견과 정면으로 마주한다.

⑤ 심사위원의 사인에 핸들러는 앉아 있는 견에게 '이리와'를 지시한다. 견은 신속하고 정확하게 핸들러 앞에 앉은 후 3초 뒤에 기본자세로 마무리한다.

4) Stand from a walk(이동 중 서: 5점)

■ **지시어:** "Fuss"독/ "Heel"영/ "따라"한
"Steh"독/ "Stand"영/ "서"한
"Sitz"독/ "Sit"영/ "앉아"한

■ **실행 방법**

① 시작 지점에서 기본자세를 취한다.
② 심사위원의 사인에 상보로 약 10~15보 보행한다.
③ 견과 함께 이동 중 '서'를 지시한다.
④ 견이 서 있는 상태에서 핸들러는 견으로부터 약 15보 직선으로 멀어진 지점에서 견과 정면으로 마주한다.
⑤ 심사위원의 사인에 훈련자는 앉아 있는 견에게 다시 돌아가 기본자세로 마무리한다.
⑥ 심사위원의 사인에 덤벨이 있는 위치로 이동한다.

5) Retrieve on the Flat(평지 덤벨: 10점)

■ **지시어:** "Bring"독/ "Fetch"영/ "가져와"한
"Aus"독/ "Out"영/ "놔"한
"Fuss"독/ "Heel"영/ "따라"한

■ **실행 방법**

① 핸들러는 오른손에 1kg 덤벨을 들고, 견과 함께 기본자세를 취한다.
② 심사위원의 사인에 덤벨을 약 10m 정도의 거리로 던진다. **(만일, 덤벨을 던지기 위해 다리를 움직인다면 그 자세에서 3초간 정지하여야 한다.)**
③ 던진 덤벨이 굴러가다 멈추면 견에게 회수 명령을 내리며 보낸다.
④ 핸들러의 명령에 견은 덤벨을 물고 와서 핸들러 앞에 덤벨을 문 채로 3초간 정지한다.
⑤ '놔'라는 명령과 함께 핸들러는 견의 입에서 덤벨을 회수하여 오른손에 든다.
⑥ 핸들러의 명령에 견은 기본자세를 취하고 3초간 유지하며 마무리한다.
⑦ 심사위원의 사인에 1kg 덤벨을 원위치에 놓고, 650g 덤벨을 들어, 허들이 있는 위치로 이동한다.

6) Retrieve over the Hurdle(허들 덤벨: 15점)

■ **지시어:** "Hopp"독/ "Jump"영/ "뛰어"한
"Bring"독/ "Fetch"영/ "가져와"한
"Aus"독/ "Out"영/ "놔"한
"Fuss"독/ "Heel"영/ "따라"한

■ **실행 방법**

① 허들로부터 약 4m 이상 떨어진 지점에서 견과 함께 기본자세를 취한다.
② 심사위원의 사인에 1m 높이의 허들 위로 덤벨(650g)을 던져 약 4m 정도의 거리에 떨어지게 한다.
③ 덤벨이 굴러가다 멈추면 견에게 '뛰어' 명령을 내리며 보내고, 회수 명령을 내리며 오게 한다.
④ 핸들러의 명령에 견은 허들을 뛰어넘어 덤벨을 물고 와서 핸들러 앞에 앉아 3초간 정지한다.
⑤ '놔'라는 명령과 함께 핸들러는 견의 입에서 덤벨을 회수하여 오른손에 든다.
⑥ 핸들러의 명령에 견은 기본자세를 취하고 3초간 유지하며 마무리한다.
⑦ 심사위원의 사인에 A 판벽의 위치로 이동한다.

7) Climbing over the A Flame(A 판벽 덤벨: 15점)

■ **지시어:** "Hopp"독/ "Jump"영/ "뛰어"한
"Bring"독/ "Fetch"영/ "가져와"한
"Aus"독/ "Out"영/ "놔"한
"Fuss"독/ "Heel"영/ "따라"한

■ **실행 방법**

① A 판벽 앞에서 견과 함께 기본자세를 취한다.
② 심사위원의 사인에 A 판벽 위로 덤벨(650g)을 던져 약 4m 이상의 거리에 떨어지게 한다.
③ 덤벨이 굴러가다 멈추면 견에게 '뛰어' 명령을 내리며 보내고, 회수 명령을 내리며 오게 한다.

④ 핸들러의 명령에 견은 A 판벽을 통과하여 덤벨을 물고 와서 핸들러 앞에 앉아 3초간 정지한다.

⑤ '놔'라는 명령과 함께 핸들러는 견의 입에서 덤벨을 회수하여 오른손으로 든다.

⑥ 핸들러의 명령에 견은 기본자세를 취하고 3초간 유지하며 마무리한다.

⑦ 심사위원의 사인에 견과 핸들러는 시작 지점으로 이동한다.

8) Send Away(전진: 10점)

■ **지시어:** "Fuss"독/ "Heel"영/ "따라"한
"Voraus"독/ "Go Out"영/ "전진"한
"Platz"독/ "Down"영/ "엎드려"한
"Sitz"독/ "Sit"영/ "앉아"한

■ **실행 방법**

① 심사위원의 사인에 핸들러는 견과 함께 약 10~15보 보행 후, 견에게 앞으로 전진을 지시한다(**이때 핸들러는 한 손으로 전진 방향을 가리킬 수 있다).**

② 견은 핸들러의 지시에 따라 약 30m 직진으로 전진한다.

③ 심사위원의 사인에 핸들러는 앞으로 전진하고 있는 견에게 '엎드려'를 지시하고, 견은 즉시 엎드리는 자세를 취한다.

④ 심사위원의 사인에 핸들러는 엎드려 있는 견에게 다가가 그 옆에 서고, 견은 핸들러가 올 때까지 엎드린 자세를 유지해야 한다.

⑤ 심사위원의 사인에 견을 앉힌다.

9) Long Down(장시간 대기: 10점)

■ **지시어:** "Fuss"독/ "Heel"영/ "따라"한
"Platz"독/ "Down"영/ "엎드려"한
"Sitz"독/ "Sit"영/ "앉아"한

■ **실행 방법**

① 핸들러는 대기 장소로 이동한 후 심사위원의 사인에 따라 견에게 '엎드려'를 지시한다.

② 견이 엎드리면 3초간 그 자세를 유지하다가 심사위원의 사인에 따라 핸들러만 약 30보 앞으로 이동한다.

③ 핸들러는 다른 참가자의 경기가 진행되는 동안 정립한 채 대기한다.

④ 심사위원에 지시에 핸들러는 엎드려서 대기하고 있는 견에게 다가가 그 옆에 선다.

⑤ 심사위원의 사인에 견에게 '앉아'를 시킨 후 시작 지점으로 이동하며 마무리한다.

03 IGP-2 방위(Protection) C파트

No	과 목		내 용	배 점
1	Blind Search	블라인드 수색	Search for the helper 블라인드 돌며 헬퍼 수색	5
2	Hold and Bark	헬퍼 억류	10 pts for hold 5 pts for bark 헬퍼 억류	15
3	Escape	도주 저지	Prevention of attempted escape 헬퍼 도주 저지	15
4	Re-Attack	경계 방어	Defence against an attack from the guarding phase 감시 중 반격에 대한 대항	20
5	Back transport	배면 호송	Back Transport 30 steps 배면 호송하며 30보 이동	5
6	Long Attack	공격 방어	Attack on the dog out of motion 공격에 대한 대항	20
7	Re-Attack	경계 방어	Defence against an attack from the guarding phase 감시 중 반격에 대한 대항	20
합 계				100

1) Blind Search(블라인드 수색: 5점)

- **지시어:** “Revier”독/ “Search”영/ “찾아”한 혹은 “Voran”독/ “Go On”영/ “앞으로”한
  “Hier”독/ “Come”영/ “와”한

- **실행 방법**

① 시작 지점에서 기본자세를 취한다.

② 준비되면 견의 리드줄을 풀고, 팔을 들어 심사위원에게 알린 후 3번 블라인드를 향해 선다.

③ 심사위원의 사인에 따라 핸들러가 지시를 내리면 견은 재빨리 헬퍼가 있는 3번 블라인드로 달려간다.

④ 견이 3번 블라인드를 돌면 핸들러는 견을 불러들여 4번 블라인드로 보낸다.

⑤ 견이 4번 블라인드를 돌면 핸들러는 견을 불러들여 5번 블라인드로 보낸다.

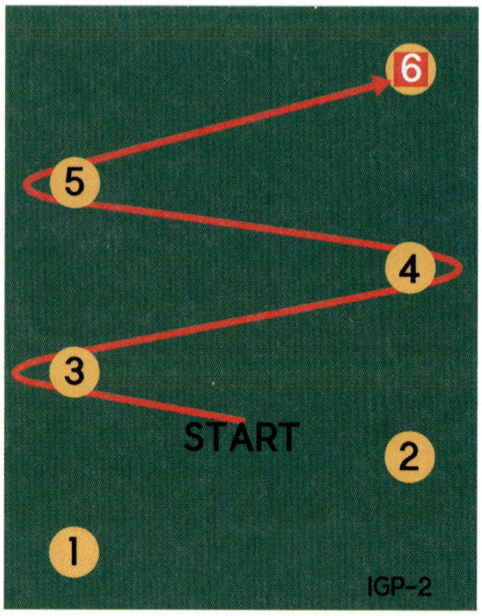

⑥ 견이 5번 블라인드를 돌면 핸들러는 견을 불러들여 6번 블라인드로 보낸다.

⑦ 심사위원의 지시가 있을 때까지 핸들러는 6번 블라인드에 들어간 견에게 접근할 수 없고, 어떠한 명령도 내리지 않은 채 서 있어야 한다.

2) Hold and Bark(헬퍼 억류: 15점)

- **지시어:** “Hier Fuss”독/ “Come Heel”영/ “와 따라”한

- **실행 방법**

① 견은 경계심을 갖고 헬퍼를 마주 보며 계속해서 20초 이상 짖어야 한다. (이때 견은 헬퍼에게 점프하거나 헬퍼를 터치해서는 안 된다.)

② 약 20초간 견이 짖을 때 심사위원이 지시하면 핸들러는 6번 블라인드 쪽으로 온다.

③ 핸들러는 6번 블라인드로부터 약 5보 정도 떨어진 곳에 위치한 후 심사위원의 사인을 기다린다.

④ 심사위원의 사인에 핸들러가 견을 부르면 견은 즉시 짖음을 멈추고 핸들러의 좌측으로 가서 기본자세를 취한다.

3) Escape(도주 저지: 15점)

- **지시어:** "Fuss"독/ "Heel"영/ "따라"한
  "Platz"독/ "Down"영/ "엎드려"한
  "Aus"독/ "Out"영/ "놔"한
- **실행 방법**

① 심사위원의 사인에 핸들러는 헬퍼를 블라인드에서 나오게 하고, 헬퍼는 상보로 도주 위치로 이동한다(이때 견과 핸들러는 기본자세를 취하며 움직이지 않아야 한다.).

② 심사위원의 사인에 핸들러와 견은 지정된 위치로 이동한 후, 견을 엎드리게 한다.

③ 핸들러는 견과 헬퍼를 남긴 채 뒤로 물러난다.

④ 심사위원이 지시하면 헬퍼는 도주하고, 핸들러는 견에게 헬퍼가 도주하는 것을 저지하도록 지시한다.

⑤ 핸들러의 명령에 견은 즉시 헬퍼를 쫓아 방어소매를 물고 헬퍼의 도주를 저지한다.

⑥ 심사위원의 사인에 헬퍼의 도주가 멈추면, 핸들러는 견에게 놓으라고 명령하고, 견은 핸들러의 명령에 물고 있던 방어소매를 즉시 놓아야 한다.

4) Re-Attack(경계 방어: 20점)

- **지시어:** "Aus"독/ "Out"영/ "놔"한
  "Sitz"독/ "Sit"영/ "앉아"한
- **실행 방법**

① 약 5초 동안 호위하다가 심사위원이 지시하면 헬퍼는 출진견을 공격하려 한다. 이때 견은 핸들러의 명령 없이(주저하지 말고) 스스로를 방어해야 한다.

② 견이 헬퍼의 방어소매를 물자마자, 헬퍼는 스틱으로 견의 어깨 부위를 내리치며 위협한다(이때 견은 스틱의 위협에도 방어소매를 놓아서는 안 된다).

③ 심사위원의 사인에 헬퍼가 멈추면 핸들러는 견에게 놓으라고 명령하고, 견은 핸들러의 명령에 물고 있던 방어소매를 즉시 놓아야 한다.

④ 견은 방어소매를 놓은 후 반드시 헬퍼 주위에서 경계심을 가지며 감시해야 한다.

⑤ 심사위원이 지시하면 핸들러는 견에게 다가가 앉게 한다.

5) Back transport(배면 호송: 5점)

■ **지시어:** "Fuss"독/ "Heel"영/ "따라"한

■ **실행 방법**

① 핸들러는 헬퍼에게 물러나라고 요청하면 헬퍼는 약 8보의 거리만큼 멀어진다(이 거리는 배면 호송하는 동안 유지되어야 한다).

② 헬퍼로부터 약 8보 떨어진 거리에서 핸들러는 견과 함께 헬퍼를 따라가며 약 30보 이상 호송한다.

③ 헬퍼가 정지하면 핸들러는 헬퍼의 우측 편에 서고 견은 핸들러와 헬퍼의 중간에 있는 상태에서 핸들러는 헬퍼의 스틱을 받고, 일행은 심사위원을 향해 약 20보 측면 호송을 한다(이때 견은 호송 중 헬퍼에게 점프하거나 물어서는 안 된다).

④ 심사위원 앞에 도착하면 핸들러는 기본자세를 취하고, 스틱을 심사위원에게 넘겨주며 방위의 첫 부분이 완료되었다고 보고한다.

⑤ 심사위원이 지시하면 핸들러는 헬퍼로부터 약 40m 떨어진 위치로 이동한다.

6) Long Attack(공격 방어: 20점)

■ **지시어:** "Voran"독/ "Go On"영/ "앞으로"한
"Aus"독/ "Out"영/ "놔"한
"Fuss"독/ "Heel"영/ "따라"한

■ **실행 방법**

① 헬퍼와 약 40m 떨어진 경기장의 중앙에서 헬퍼를 마주 보며 개에게 앉도록 지시한다(이때 목줄을 잡고 있을 수는 있지만 자극이나 신호를 주는 것은 허용하지 않는다).

① 심사위의 지시에 헬퍼가 블라인드 밖으로 나와 중앙선을 향하여 걸어간다.

② 헬퍼는 위협적인 행동과 소리로 견을 향하여 정면으로 달려들다가 심사위원의 사인에 핸들러는 개에게 '앞으로'라는 명령과 함께 개를 풀어준다.

③ 견은 맹렬하게 달려가 헬퍼의 방어소매를 물며 공격을 저지한다(이때 핸들러는 자신의 위치에서 움직이면 안 된다).

④ 심사위원에 지시에 헬퍼가 공격을 멈추면 핸들러는 견에게 놓으라고 명령하고, 견은 핸들러의 명령에 물고 있던 방어소매를 즉시 놓아야 한다.

7) Re-Attack(경계 방어: 20점)

- **지시어:** "Aus"독/ "Out"영/ "놔"한
  "Sitz"독/ "Sit"영/ "앉아"한
  "Fuss"독/ "Heel"영/ "따라"한
- **실행 방법**

① 약 5초 동안 호위 중 심사위원의 지시하면 헬퍼는 출진견을 공격하려 자극한다. 이때 견은 핸들러의 명령 없이(주저하지 말고) 스스로를 방어해야 한다.

② 견이 헬퍼의 방어소매를 물자마자, 헬퍼는 스틱으로 견의 어깨 부위를 내리치며 위협한다(이때 견은 스틱의 위협에도 방어소매를 놓아서는 안 된다).

③ 심사위원의 사인에 헬퍼가 멈추면 핸들러는 즉시 견에게 놓으라고 명령하고, 견은 핸들러의 명령에 즉시 물고 있던 방어소매를 놓아야 한다.

④ 견은 방어소매를 놓은 후 반드시 헬퍼 주위에서 경계하며 감시한다.

⑤ 심사위원의 사인에 핸들러는 견을 앉도록 지시한 후, 측면호송을 위해 견과 함께 헬퍼 옆으로 이동하여 호송하는 출발 위치에 선다.

⑥ 핸들러는 헬퍼의 우측 편에 서고 견은 핸들러와 헬퍼의 중간에 있는 상태에서 핸들러는 헬퍼의 스틱을 받고, 일행은 심사위원을 향해 약 20보 이동한다(이때 견은 호송 중 헬퍼에게 점프하거나 물어서는 안 된다).

⑦ 일행은 심사위원 앞에 멈춘 후 핸들러는 스틱을 심사위원에게 건네며 방위가 완료되었음을 보고한다.

⑧ 핸들러는 기본자세를 취하고, 심사위원으로부터 5보 떨어진 곳으로 이동한 후 견에게 리드줄을 채우며 심사위원의 평가를 기다린다.

예상문제

1. IGP–2 추적(Tracking)에 대한 설명으로 옳은 것을 모두 고르시오.

① 타인이 족적을 남기고 나서 약 20분 후, 견이 추적 작업을 시작한다.
② 가죽, 나무, 카펫으로 구성된 아티클 3개를 사용한다.
③ 타인(트랙레이어)이 족적을 남기며, 타인이 아티클을 배치한다.
④ 총 300보의 족적을 남긴다.

2. IGP–2 추적(Tracking)의 아티클 배치 작업에 대한 설명으로 옳은 것은 무엇인가?

① 첫 번째 아티클은 최소 50보 이상 걸은 후 첫 번째 구간에 놓아야 한다.
② 두 번째 아티클은 첫 번째 구간에서 두 번째 구간으로 변환되는 90도 굴곡 위치에 놓여야 한다.
③ 세 번째 아티클은 세 번째 구간 끝에 놓은 후 핸들러는 앞으로 몇 10걸음 더 나아간다.
④ 심사위원 제외하고 핸들러를 포함한 누구도 족적을 남긴 취선 지역 안으로 들어올 수 없다.

3. IGP–2 복종(Obedience)의 허들 덤벨에 대한 설명으로 옳지 않은 것을 고르시오.

① 허들로부터 약 4m 이상 떨어진 지점에서 견과 함께 기본자세를 취한다.
② 심사위원의 사인에 1m 높이의 허들 위로 덤벨을 던져 약 4m 이상의 거리에 떨어지게 한다.
③ 핸들러가 덤벨을 던지면 그 즉시 견은 빠른 속도로 허들을 넘어 덤벨을 가져온다.
④ 핸들러의 명령에 견은 허들을 뛰어넘어 덤벨을 물고 와서 핸들러 앞에 앉아 3초간 정지한다.

4. IGP–2 복종(Obedience)에서 평지 덤벨의 무게는 무엇인가?

① 500g　② 1kg
③ 1.5kg　④ 2kg

5. IGP–2 방위(Protection)에서 필요한 블라인드는 몇 개인가?

① 2개　② 4개
③ 6개　④ 8개

1. ②, ③ 2. ③ 3. ③ 4. ② 5.② 정 답

17강 IGP-3 훈련

01 IGP-3 추적(Tracking) A파트

작 업	조 건	내 용
족적 보행	600보	총 600보의 족적을 남긴다.
족적 대상	타인	타인(트랙레이어)이 족적을 남기며, 타인이 아티클을 배치한다.
아티클	3개	가죽, 나무, 카펫으로 구성된 아티클 3개를 사용한다.
트랙	5구간	트랙은 5개의 구간으로 구성한다.
굴절	4굴절	굴절은 총 4개의 90도 코너를 포함한다.
시작 시간	60분 후	타인이 족적을 남기고 나서 약 60분 후, 견이 추적 작업을 시작한다.
작업 시간	20분 내	견이 추적 작업을 시작하면 20분 내, 추적 작업을 완성해야 한다.
평가	총 100점	트랙의 추적 작업 - 79점 아티클 발견 및 통보 - 21점 (3개 X 7점)

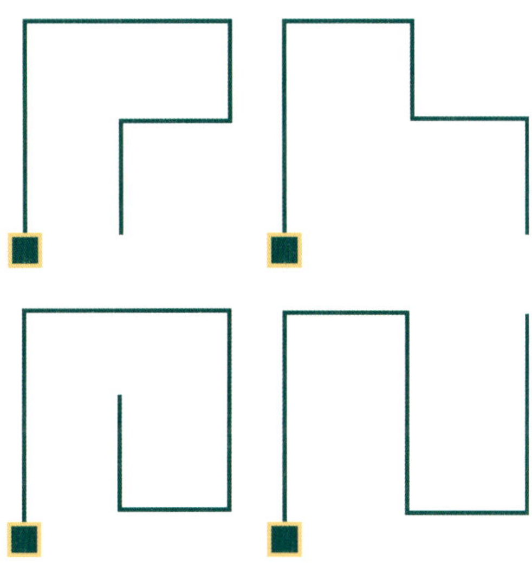

1) 족적 구성

■ 실행 방법

① 타인(트랙레이어)은 족적을 구성하기 전에 심사위원에게 추적에 쓰일 유류품(아티클)을 보여주어야 한다(이때 아티클은 최소 30분 이상 트랙레이어가 소지하고 있어서 트랙레이어의 취기가 있어야 한다).

② 트랙레이어는 시작 지점에서 보통 걸음으로 걸으며 족적을 낸다(트랙레이어가 족적을 구성하는 동안 핸들러와 참가견은 주위에 없어야 한다).

③ 첫 번째 아티클은 최소 100보 이상 걸은 후 첫 번째 구간이나 두 번째 구간에 놓아야 한다.

④ 두 번째 아티클은 두 번째나 세 번째 구간에 놓여야 한다.

⑤ 세 번째 아티클은 다섯 번째 구간 끝에 놓은 후 핸들러는 앞으로 몇 10걸음 더 나아간다.

⑥ 심사위원을 포함한 누구도 트랙레이어가 족적을 남긴 취선 지역 안으로 들어올 수 없다.

2) 추적수행

■ 실행 방법

① 핸들러는 10m 길이의 추적리드줄을 견에게 채운 후 시작 지점 근처에 대기한다.

② 견과 함께 기본자세를 취한 후 심사위원에게 보고한다(이때 아티클 통보 방법도 심사위원에게 보고해야 한다).

③ 보고가 끝나면 시작 지점 앞에서 위치하며 심사위원이 지시하면 찾으라는 명령과 함께 견을 트랙으로 내보낸다.

④ 견은 코를 땅에 대고, 안정된 속도를 유지하면서 족적을 추적해 나간다.

⑤ 핸들러는 10m 줄의 끝부분이 나올 때 비로소 추적하고 있는 견을 따라나선다.

⑥ 견은 추적 중 아티클을 발견하면 심사위원에게 아티클의 위치를 통보해야 한다(아티클 통보 방법은 아티클을 줍거나 아티클 앞에서 멈춰 서거나 앉거나 엎드린 동작으로 표현할 수 있다).

⑦ 견이 아티클을 발견하면 핸들러는 추적줄을 놓은 후 견이 통보한 지점으로 이동하여 아티클을 들어 올려 심사위원에게 보인다.

02 IGP-3 복종(Obedience) B파트

No	과 목		내 용	배 점
1	Heeling	각측보행	줄 없이 따라	15
2	Sit out of Motion	앉아	이동 중 앉아	5
3	Down with Recall	엎드려	소환과 결부된 속보로 이동 중 엎드려	10
4	Stand from a Run	서	속보로 이동 중 서	10
5	Retrieve on the Flat	평지 덤벨	평지 덤벨(2kg) 운반	10
6	Retrieve over the Hurdle	허들 덤벨	허들(1m) 덤벨(650g) 운반	15
7	Climbing over the A Flame	A 판벽 덤벨	A 판벽 덤벨(650g) 운반	15
8	Send Away	전진	전진 중 엎드려	10
9	Long Down	대기	장시간 대기	10
합 계				100

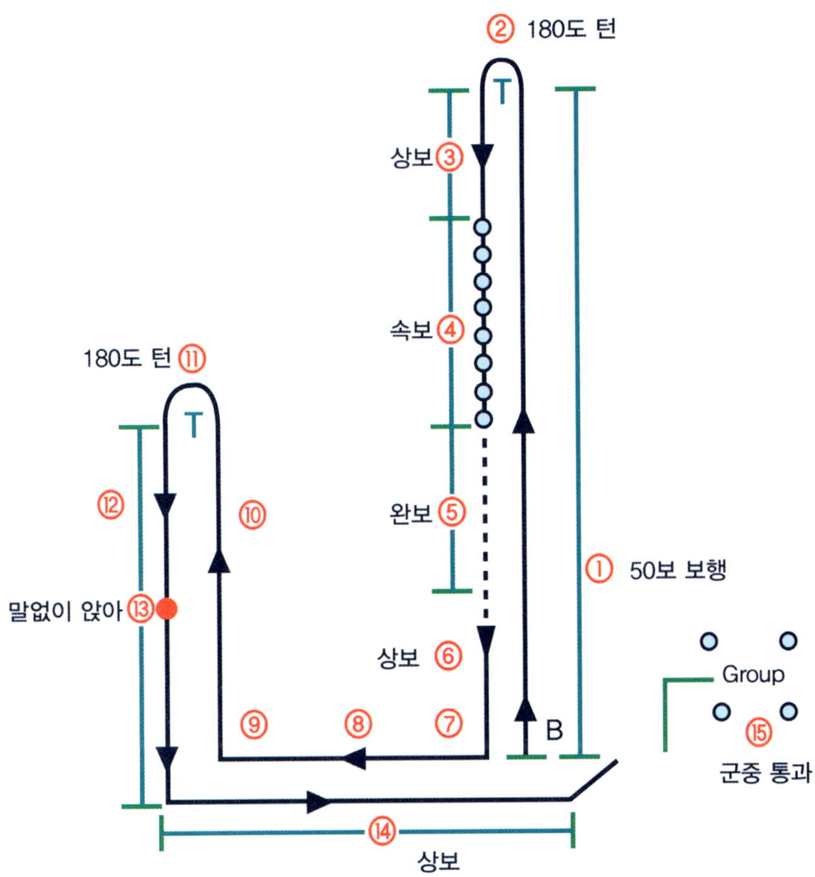

1) Heeling(각측보행: 15점)

■ **지시어:** "Fuss"독/ "Heel"영/ "따라"한

■ **실행 방법**

① 시작 지점에서 심사위원의 사인에 리드줄을 제거하고 기본자세를 취한다.

② 훈련자는 심사위원 지시에 견과 함께 직선거리로 멈추지 않고 상보의 속도로 50보 이동한다. **(약 15보 보행지점에서 2발의 총성 소리 자극이 주어진다.)**

③ 50보 지점에서 180도 회전하며 상보로 약 10~15보 보행하며 내려온다.

④ 명령어와 함께 상보에서 속보로 약 10~15보 보행한다.

⑤ 명령어와 함께 속보에서 완보로 약 10~15보 보행한다.

⑥ 명령어와 함께 완보에서 상보로 약 15보 보행한다. **(상보, 속보, 완보, 상보 등의 속도 변한은 즉각적으로 이루어져야 하며 각기 다른 보행은 속도로 분명하게 구분되어야 한다.)**

⑦ 우측으로 90도 전환한다.

⑧ 약 15보 상보로 보행한다.

⑨ 다시 한번 우측으로 90도 전환한다.

⑩ 약 15보 상보로 보행하며 이동한다.

⑪ 두 번째 180도 회전 후 상보로 내려온다.

⑫ 약 7보 정도 이동하다 핸들러가 멈추면 견은 훈련자의 명령 없이도 신속하게 그 자리에 앉는다.

⑬ 심사위원의 사인을 받고, 다시 약 7보 보행하다가 좌측으로 90도 전환한다.

⑭ 상보로 약 15보 보행하며 군중 쪽으로 이동한다.

⑮ 최소 4인으로 구성된 군중을 8자로 통과하는데 이때 훈련자로부터 멀리 있는 사람부터 시작하여 회전하며 각각 좌로 한 번, 우로 한번 돌다가 군중 중 한 사람 근처에서 핸들러가 멈추면 견도 신속하게 앉는다.

⑯ 심사위원의 사인에 따라 훈련자는 견과 함께 군중으로부터 벗어나 시작 지점으로 와서 기본자세로 마무리한다.

2) Sit out of Motion(이동 중 앉아: 5점)

■ **지시어:** "Fuss"독/ "Heel"영/ "따라"한
"Sitz"독/ "Sit"영/ "앉아"한

■ **실행 방법**

① 시작 지점에서 기본자세를 취한다.

② 심사위원의 사인에 상보로 약 10~15보 보행한다.

③ 견과 함께 이동 중 '앉아'를 지시한다.

④ 견은 앉아 있는 상태에서 핸들러는 견으로부터 약 15보 직선으로 멀어진 지점에서 견과 정면으로 마주한다.

⑤ 심사위원의 사인에 훈련자는 앉아 있는 견에게 다시 돌아가 기본자세로 마무리한다.

3) Down with Recall(소환과 결부된 엎드려: 10점)

■ **지시어:** "Fuss"독/ "Heel"영/ "따라"한
"Platz"독/ "Down"영/ "엎드려"한
"Hier"독/ "Come"영/ "와"한
"Fuss"독/ "Heel"영/ "따라"한

■ **실행 방법**

① 시작 지점에서 기본자세를 취한다.

② 심사위원의 사인에 속보로 약 10~15보 가서 견에게 '엎드려'를 지시하며 개를 엎드리게 하고 핸들러는 계속 속보로 보행해나간다.

③ 견은 엎드린 상태에서 핸들러는 견으로부터 약 30보 지점에서 견과 정면으로 마주한다.

④ 심사위원의 사인에 핸들러는 엎드려 있는 견에게 '이리와'를 지시한다.

⑤ 견은 신속하고 정확하게 핸들러 앞에 앉은 후 3초 뒤에 기본자세로 마무리한다.

4) Stand from a Run(이동 중 서: 10점)

■ **지시어:** "Fuss"독/ "Heel"영/ "따라"한
"Steh"독/ "Stand"영/ "서"한
"Sitz"독/ "Sit"영/ "앉아"한

■ **실행 방법**

① 시작 지점에서 기본자세를 취한다.

② 심사위원의 사인에 속보로 약 10~15보 가서 견에게 '서'를 지시하고, 핸들러는 계속 속보로 보행해나간다.

③ 견이 서 있는 상태에서 핸들러는 견으로부터 약 30보 지점에서 견과 정면으로 마주한다.

④ 심사위원의 사인에 핸들러는 서 있는 견에게 '이리와'를 지시한다.

⑤ 견은 신속하고 정확하게 핸들러 앞에 앉은 후 3초 뒤에 기본자세로 마무리한다.

⑥ 심사위원의 사인에 덤벨이 있는 위치로 이동한다.

5) Retrieve on the Flat(평지 덤벨: 10점)

■ **지시어:** "Bring"독/ "Fetch"영/ "가져와"한
"Aus"독/ "Out"영/ "놔"한
"Fuss"독/ "Heel"영/ "따라"한

■ **실행 방법**

① 핸들러는 오른손에 2kg 덤벨을 들고, 견과 함께 기본자세를 취한다.

② 심사위원의 사인에 덤벨을 약 10m 정도의 거리로 던진다. **(만일, 덤벨을 던지기 위해 다리를 움직인다면 그 자세에서 3초간 정지하여야 한다.)**

③ 던진 덤벨이 굴러가다 멈추면 견에게 회수 명령을 내리며 보낸다.

④ 핸들러의 명령에 견은 덤벨을 물고 와서 핸들러 앞에 덤벨을 문 채로 3초간 정지한다.

⑤ '놔'라는 명령과 함께 핸들러는 견의 입에서 덤벨을 회수하여 오른손으로 든다.

⑥ 핸들러의 명령에 견은 기본자세를 취하고 3초간 유지하며 마무리한다.

⑦ 심사위원의 사인에 2kg 덤벨을 원위치에 놓고, 650g 덤벨을 들어, 허들이 있는 위치로 이동한다.

6) Retrieve over the Hurdle(허들 덤벨: 15점)

■ **지시어:** "Hopp"독/ "Jump"영/ "뛰어"한
"Bring"독/ "Fetch"영/ "가져와"한
"Aus"독/ "Out"영/ "놔"한
"Fuss"독/ "Heel"영/ "따라"한

■ **실행 방법**

① 허들로부터 약 4m 이상 떨어진 지점에서 견과 함께 기본자세를 취한다.

② 심사위원의 사인에 1m 높이의 허들 위로 덤벨(650g)을 던져 약 4m 정도의 거리로 던진다.

③ 던진 덤벨이 굴러가다 멈추면 견에게 '뛰어' 명령을 내리며 보내고, 회수 명령을 내리며 오게 한다.

④ 핸들러의 명령에 견은 허들을 뛰어넘어 덤벨을 물고 와서 핸들러 앞에 앉아 3초간 정지한다.

⑤ '놔'라는 명령과 함께 핸들러는 견의 입에서 덤벨을 회수하여 오른손에 든다.

⑥ 핸들러의 명령에 견은 기본자세를 취하고 3초간 유지하며 마무리한다.

⑦ 심사위원의 사인에 A 판벽의 위치로 이동한다.

7) Climbing over the A Flame(A 판벽 덤벨: 15점)

■ **지시어:** "Hopp"독/ "Jump"영/ "뛰어"한
"Bring"독/ "Fetch"영/ "가져와"한
"Aus"독/ "Out"영/ "놔"한
"Fuss"독/ "Heel"영/ "따라"한

■ **실행 방법**

① A 판벽 앞에서 견과 함께 기본자세를 취한다.

② 심사위원의 사인에 A 판벽 위로 덤벨(650g)을 던져 약 4m 정도의 거리로 던진다.

③ 던진 덤벨이 굴러가다 멈추면 견에게 '뛰어' 명령을 내리며 보내고, 회수 명령을 내리며 오게 한다.

④ 핸들러의 명령에 견은 A 판벽을 통과하여 덤벨을 물고 와서 핸들러 앞에 앉아 3초

간 정지한다.

⑤ '놔'라는 명령과 함께 핸들러는 견의 입에서 덤벨을 회수하여 오른손에 든다.

⑥ 핸들러의 명령에 견은 기본자세를 취하고 3초간 유지하며 마무리한다.

⑦ 심사위원이 지시에 시작 지점으로 이동한다.

8) Send Away(전진: 10점)

■ **지시어:** "Fuss"독/ "Heel"영/ "따라"한
"Voraus"독/ "Go Out"영/ "전진"한
"Platz"독/ "Down"영/ "엎드려"한
"Sitz"독/ "Sit"영/ "앉아"한

■ **실행 방법**

① 심사위원의 사인에 핸들러는 견과 함께 약 10~15보 보행하다가 견에게 앞으로 전진할 것을 지시한다(**이때 핸들러는 한 손으로 전진 방향을 가리킬 수 있다**).

② 견은 핸들러의 지시에 따라 약 30m 직진으로 전진한다.

③ 심사위원의 사인에 핸들러는 직진하는 견에게 '엎드려'를 지시하고, 견은 즉시 엎드리는 자세를 취한다.

④ 심사위원의 사인에 핸들러는 엎드리고 있는 견에게 다가가 그 옆에 서고, 견은 핸들러가 올 때까지 엎드린 자세를 유지해야 한다.

⑤ 심사위원의 사인에 견을 앉힌다.

9) Long Down(장시간 대기: 10점)

■ **지시어:** "Fuss"독/ "Heel"영/ "따라"한
"Platz"독/ "Down"영/ "엎드려"한
"Sitz"독/ "Sit"영/ "앉아"한

■ **실행 방법**

① 핸들러는 대기 장소로 이동한 후 심사위원의 사인에 따라 견에게 '엎드려'를 지시한다.

② 견이 엎드리면 3초간 그 자세를 유지하다가 심사위원의 사인에 따라 핸들러만 약 30보 앞으로 이동한다.

③ 핸들러는 다른 참가자의 경기가 진행되는 동안 블라인드 안에서 정립한 채 대기한다.

④ 심사위원에 지시에 핸들러는 엎드려서 대기하고 있는 견에게 다가가 그 옆에 선다.

⑤ 심사위원의 사인에 견에게 ‘앉아’를 시킨 후 시작 지점으로 이동하며 마무리한다.

03 IGP-3 방위(Protection) C파트

No	과 목		내 용	배 점
1	Blind Search	블라인드 수색	Search for the helper 블라인드 돌며 헬퍼 수색	10
2	Hold and Bark	헬퍼 억류	10 pts for hold 5 pts for bark 헬퍼 억류	15
3	Escape	도주 저지	Prevention of attempted escape 헬퍼 도주 저지	10
4	Re-Attack	경계 방어	Defence against an attack from the guarding phase 감시 중 반격에 대한 대항	15
5	Back transport	배면 호송	Back Transport 30 steps 배면 호송하며 30보 이동	5
6	Attack to dog	호송 중 공격	Attack on the dog out of the back transport 배면 호송 중 공격	15
7	Long Attack	공격 방어	Attack on the dog out of motion 공격에 대한 대항	15
8	Re-Attack	경계 방어	Defence against an attack from the guarding phase 감시 중 반격에 대한 대항	15
합 계				100

1) Blind Search(블라인드 수색: 10점)

■ **지시어:** “Revier”독/ “Search”영/ “찾아”한 혹은 “Voran”독/ “Go On”영/ “앞으로”한 “Hier”독/ “Come”영/ “와”한

■ **실행 방법**

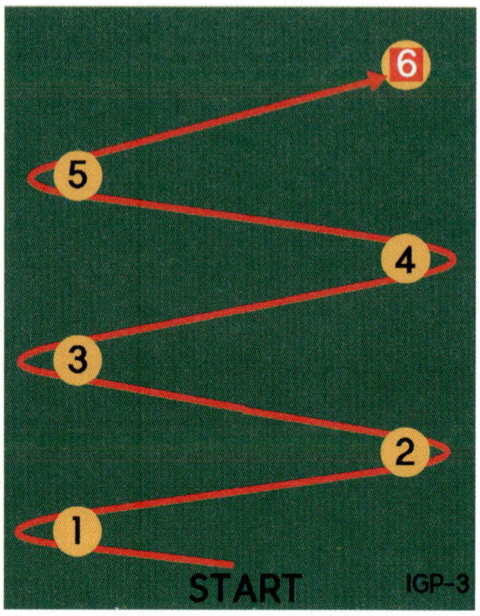

① 시작 지점에서 기본자세를 취한다.

② 준비되면 리드줄을 풀고, 팔을 들어 심사위원에게 알린 후 1번 블라인드를 향해 선다.

③ 심사위원의 사인에 따라 핸들러가 지시를 내리면 견은 재빨리 헬퍼가 있는 1번 블라인드로 달려간다.

④ 견이 1번 블라인드를 돌면 핸들러는 견을 불러들여 2번 블라인드로 보낸다.

⑤ 같은 방법으로 3번, 4번, 5번 블라인드를 돌며 수색하다가 마지막 6번 블라인드에서 헬퍼를 발견한다.

⑥ 심사위원의 지시가 있을 때까지 핸들러는 6번 블라인드에 들어간 견에게 접근할 수 없고, 어떠한 명령도 내리지 않은 채 서 있어야 한다.

2) Hold and Bark(헬퍼억류: 15점)

■ **지시어:** “Hier Fuss”독/ “Come Heel”영/ “와 따라”한

■ **실행 방법**

① 견은 경계심을 갖고 헬퍼와 마주 보고 계속해서 20초 이상 짖어야 한다. (이때 견은 헬퍼에게 점프하거나 헬퍼를 터치해서는 안 된다.)

② 약 20초간 견이 짖으면 심사위원의 사인에 따라 핸들러는 6번 블라인드 쪽으로 온다.

③ 핸들러는 6번 블라인드로부터 약 5보 정도 떨어진 곳에 위치한 후 심사위원의 사인을 기다린다.

④ 심사위원의 사인에 핸들러가 견을 부르면 견은 즉시 짖음을 멈추고 핸들러의 좌측으로 가서 기본자세를 취한다.

3) Escape(도주 저지: 10점)

- **지시어:** "Fuss"독/ "Heel"영/ "따라"한
  "Platz"독/ "Down"영/ "엎드려"한
  "Aus"독/ "Out"영/ "놔"한
- **실행 방법**

① 심사위원의 사인에 핸들러는 헬퍼를 블라인드에서 나오게 하고, 헬퍼는 상보로 도주 위치로 이동한다(이때 견과 핸들러는 기본자세를 취하며 움직이지 않아야 한다.).

② 심사위원의 사인에 핸들러와 견은 지정된 위치로 이동한 후, 견을 엎드리게 한다.

③ 핸들러는 견과 헬퍼를 남긴 채 뒤로 물러난다.

④ 심사위원의 사인에 헬퍼는 도주하고, 핸들러는 견에게 헬퍼의 도주를 저지하도록 지시한다.

⑤ 핸들러의 명령에 견은 즉시 헬퍼를 쫓아 방어소매를 물고 헬퍼의 도주를 저지한다.

⑥ 심사위원의 사인에 헬퍼의 도주가 멈추면, 핸들러는 즉시 견에게 놓으라고 명령하고, 견은 핸들러의 명령에 물고 있던 방어소매를 즉시 놓아야 한다.

4) Re-Attack(경계 방어: 15점)

- **지시어:** "Aus"독/ "Out"영/ "놔"한
  "Sitz"독/ "Sit"영/ "앉아"한
- **실행 방법**

① 약 5초 동안 호위 중 심사위원의 사인에 헬퍼가 출진견을 공격하려고 자극한다. 이때 견은 핸들러의 명령 없이(주저하지 말고) 스스로를 방어해야 한다.

② 견이 헬퍼의 방어소매를 물자마자, 헬퍼는 스틱으로 견의 어깨 부위를 내리치며 위협한다(이때 견은 스틱의 위협에도 방어소매를 놓아서는 안 된다).

③ 심사위원의 사인에 헬퍼가 멈추면 핸들러는 즉시 견에게 놓으라고 명령하고, 견은 핸들러의 명령에 물고 있던 방어소매를 즉시 놓아야 한다.

④ 견은 방어소매를 놓은 후 반드시 헬퍼 가까이에 머무르면서 주의 깊게 감시해야 한다.

⑤ 심사위원의 사인에 핸들러는 견에게 다가가 앉게 한다.

5) Back transport(배면 호송: 5점)

- **지시어:** "Fuss"독/ "Heel"영/ "따라"한
- **실행 방법**

① 핸들러는 헬퍼에게 물러나라고 요청하면 헬퍼는 약 8보의 거리만큼 멀어진다(이 거리는 배면 호송하는 동안 유지되어야 한다.).

② 헬퍼로부터 약 8보 떨어진 거리에서 핸들러는 견과 함께 헬퍼를 따라가며 약 30보 이상 호송한다. 호송 경로에 90도 코너를 추가할 수 있으나 필수 사항은 아니며 호송 경로는 심사위원이 결정한다.

6) Attack to dog(배면 호송 중 공격: 15점)

- **지시어:** "Aus"독/ "Out"영/ "놔"한
- **실행 방법**

① 배면 호송 중 심사위원의 사인에 헬퍼는 견을 공격한다.

② 핸들러의 지시 없이도 견은 헬퍼의 갑작스러운 공격에 반격하여 헬퍼의 방어소매를 물며 강하게 대항해야 한다.

③ 헬퍼가 정지하면 핸들러는 즉시 견에게 놓으라고 명령하고, 견은 핸들러의 명령에 즉시 물고 있던 방어소매를 놓아야 한다.

④ 심사위원의 사인에 핸들러는 견에게 다가가 앉게 하고, 헬퍼에게 뒤로 물러날 것을 요청한 후 견과 함께 헬퍼의 우측 편에 선다.

⑤ 견은 핸들러와 헬퍼의 중간에 있는 상태에서 핸들러는 헬퍼의 스틱을 받고, 일행은 심사위원을 향해 약 20보 측면 호송을 한다(이때 견은 호송 중 헬퍼에게 점프하거나 물어서는 안 된다).

⑥ 심사위원 앞에 도착하면 핸들러는 기본자세를 취하고, 스틱을 심사위원에게 넘겨주며 방위의 첫 부분이 완료되었다고 보고한다.

⑦ 심사위원의 사인에 핸들러는 헬퍼로부터 약 40m 떨어진 위치로 이동한다.

7) Long Attack(공격 방어: 15점)

■ **지시어:** "Voran"독/ "Go On"영/ "앞으로"한
"Aus"독/ "Out"영/ "놔"한
"Fuss"독/ "Heel"영/ "따라"한

■ **실행 방법**

① 헬퍼와 약 40m 떨어진 경기장의 중앙에서 헬퍼를 마주 보며 개에게 앉도록 지시한다(이때 목줄을 잡고 있을 수는 있지만 자극이나 신호를 주는 것은 허용하지 않는다).

② 심사위의 지시에 헬퍼가 블라인드 밖으로 나와 중앙선을 향하여 걸어간다.

③ 헬퍼는 위협적인 행동과 소리로 견을 향하여 정면으로 달려들다가 심사위원의 사인에 핸들러는 개에게 '앞으로'라는 명령과 함께 개를 풀어준다.

④ 견은 망설임 없이 강하게 헬퍼의 방어소매를 물며 헬퍼의 공격을 저지한다(이때 핸들러는 자신의 위치에서 움직이면 안 된다).

⑤ 심사위원에 지시에 헬퍼가 공격을 멈추면 핸들러는 즉시 견에게 놓으라고 명령하고, 견은 핸들러의 명령에 즉시 물고 있던 방어소매를 놓아야 한다.

8) Re-Attack(경계 방어: 15점)

■ **지시어:** "Aus"독/ "Out"영/ "놔"한
"Sitz"독/ "Sit"영/ "앉아"한
"Fuss"독/ "Heel"영/ "따라"한

■ **실행 방법**

① 약 5초 동안 호위를 한 후, 심사위원의 사인에 헬퍼는 출진견을 공격하려 하면 견은 핸들러의 명령 없이 주저하지 말고 자기 자신을 방어해야 한다.

② 견이 헬퍼의 방어소매를 물자마자, 헬퍼는 스틱으로 견의 어깨 부위를 내리치며 위협한다(이때 견은 스틱의 위협에도 방어소매를 놓아서는 안 된다).

③ 심사위원의 사인에 헬퍼가 멈추면 핸들러는 즉시 견에게 놓으라고 명령하고, 견은 핸들러의 명령에 물고 있던 방어소매를 즉시 놓아야 한다.

④ 견은 방어소매를 놓은 후 반드시 헬퍼 주위에서 경계하며 감시해야 한다.

⑤ 심사위원의 사인에 핸들러는 견을 앉게 한 후, 측면호송을 위해 견과 함께 헬퍼 옆

으로 이동하여 호송하는 출발 위치에 선다.

⑥ 핸들러는 헬퍼의 우측 편에 서고 견은 핸들러와 헬퍼의 중간에 있는 상태에 위치한다. 핸들러는 헬퍼의 스틱을 받고, 일행은 심사위원을 향해 약 20보 이동한다(이때 견은 호송 중 헬퍼에게 점프하거나 물어서는 안 된다).

⑦ 일행은 심사위원 앞에 멈추면 핸들러는 스틱을 심사위원에게 건네며 방위가 완료되었음을 보고한다.

⑧ 핸들러는 기본자세를 취하고, 심사위원으로부터 5보 떨어진 곳으로 이동한 후 견에게 리드줄을 채우며 심사위원의 평가를 기다린다.

예상문제

1. IGP-3 C파트에서 헬퍼는 몇 번 블라인드에 숨어야 하는가?

① 6번 블라인드
② 4번 블라인드
③ 2번 블라인드
④ 1번 블라인드

2. 운동장에서 범인을 찾는 항목을 무엇이라고 하는가?

① Blind Search
② Hold and Bark
③ Back Transport
④ Attack to Dog

3. IGP-3에서 평지덤벨 시 덤벨의 무게는 얼마인가?

① 500g
② 650g
③ 1kg
④ 2kg

4. IGP-3에서 허들의 높이는 얼마인가?

① 500cm
② 650cm
③ 1m
④ 2m

5. IGP-3 추적(Tracking)의 설명 중 옳은 것을 모두 고르시오.

① 총 600보의 족적을 남긴다.
② 타인(트랙레이어)이 족적을 남기며, 본인(핸들러)이 아티클을 배치한다.
③ 트랙은 6개이다.
④ 굴절은 총 4개이다.

1. ① 2. ① 3. ④ 4. ③ 5. ①, ④ **정 답**

참고문헌

강영심 (2004). 문제행동 수정 방법. **직무연수, 1**(7), 139-149.

김남중 외 6인 (2010). **애견질병학**. 파주: 21세기사.

김병부 (2022). **반려견 훈련학**. 서울: 박영스토리.

김병부, 김일권 (2006). **犬훈련학**. 서울: 한진출판사.

김재원 (2020). **탐지견 제도의 도입 쟁점에 관한 연구**. 경기대학교 대학원 석사학위 논문.

김재원, 김일곤 (2020). 우리나라의 탐지견 제도 도입 쟁점에 관한 연구. **한국사회안전범죄정보학회, 6**(2).

김태욱, 이주환, 박수형, 성상경 (2017). 플라잉디스크 회전이 비행궤적에 미치는 영향 분석. **한국전산유체공학회, 2017**(11), 127-128.

노안영 (2005). **상담심리학의 이론과 실제**. 서울: 학지사.

농림축산식품부. 2022년 동물보호복지 국민의식조사 결과보고서. animal.go.kr/front/communiy/index.do?boardId=boardID03&menuNo=7000000005에서 2023.02.02 자료 인출.

박창렬 (2008). **탐지견 양성에 있어서 한미간의 비교연구 : 한국의 관세청과 미국의 어번대학을 중심으로**. 건국대학교 대학원 석사학위 논문.

박형규, 김두현 (2007). 경호탐지견의 운용실태 및 발전방안. **한국경호경비학회, 14**.

박효진 (2020). **한 권으로 끝내는 펫시터 & 도그워커 매뉴얼(일상케어와 응급처치부터 노즈워킹, 카밍시그널, 클리커 트레이닝까지)**. 서울: 예문.

박효진 (2022). **반려동물행동상담학**. 서울: 동문사.

박효진 (2023). **기초동물훈련(반려견편)**. 서울: 골든벨.

손소영 (2013). TV광고에 나타난 동물 모델의 특성에 관한 연구. **한국일러스아트학회, 16**(3), 119-128.

신현균 (2014). **아동 심리치료의 실제**. 서울: 학지사.

우미원 (2019). **반려동물 관여도와 노스탤지어 인식이 소비자의 심리적 요인 및 광고효과에 미치는 영향: 반려동물광고를 중심으로**. 한국외국어대학교 정치행정언설대학원 석사학위논문.

이주환 (2017). **플라잉디스크 비행 시뮬레이션을 위한 계측모듈 설계 및 비행계수 추정**. 건국대학교 대학원 석사학위논문.

이형구 (2008). **장애인도우미견과 반려견의 훈련**. 서울: 에듀컨텐츠.

임신재 (2019). **응용동물행동학**. 서울: 라이프사이언스.

정매여 (2019). **동물(개)을 활용한 저예산 영화의 제작 및 연출에 대한 연구: 영화 〈봄이 왔다〉 제작을 중심으로**. 한양대학교 대학원 석사학위논문.

정소영 (2010). 탐지견을 활용한 목조건축물의 흰개미피해 조사 연구. **국립문화재연구소, 31**.

황성구, 이은채 (2022). 경찰견에 대한 컨베이어벨트 공포소거 훈련 프로그램 개발. **한국치안행정학회, 19**(3).

AFA (2023). *Rules of the Australian Flyball Association*. flyball.org.au/rule-notifications에서 자료 인출.
American Humane (2021). *Guidelines for the Safe Use of Animals in Filmed Media*. americanhumane.org/publication/guidelines-for-producersfilmmakers에서 자료 인출.
AWI (2022). *Ashley Whippet Invitational Rules*. ashleywhippet.com/rules에서 자료 인출.
BFA (2022). *British Flyball Association Constitution & Rules of Flyball Racing*. flyball.org.uk/downloads에서 자료 인출.
Edward Lewine(1997.07.20). *A Dog's Luxe Life*. The New York Times.
FCI (2023). *Agility Regulations of The Federation Cynologique Internationale*. fci.be/en/Agility-45.html에서 자료 인출.
Bundesrepublik Deutschland (2018). *Gefahrenhundeverordnungen der Bundesländer in der BRD*. https://www.tierschutzbund.de/fileadmin/Seiten/tierschutzbund.de/Downloads/Sonstiges/Listenhunde_Gefahrhundeverordnungen_c_DTSchB.pdf에서 자료 인출.
Jensen, G. D. (1963). Preference for bar pressing over "freeloading" as a function of number of rewarded presses. *Journal of Experimental Psychology, 65*(5), 451-454.
Karen Pryor (2014). Historical Perspectives. *Aquatic Mammals, 40*(1), 104-115.
Konrad Most (2001). *Training Dogs: A Manual*. Wenatchee, WA: Dogwise Publishing.
NAFA (2022). *North American Flyball Association Official Rules of Racing Corporate Policies and By-Laws*. flyball.org에서 자료 인출.
Peter Bloeme, Jeff Perry (2010). *Disc Dogs Rock*. skyhoundz.com/disc-dogs-rock에서 자료 인출.
Phil Kennedy, Fred Morrison (2014). *A Short History of the Frisbee*. Wormhole Publishers.
Skyhoundz. skyhoundz.com에서 자료 인출.
UFO. ufoworldcup.org에서 자료 인출.
UKFL (2022). *UK Flyball League Official Rules and Regulations*. ukflyball.org.uk/rules에서 자료 인출.
USDAA (2011). *Official Rules & Regulations of United States Dog Agility Association*. usdaa.com/regulations/usdaa-rules-and-regulations.cfm에서 자료 인출.
USDDN (2022). *USDDN World Finals International Series Judging Handbook*. usddn.com/official-rules에서 자료 인출.

[기관 및 단체]

ADI(Assistance Dogs International) https://assistancedogsinternational.org
AH(American Humane) https://www.americanhumane.org/
American Kennel Club https://www.akc.org
CCI(Canine Companions for Independence) https://canine.org/
Continental Kennel Club https://ckcusa.com

Crufts https://crufts.org.uk/

FCI(Fédération Cynologique Internationale)
https://www.fci.be/en/FCI-the-largest-canine-organisation-of-the-world-90.html

GDB(The Guide Dogs for the Blind Association) https://www.guidedogs.com/

IRO(International Rescue Dog Organization) https://www.iro-dogs.org/en/

SV(Verein für Deutsche Schäferhunde) https://www.schaeferhunde.de/

The International Cat Association http://www.tica.org

WCFO(World Canine Freestyle Organization) www.worldcaninefreestyle.org

관세인재개발원 https://hrd.customs.go.kr/hpk/main.do

관세청 https://www.customs.go.kr/kcs/main.do

농림축산식품부 https://www.mafra.go.kr

법제처 https://www.law.go.kr

삼성화재안내견학교 www.guidedog.co.kr

한국애견연맹 https://www.thekkf.or.kr

한국애견협회 https://www.kkc.or.kr

한국인명구조견협회 www.kkcrd.org

한국장애인도우미견협회 http://www.helpdog.org/main/intro1.htm

저자소개

박 효 진

삼육대학교 심리학 박사

칼빈대학교 반려동물학과 전임교수

한국애견협회 훈련 심사위원

핫독연기견학교 대표

저서 : 기초동물훈련. 골든벨

반려동물행동상담학. 동문사

한 권으로 끝내는 펫시터 & 도그워커 매뉴얼. 예문

병영문화와 군 특수상담. 창지사

이메일 hotdogschool2015@gmail.com

진 성 수

강원대학교 축산학사

명지대학교 심리치료학 석사과정

애견학교 바니버니 소장

서정대학교 반려동물학과 겸임교수

이메일 animalpet@naver.com

응용동물훈련

초판 1쇄 인쇄 / 2023년 8월 5일
초판 1쇄 발행 / 2023년 8월 10일

•

공저자 / 박효진 · 진성수
발행인 / 이 중 수
발행처 / **동 문 사**

•

서울특별시 서대문구 홍제원 1길 12
(홍제동 137-8)
Tel : 02)736-3718(대), 736-3710, 3720
Fax : 02)736-3719
등록번호 : 1974.04.27. 제9-17호
가격 : 29,800원

•

ISBN : 979-11-6328-528-1 (93490)
E-mail : dong736@naver.com
www.dongmunsa.com